日本对华文化侵略研究
（1931—1945）

石嘉　著

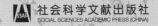

社会科学文献出版社
SOCIAL SCIENCES ACADEMIC PRESS (CHINA)

本书为国家社会科学基金青年项目"抗战时期日本'对支文化事业'研究"（项目编号：16CZS054）结项成果、中国历史研究院张艳国工作室阶段性研究成果。

本书出版得到"江西师范大学马克思主义学院省一流学科'揭榜挂帅'项目"经费资助，特致谢忱。

序

　　石嘉博士后在他的新著《日本对华文化侵略研究（1931—1945）》即将付梓之际，邀我写几句勉励的话，我感到很高兴。作为曾经处在石嘉这个年龄段的奋斗者和过来人，我检视他一路走过来的足迹，再回忆自己处在激情燃烧的青春岁月时不停奔跑的经历，从他身上我看到了自己年轻时的影子，同情共感，几分感悟不禁油然而生。我为石嘉点赞、加油的同时，的确想说上几句知心的话。

　　时间过得真快，到今年（2025）年底，石嘉入职江西师范大学历史文化与旅游学院就整整 10 年了。10 年时间并不长，真是人世间一转眼的工夫。但这 10 年对于石嘉的成长极其重要，他从一名青涩的历史学博士，成长为中国近现代史特别是中日关系史研究领域的青年专家。正如人们经常所感叹的：流逝的是岁月，成长的却是人才！2015年 12 月，石嘉博士毕业于南开大学历史学院，师从中国近代史知名专家元青教授，他学位论文的题目是《渗透与同化：抗战前后日本对华"文化事业"研究》，获得论文答辩专家好评。在南开大学读博期间，他又于 2013 年 9 月至 2017 年 3 月在日本爱知大学攻读中国史研究博士学位，师从知名汉学家森久男教授，他写的学位论文是《近代江西社会经济转型与变迁——以近代日本调查资料为中心》。四年半时间，他写了两篇博士论文，先后获得中外两所国际著名大学的中国史博士学位，如果没有超常的努力和投入，拿下双博士学位是绝不可能的。特别是在两位知名历史学者的指导下，他撰写的两篇博士学位论文，不仅具有一定的学术质量，获得答辩通过，而且由此打开了研究近代中日关系史的视野和格局，积累了厚实的中日历史资料，在研究切入点、思路和知识创新上，形成了点与面相契合、宏观与微观相结合的学术张力，为此后拓展研究领域、深化问题意识和提升研究水平，打下了扎实基础。入职江西师大后，石嘉希望做一段时间的博士后研究。2016 年秋季，石嘉找我请教，向我提出申请，并汇报了他从事中国近现代史基本问题方向博士后研究的详细设想。我认为他的研究计划可行，支持并鼓励他从事博士后研究。石嘉于 2017 年 6 月入站，2023 年 6 月出站，他的出站研究报告《抗战时期日本在华中沦陷区调查活动研究》获得答辩专家肯定，认为他将马克思主义基本理论与中日近代关系史研究结合得比较紧密，有相应的深度，史论结合、论从史出，以史料为坚实基础，以史识赋能思想穿透力，出站报告被评为优秀。经过博士研究生和博士后阶段的系统学习、规范训练，石嘉具备了独立从事学术研究的能力，奠定了厚实的学术基础。人们常说："良好的开端，是成功的一半。"石嘉的起点和开端对他进一步成长无疑是有利的。对人的职业成长来说，这显然是值得庆幸的事情。宋代大儒陆九渊说："人生天地间，如何不植立？"① 这是说一个人要有所追求，有所作为，从一开始起就必须要有职业理想和奋斗精神，不能甘于平凡，满足于一般。从石嘉的起手式和开端点来看，古人的体会是深刻有益的，石嘉也正是这样干事创业的。

　　10 年来，以我对石嘉的了解，他具备历史研究者的良好素质，具有吃苦耐劳的优秀品质和追求学术的职业理想，在教学科研中，兢兢业业，抓得很紧，展示出一路快走、小跑、奔跑的良好态势，他把这种奋斗攀登的势能转化成敬业坚守的动能，取得了"十年磨一剑""剑锋耐磨砺"的效能。他从入职起到现在，在教学科研上不断取得新成绩。2016 年，石嘉以博士学位论文为基础，成功获批国家社科基金青年项目"抗战时期日本'对支文化事业'研究"（项目编号：16CZS054），结项获评良好；2019 年，他再次成功获批国家社科基金青年项目"抗战时期日本在长江中下游地区调查资料与研究"（项目编号：19CZS069），结项获评优秀；在此基础上，他于 2022 年成功获批国家社科基金重大

---

① （宋）陆九渊著，钟哲点校《陆九渊集》卷 35《语录下》，中华书局，1980，第 466 页。

项目"日本在长江中下游地区调查资料整理与研究（1895—1945）"（项目编号：22&ZD237）。我清楚地记得，在 2023 年 10 月 27 日举行的重大项目开题报告会上，马敏、夏春涛、虞和平、仲伟民、张耀铭、陈红民、李少军和张生教授等知名专家高度肯定石嘉的学术探索精神和求知问道毅力，指出项目研究的重要学术价值和意义。其中，马敏教授指出："石嘉教授主持的国家社科基金重大项目'日本在长江中下游地区调查资料整理与研究（1895—1945）'具有很大的研究价值和鲜明的研究特点。"夏春涛教授指出，"石嘉教授承担的重大项目选题很有新意、很吸引人，选题价值非常重要"。① 这些评价很具有代表性，我赞成他们的看法。当然，这些肯定性评价也含有鼓励石嘉继续努力、追求崇高、实现卓越的意思。石嘉的奋斗与付出，也赢得了组织的肯定，正可谓"一分辛劳，一分收获"。2020 年，石嘉破格晋升江西师范大学特聘教授，荣获江西省"双千计划"哲学社会科学青年领军人才称号和科研项目；2021 年，被选拔为江西师范大学历史文化与旅游学院副院长；2022 年，又被遴选为江西师范大学中国史一级学科博士点博士研究生导师。我认为，这些都是对他学术起步和事业开局客观公平的积极评价与大力支持。

石嘉教授的新著《日本对华文化侵略研究（1931—1945）》正是他这些年来承担若干重要科研项目中的代表性研究成果，体现了多年来他积极向上、朝气蓬勃的学术面貌。该著既有青年学者所共有的学术新锐特征，也有石嘉个人在研究中所体现的个性特点，其研究成果是一份可喜的学术研究新贡献，对于推进中国近代中日关系史研究具有重要价值。特别是在纪念中国人民抗日战争暨世界反法西斯战争胜利 80 周年之际，此书的出版，更是具有积极的社会意义。我认为，该著有以下几条优点，值得点评和向读者推荐。

一

众所周知，近代日本对华侵略绝不局限于政治、军事和经济侵略，

① 马敏等：《学术笔谈：日本在长江中下游地区调查资料整理与研究（1895—1945）》，《南昌师范学院学报》2024 年第 1 期。

文化侵略亦是其中重要的一环。"日本帝国主义除用军事、政治及经济的手段侵略我们外，并施用文化的侵略；使我们为它小惠所麻醉；不仅甘心受其侵略，而且要歌颂其仁慈美德，这种侵略手段，是极为可怕的。"① 文化侵略虽是一种隐形的、渐进的侵略方式，但其消极影响是持久的、不可忽视的。值得重视的是，迄今在日本仍有右翼分子极力否认、歪曲历史，将其文化侵略美化为"文化事业"。这是应该坚决反对的错误历史观。

日本文化侵华的突出表现，就是通过成立各种文化机构团体，打着"发展中国文化事业"的幌子，干侵略中国的勾当，利用其全面搜集中国情报，为日本发动侵华战争做准备。日本对华文化侵略与其军事、政治及经济侵略几乎相始终，而且随着日本侵华战争的扩大而不断强化，成为一种无形的武器，扮演了很重要的角色。这当然是不可忽略的问题。

由此观之，学术界以往更多关注并研究日本在华进行的军事、政治及经济侵略，而较少关注其文化侵略问题。该书则重点梳理近代日本在华文化侵略活动，尤其是全面侵华时期日本在沦陷区的文化侵略行径，深入分析日本文化侵略与侵华战争的关系，用事实批驳歪曲历史、否认和美化侵略战争的错误言论，为加强正确历史观教育提供了重要素材。这一研究视角无疑是新颖的，也是值得肯定的。

二

日本对华文化侵略并不只表现在全面侵华战争时期，如果进行历史考察，这是一个由来已久的过程。19 世纪末期，甲午战后中日签订《马关条约》，极大地刺激了日本军国主义的侵华欲望，他们成立东亚同文会和南满洲铁道株式会社（简称"满铁"）等机构团体，以"研究中国问题"为名，极力搜集其侵华扩张所需的情报。此后，日本设置的文化机构与团体数量不断增加，其势力也日益扩张，至一战期间，

---

① 张觉人：《日本帝国主义侵略中国史》，青年书店，1939，第 22 页。

已基本上建成对华情报机构体系。① 1923 年，日本国会通过《对支文化事业特别会计法》，决定利用庚子赔款在中国成立文化机构、补给日本民间团体，日本政府开始直接操纵这些文化机构与团体，进一步加强对华文化侵略和渗透活动。九一八事变后，日本在中国东北加紧推行文化侵略和同化政策。七七事变以后，日本外务省紧跟军方侵略步伐，开展所谓的"新规事业"，不仅增加在华文化机构，而且加大资助此前民间团体在华活动的力度，进而强化日本在沦陷区的文化侵略和渗透。"兴亚院"及其以后的"大东亚省"，更是利用这些文化机构与团体广泛搜集中国情报，为日本当局制定和执行侵华国策提供决策依据，直到日本战败投降、"大东亚省"随之解散，日本对华文化侵略才得以终止。

从上述固有的历史事实及其逻辑展开出发，该书作者将日本在华文化侵略的历史进程与内在逻辑，进行深入的理论思考，形成严密的逻辑，使该书结构合理。该书不仅从宏观上论述了日本文化侵略与侵华战争的关系、日本文化侵华对中国造成危害的实质，而且还从微观上分析日本文化机构与团体如何实施文化侵略和渗透活动，以及如何配合和执行日本侵华政策的细节，使行文具有说服力；不仅从纵向上梳理了近代日本对华文化侵略的整个过程，也从横向上对比分析了战时日本在伪满、华北及华中沦陷区的文化侵略特质，使研究结论可信，做到了史学研究要求做到的严谨、如实、客观。

三

史料是一切历史研究的基础，② 是支撑史识的重要依据。习近平总书记指出："抗战研究要深入，就要更多通过档案、资料、事实、当事人证词等各种人证、物证来说话。"③ 史料越充分，研究就越深入，结论也才越有力。

---

① 　東亜研究所『日本の対支投資：第一調査委員会報告書』、1942、873 頁。
② 　张艳国：《史料是史学研究的基础》，《光明日报》2011 年 11 月 24 日，第 11 版。
③ 　习近平：《让历史说话用史实发言 深入开展中国人民抗日战争研究》，《人民日报》2015 年 8 月 1 日第 1 版。

　　近代日本对华调查资料，是抗战时期历史资料整理研究的重要内容，相关资料整理对于深入开展抗日战争史研究具有重要价值。日本发动侵华战争并非一时冲动，而是蓄谋已久的。早在甲午战争以前，日本就以"研究中国问题"为名，组建各种文化机构与团体，深入中国各地开展调查、搜集情报。活动所及，包揽军政情势、财政经济、交通运输、农矿资源、社会文化等各个方面的内容。质言之，此种调查，其本身就是一种典型的侵略行为；其调查报告，更是日本侵华的铁证。

　　该书从史实和史料出发，注重收集、整理日本调查资料这一基础性工作，其所引证的丰富的日文资料就成为该书的看点和特色。作者曾赴日本爱知大学霞山文库、外务省外交史料馆、国立国会图书馆、东洋文库等馆藏机构，搜集、整理大量第一手日文档案资料，如日本政府相关文献档案（内阁、军部、外务省等）、东亚同文书院学生旅行调查报告、上海自然科学研究所调查报告、华北产业科学研究所调查报告、东亚研究所调查报告、"兴亚院"及"大东亚省"的调查报告等皆为代表，并注重运用这些调查报告开展专题研究、发表系列论文，通过整理和研究日本调查资料，全面揭示日本文化侵华罪行，以期进一步丰富和拓展中日关系史、抗日战争史等专题研究。

四

　　创新既是一个民族生存、发展的不竭动力，更是一切学术研究具有生机与活力的灵魂。富于新意，体现创新研究，是该书的突出特点。

　　我认为，该书主要是从以下三个学术维度提出了新论新解。一是认为日本"对华文化事业"实为人类社会典型的文化侵略，旨在紧密配合其侵华国策。近代日本组建各种文化机构团体，深入中国腹地搜集情报，所得调查报告必须报送日本高层，为日本发动侵华战争做准备。日本发动侵华战争后，又利用这些文化机构与团体在沦陷区实施文化侵略和同化政策，妄图彻底消泯中国民众的民族意识和文化根脉，以巩固其在沦陷区的殖民统治。

　　二是日本在华所设的文化机构、民间团体等，与日本当局关系匪浅，至全面侵华战争时期完全蜕变为日本实施文化侵略的重要工具。

如东亚同文会创办东亚同文书院，每年组织其学生开展"旅行调查"，深入中国腹地搜集情报。日华学会表面上是为中国留日学生提供"服务"和"便利"的民间团体，实则与日本政府保持密切联系，成为日本与欧美抢夺中国留学教育话语权、"怀柔"留日学生的重要工具。华北产业科学研究所在华北沦陷区开展农业试验研究之目的在于利用日本先进技术掠夺华北农业资源，以确保日军"战时粮食和物资安全"。① 这些文化机构团体直接或间接参与侵华战争，或者在制定、实施侵华政策过程中扮演"重要角色"。② 这是不可抹杀的历史事实，也是不会磨灭的历史印记。

三是日本文化侵略与政治、经济侵略活动紧密相连，根本目的都是彻底征服中国。日本当局认为，要从根本上控制中国，不仅要有军事手段，还要通过文化渗透和文化扩张来实现。"只有文化战争取得成果，政治、军事战争才能顺利进行。"③ 日本企图通过"思想战""文化战"，根除"容共、抗日、反满等思想"，④ 并积极配合日军作战行动，妄图通过"文事和武力"来彻底征服中国。

上述学术观点的锤炼和提出，不仅体现作者立足于学术前沿，在消化、吸收后所作的创新性研究，成为该书的学术灵魂，而且也为丰富和拓展相关领域的研究提供了有益借鉴。

五

深入开展抗日战争研究，具有重要学术价值和社会意义。这既是学术界的共识，也是相关研究者的责任和追求。习近平总书记强调指出："正确对待和深刻反省日本军国主义的侵略历史，是建立和发展中日关系的重要政治基础。"⑤ 牢记过去，展望未来，推进人类和平事

---

① 南満洲鉄道株式会社調査部編『北支那の農業と経済 下巻』、日本評論社、1942、327頁。
② 张光新：《日本近代对外战争决策中的情报保障研究》，时事出版社，2018，引言。
③ 山口高等商業学校東亜経済研究所編『支那経済年報』、1939、473頁。
④ 防衛研修所戦史部編『宣撫班小史』、1938、44頁。
⑤ 《十九大以来重要文献选编》（中），中央文献出版社，2021，第674页。

业，总是与抗日战争史研究紧密联系在一起的。昭示抗日战争史的社会意义和全人类价值，必须立足于严肃、严谨、严格和深入、深刻、深沉的历史研究，把学术价值与社会意义有机结合、充分整合起来。

该书选取抗战时期日本"对华文化事业"为研究对象，主要利用日文资料还原日本在华文化侵略史实及其脉络，其重要的研究价值在于，一方面为深入研究和有力拓展抗日战争史、中日关系史研究推出有学术张力和思想穿透力的成果。该书突出近代日本对华文化侵略历史问题研究，主要体现在从长时段出发，在宏观上把握近代日本对华文化侵略史实和线索，比较分析日本文化侵略与政治、军事和经济侵略的差异及关系；从个案、微观上揭露日本各文化机构与团体对华文化侵略渗透活动所造成的罪恶后果。另一方面，有助于正确认识中日历史问题、加强正确历史观教育，以文育心，以史明智。张海鹏先生指出，中日关系出现危机的主要因素，"是横亘在中日关系之间的历史认识问题"。① 我们必须正视历史、正确认识历史，用正确历史观教育人民。只有这样，才能真正推动中日关系向前发展。

总的来看，该书重点论述抗战时期日本在沦陷区开展的各种"文化事业"及其侵略本质，深入剖析日本文化侵略是侵华战争的重要组成部分，其相关档案资料更是日本侵华罪行的历史证明，用最可靠的事实批驳那些歪曲历史、否认和美化侵略战争的错误言论，为加强正确历史观教育提供了重要素材。这是该书重要学术价值和社会意义的有机统一，是研究功能与社会作用的有机整合。作者的这种研究志趣值得肯定和提倡。

著名历史学家、教育家、业师章开沅先生曾经殷切寄语青年学子："学者的成功主要是靠自己持之以恒的刻苦钻研。"又说："做学问一靠勤奋，二靠老实，三靠谦虚。任何大学者的大成就，对于历史文化长河来说都不过是涓涓细流，而且并非任何人都有堪称涓涓细流的资格。已知有限，未知无涯，真诚的学者仿佛在知识海洋上作永无止境

---

① 《张海鹏自选集》，学习出版社，2012，第616页。

的远航。"① 勤奋踏实，向高望远，这是一切学术名家所走过的路。我希望石嘉在自己的成长历程中也能这样，不骄不躁、笃实精进，不断续写自己学术人生的精彩华章！

史学研究与别的学科不一样，它需要一定的人生经历与经验积累，以便研究者更加深沉地感知历史，不断增强历史思想的穿透力。我相信，随着年龄的增长和阅历的加深，石嘉在中国近现代史研究，特别是近代中日关系史研究领域一定会做得更好，取得前辈学者所期待的更大成就。"唯有真诚的学者与真诚的探索，才能经得住时间的筛汰而流传久远。"② 我用章开沅先生的这句教诲作为结尾，和石嘉共勉！

是为序。

2025 年 4 月 28 日于南昌瑶湖之畔光风霁月斋

---

① 《张艳国自选集》，华中理工大学出版社，1999，"章开沅序"。
② 《张艳国自选集》，"章开沅序"。

目　录
CONTENTS

绪　论

一　研究意义

　　明治维新以后，日本加紧实施"殖产兴业""富国强兵"政策，紧随西方列强侵略步伐，入侵周边国家和地区，中国成为其目标之一。在甲午战争中，日本举全国之力打败中国，战后获得了巨额赔款、割占台湾和开埠通商等利益，由此极大地刺激了其侵华野心。八国联军侵华战争之后，清政府被迫签订《辛丑条约》，欧美和日本获得大量赔款。日俄战争以后，日本攫取了中国东北南部利益，成立"南满洲铁道株式会社"（简称"满铁"），"满铁"是日本在中国东北最早的"国策会社"，不仅在中国经营铁路、矿产、工商业等，而且加紧搜集中国情报、开展各种调查。① 进入民国时期，中日关系因日本加紧侵华而不断恶化。1915 年，日本强迫袁世凯政府签订"二十一条"。1919 年，巴黎和会宣布将德国在中国山东的所有权益转让给日本，由此引发伟大的五四反帝爱国运动。1928 年，日本为阻止国民革命军北伐，制造震惊中外的济南惨案。九一八事变后，日本武力强占整个中国东北。1935 年，日本又阴谋策划华北事变，企图占领整个华北地区，将其变为第二个伪满洲国。1937 年 7月，日本又挑起卢沟桥事变，发动全面侵华战争。此后，日军侵占大半个中国，中国军民伤亡不计其数。日军还掠夺大量中国财产和资源，造成难以估量的损失。可以说从甲午战争到侵华战争，日本帝国主义给中国人民造成极大灾难和伤害。"从甲午战争至 1945 年日本彻底战败的五十年间，是中日关系最为恶劣之时代。对日本人

---

　　① 　松沢勇雄『国策会社論』ダイヤモンド社、1941、117 頁。

来说，亦是一个无面目见中国人之时代。"①

　　日本在中国的侵略绝不限于政治、军事和经济侵略，文化侵略亦是重要一环。为了彻底征服中国，日本一方面加紧对中国的军事进攻；另一方面则加强文化侵略和渗透活动，企图在思想上、文化上奴役中国人民。为达此种目的，自清末日本就成立各种"文化团体"，一方面刺探中国各地情报，另一方面加紧实施文化侵略。1877 年，大久保利通在东京成立"振亚社"，重视研究中国问题，关注"中国时势"。② 1880 年，长冈护美等人在东京成立"兴亚会"，不久改名为亚细亚学会，"亦以研究中国问题为旨归"。③ 1884 年，末广重恭、宇都宫平一等人在上海成立东洋学馆，以研究"东亚问题"为目的。④ 1889 年，荒尾精在日本政府的支持下，在上海成立日清贸易研究所，至 1893 年被清政府取缔前，该所共"培养"89 名日本间谍，专门搜集中国情报。⑤ 甲午战后，日本国内再度掀起"研究中国"热潮。1897 年，犬养毅等人将同人会和同明会合并为东亚会。与此同时，近卫笃麿等人则成立了同文会。翌年，东亚会与同文会正式合并，改名为东亚同文会。此后，东亚同文会在北京、汉口、上海、福州、广州等地广设支部，加紧扩张其在华势力。⑥ 1901 年，近卫笃麿、长冈护美等人联合日本医学界名流，在东京成立东亚同文医会，次年改名为同仁会，该会起初在中国东北地区和朝鲜境内活动。⑦

　　在日本民间团体极力"经营"东北、华北之际，台湾总督儿玉源太郎在台湾组建调查机构，加紧刺探华南地区各种情报，并资助日本民间团体在华南经营"文化事业"。1898 年，儿玉源太郎资助东本愿

---

① 〔日〕实藤惠秀：《中国人留学日本史》，谭汝谦、林启彦译，生活·读书·新知三联书店，1983，原序。

② 東亜研究所編『日本の在支文化事業』、1940、1 頁。

③ 〔日〕东亚同文会编《对华回忆录》，胡锡年译，商务印书馆，1959，第 465 页。

④ 井上雅二『巨人荒尾精』東亜同文会、1936、97 頁。

⑤ 上海東亜同文書院大学編『創立四拾週年東亜同文書院紀念誌』、1940、1 頁。

⑥ 按，南京国民政府成立后，将北京改称为北平，日本方面继续称为北京。为方便行文，除个别引文外，本书一律称北京。

⑦ 小野得一郎『同仁会三十年史』財団法人同仁会、1932、1 頁。

寺的加藤广海在厦门、漳州、泉州等地设置传教所；同年支持东亚同文会发行《闽报》、成立东文学社和厦门东亚书院；1899 年支持田中善立在泉州成立新化学堂，支持清水友辅成立中正学堂。①　一战以后，日本在山东获得特权，在青岛派驻所谓"守备军"。为方便日侨打入山东，日本当局还建设了各种文化设施，如在青岛、济南设有各种传教所，同仁会在青岛、济南建有 2 所医院。②　教育方面，日本在青岛建有日侨小学校 11 所、中国语学校 4 所、中国人公学校 37 所。

　　一战以后，英美等国开始考虑将退还的庚子赔款用于中国的文化教育。1923 年 3 月，日本召开第 46 届国会，会上通过《对支文化事业特别会计法》③，规定："文化事业资金出自庚子赔款、山东关系之铁路及共有财产补偿国库证券之本利、山东关系矿山之补偿金；文化事业包括日本在中国的教育、学艺、卫生、救恤及其他文化事业，对居留日本的中国国民实施前述相同文化事业，在日本研究有关中国问题的学术文化事业；每年度经费预算，起初规定每年支出 250 万元，1926 年以后追加到 300 万元。"④　是年 5 月，日本外务省颁布"对支文化事务局"官制，命外务省亚细亚局局长出渊胜次兼任"对支文化事务局"局长，负责监管"对支文化事业"。次年 2 月，出渊胜次和当时任驻日公使的汪荣宝签订"汪－出渊协定"，首先将"对支文化事业"改为"东方文化事业"，并成立由中日双方专家学者组成的"东方文化事业委员会"，借此缓解当时中国方面的反对风潮。⑤　同年 12 月，日本修改外务省官制，将"对支文化事务局"改为"文化事业部"，仍归亚细亚局统辖。1927 年 6 月，外务省再改官制，单独成立"文化事业

---

①　東亜研究所編『日本の在支文化事業』、2 頁。
②　小野得一郎『同仁会三十年史』、29 頁。
③　涉及文件名、机构名、官职名等及相关引文保留"对支"字样，此后径改为"对华"。——编注
④　「対支文化事業特別会計法関係條約抜粋及勅令並清国償金債券」、『東方文化事業部関係会計雑件　第一巻』、アジア歴史資料センター、B05015062400。
⑤　「対支文化事務局官制改正」、『東方文化事業部関係会計雑件　第一巻』、アジア歴史資料センター、B05015009100。

部"，部长选自外务省高层官员，日本当局愈加重视"对支文化事业"。①

《对支文化事业特别会计法》的出台，标志着日本政府由幕后转到前台，直接操纵和发展对华"文化事业"，利用庚子赔款在中国成立文化机构、补助日本民间团体。《对支文化事业特别会计法》的出台，激起中国国内文化界、教育界人士的强烈反对，纷纷揭露日本的阴谋野心，即以发展中国文化事业为名，而行文化侵略之实。② 南京国民政府成立后，屡次要求日本当局废除法案，但日本方面置若罔闻、一意孤行，强制执行法案，直到1945年战败后才彻底退出中国。

1927年10月，日本外务省文化事业部成立北京人文科学研究所；1931年4月，成立上海自然科学研究所；九一八事变以后，日本扶持成立伪满洲国，外务省伙同伪满政府发展所谓的"对满文化事业"；③ 1936年底，外务省紧跟日本军方侵略步伐、出台所谓的"新规事业"，通过华北产业科学研究所、北京近代科学图书馆及上海近代科学图书馆开展文化侵略与渗透活动。④ 与此同时，外务省还利用庚子赔款补助同仁会、东亚同文会、日华学会、善邻协会、东方文化学院、青岛居留民团及其附属学校、其他日本民间团体。七七事变以后，中国大片国土沦陷，日本对华"文化事业"得到迅速扩张，并且整体纳入战时体制，即在沦陷区加紧实行文化侵略和同化政策，以配合日本当局的侵华"国策"。

1938年12月，日本内阁决定成立兴亚院，由首相近卫文麿担任总裁，外相、藏相、陆相、海相任副总裁。⑤ 兴亚院下设政务部、经济部、文化部、技术部，并在北京成立华北联络部，在张家口成立"蒙疆"联络部，在上海成立华中联络部，在厦门成立厦门联络部，在青

---

① 「調査会官制中改正外務省官制中改正」、『東方文化事業部関係会計雑件 第一巻』、アジア歴史資料センター、B05015009300。
② 《反对日本文化侵略：中国科学社宣言反对东方文化事业》，《中华教育界》第16卷第7期，1927年1月。
③ 外務省文化事業部編『文化事業部事業概要』、1934、58頁。
④ 外務省文化事業部編『昭和十一年度執務報告』、1936、115頁。
⑤ 「中央政府樹立、興亜院設置関係書類綴1」、『支那事変関係一件 第十巻』、アジア歴史資料センター、B02030533000。

岛设置华北联络部青岛出张所。① 兴亚院文化部主要分担部分外务省文化事业部的对华"文化事业"，其管辖范围较外务省文化事业部甚至有所扩大，具体分管"政策相关事业"、对华"文化事业"、"中日共同文化事业"。外务省文化事业部则分管中国留学生事项、日本来华留学生事项、中国相关学术研究事项（政治、经济相关事项除外）、其他日本人教育事项（东亚同文书院、居留民团中小学校）等。② 依此划分，东亚同文会及其创办的江汉中学、中日学院由兴亚院管辖，而专门接收、"培养"日本学生的东亚同文书院则由外务省管辖，但书院的补助金仍由兴亚院支付。

为建设"大东亚新秩序"、完成"大东亚战争任务"，1942 年 11 月，日本内阁决定成立"大东亚省"，兴亚院及其机构人员随之解散。③"大东亚省"设有大臣官房、总务局、"满洲"事务局、中国事务局、南方事务局，大臣官房下设文书科、人事科、会计科及电信科，总务局下设总务科、经济科、调查科、炼成科及考察科，满洲事务局下设总务科、殖产科、拓务科、开拓科及青年科，中国事务局下设总务科、司政科、文化科、理财科、农林科、商工科及交通科，南方事务局下设政务科、监理科、文化科、理财科、产业科及交通科。"满洲"事务局负责管辖伪满政务、金融、财政、交通、通信、电力及开拓相关事项，"中国事务局"负责管辖中国沦陷区政务、教育、思想、宗教、学术、金融、财政、农业、林业、水产、畜产、商业、工业、矿业、电力、交通、通信、日本公共团体、日本人学校、警察与兵事、领事裁判等相关事宜。④ 大东亚省设置以后，继承兴亚院对华"文化事业"（包括"对满文化事业"），直到 1945 年 8 月随日本战败投降而宣布解散。⑤

梳理日本对华"文化事业"发展历程，可以发现日本在华文化侵

---

①　華北事情案内所編『新生北支の建設現況』、1939、13 頁。
②　中野八十八『興亜教育の理想と実際』三友社、1939、15 頁。
③　企画院研究会編『行政機構改革の大東亜省』企画院研究会、1943、37 頁。
④　山崎丹照『外地統治機構の研究』高山書院、1943、280 頁。
⑤　「大東亞省官制及軍需省官制廢止 勅令」、『官報』1945 年 8 月 26 日。

略与其政治、军事、经济侵略几乎相始终，九一八事变以后，日本对华"文化事业"的侵略渗透本质更为明显。清朝末年至民国初年，日本东亚同文会、同仁会等民间团体，开始对中国进行文化渗透和刺探情报活动。日本出台《对支文化事业特别会计法》以后，外务省在中国成立北京人文科学研究所、上海自然科学研究所等文化机构，发展所谓的对华"文化事业"，实则刺探中国各地情报，而战时上海自然科学研究所更是广泛刺探中国各地文化情报。① 与此同时，外务省还利用庚子赔款加大对东亚同文会等民间团体的补助力度，支持其在中国扩张规模与势力。对比九一八事变前后日本对华"文化事业"，事变前日本在中国的政治、经济、军事、文化势力有限，加之忌惮于中国民众历次坚决的反日爱国运动之压力，其对华"文化事业"影响力有限，没有得到充分展开。② 而战时日军攻占中国大片国土，外务省亦紧跟军方侵略步伐，在占领区极力发展对华"文化事业"，加紧推行文化同化与"宣抚"工作。不仅成立各种半官方性质的文化机构，而且大力扶持日本各民间团体，使其规模和势力得以空前扩张。日本对华"文化事业"的侵略性质日益明显，沦为配合日本政府实施"大东亚战争"政策之工具和帮凶。正如黄福庆所说，"事实上，这些文化社会事业，在日本军阀侵华的过程中，成为一种无形的武器，扮演了很重要的角色，实为不可忽略的问题"。③

　　日本侵华战争虽已过去 80 年，然而这段悲惨耻辱的历史不容忘却。更让人愤慨的是，日本至今尚有部分右翼分子不能正视这段历史，甚至歪曲历史真相、回避历史问题，进而影响中日关系和平、稳定地发展。有鉴于此，笔者以 1931—1945 年日本对华"文化事业"为研究对象，旨在揭露日本在沦陷区的文化侵略与同化政策，力图还原战时日本实施文化侵华之史实，以此纪念中国抗日战争暨世界反法西斯战

---

①　石嘉：《抗战时期上海自然科学研究所在中国的调查与研究》，《日本侵华南京大屠杀研究》2022 年第 1 期。

②　陆军省调查班编『全支排日運動の根源と其史的観察』、1932、35 頁。

③　黄福庆：《近代日本在华文化及社会事业之研究》，台北，"中央研究院"近代史研究所，1982，自序。

争的伟大胜利，以史为鉴、珍惜和平。

本研究重点在于论述九一八事变后日本在沦陷区各种"文化事业"及其渗透本质，分析日本文化侵略与政治、经济侵略的关系，主要提出并证明以下三个观点：一是日本对华"文化事业"实为典型的文化侵略，是日本侵略中国的一种重要方式，紧密配合其政治、军事侵略；二是日本所设"文化机构"、民间团体与日本当局关系匪浅，逐步蜕变为日本实施文化侵略的重要工具，它们直接或间接参与了日本侵华战争；三是日本文化侵略与政治、经济侵略紧密相连，尽管方式不同，但根本目的相同，都是为了彻底征服中国。

二　研究现状

1. 中国方面的研究

关于日本对华"文化事业"，早在 1927 年，舒新城在其著作《近代中国留学史》中就有介绍，该著作专辟一章"日本对华文化事业与留学生"，提到"东方文化事业委员会"发展"对华文化事业"情况，认为"当时日本为缓解中国方面的排日和反日情绪，遂将'对华文化事业'改名为'东方文化事业'"，书中还介绍了日本外务省补助中国留学生的相关政策，列举中国文化教育界对日本在华文化教育侵略的抨击和反对。[①] 台湾方面，20 世纪七八十年代部分学者开始关注日本对华"文化事业"，例如王树槐考察了欧美、日本对庚子赔款的处理情况，重点分析了日本对庚子赔款的处理政策、日本对华"文化事业"的经费分配情况、中国教育界对日本对华"文化事业"的反应和态度等内容。[②] 此后，黄福庆在其著作中重点考察了清末民初东亚同文会在华文化教育活动、同仁会在华医疗卫生事业、外务省庚子赔款补给留学生情况、外务省设置文化学术机构情况、日本在中国的新闻事业等方面。[③] 近年来，大陆学者开始关注日本在中国的文化侵略活动，其研究方向主要涉及以下几个专题。

---

① 舒新城：《近代中国留学史》，商务印书馆，1927。
② 王树槐：《庚子赔款》，台北，"中央研究院"近代史研究所，1974。
③ 黄福庆：《近代日本在华文化及社会事业研究》。

　　一是日本"对华文化事业"总体研究。袁成毅梳理了日本获得庚子赔款数量、日本退还庚子赔款发展对华"文化事业"的经过、南京国民政府方面的反对、战后日本对华"文化事业"的最终破产。[①] 孙颖的博士学位论文，涉及日本对华"文化事业"缘起、庚子赔款退还情况；东方文化事业总委员会及分会活动，创办北京人文科学研究所、上海自然科学研究所和东方文化学院的情况；日华学会与留日学生管理、留日学生管理事务及中国旅日考察团体的接待；中国各界对日本"东方文化事业"的反应；战后日本对华"文化事业"的终结。其结论是"日本东方文化事业虽然客观上为中日教育文化界的交流做了不少工作，但是难以掩饰其文化侵略的本质"。[②] 孙颖另外一篇论文，对比分析了中日文化、教育界人士对《对支文化事业特别会计法》及对日本"东方文化事业"的态度，梳理了中日两国政府对庚子赔款最后处理的较量与博弈，其最终结果是日本利用北洋政府在外交上的软弱，出台有利于日方的《对支文化事业特别会计法》，利用"东方文化事业"实施文化侵华活动。[③] 徐志民主要梳理了中国政府、文化教育界及留日学生界对日本"东方文化事业"的态度，认为中国各界意识到日本"东方文化事业"的本质，不过是日本侵华扩张的一种手段，于是从开始的"合作"转向对抗。[④]

　　二是日本在华文化机构的研究。孙颖在其专题论文中，重点考察中日双方对于筹建北京人文科学研究所的态度，论述了研究所的筹建过程，指出北京人文科学研究所是日本政府利用庚子赔款在中国建立的日本研究机构，是日本政府扩大在华势力的重要一环。[⑤] 梁波、翟文豹合著论文主要梳理上海自然科学研究所成立经过，叙述该研究所

①　袁成毅：《中国对日庚子赔款述略》，《抗日战争研究》1999年第4期。
②　孙颖：《二十世纪上半叶日本的"对支文化事业"研究——基于"东方文化事业总委员会"与"日华学会"的考察》，东北师范大学博士学位论文，2008年。
③　孙颖：《"东方文化事业委员会"活动研究》，《宁夏社会科学》2014年第2期。
④　徐志民：《从合作到对抗：中国人眼中的"东方文化事业"（1923—1931）》，《社会科学研究》2017年第4期。
⑤　孙颖：《"北京人文科学研究所"筹建始末——20世纪上半叶日本对华文化侵略之典型一例》，《求是学刊》2007年第5期。

从所谓"纯粹学术研究"到日本侵华工具的转变过程，介绍了研究所的人员情况、学科建制及其主要研究活动。① 李强通过对日中两国文献的考察，发现因提倡全面废止中医而引发争议的余云岫，曾担任民国和日伪时期上海自然科学研究所中方委员，李强进而梳理了余云岫相关档案。② 孙建春的文章梳理了上海自然科学研究所成立背景，从研究所出版的日、英文版刊物内容介绍了上海自然科学研究所研究内容，揭露了日本帝国主义长期侵占中国、掠夺中国自然资源的野心，同时提出开发、利用和保护这批资料的建议。③ 纪秀芳的硕士学位论文对华北产业科学研究所的成立背景、创建过程、所开展的科学研究与技术推广活动，以及最终结局等进行了考察与梳理，认为中日全面战争爆发后，该研究所已变为日本殖民统治的工具，为实现"以战养战"的目标，研究所开展了大量与掠夺中国农业物资相关的"科学研究"。④ 丁晓杰认为华北产业科学研究所是集农业科研、教学于一体的综合性农畜林业研究开发机构，其在农业科研领域内配合贯彻日本的大陆政策。⑤ 石嘉的文章主要利用日本馆藏档案，梳理了上海近代科学图书馆的成立经过和运营状况，揭露了该图书馆的文化侵略本质。⑥

三是日本在华民间团体的研究。近代日本成立大量研究中国问题、关注中国时事的民间团体，诸如东亚同文会、同仁会、日华学会及居留民团等，尤以东亚同文会最具代表性。桑兵曾有专论，介绍日本早期在华成立东亚考古学会、兴亚会及东亚同文会情况，指出北京大学

① 梁波、翟文豹：《日本在中国的殖民科研机构——上海自然科学研究所》，《中国科技史料》2002 年第 3 期。
② 李强：《关于历史争议人物余云岫的史料补充——兼述民国和日伪时期"上海自然科学研究所"》，《中医文献杂志》2009 年第 3 期。
③ 孙建春：《上海自然科学研究所及其出版的刊物》，《科技情报开发与经济》2006 年第 13 期。
④ 纪秀芳：《作为殖民地经营手段的科学——日本在华科研机构"华北产业科学研究所"考察》，北京化工大学硕士学位论文，2011 年。
⑤ 丁晓杰：《日伪时期华北产业科学研究所的设立及其活动》，《史学月刊》2012 年第 2 期。
⑥ 石嘉：《抗战时期日本在上海的文化侵略——以上海日本近代科学图书馆为例》，《江苏社会科学》2015 第 1 期。

国学门考古学会与日本东西两京帝大合组的东亚考古学会结成东方考古学协会，计划以联合发掘、交流成果、互派留学等方式，共同推进东方考古事业，然而双方对于如何利用这一机缘并发挥各自的作用，利益和想法不一致，最终计划落空。① 桑氏另一篇文章《日本东亚同文会广东支部》分析了东亚同文会广东支部成立不久就被东亚同文会本部突然宣布暂时撤销的原因，在于广东支部各成员介入保皇会和革命党在华南策划的勤王、独立等反清密谋，并力图通过以镜湖茶谈社为代表的一批省港澳革新人士，促成两派的联合大举。② 《"兴亚会"与戊戌庚子间的中日民间结盟》一文认为上海亚细亚协会是中日双方民间结盟的产物，部分中国人士和舆论更愿意视其为中日民间人士联合挽救危局并进而振兴东亚的联盟，而不仅是日本某个对华团体的海外分支。③ 金桂昌的文章梳理了日本在天津创办中日学院的过程，指出该学院重视对中国学生的思想控制，反对师生参与抗日运动，对学生爱国运动采取严厉的镇压手段，抗战时期学院教育亦纳入了战时体制。④ 赵文远的文章认为东亚同文书院是日本东亚同文会在上海开办的一所特殊学校，主要招收日本学生，学习中国语言和文化，开展大旅行调查，在中国各地搜集情报，上报给日本政府，部分学生甚至直接参与了侵华战争。⑤ 薄井由的文章利用东亚同文书院学生大旅行调查资料，阐明了全国会馆的地理分布，并以此资料为依据，进行了相关研究，详列各大小城市会馆之名。⑥ 薄井由的博士学位论文以历次云南路线调查报告及旅行日记为中心，澄清了东亚同文书院大旅行调查的目的、性质、地域特征，以及云南路线调查报告的结构和特点等问题；论述了云南各地商业贸易发展的过程，云南商业、贸易的地方

---

① 桑兵：《东方考古学协会述论》，《历史研究》2000 年第 5 期。
② 桑兵：《日本东亚同文会广东支部》，《中山大学学报》2002 年第 1 期。
③ 桑兵：《"兴亚会"与戊戌庚子间的中日民间结盟》，《近代史研究》2006 年第 3 期。
④ 金桂昌：《日本创办天津"中日学院"始末》，《历史教学》1990 年第 3 期。
⑤ 赵文远：《上海东亚同文书院与近代日本侵华活动》，《史学月刊》2002 年第 9 期。
⑥ 薄井由：《清末以来会馆的地理分布——以东亚同文书院调查资料为依据》，《中国历史地理论丛》2003 年第 3 期。

差异，及其交通运输情况。① 周德喜的文章主要论述日本东亚同文会在天津的办学活动，分别介绍了天津同文书院和中日学院的发展历程和经营状况。② 周德喜的另一篇文章指出东亚同文书院培养了大量的所谓"中国通"，通过旅行等各种手段对中国进行全面的立体式调查，实际上是为日本政府的侵略活动做了前期准备。③

日本同仁会、居留民团、日本人学校、日华学会等民间团体也被纳入研究视野。如丁蕾的文章认为随着日本侵华势力的扩张，同仁会接受日本军部指导，为日军提供医疗服务和便利，对抗欧美医疗活动等特征越发明显，因此实质上演变成一个协助日本侵略亚洲的医疗团体。④ 王萌指出，同仁会在沦陷区的"卫生防疫"是日军细菌部队防疫功能的延伸，同仁会开展的各种医学调查研究为日本军政当局提供了各种卫生情报。⑤ 吴健熙考察了上海日本居留民团，认为其是由旅居上海的日本侨民组成的自治团体，其设立并经营管理各类日侨子弟学校，则是居留民团的一项重要活动，并指出居留民团是在不平等条约协议及日本官方的扶植下，成长起来的一个享有治外法权的外侨团体，在抗日战争中充当日本侵略军的帮凶。⑥ 陈祖恩的文章分析了日本人学校与战争的关系：战争初期日本人学校校舍被"征用"为兵营和病院，战争期间组织师生参与各种"劳军"活动，战争后期学校沦为军训和勤劳报国的营地。⑦ 万鲁建的博士学位论文认为生活在天津的日本侨民处于日本侵华的前沿，在中日关系日趋恶化的大背景下，其自觉、不自觉地成为日本侵略者的帮凶。⑧ 戴淑妮的硕士学位论文

① 薄井由：《清末民初云南商业地理初探——以东亚同文书院大旅行调查报告为中心的研究》，复旦大学博士学位论文，2003 年。
② 周德喜：《日本东亚同文会与天津同文书院》，《历史教学》2004 年第 5 期。
③ 周德喜：《东亚同文书院始末》，《兰州大学学报》2004 年第 3 期。
④ 丁蕾：《日本近代医疗团体同仁会》，《中华医史杂志》2004 年第 2 期。
⑤ 王萌：《抗战时期日本在中国沦陷区内的卫生工作——以同仁会为对象的考察》，《近代史研究》2016 年第 5 期。
⑥ 吴健熙：《日本居留民团和上海日侨子弟学校》，《史林》1994 年第 4 期。
⑦ 陈祖恩：《从战时征用到战时教育——中日战争时期的上海日本人学校》，《史林》2004 年第 6 期。
⑧ 万鲁建：《近代天津日本侨民研究》，南开大学博士学位论文，2010 年。

从日本在青岛的势力膨胀、日侨在青岛的活动情况、日本国家教育体制等方面展开，探讨了日本在青岛期间（1914—1945）对日侨子弟教育活动的背景与办学规模、海外教育的历史渊源与战略意图、教育活动的特征及其产生的一系列影响。① 石嘉、陈珂琳等重点考察了日华学会在战前和战后的活动情况，认为战前日华学会被纳入日本"对华文化事业"体系之后，逐渐嬗变为日本与欧美抢夺中国留学教育话语权、怀柔中国留学生的重要工具。②

四是庚子赔款补助留日学生研究。改革开放以来，包括留日教育在内的留学教育史研究取得丰硕成果，但既往的研究主要聚焦留日学生的派遣问题、留日教育政策、留日教育经费、留日学生人数，以及毕业返国留日学生在国内的活动等方面，而且参考档案基本以国内档案为主，甚少利用日本方面的资料，因此难免有所遗漏。近年来，随着日本亚洲历史资料中心、国立国会图书馆数字图书馆、东洋文库等馆藏档案资料的开放，国内学者开始利用日本档案，侧重研究全面抗战时期沦陷区留日教育、日本方面的留学政策、留日学生在日本的状况等，进而拓展了研究视角，并相继出现一批力作。

王奇生的《沦陷区伪政权下的留日教育》主要论述了沦陷区伪政权留日教育政策、战时留日学生的心态和处境、战后国民政府对留日学生的甄审政策等内容。③ 孔凡岭的文章论述了伪满洲国留日学生派遣的原因、留日教育的过程、留日学生的类别、留学制度及留日教育的特点等问题。④ 周孜正的文章考察了汪伪政府关于留日学生选拔政策、留日学生预期培养目标、留日学生经费情况、沦陷区青年学生选择赴日留学的原因、留日学生在日本的学习和生活情况、留日学生的

①　戴淑妮：《青岛日侨的学校教育（1914—1945 年）》，中国海洋大学硕士学位论文，2011 年。
②　相关研究可参考石嘉《日华学会与留日教育（1918—1945）》，《北京社会科学》2018 年第 5 期；陈珂琳、陈秀武《战后日华学会的重构与变迁（1947—1959 年）》，《东疆学刊》2021 年第 38 卷第 4 期。
③　王奇生：《沦陷区伪政权下的留日教育》，《抗日战争研究》1997 年第 2 期。
④　孔凡岭：《伪满留日教育述论》，《抗日战争研究》1997 年第 2 期。

爱国反抗活动、对留学生留日行为的评述等内容。① 周孜正的另一篇文章认为汪伪时期在日中国留学生的经费有两大来源：第一是日汪官方背景的各种津贴补助，第二是留日学生自筹的经费。② 余子侠的文章考察了伪华北政权的留日教育政策、留日学生选拔制度、留日学生经费管理、留日学生人数统计，认为日本借助伪华北政权积极推行留日奴化教育，其根本目的在于造就高级汉奸和奴化知识人才。③ 周一川的文章利用日本文部省档案和日华学会对中国留学生数量的统计，系统考证了 1906—1944 年各年度中国留日学生人数情况。④

　　徐志民的几篇论文，重点论述了日本政府的留日教育政策、留日学生在日本的活动及其对近代中国社会文化的影响。其文章《近代日本政府对伪蒙疆政权留日学生政策探微》利用日本档案考察了伪蒙疆政权成立前吸引蒙人留日的活动，伪蒙疆政权的建立及日本对其留日学生政策，并认为日本对伪蒙疆政权与其他日伪政权的留日教育政策存在不同之处，即侧重蒙古族人和喇嘛教徒的留日教育。⑤ 其文章《1918—1926 年日本政府改善中国留日学生政策初探》分析了大正中后期日本改变以往相对冷漠的中国留日学生政策，出台改善中国留日学生待遇的系列政策，其主要原因在于中国留日学生的反日斗争和欧美各国争夺中国留学生教育权的国际压力，以及本国各界人士要求反省和改进中国留日学生政策的呼吁。⑥ 其文章《九一八事变后日本政府对中华民国留日学生政策述论》系统阐述了九一八事变爆发后日本政府对中华民国留日学生的关注与调查，以及这一时期日本政府对中华民国留日学生接收政策的演变、戒备心理日重的教育实态和更加严

---

① 周孜正：《汪伪的留日学生教育》，《抗日战争研究》2004 年第 3 期。

② 周孜正：《浅论汪伪时期在日中国留学生的经费来源》，《抗日战争研究》2005 年第 3 期。

③ 余子侠：《日伪统治下的华北留日教育》，《近代史研究》2004 年第 5 期。

④ 周一川：《近代中国留日学生人数考辨》，《文史哲》2008 年第 2 期。

⑤ 徐志民：《近代日本政府对伪蒙疆政权留日学生政策探微》，《抗日战争研究》2008 年第 2 期。

⑥ 徐志民：《1918—1926 年日本政府改善中国留日学生政策初探》，《史学月刊》2010 年第 3 期。

密的监控管理政策。① 其文章《日本政府的庚款补给中国留日学生政策研究》提出日本国会通过"对华文化事业特别会计法案"以后，正式开启庚子赔款补给中国留日学生工作，日本政府由此垄断庚子赔款补给中国留日学生的大权，独自推出了特选留学生制度和选拔留学生制度。② 其文章《日本的中国留日学生政策（1937—1945）》主要论述了全面抗战爆发后留日学生的选拔与接收，留日奴化教育的实施，留日学生的监管与归国安置等内容。③ 这些文章采用了新的视角和新的档案资料，尤其重视利用日文档案资料，较为细致地研究了中日两国政府留学教育政策、留日学生在日本的活动、留日学生与近代中国社会文化的关系等，从而带动了留学教育史专题研究。

五是对庚子赔款补给演讲、考察的研究。日本出台的《对支文化事业特别会计法》包括补给中日间交换演讲与旅行考察的措施。清末大批官绅东渡日本考察，民国时期则出现大量学生赴日旅行考试，中国人赴日考察成为学者关注对象。杨雨青的文章认为清政府派人到日本考察本身就是一个意义重大的行动，众多的中国人对日本进行多方面的考察，在中国近代史上则更是第一次。考察虽然还有很多局限性，但毕竟对中国政治、军事、教育、经济和思想的近代化产生了影响。④ 孙雪梅的文章认为从清末至民初，游日者对日本教育的认识虽还不够系统、全面，但他们对其重视教育、发展教育的肯定，是显而易见的。⑤ 江沛的文章指出直隶省既注重派出留学生系吸取近代化知识，也注重派出官员考察力促观念转变，两相结合，有排除因制度与观念差异导致的近代化进程受阻的作用。直隶省派学生留学、派官员考察

① 徐志民：《九一八事变后日本政府对中华民国留日学生政策述论》，《抗日战争研究》2011 年第 3 期。
② 徐志民：《日本政府的庚款补给中国留日学生政策研究》，《抗日战争研究》2012 年第 3 期。
③ 徐志民：《日本的中国留日学生政策（1937—1945）》，《历史研究》2013 年第 3 期。
④ 杨雨青：《20 世纪初中国人对日本的考察》，《近代史研究》1993 年第 6 期。
⑤ 孙雪梅：《清末民初中国人的日本教育观》，《日本研究》1999 年第 1 期。

的做法，是后发国家区域近代化进程中的成功经验之一。① 周东恰的文章认为严修活用了赴日视察教育的心得，积极地在家乡创办新式学校，并将经验扩展到任职地方官员的施政，最后更进一步参与中央最高教育统辖机关学部的政策制定，其人对推动近代教育的贡献不言而喻。② 丁毅的硕士学位论文指出日本政府在接待中国赴日考察学生之后，因其本身即有通过修学旅行进行文化侵略的活动及想法，于是以退还庚子赔款为契机，支持中国学生赴日考察，使得中国学生赴日考察活动日渐频繁。③ 林志宏的文章侧重考察九一八事变以后日本利用庚子赔款组建"满蒙学术调查研究团"及其在热河的调查活动，分析了热河缘何成为伪满初期选择的调查范围，认为其调查活动宣扬了"殖民现代性"的信息，同时也是中、日两国"文化战"里一种权力的竞逐。④

2. 日本方面的研究

日本学界关于日本对华"文化事业"的研究起步较早，相关研究更为成熟，代表性的专著有阿部洋的《对支文化事业的研究：近代日中学术文化交流的一个片段》《对支文化事业的研究：战前期日中教育文化交流的展开与挫折》，山根幸夫的《东方文化事业的历史：昭和前期中日文化交流》，佐伯修的《上海自然科学研究所：科学者们的中日战争》，藤田佳久的《东亚同文书院学生记录的近代中国地域像》《悬在中日之间：东亚同文书院的群像》，马场毅的《近代中日关系史中的亚洲主义：以东亚同文会、东亚同文书院为中心》，佐藤恭彦、藤田佳久主编的《日本学生们的上海：上海日本中学学生与东亚同文书院学生》，三好章的《看亚洲的眼：东亚同文书院的中国研

① 江沛：《留日学生、东游官绅与直隶省的近代化进程（1900—1928）》，《史学月刊》2005 年第 5 期。
② 周东恰：《清末赴日视察风潮中知识分子的活动——以严修的教育活动及其贡献为中心》，《台湾师大历史学报》2011 年第 46 期。
③ 丁毅：《民国时期学生赴日考察研究——以 1918 年到 1937 年为重心》，华中师范大学硕士学位论文，2014 年。
④ 林志宏：《帝国的探险——1933 年"满蒙学术调查研究团"在热河》，《暨南史学》（台湾）2014 年第 17 期。

究》，青木义勇的《同仁会诊疗防疫班》，山本晴彦的《日本帝国的农业试验研究：华北产业科学研究所、华北农事试验场的开展与终结》等。

阿部洋的著作梳理了东亚同文会的"中国人教育事业"，东亚同文会在华文化工作构想，战前中国人留学生教育，以及北京人文科学研究所和上海自然科学研究所在华文化活动情况。① 阿部洋的另一著作主要介绍日本对华"文化事业"的历史背景、发轫、开展及蜕变，并对比分析了日本和美国的对华"文化事业"。② 山根幸夫的著作分别论述了东方文化事业委员会的成立经过、北京人文科学研究所和上海自然科学研究所活动情况、东方文化学院的设立、北京近代科学图书馆和上海近代科学图书馆的设立及其活动。③ 佐伯修的著作论述了上海自然科学研究所的成立、研究所岸上调查队活动、战争之下的研究所处境、研究所职员与中国文人的交流等内容。④ 藤田佳久的著作梳理了东亚同文会刊行《清国通商综览》所描绘的清末地区状况、东亚同文书院学生的中国旅行调查记录中的中国地区状况、20 世纪 20 年代中国地域的近代化、20 世纪前半期汉族人进入东北地域情况、中国 20 世纪 20 年代的现代意义等内容。⑤ 藤田佳久另一著作主要论述了东亚同文书院的成立、东亚同文书院教育情况、东亚同文书院学生大旅行调查、东亚同文书院学生与中国人的交流等内容。⑥ 马场毅主编的著作论述了近卫笃麿与东亚同文会的"中国保全"论、东亚同文会的亚洲主义、宫崎滔天与孙中山广州军政府的对日外交、东亚同文书院

①　阿部洋『「对支文化事业」の研究：近代日中学術文化交流史の一断面』アジア経済研究所、1976。
②　阿部洋『「对支文化事業」の研究：戦前期日中教育文化交流の展開と挫折』汲古書院、2004。
③　山根幸夫『東方文化事業の歴史：昭和前期における日中文化交流』汲古書院、2005。
④　佐伯修『上海自然科学研究所：科学者たちの日中戦争』宝島社、1995。
⑤　藤田佳久『東亜同文書院生が記録した近代中国の地域像』ナカニシヤ出版、2011。
⑥　藤田佳久『日中に懸ける：東亜同文書院の群像』中日新聞社、2012。

的台湾籍学生、东亚同文书院复兴问题与霞山会等问题。① 佐藤恭彦、
藤田佳久合编著作分别论述了上海日本中学校的诞生、上海日本中学
校学生教育情况、东亚同文书院的成立、东亚同文书院学生教育情况、
书院对战后上海的考察等方面。② 三好章主编著作分别关注了东亚同
文书院及其中国研究的体系、根岸佶与中国行会的研究、东亚同文书
院的 20 世纪中国社会论、日清贸易研究所研究的整理与课题等内容。③
山本晴彦的著作论述了华北农业试验研究机关、中日学院附设农事试
验场的设立、华北产业科学研究所的变迁情况、华北产业科学研究所
农业试验研究及其相关调查研究报告、从事农业试验研究的研究群体、
华北产业科学研究所经费问题、通州棉作试验场与中央铁路农场、战
后华北产业科学研究所的接收等内容。④

　　论文方面，出现大量专题研究，主要关注对华"文化事业"、日
本文化团体、"对满文化事业"、庚子赔款补给留学、中日间考察旅行
等问题。

　　一是对华"文化事业"研究。河村一夫的文章主要论述日本《对
支文化事业特别会计法》的出台、日本对华"文化事业"的开展、对
华"文化事业"官制情况、东方文化事业委员会的活动等内容。⑤ 马
场明的文章论述了日本对华"文化事业"发展的历史背景、日本方面
对于庚子赔款处理态度、"特别会计法"的出台和实施等方面。⑥ 熊本
史雄的文章主要论述日本外务省对华"文化事业"发展经过，认为对

①　馬場毅編『近代日中関係史の中のアジア主義：東亜同文会・東亜同文書院を
　　中心に』愛知大学東亜同文書院大学記念センター叢書、2017。
②　佐藤恭彦・藤田佳久編『日本人学徒たちの上海：上海日本中学校生と東亜同
　　文書院生』愛知大学東亜同文書院大学記念センター叢書、2017。
③　三好章編『アジアを見る眼：東亜同文書院の中国研究』愛知大学東亜同文書
　　院大学記念センター叢書、2018。
④　山本晴彦『帝国日本の農業試験研究：華北産業科学研究所・華北農事試験場
　　の展開と終焉』農林統計出版、2015。
⑤　河村一夫「対支文化事業関係史——官制上より見たる」、『歴史教育』第 15 巻
　　第 8 号、1967 年。
⑥　馬場明「対支文化事業特別会計の設置」、『国学院雑誌』第 83 巻第 11 号、
　　1982 年。

华"文化事业"旨在中国实行思想文化侵略和渗透，实行所谓"精神的帝国主义"。① 汪辉的文章论述了在华日侨中等学校发展状况、外务省利用庚子赔款补给日侨学校情况，并分析补给经费使用情况。② 阿部洋的文章阐述了日本对庚子赔款的处理政策与对华"文化事业"政策的出台，《对支文化事业特别会计法》的制定和公布，"对支文化事务局"、"对支文化事业调查会"的设置，早期对华"文化事业"的发展情况。③ 林志宏的文章主要考察了东方文化事业委员会委员桥川时雄在北京开展对华"文化事业"状况、北京人文科学研究所活动情况、桥川时雄在"满蒙"地区的调查活动。④ 潘吉玲重点探讨了中国艺术科学学会在20世纪20年代参与日本政府实施的对华"文化事业"具体情况，指出该学会成员曾呼吁日本对华"文化事业"独立于中日两国政府的政治干预，从而与掌握该"事业"实权的日本外务省发生冲突。⑤

　　二是日本文化团体研究。山根幸夫的文章认为上海日本近代科学研究所创设目的在于，一方面向中国介绍、传播日本文化，另一方面对中国、"满洲"、蒙古的实情展开积极的调查研究，上海日本近代科学图书馆成为日本对华"文化事业"重要一环。⑥ 米井胜一郎的文章介绍了上海日本近代科学图书馆成立的历史背景、图书馆经营情况、图书馆业务及中国方面的排斥等方面。⑦ 小黑浩司的文章考察了北京近代科学图书馆成立经过、发展轨迹，外务省对该图书馆的补给和监

① 熊本史雄「「近代」外務省「対支文化事業」の創出経緯——「精神的帝国主義」論の起源」、『ヒストリア』第173号、2001年。
② 汪輝「在華日本人中等学校財政政策に関する一考察——「対支文化事業」による補助過程を中心に」、『アジア教育史研究』第10巻、2001年。
③ 阿部洋「「対支文化事業」構想の形成過程」、『アジア教育史研究』第12巻、2003年。
④ 林志宏「「対支文化事業」における人物と学術調査：橋川時雄を中心として」、『東アジア近代史』第15号、2012年。
⑤ 潘吉玲「「対支文化事業」をめぐる日中両国学者の連携」、『アジア教育』第14巻、2020年。
⑥ 山根幸夫「上海日本近代科学図書館について」、『史論』第33号、1980年。
⑦ 米井勝一郎「上海日本近代科学図書館史の一研究」、『図書館文化史研究』第14号、1997年。

管情况，该图书馆在北京的文化学术活动，战后中国政府对该馆的接收。① 冈村敬二的文章梳理了北京近代科学图书馆在华活动，主要涉及搜集日语图书、中国方面的日本研究图书、中译日文图书，举办各种日语讲座、展览会，开展中译日本著作的出版活动等方面。② 川上尚惠的文章考察了日本在华北沦陷区设置的日语学校——北京近代科学图书馆附属日语学校和新民教育馆附属日语学校，两所学校目的在于向沦陷区民众灌输日语教育，实行文化同化政策和文化侵略活动，实为一种典型的思想文化统治。③ 津久井弘光的文章主要参考江汉高级中学校长齐藤重保的报告书，介绍了汉口同文书院如何发展成江汉高级中学、江汉高级中学活动情况、战时江汉高级中学的经营状况等内容。④ 韩立冬的文章考察了东亚同文会在华开办的天津中日学院、江汉高级中学及其教育情况，日本的特设预科制度与当时为留日学生特设私立预备教育机构、中国国内留日预备学校的关系，以及各留学生预备教育机构之间的关系等。⑤ 李雪的文章主要以天津中日学院的日本学生（日本补给生）教育为研究对象，考察了日本补给生的接收经过、补给生预科课程学习状况、补给生的教育和成绩、补给生的生活状况等内容。⑥ 细野浩二的文章以同仁会在东京开设同仁医药学校为例，考察了同仁医药学校的开设背景、建校宗旨、经营情况，以及

①　小黒浩司「北京近代科学図書館史の研究」、『図書館学会年報』第 33 巻第 33 号、1987 年。

②　岡村敬二「北京近代科学図書館の「日本」」、『日本研究：国際日本文化研究中心紀要』第 7 号、1992 年。

③　川上尚惠「占領下の中国華北地方における日本語学校——北京近代科学図書館付属日本語学校と新民教育館付属日本語学校（植民地言語教育の虚実）」、『植民地教育史研究年報』第 9 号、2006 年。

④　津久井弘光「漢口同文書院（江漢高級中学校）について——斉藤重保の報告書を中心に」、『近きに在りて』第 46 号、2004 年。

⑤　韓立冬「天津中日学院・江漢高級中学校の中国人教育：「対支文化事業」下の留日予備教育という視点から」、『年報地域文化研究』第 15 号、2011 年。

⑥　李雪「1930—40 年代の天津における日本人教育に関する一考察：天津中日学院の補給生を中心に」、『早稲田教育評論』第 29 巻第 1 号、2015 年。

该校留日学生教育状况。① 丁蕾的文章考察了同仁会成立的背景，同仁会在华活动的目的与宗旨，同仁会的人事及其运营状况，同仁会在华医疗卫生、医学教育及医学交流活动等方面。② 丁蕾的另一篇文章主要论述了同仁会早期创始人岸田吟香在中国的医学活动，认为岸田吟香的医疗活动偏重于利用日本先进的医疗、医药改善中国医疗社会状况，从而使中国在医疗上依赖日本，进而对抗和排挤西方在华势力。③ 此外，丁蕾的另一篇文章主要介绍同仁会机关杂志《同仁》的发行宗旨、发行情况，认为该杂志对当时中国卫生状况、日本近代医学研究状况的宣传起到一定作用。④ 大里浩秋的文章介绍了同仁会的成立背景及宗旨、同仁会在华医疗卫生和医学教育事业、同仁会的出版事业和《同仁》杂志发行情况及刊载内容等方面。⑤ 加藤茂生的文章介绍了上海自然科学研究所对中国资源的调查活动、上海自然科学研究所的管理情况、研究所日本职员的研究及生活状况等内容。⑥ 八耳俊文的文章主要考察了上海自然科学研究所化学科科员的经历、研究活动，研究所在科学史上的地位，战后研究所职员的学术活动等内容。⑦

三是"对满文化事业"研究。冈村敬二对此研究颇多，相继发表数篇力作。其文章《满洲国立奉天图书馆的历史》主要论述九一八事变后日本"对满文化事业"的出台、"满洲国立图书馆"的创建经过和经

① 細野浩二「所謂「支那保全」論と清国留日学生教育の様態——同仁会・東京同仁医薬学校を例にして」、『早稲田大学史記要』第 8 巻第 12 号、1975 年。
② 丁蕾「近代日本の対中医療・文化活動——同仁会研究」、『日本医史学雑誌』第 45 巻第 4 号、1999 年。
③ 丁蕾「医薬・医療と「日中連帯」——岸田吟香の諸活動を中心に」、『日本研究』第 31 号、2005 年。
④ 丁蕾「同仁会の機関誌「同仁」について」、『日本医史学雑誌』第 44 巻第 2 号、1998 年。
⑤ 大里浩秋「同仁会と「同仁」」、『神奈川大学人文学研究所報』第 39 号、2006 年。
⑥ 加藤茂生「上海自然科学研究所における研究と科学者の行動規範」、『歴史学研究』第 781 号、2003 年。
⑦ 八耳俊文「上海自然科学研究所化学科の人々の戦後（アジアの自然と文化）」、『青山学院女子短期大学総合文化研究所年報』第 16 号、2008 年。

营状况、外务省补给经费情况、图书馆成立后的主要文化活动等方面。①
其文章《内藤湖南与日满文化协会——以外务省文化事业部寄送内藤
书简为中心》考察了"日满文化协会"的成立经过及其宗旨、日本文
化协会会员情况、"日满文化协会"会员内藤湖南的研究活动、内藤
湖南与日满文化协会的关联等内容。② 其文章《日满文化协会、满日
文化协会刊物一览》介绍了"日满文化协会"成立经过、调查研究活
动、出版事业，认为其是日本"对满文化事业"的重要一环。③ 其文
章《罗振玉与日满文化协会——围绕人事问题》主要考察了"日满文
化协会"的成立、会员组成情况、罗振玉与该协会的关系、罗振玉与
该会日本成员的关系等内容。④ 其文章《从日满文化协会看"满洲国"
的文化活动——从昭和 12 年的〈转机〉到昭和 16 年的〈艺文纲要〉》
介绍了"日满文化协会"在伪满洲国组织的各种文化艺术活动，认为
这种文化艺术活动带有明显的政治色彩和殖民同化意味，侧面反映出
当时伪满社会文化面向。⑤ 此外，柴田干夫的文章论述了日本佛教徒
水野梅晓与"日满文化协会"的关联以及水野梅晓对中国佛教、中日
宗教文化交流的调查与研究，中国经济发展状况的调查研究等。⑥ 大
场利康的文章论述了"满洲图书馆""国立奉天图书馆"的成立及其
活动，"国立中央图书馆筹备处"的成立，国务总理大臣管辖期的
"国立中央图书馆筹备处"情况，伪满文教部管辖期的"国立中央图
书馆筹备处"活动，"国立中央图书馆筹备处"与日本国立国会图书

①　岡村敬二「満州国立奉天図書館の歴史」、『大阪府立図書館紀要』第 30 号、
　　1994 年。
②　岡村敬二「内藤湖南と日満文化協会——外務省文化事業部宛内藤書簡を中心
　　に」、『人間文化研究』第 3 号、2000 年。
③　岡村敬二「日満文化協会・満日文化協会刊行物一覧」、『文献探索』第 10 号、
　　2001 年。
④　岡村敬二「羅振玉と日満文化協会——人事問題をめぐって」、『人間文化研究』
　　第 5 号、2001 年。
⑤　岡村敬二「日満文化協会にみる「満州国」の文化活動——昭和 12 年の「転
　　機」から昭和 16 年「芸文要綱」まで」、『人間文化研究』第 7 号、2001 年。
⑥　柴田幹夫「水野梅暁と日満文化協会」、『仏教史研究』第 38 号、2001 年。

馆的关联等内容。①

　　四是庚子赔款补助留学研究。主要包括庚子赔款补助中国人留学日本和日本人来华留学两方面的专题研究，相关论著颇多。大里浩秋与孙安石合编的《中国人日本留学史研究的现阶段》分别论述了清末留日学生教育先驱嘉纳治五郎，清末速成留日教育的争论，清末留学生"监督"行政，清末至 1930 年代中国留学生的留学经费及生活调查，南京国民政府时期的日本留学，对华"文化事业"与伪满留学生的派遣等问题。② 大里浩秋与孙安石合编的《从留学生派遣看近代中日关系史》主要关注近代日本来华留学生，全面侵华战争爆发以前外务省向中国派遣的日本留学生，全面侵华战争爆发以前中国人留学生的实习与见学，日本派遣来华第一、二、三种补给生，伪满留日学生的派遣，善邻协会与近代内蒙古留学生教育，日本占领华北期间留日学生动向，维新政府与汪精卫政权的留学生政策等问题。③ 河路由佳等人的著作以东京高等农林学校的中国留日学生为个案，考察了日本战时体制下的农业教育与中国人留学生的农业教育，战时体制下的东京高等农林学校及其留日学生，战时体制下中国留学生在日本的留学体验等问题。④ 刘振生的著作论述了伪满洲国的留日教育政策、伪满洲国留日学生的派遣、伪满留日学生在日本的学习和生活、伪满留日学生归国后的人生际遇，伪满留日学生在国内的"同学会"、伪满留日学生与日本友人的交流等问题。⑤ 阿部洋的文章论述了中日两国关于庚子赔款补助留日学生政策的争论、国民政府革命外交与学费补给问题、文化事业部的学费补助制度调整方向等。⑥ 周一川的文章涉及

---

①　大場利康「満洲帝国国立中央図書館籌備処の研究」、『参考書誌研究』第 62 号、2005 年。

②　大里浩秋・孫安石編『中国人日本留学史研究の現段階』御茶の水書房、2002。

③　大里浩秋・孫安石編『留学生派遣から見た近代日中関係史』御茶の水書房、2009。

④　河路由佳・淵野雄二郎・野本京子『戦時体制下の農業教育と中国人留学生：1935—1944 年の東京高等農林学校』農林統計協会、2003。

⑤　刘振生：《"满洲国"日本留学史研究》（日文版），吉林大学出版社，2004。

⑥　阿部洋「戦前日本の「対支文化事業」と中国人留学生——学費補給問題を中心に」、『国立教育研究所紀要』第 121 号、1992 年。

伪满洲国留日教育政策、伪满派遣留日学生人数、伪满留日学生在日
本学习和生活实态等问题。① 周军的文章论述了伪满洲留日教育政策,
广岛高等师范学校的伪满留日学生人数、学习状况及回国后的情况等
问题。② 三好章的文章主要论述了七七事变以前国民政府的留学生政
策、伪维新政府的留学生政策、伪华北临时政府的留学生政策、汪伪
政府的留学生派遣政策等内容。③ 川岛真的文章考察了华北事变期间
中国留日学生的反应、全面抗战爆发后伪华北政权的留日学生派遣、
华北留日学生在日本学习生活状况、华北留日学生回国后的活动等问
题。④ 中村翠的文章考察了特选留学生陶晶孙的留学经历及其对他回
国后的影响、陶晶孙在中国医学界的地位、陶晶孙对中国社会改革事
业的探索等问题。⑤

　　五是中日间考察旅行研究。包括外务省补助中国人在日本旅行考
察和日本人在中国的旅行考察两方面的专题研究。田正平的文章论述
了清末中国知识分子赴日考察概况、清末知识分子对日本教育的考察
体会、考察人员回国后与中国教育事业的转型和改革等内容。⑥ 熊达
云的著作论述了中国官民赴日考察的历史、中国官民赴日考察热潮的
形成过程、中国官民赴日考察全貌、中国官民对日本宪法的考察、清
末考察人员对中国近代化的影响、考察人员与立宪事业的实践等内
容"。⑦ 汪婉的著作论述了清末中国人赴日游历的各阶段及其特异性、
戊戌变法期间的教育改革与日本教育的情报源、日本近代学制的引进、

①　周一川「"満州国"の留学政策と留日生概況と事例研究」、『アジア教育史研
　　究』第 8 号、1999 年。
②　周軍「「満州国」留学生と広島高等師範学校」、『広島東洋史学報』第 9 号、
　　2004 年。
③　三好章「維新政府と汪兆銘政権の留学生政策制度面を中心に」、『人文学研究
　　所報』第 39 号、2006 年。
④　川島真「日本占領期華北における留日学生をめぐ動向」、『中国研究月報』第 8
　　号、2007 年。
⑤　中村みどり「「対支文化事業」と陶晶孫：特選留学生としての軌跡」、『中国研
　　究月報』第 67 巻第 5 号、2013 年。
⑥　田正平「清末における中国知識人の日本教育視察」、『國立教育研究所研究集
　　録』第 25 号、1992 年、33 頁。
⑦　熊達雲『清末中国対日教育視察の研究』成文堂、1998、4—6 頁。

对日教育视察与新学制的实施、清末中国游历官绅对日观、吴汝纶与张百熙的教育改革事业、张之洞的学制推进事业、各省提学使的日本教育视察、张謇的日本教育考察与教育实践等问题。[1] 孔颖的文章论述了清末中国官民对日本监狱制度的考察和认识，考察人员对中国监狱制度的改革主张和实践等内容。[2] 彭程的文章论述了全面抗战时期沦陷区赴日考察团概况、"新民学院"赴日考察团在日本考察情况及对日本的认识等内容。[3] 宋安宁的文章考察了九一八事变以前日本兵库县教育会考察团的考察人选与考察目的、考察路线，考察者与当地人的交流，考察者对殖民统治地区的再认识以及考察者的中国观等问题。[4] 宋安宁的另一篇文章考察了 1939 年日本小学教员考察团的选拔及其在伪满洲国和关内伪政权的考察活动，考察团对伪满和关内伪政权的认识等问题。[5] 此外，宋安宁的另一篇文章论述了伪满洲国建立后日本兵库县教育会考察团 "中国满鲜视察旅行" 特征，包括 "视察" 目的、人员构成、"视察" 地点的选择等。[6]

3. 欧美方面的研究

美国学者费正清等主编的《剑桥中国晚清史》（下卷）部分章节也提到中日文化交流，其中有一章专门论述了近代留日学生群体，称 "中国学生前往日本留学的活动很可能是到此时为止的世界史上最大规模的学生出洋运动。它产生了民国时期中国的第一代领袖。在规模、深度和影响方面，中国学生留日远远超过了中国学生留学其他国家"。[7] 不

---

① 汪婉『清末中国対日教育視察の研究』汲古書院、1998、1 頁。
② 孔穎「清末中国における監獄制度の改革と日本——清末中国官民の日本監獄視察を中心に」、『アジア文化交流研究』第 2 号、2007 年、411 頁。
③ 彭程「戦時下における華北・中国人学生の「日本視察旅行」：国立新民学院を事例に」、『国際文化学』第 23 号、2011 年、1 頁。
④ 宋安寧「兵庫県教育会による小学校教員の「支那満鮮視察旅行」に関する研究：「満州国」建国前を中心として」、『神戸大学研究論叢』第 15 号、2008 年、29 頁。
⑤ 宋安寧「1939「昭和 14」年の「小学校教員満州国及中華民国視察」に関する研究」、『国際文化学』第 20 号、2009 年、51 頁。
⑥ 宋安寧「兵庫県教育会による教員の「支那満鮮視察旅行」：「満洲国」建国直後を中心として」、『社会システム研究』第 21 号、2010 年。
⑦ 〔美〕费正清、刘广京编《剑桥中国晚清史》（下卷），中国社会科学院历史研究所编译室译，中国社会科学出版社，1985，第 404 页。

少学者专门考察了日本在中国台湾、东北等地的侵略活动。荆子馨的著作《变成日本人：殖民地台湾和政治认同的形成》重点论述了日据台湾时期，日本在台湾的文化同化政策，"分析了台湾民众在日本当局文化同化政策下进行斗争的方式"。①

松坂义久著作《日本满洲的形成（1904—1932）》比较详细地梳理了日本在中国东北的侵略行径，分析了"日本国内形势变化对其侵略满洲政策的影响"。② 桑德拉·威尔逊著作《满洲危机与日本社会（1931—1933）》较为全面地剖析了日本各社会阶层对九一八事变的态度，"对帝国主义和民族主义问题提出新的理解"。③ 拉塞尔爵士的著作《武士道与武士：日本战争罪简史》较为客观地梳理了日本的侵华罪行，论述了九一八事变后至抗战结束期间，日本侵略军在亚洲各国，尤其在中国肆意掠夺、屠杀平民和战俘等种种暴行，"记录南京大屠杀悲惨一幕，并考察了日本侵略者无视人类基本道德准则的深层次原因"。④ 卡尔·W. 扬著作《日本在满洲特殊地位之研究》比较系统地论述了日本在中国东北的侵略过程，"日本在俄国修建中东铁路之际开始攫取中国东北地区的特权，如司法裁判权，尤其是城市税收、地方法院审判权、警察监狱制度及铁路驻守权等的历程，《朴次茅斯条约》的签订使日本最终获得这些特权"。⑤ 杜赞奇的著作《主权与真实性：满洲国与东亚现代进程》，"论述了日本在伪满洲国的殖民和经营，指出伪满洲国的'现代化历程'是在日本殖民统治和战时体制之下进行的，带有明显的殖民同化色彩"。⑥

---

① Leo T. S. Ching, *Becoming Japanese: Colonial Taiwan and the Politics of Identity Formation*, Oakland: University of California Press, 2001, p. 62.
② Yoshihisa Tak Matsusaka, *The Making of Japanese Manchuria, 1904 - 1932*, Cambridg: Harvard University Press, 2001.
③ Sandra Wilson, *The Manchurian Crisis and Japanese Society, 1931 - 1933*, London: Routledge, 2001, p. 5.
④ Lord Russell of Liverpool, *The Knights of Bushido: A Short History of Japanese War Crimes*, London: Greenhill Books, 2002, pp. 43-44.
⑤ 〔美〕杨格窝尔德：《日本在满洲特殊地位之研究》，叶天倪译，商务印书馆，1933，第40页。
⑥ Duara Prasenjit, *Overeignty and Authenticity: Manchukuo and the East Asian Modern*, London: Rowman and Littlefield Publishers, 2004, p. 246.

菲利普·S. 约维特与约翰·伯格尔合著的《太阳的射线：1931—1945 年日本的亚洲盟国中国和满洲国》比较全面地分析了日本在中国沦陷区残酷的殖民统治，"考察了伪满洲国、汪伪政府等七个日伪傀儡政权与日本帝国主义的关联，指出日伪政权组建上百万伪军来维持其统治，这些伪军对日本的侵华战争起到一定影响"。[1] 帕克斯·M. 科布尔著作《日本新秩序下的中国资本家：被占领的长江下游地区（1937—1945)》梳理了日本在长江中下游地区的经济侵略和渗透活动，认为"日本的侵略和掠夺严重冲击了中国长江中下游地区的工商业，许多工商业者被迫与日本和日伪政权合作，日本的殖民统治对中国工商业结构和企业文化均产生巨大消极影响"。[2]

S. C. M. 潘恩的著作《1894—1895 年的中日战争：观察、力量和地位》"论述了长期为西方学术界所忽视的甲午中日战争，考察了甲午战前中日两国的战争准备和动员情况，战争期间中日两国力量对比，甲午战后对中日两国的影响等内容"。[3] 周锡瑞的著作《改良与革命：辛亥革命在两湖》"认为陈天华的反帝爱国主义在排满主义之前，反映出当时两湖地区的学生运动思想倾向，指出包括留日学生在内的学生群体是中国改良和革命事业的先锋"。[4] 任达的著作《新政革命与日本：中国，1898—1912》主要考察了 1898 年至 1907 年期间的中日关系，"认为这段时间堪称中日关系的'黄金十年'，日本对中国新政改革事业起到一定作用"。[5] 傅佛果的著作《内藤湖南：政治与汉学（1866—1934)》主要梳理了内藤湖南的汉学研究，指出"内藤湖南认为中日两国'同文'，拥有共同的文化，主张将中日两国未来联系起

---

[1]　Philip S. Jowett and John Berger, *Rays of the Rising Sun：Japanese Asian Allies 1931-45 China and Manchukuo*, Solihull：Helion Publishing, Incorporated, 2003, p. 6.

[2]　Parks M. Coble, *Chinese Capitalists in Japan's New Order：The Occupied Lower Yangzi, 1937-1945*, Okland：University of California Press, 2003, pp. 206-207.

[3]　S. C. M. Paine, *The Sino-Japanese War of 1894-1895：Perceptions, Power, and Primacy*, Cambridge：Cambridge University Press, New Ededition, 2005, pp. 369-370.

[4]　〔美〕周锡瑞：《改良与革命：辛亥革命在两湖》，杨慎之译，江苏人民出版社，2007，第 57 页。

[5]　〔美〕任达：《新政革命与日本：中国，1898—1912》，李仲贤译，江苏人民出版社，2010，第 7 页。

来思考，抵御欧美帝国主义侵略中国和日本"。①

　　此外，亦有学者关注日本对华文化政策问题。史亨昭在《1918—1931 年日本对华文化政策：比较视角》一书中认为，现有的大多数关于近代日本对华文化政策的研究均体现了文化帝国主义范式。然而，事实是日本在务实利益、国际文化竞争、民族中心主义、道德主义和理想主义等因素的影响下，依然重视中国意见，并积极寻求与中国政府的合作。可以说，日本的对华文化政策在一定程度上强调了文化交流和包容性，而非单纯的文化统治和排他性。② 顾若鹏则主要探讨了日本战时舆论宣传的问题，他认为，日本在理论上借用了儒家的君权神授思想，并以此为侵略行径进行舆论宣传与辩护。同时，日本制作海报的主题亦反映了其中强烈的文化殖民思想，包括颂扬日本统治的美德、引发群众对共产党的厌恶等。③ 安妮卡·卡尔弗在《颂扬帝国：伪满洲国的日本前卫艺术宣传》中认为，众多日本左翼知识分子、作家和艺术家支持日本在中国东北的殖民扩张主义，不仅是因为威权国家的恐吓，还因为"满洲国"代表了那些左翼人士期待的"东亚现代性愿景"。④ 路易丝·杨则讨论了九一八事变与新闻媒介之间的联系，她认为，"没有政府的推动，是新闻媒体率先推动了战争"，通过广播、报刊等大众传媒，媒体跟进这场战争，并非因为政府的强制，而是因为这符合商业利益。⑤

　　东亚同文书院亦是欧美学者关注的重点。傅高义在《中国和日本：1500 年的交流史》一书中梳理了中日两国长达 1500 年的交流发展史，并提及东亚同文书院在双方文化交流中的作用。他指出，由于甲午战

---

① 〔美〕傅佛果：《内藤湖南：政治与汉学（1866—1934）》，陶德民、何英莺译，江苏人民出版社，2016，第 72 页。

② Heng Teow, *Japanese Cultural Policy Toward China 1918-1931：A Comparative Perspective*, Cambridge：the Harvard University Asia Center, 1999.

③ Barak Kushner, *The Thought War Japanese Imperial Propaganda*, Hawaii：University of Hawaii Press, 2006.

④ Annika A. Culver, *Glorify the Empire：Japanese Avant-Garde Propaganda in Manchukuo*, Toronto：University of British Columbia Press, 2013.

⑤ Louise Young, *Series：Twentieth-Century Japan：The Emergence of a World Power*, University of California Press：Berkeley, 1998.

后国际形势的变化，中日两国在各自需求下进行合作。一方面，中国往日本派遣大量留学生，另一方面日本也派遣日籍专家和学生来中国交流，遂有东亚同文书院的成立。[①] 任达的《战前中国的中国区域研究：1900—1945 年日本在上海的同文书院》一文主要分析了东亚同文书院对中国近代史的影响。[②] 在前文研究基础上，任达在另一篇文章《培养年轻的中国通：同文书院及其前身（1886—1945）》中论述了东亚同文书院与日本侵华之间的紧密联系。他认为，东亚同文书院的成立虽在一定程度上促进了中日之间的文化交流，但其培养的"中国通"及相关调查活动在日本侵华历史中扮演了重要角色，这无疑严重损害了中国的利益，加剧了双方的矛盾和冲突。[③]

通观国内外学界对日本对华"文化事业"、中日关系史的专题研究，可以发现国内外学者已经取得一定成就，出现了大批力作和专著，为相关领域的深入研究提供了重要借鉴和参考。然而，既往研究尚存在一些疏漏和不足，主要表现在以下几个方面。

首先，对战时日本在沦陷区的文化侵略研究相对薄弱。梳理既往研究可以发现，国内外学者对全面抗战时期日本在沦陷区的文化侵略研究尚显薄弱，学者更多关注抗战时期日本在中国的政治、经济和军事侵略。国内学者尚未充分整理、翻译日本相关档案，导致相关问题研究未能全面深入展开；国外学者也没有系统梳理全面抗战时期日本在各沦陷区的文化侵略史实，日方不少学者甚至回避其文化侵华行径，对于日本对华"文化事业"的根本性质语焉不详。事实上，日本不仅在中国实行政治、军事和经济侵略，而且加紧实施文化侵略，其对华"文化事业"即属于典型的文化侵略，其目的在于配合政治、军事和经济侵略，强化在中国沦陷区的"精神教育""思想奴役""文化同化"，进而彻底征服中国民众、维系日本在中国的殖民统治。可以说，

---

① 〔美〕傅高义：《中国和日本：1500 年的交流史》，香港中文大学出版社，2019。

② Douglas R. Reynolds, "Chinese area studies in prewar china: Japan's Tōa Dōbun Shoin in Shanghai, 1900-1945," *The Journal of Asian Studies*, Vol. 45, No. 5 (Nov 1986).

③ Douclas R. Reynolds, "Training Young China Hands: Toa Dobun Shoin and lts Precursors 1886-1945," Peter Duus, Romon H Myers, Mark R Peattie, *The Japanese Informal Empire in China, 1895-1937*, Princeton: Princeton University Press, 1989.

日本的文化侵略构成了"无硝烟的战场"，在其侵华过程中发挥了重要作用，是不容忽视的问题。

其次，近代日本在华调查资料利用不够。既往研究更多利用国内档案资料，严重忽略了日文在华调查资料的整理与研究。欲深入日本对华"文化事业"，必须掌握大量日文档案。日本管理对华"文化事业"之机构起初由日本外务省文化事业部管辖，后改为兴亚院、大东亚省、文部省管辖，欲深入研究相关问题，必须掌握大量的日文档案。然而，国内学者大多未能参考日文档案，偶有利用者，仅限于留学教育研究领域。实际上，日本各大馆藏机构收藏了大批与本研究相关的档案资料，如外务省档案馆就藏有大量关于"东方文化事业"相关档案，其中多数档案尚待学者整理、利用。此外，日本国立公文书馆、国立国会图书馆、防卫省防卫研究所、东洋文库、爱知大学霞山文库、东京大学图书馆等馆藏机构均藏有大量相关资料。这些档案资料如能得到整理、利用，必将极大拓展相关问题研究，同时也将极大丰富和拓展中国近代史、抗日战争史及中日关系史等专题研究。

最后，研究方法上仍需打破思维定式。首先，要重视实证和分析的研究方法。国内学者均将日本对华"文化事业"视为典型的文化侵略，然而日本究竟在中国进行了哪些文化侵略与渗透？由哪些机构和团体从事这些文化侵略活动？日本的文化侵略如何紧密配合其侵华政策和侵华战争？日本对华文化侵略的效果如何？日本文化侵略与其政治、军事、经济侵略有何关联？这些问题均需要学者充分搜集整理档案，进行严谨、细致、翔实的考证，以证明日本对华"文化事业"实为文化侵华活动。在评价日本对华"文化事业"时，需要借鉴唯物辩证法，采用宏观与微观分析方法，分时段对日本的文化侵略进行动态考量：全面抗战以前日本利用民间团体在华进行文化活动，但此种文化活动仍属于隐秘的文化侵略，全面抗战以后其文化侵略性质则更为明显；日本对华"文化事业"表面上在沦陷区开展文化、教育、医疗、科研等方面的工作，其根本目的仍然是一种文化同化和渗透行为，其目的在于维系其殖民统治，因而需要学者对此进行客观分析。此外，日本对华"文化事业"包括文化、教育、学术、农业、医疗、社会、宗教等各方面的活动，因而需要打破以往单一的政治史、经济史研究思维，充分利用社会文化史、医疗卫生史、文化教育史等新方法和新视角。

三　研究内容

本书大体框架分为绪论、正文和结语三大部分，其中正文部分细分为七个专题研究内容，各部分研究内容如下。

绪论部分主要分析选题缘起、选题意义，梳理中国（包括台湾）、日本、欧美国家学者相关研究状况，介绍主要研究内容及方法。

第一章主要论述早期日本对华"文化事业"。该章梳理清末以来日本在华民间团体及其活动情况；分析日本《对支文化事业特别会计法》的出台背景、日本当局的态度、对华"文化事业"体系；论述早期日本对华"文化事业"的发展状况，介绍东方文化事业委员会、北京人文科学研究所、上海自然科学研究所的设置及其在华活动情况；分析中国各界对于《对支文化事业特别会计法》的态度，揭露日本实行文化侵华的本质。

第二章主要论述日本侵华时期"对满文化事业"。该章重点论述九一八事变以后日本外务省出台"对满文化事业"过程及内容；介绍伪满国立文化研究院、图书馆、博物馆、"日满文化协会"等文化机构及其渗透活动，以及伪满留日教育政策；介绍当时国内学界对日本出台"对满文化事业"政策的反应，分析日本"对满文化事业"的文化侵略与文化同化的本质。

第三章主要论述日本侵华时期东亚同文会在华"教育事业"。包括其在中国的办学活动，诸如创办和经营上海东亚同文书院、天津中日学院、江汉高级中学等。该章还比较了上海东亚同文书院、天津中日学院和江汉高级中学三校办学的异同点，揭露了东亚同文会利用办学活动在中国实行文化侵略和渗透的性质。

第四章主要论述日本侵华时期同仁会对华"防疫事业"。该章主要介绍七七事变以后日本出台对华"防疫事业"的缘由，梳理同仁会在中国沦陷区的医疗防疫机构及其活动情况，论述了抗战后期同仁会在华医疗卫生机构的扩张和发展情况，分析同仁会对华"防疫事业"发展特质，揭露了同仁会打着"医疗救济"的幌子在沦陷区实行文化同化的行径。

第五章主要论述日本侵华时期日华学会"留日学生管理事业"。该章主要论述日华学会缘起及机构情况；日华学会经营的留日学生管理业务，诸如建造留日学生寄宿舍、创办东亚学校、接待中国人赴日旅行视察团；日华学会改善留日学生待遇的举措，诸如介绍留日学生入学或转学、实习、见学及就职，救助关东大地震受灾留日学生，举办各种留日学生文娱活动，加强对留日学生的管理；评述了战时体制下日华学会的根本目的和性质。

第六章主要论述侵华时期日本在华"图书馆事业"。该章主要介绍了日本外务省利用庚子赔款在华创建的北京近代科学图书馆、上海近代科学图书馆，分析了北京和上海两图书馆成立的背景，论述了抗战时期北京近代科学图书馆和上海近代科学图书馆的发展情况，比较分析了二者的运营模式和共同特点，分析了战时日本当局对北京、上海两图书馆的监管和控制以及图书馆性质的蜕变，揭露了日本外务省利用图书馆推行文化侵略和渗透的本质。

第七章主要论述侵华时期日本在华"农业研究事业"。该章以日本外务省在华北所设农业研究机构——华北产业科学研究所为个案，介绍了华北产业科学研究所的成立背景及早期发展情况，全面侵华时期华北产业科学研究所的扩张情况，华北产业科学研究所在华北沦陷区的试验研究、农业调查活动、粮棉增产计划、防疫药品的制作与分发、植树造林工程等各种活动，并分析了华北产业科学研究所实为日本当局实行"以战养战"策略的重要机构。

结语部分主要总结甲午战争以后日本在华各种文化侵略与渗透活动，总结了东亚同文会、同仁会、北京人文科学研究所和上海自然科学研究所等在华文化渗透活动；重点论述抗战时期日本"对满文化事业"，东亚同文会在华"教育事业"，同仁会"对华防疫事业"，日华学会"留日学生管理事业"，日本在华"图书馆事业"及日本在华

"农业研究事业"，分析了日本对华"文化事业"的文化侵略与渗透本质。最后，进一步分析日本的文化侵略与其侵华战争的关系。利用社会文化史研究方法，兼顾其他专门史研究方法，打破以往单一的政治史、军事史或经济史的研究方法，论证了日本对华"文化事业"实为典型的文化侵略活动。

第一章
早期日本对华"文化事业"

　　明治维新以后，日本加紧实施"殖产兴业""富国强兵"政策，日益走上对外扩张道路，中国成为其觊觎的主要对象。甲午战争中，日本战胜昔日的"天朝大国"，不仅改变了传统的东北亚国际关系格局、中日国际地位，也极大地刺激了日本侵华野心。日本当局妄图通过直接的军事侵略、经济侵略，以及渐进的文化侵略，从根本上征服全中国。日本以"关注中国时势""研究中国问题"为名，成立各种民间团体，发展所谓的对华"文化事业"。① 早期日本对华情报活动和调查活动，基本由隐蔽性较好、与中国关系"密切"的民间团体负责开展，这类民间团体实际上由日本贵族、华族、高层官员倡议，联合一批熟知中国事情的"中国通"组建而成，以便及时开展对华情报工作。不过，抗日战争全面爆发以前，这些团体的规模和影响有限，大多在日本势力较为集中的地方开展活动，加之民国以后中日关系不断恶化，受到中国民众此起彼伏的反日运动冲击。

---

① 国内关于早期日本对华"文化事业"的研究成果主要有：孙颖、徐冰《"北京人文科学研究所"筹建始末——20 世纪上半叶日本对华文化侵略之典型一例》，《求是学刊》2007 年第 5 期；孙颖、徐冰《"东方文化事业委员会"活动研究》，《宁夏社会科学》2014 年第 2 期；徐志民《从合作到对抗：中国人眼中的"东方文化事业"（1923—1931）》，《社会科学研究》2017 年第 4 期。日本代表成果有：河村一夫「対支文化事業関係史——官制上より見たる」『歴史教育』第 15 卷第 8 号、1967 年；阿部洋「『対支文化事業』の成立過程」『日本の教育史学』第 21 号、1978 年；馬場明「対支文化事業特別会計の設置『日本文化と海外文化』」『国学院雑誌』第 83 卷第 11 号、1982 年；阿部洋「戦前日本の『対支文化事業』と中国人留学生——学費補給問題を中心に」『国立教育研究所紀要』第 121 号、1992 年；阿部洋「『対支文化事業』構想の形成過程」『アジア教育史研究』第 13 卷、2003 年。

1923 年，日本国会通过《对支文化事业特别会计法》，日本政府撕掉伪装的面纱，从幕后走到台前，开始利用庚子赔款在中国成立文化机构，发展所谓的"文化事业"，同时以庚子赔款资助东亚同文会、同仁会、日华学会等民间团体扩张势力。与此同时，外务省还利用庚子赔款在中国创办图书馆与农业研究机构、资助中国学生赴日留学、补助中日旅行视察团和中日学者演讲等。日本当局通过这些"文化事业"不断加强其在中国的文化侵略与渗透活动。

第一节　早期日本在华民间团体及其活动

明治维新后，日本在走上"富国强兵"道路的同时，紧随欧美列强的侵略步伐，开始垂涎于周边国家尤其是中国的领土。为了实行所谓"大陆政策"，日本在政治、经济、军事、文化上对华全面下手，文化侵略和渗透成为其侵华的第二战场，对以后发动的侵华战争起到重要作用。早期日本在中国的文化渗透和调查研究活动，主要由民间团体实施。这种民间团体虽然不由日本政府组建，却与日本官方、军方有千丝万缕的联系，它们以"研究中国问题""促进中日文化交流"为名，实则刺探中国各地情报，为日本政府制定、实施侵华政策提供信息。

一　早期民间团体

明治初期，日本就开始谋划成立专门研究"中国问题"的团体。日本内务卿大久保利通奉使北京期间，深感"对华问题"的重要性，积极谋划成立专门研究"中国问题"的文化团体。1877 年 12 月，大久保利通趁中国首任驻日公使何如璋、副使张斯桂等抵达东京之际，为两国交换留学生及善邻亲睦起见，纠集少数有志之士，创设振亚社，不时集会。① 大久保利通在"纪尾井坂之变"中遭到岛田一郎等人暗

---

① 〔日〕东亚同文会编《对华回忆录》，第 466 页。

杀，振亚社也因此宣告解散，两年后由另一新的团体兴亚会继承其"事业"。

1880 年 3 月 9 日，锅岛直大、长冈护美、大久保利和（大久保利通之子）、渡边洪基等人在神田锦町的学习院召开兴亚会第一次成立大会，中国公使何如璋致祝词，会后推选长冈护美担任会长、渡边洪基为副会长。兴亚会成立目的在于为日本培养"通晓中国语言和中国情势"之人员。"今设立兴亚会，其黉舍于本邦东京，将来亦设一校于清国上海，而广会两国之士，言语相传、情势相通，以大有所讲求焉。"① 兴亚会成立后，在芝爱宕下的天德寺内创办中国语学校，聘请丸山孝一郎为校长，张滋昉、大立为一、广部精等人为教师，招收日本学生，专门讲授中文，作为该会的附属事业。兴亚会办学期间共培养了 100 余名学员，其中川岛浪速、小田切万寿之助、懒川浅之进、恒屋盛服、足立忠八郎、田边熊三郎、丰岛舍松、七里恭三郎、铃木恭坚等，皆为明治中期以后在中日外交界或财经界颇为活跃的人物。② 从兴亚会名称可以看出，日本妄图成为领导整个亚洲的"主导者"。这引起当时旅日中国人士的警惕和批评。不少人认为，日本动辄倡导"兴亚"，未免太过狂妄自大，因此提议更改会名，几经争议，最后决定将其改为亚细亚协会，至 1899 年合并于东亚同文会。③

日本在全面侵略中国之前，成立了大量调查机构和团体，形成广泛而又细致的情报网络，在中国各地搜集情报和信息。甲午战争以后，日本官方、民间掀起研究"中国问题"的热潮，例如"早稻田大学学生组建同人会，东京帝国大学学生成立同明会，二者均以讨论中国问题为主题"。④ 1897 年，犬养毅纠集各方名流，将同人会和同明会合并为东亚会，东亚会是一个为"研究东亚问题尤其是中国问题"而设立的团体。⑤ 东亚会主要会务有："发行机关杂志；研究时事问题，并随

①　興亜会編『興亜会仮規則』、1880、2 頁。
②　黒龍会編『東亜先覚志士記伝 上巻』、1933、416 頁。
③　〔日〕东亚同文会编《对华回忆录》，第 466 页。
④　滬友会編『東亜同文書院大学史』、1955、16 頁。
⑤　对支功劳者傅记编纂会『对支回顧録 上巻』、1936、679 頁。

时发表所见；促使旅居横滨及神户中国人中有笃志者入会；准许辅佐光绪帝变法自强的康有为、梁启超入会。"① 东亚会成立之际，近卫笃麿联合岸本吟香、荒尾精等人组建新的团体——同文会，由近卫笃麿担任会长。同文会是自诩以"启发中国人，挽救东亚局势"为宗旨的民间团体。② 此后日本成立的东亚同文会，就是由东亚会及同文会两个团体合并而成。

东亚会和同文会，宗旨大体相同，皆标榜为"谋求挽救东亚局势而设立"，但二者之间亦存在一些差异。东亚会含有比较浓厚的政治色彩，较为关注中国时势，康有为、梁启超等改革派一度请求东亚会声援维新变法，东亚会也曾同情维新派人士，并允许他们入会。同文会与东亚会正好相反，认为维新派人士属于清廷的"叛逆之徒"，因此反对康有为、梁启超等改革派入会，以免对其造成不利影响。同文会尽量避免过多干预政治，主张以发展文化事业为原则，并时刻警惕该会卷入任何政党或政派之争。对待康有为、梁启超等维新派，东亚会比较激进，而同文会比较保守。东亚会与同文会的成立宗旨虽然同为"挽救时局"，但是二者的方法不尽相同，前者以"研究中国问题"为前提，而后者则以组织一个"启发中国人"的团体为路径。③ 事实上，两者合并后的东亚同文会，是以同文会的原则为准绳，"协力"外务省发展对华"文化事业"，在中国各地设支部、办学校，表面上"协力"中国文化教育的发展，实则趁机在中国开展各种调查和渗透活动。

二　东亚同文会

东亚会和同文会的成立，为以后创建东亚同文会打下了基础。1898 年 10 月，东亚会与同文会的合并条件已经完全成熟，两会负责人在神田万世俱乐部召开合并协商会议，由近卫笃麿主持，协商会议之

---

① 井上雅二『興亜五十年の阪を攀ぢて』萩原印刷所、1944、20 頁。
② 対支功労者傳記編纂会『対支回顧録 上卷』、680 頁。
③ 中下正治「東亜同文会と同文滬報」『季刊現代中国』第 9 号、1974 年。

后决定改会名为东亚同文会。① 东亚同文会成立后，在中国各地广设支部，刺探中国各地情报；成立各种书院、学堂、并曾派遣大批日本学生深入中国各地开展"大旅行调查"，因其调查时间长、范围广、内容细，而名噪一时。东亚同文会甚至可与日本在中国东北最大的间谍机构——满铁齐名，不过满铁调查更多关注东北及华北地区，而东亚同文会调查集中于关内地区，日本由此形成完整的对华谍报网络。②

1. 东亚同文会的成立

1898 年 11 月，东亚会和同文会宣告合并，成立新的团体——东亚同文会，规定其"事业"范围为："保全中华；助成中华的改善；定期讨论中华时事以期实行；唤起舆论。"③ 并制定了《东亚同文会规则》，选任近卫笃麿担任会长，长冈护美担任副会长。近卫提出"中华保全论""亚洲一体论"，以排斥欧美在华势力、维护日本在亚洲的独霸地位、执行类似美国在美洲的"门罗主义"政策，是日本侵略包括中国在内的整个亚洲的一种"方策"，而东亚同文会则是实施该"方策"的重要工具。④ 东亚同文会在东京设置本部，在中国、朝鲜广设支部，后因经费限制，将朝鲜业务交由朝鲜总督府办理，其活动中心转向中国。"1900 年 3 月，东亚同文会合并亚细亚协会（原兴亚会），其规模和势力得到进一步扩张。"⑤

东亚同文会成立伊始，即开始谋划在中国各地成立支部，"计划在东部上海设立支部，管辖江苏、浙江、安徽、安西四省；在西部重庆设立支部，管辖四川、甘肃的二分之一、云南的四分之三、贵州的七分之四；在南部广州设立支部，管辖广东、广西、福建、云南的四分之一、贵州的七分之一；在北部北京设立支部，管辖直隶、山东、山西、东三省及陕西的三分之一、甘肃的二分之一、河南黄河以北地区；在中部汉口设立支部，管辖湖南、湖北、河南黄河以南地区、陕西的

---

①　〔日〕东亚同文会编《对华回忆录》，第 470 页。

②　原觉天『満鉄調査部とアジア』世界書院、1986、24 頁。

③　对支功劳者傅記編纂会『対支回顧録 上巻』、681 頁。

④　渡辺幾治郎『日本近世外交史』千倉書房、1938、304 頁。

⑤　高木宏治編『東亜同文会第五回報告 明治三十三年』ゆまに書房、2012、1 頁。

三分之一、贵州的七分之二"。① 并规定各支部经营事业范围，"支部在其管辖区域内完成各种调查事项；加强与清国人的交流联络，举办利于两国提携共济之实事；各支部培养我日本优秀子弟各十名，使其精通南北语言和事情，日后成为有用之人才；各支部在清国选定若干有为子弟，对其施予适当的教育与熏陶；新闻杂志社以清国舆论为核心，使其成为专事启发诱导之机关"。②

从东亚同文会计划可见，该会企图将其触角伸向中国各地，自西向东、从北到南，直至内陆腹地，均设有支部，其调查网络覆盖整个中国。各支部主要致力于培养精通"中国语言和中国情势"的日本谍报人员，注重对中国学生的"教育和熏陶"，培植大批亲日分子，以便在华实施文化侵略活动。

2. 东亚同文会组织机构

东亚同文会成立初期，"将其本部设在东京，并在中国各地广设支部，相继设置北京支部、上海支部、汉口支部、福州支部、广东支部"。③ 以下详述东亚同文会本部、支部机构设置及其活动情况。

（1）东京本部

东京本部负责统一指导、监督东亚同文会各项业务，东京本部曾设置调查编辑部、中国经济调查部、对华贸易诱导部，负责刺探中国商贸情报。

调查编辑部。1907 年，东京本部设置调查编辑部主要编纂、发行东亚同文会在中国开展调查研究后的相关调查报告和研究文献。该部曾利用其调查报告，"发行大批书籍，例如《朝鲜开化史》、《东亚关系特殊条约汇纂》、《吉林通览》、《满洲通志》、《蒙古及蒙古人》、《清国商业综览》（5 卷）、《清国官制表》、《清国变法奏议》、《日俄之将来》、《新修中国省别全志》（9 卷）、《新中国现势要览》（2 卷）、《中国交通解说》、《中国交通全图》、《中国年鉴》（4 卷）、《中国政治

---

① 财团法人霞山会编『東亜同文会史』、1988、268 頁。
② 财团法人霞山会编『東亜同文会史』、269 頁。
③ 「明治三十二年 東亜同文会事業成績」、『東亜同文会関係雑纂 第一卷』、アジア歴史資料センター、B12081968200。

地理志》（2卷）、《中国省别全志》（18卷）、《中国开港场志》（6卷）等"。① 其中《中国省别全志》"汇集直隶、山东、山西、河南、陕西、甘肃（附新疆）、四川、湖北、江西、湖南、安徽、江苏、浙江、福建、广东、广西、贵州、云南等十八省志，唯所谓'满蒙'省份除外，是东亚同文书院组织学生花费十余年时间（1907—1918年），在中国开展大旅行调查所得报告汇编而成"。② 其调查范围极为广泛，内容细致，"凡关于我国之道德、伦理、教育、宗教、地理、历史、政治、经济、文学、艺术、实业、军备、外交、交通以及风俗、习惯种种，无不分门别类，了如指掌"。③ 此外，其调查编辑部还发行大量机关杂志，"诸如《东亚时论》（共26册）、《东亚同文会报告书》（共132册）、《中国调查报告书》（共37册）、《中国》（共488册）、《中国研究》（共73册）等"。④ 该部出版发行的书籍杂志，基本由东亚同文会教员或东亚同文书院学生的调查研究报告汇编而成，其内容涵盖了中国各方面的情报和信息。

中国经济调查部。1907年，东京本部设置中国经济调查部，名义上引导、支持中国实业之发展，实则专门搜集中国重要港口的商贸情报。该调查部与日本各种商业会所联系密切，曾接受其经费资助，委派调查人员前往中国各地刺探商贸情报。该调查部曾利用调查报告出版大型丛书——"中国经济全书"。该丛书由东亚同文书院学生在中国开展"旅行调查"所得调查报告编纂而成，主要分为农政（含土地的权利转移）、劳动者、资本、物价、人民生活程度、财政、商贾、特许商、买办、会馆与公所、组合行规及家宪、新闻、旧关及杂税、水运、仓库业、山西票号、商政、商品陈列场、商用书式及账簿簿记法等19大门类，共有12卷。⑤ 大隈重信曾给予高度评价，"今见次数，凡官民各省之事，关联经济者，细大不漏，采录靡遗，纲举目张，

① 财团法人霞山会编『東亜同文会史・昭和編』、2003、34—35頁。
② 石嘉：《清末民初江西省的砂糖业》，《中国农史》2015年第1期。
③ 湖北赴日考察团：《湖北赴日考察报告书》，1924，第63页。
④ 财团法人霞山会编『東亜同文会機関誌主要刊行物総目次』、1992、1頁。
⑤ 東亜同文会『支那経済全書』第1輯、1907、1頁。

脉络贯通。使读者有指掌之感，然则是书不啻对清经济学者暨贸易商贾享其利，抑亦可谓为世界列国之对清国际，解决一难事业也"。①

对华贸易诱导部。1914年初，日本政府决定补助东亚同文会15万日元，用于扩张"在华事业"。同年10月，东亚同文会利用部分补助经费在山东济南组建东亚同文会对华贸易诱导部，旨在开拓日本在山东省内的商贸特权和市场规模。② 1915年9月，东亚同文会将"对华贸易诱导部"改称"同文商务公所"，旨在缓解当时中国人民的反日、排日风潮，并扩张业务。同文商务公所设置常设部与巡回部。常设部经营业务涉及翻译、山东商况调查、贸易介绍、广告传达等委托事项，商品的贩卖及订购的委托及其他相关商务代办事宜，开设小规模的商品陈列所，供商贾参观、进行商贸活动。巡回部经营业务包括商品样品的陈列、委托商品的贩卖及其广告业务。同文商务公所接受东亚同文会东京本部的监管，每周必须与其保持联系，每月必须向东京本部及时汇报其工作。③

（2）中国支部

东亚同文会总部虽设在东京，但该会活动中心在中国，主要通过东京本部遥控中国各支部。各支部大多以发行报刊、创办学堂为幌子，实际上深入中国各地搜集情报。以下具体介绍各支部在华活动情况。

北京支部。北京是清王朝的政治中心，为刺探中国政界信息、关注中国时势，东亚同文会在北京设立支部，任命中西正树为支部长。然而，北京支部成立不久，即因其运营经费拮据，加之日本政府不重视等因素而难以为继，东亚同文会只得将其裁撤，仅委派村井启太郎担任通信员，潜伏在北京等地，定期向东京本部汇报当地情况。义和团运动发生后，为避免被当时的排外风潮波及，东亚同文会遂改派森井国雄担任华北通信员，并从北京转移至天津，但继续派人窥探北京

① 東亜同文会『支那経済全書』第1輯、序言。
② 「済南ニ貿易誘導機関設置ニ関スル件　大正三年九月」『済南ニ東亜同文会対支貿易誘導機関設置関係一件』、アジア歴史資料センター、B10073754000。
③ 「東亜同文会対支貿易誘導部の新設」『東亜同文会関係雑纂 第二巻』、アジア歴史資料センター、B12081969500。

方面情报。①

上海支部。近代以还，上海逐渐发展成中国的经济贸易中心。鉴于上海地位的特殊性和重要性，东亚同文会成立初期即成立上海支部，委派井手三郎担任支部长。上海支部成立后，主要经营报刊和学堂事宜。该部曾创办《亚东时报》《同文沪报》等。《亚东时报》是1898年由白岩龙平、河本矶平等人创办的中文刊物，到1900年停办，以"消除两国嫌怨，通两国声气，毋分畛域，毋分尔我，毋结兵戎"为宗旨。② 初以旬刊的形式出版发行，后因经费困难改成半月刊，出版经费仰赖东亚同文会补助。《同文沪报》亦为中文版日报，1900年东亚同文会接手《字林西报》（中文版），将其改为《同文沪报》，委托田野橘次负责发行业务，庚子事变以后，该报的发行量剧增，竟发展成当时上海最受青睐的几大报纸之一。③ 1903年以后该报出现颓势，开始向外务省申请资助，并为其操控，日俄战争期间大肆宣传日本侵华政策，引起中方不满，销量随之大减，至1905年正式停刊。

上海支部较为重视办学活动，尤重视培养精通中国语言和事情的人员。东亚同文会原本计划在汉口设置汉语学校，但因管理上和经费上存在诸多问题，最终改在上海支部培养，并选拔7名日本学生来沪学习。与此同时，东亚同文会在南京创办同文书院，"不久将其中的5名日本学生转送南京同文书院学习，另外2名学生留在上海协助支部办理报刊发行业务"。④

汉口支部。汉口是华中地区最为重要的城市之一，是连接南北东西的战略要地，东亚同文会成立伊始即想在汉口设立据点，以便向中国内陆渗透。汉口支部由宗方小太郎担任支部长。⑤ 汉口支部成立初期较为关注当地时事，发行中文报纸《汉报》，主要向中国士绅阶层

---

① 「明治三十三年 本会事業概略」『東亜同文会関係雑纂 第一巻』、アジア歴史資料センター、B12081968300。

② 《亚东时报叙》，《亚东时报》第1号，1898年。

③ 「明治三十三年 本会事業概略」『東亜同文会関係雑纂 第一巻』、アジア歴史資料センー、B12081968300。

④ 高木宏治編『東亜同文会第六回報告 明治三十三年』ゆまに書房、2012、10頁。

⑤ 高木宏治編『東亜同文会第六回報告 明治三十三年』、11頁。

介绍日本情况，支持维新党人变法。① 起初该报经费拮据，1899 年 4 月，东亚同文会开始补助该报，《汉报》发展成汉口支部的机关报，然因庚子事变影响，清政府开始打压该报，加之后来汉口支部不少成员卷入唐才常事件，支援维新党人，引起张之洞等人的恶感，当地政府遂命令东亚同文会解散汉口支部、停止刊行《汉报》。1900 年 10 月，汉口支部解散，《汉报》随之停刊。② 但支部成员潜伏下来，在汉口从事各种调查活动。

福州支部。因闽台联系密切，加之日本已将福建视为其势力范围，"东亚同文会遂在福州设置支部，由中岛真雄担任支部长"。③ 福州支部成立后，经营业务主要是发行《闽报》、创办东文学堂。1898 年初，福州支部委派宗方小太郎和井手三郎发行《闽报》，起初该报因经费和管理问题难以为继，几近停刊。不久，东亚同文会开始重视支部报刊发行业务，决定资助《闽报》继续发行，该报才得以勉强维持两年。然而，东亚同文会作为民间团体，初期运营经费存在严重问题，难以全面拓展其在华各项"业务"，1900 年 5 月，《闽报》正式转由台湾总督府经营。④

广东支部。广东是华南地区最为富庶地区，与海外各国交流频繁，日本很早以前就在此活动，甲午战后更为明显。"1899 年东亚同文会决定在广州成立支部，由高桥谦雄担任支部长。"⑤ 广东支部成立伊始，即规划其业务："1. 积极谋划在汕头、潮州等地成立东文学堂；2. 促成广州时敏学堂开设日语课程；3. 诱导广东的有志者发行《东亚报》，并宣扬该会精神；4. 辅导本部派遣来华留学生学习广东方言，为日后调查该地区培养人才。"⑥ 尽管支部计划颇为详尽，然而广东支

---

① 中下正治「漢報と宗方小太郎」、『季刊現代中国』第 6 号、1973 年。
② 高木宏治編『東亜同文会第六回報告 明治三十三年』、47 頁。
③ 高木宏治編『東亜同文会第六回報告 明治三十三年』、9 頁。
④ 「明治三十三年 本会事業概略」、『東亜同文会関係雑纂 第一巻』、アジア歴史資料センター、B12081968300。
⑤ 高木宏治編『東亜同文会第六回報告 明治三十三年』、6 頁。
⑥ 「明治三十三年 本会事業概略」『東亜同文会関係雑纂 第一巻』、アジア歴史資料センター、B12081968300。

部仅存数月，即因经费困难和局势变动而无法存续，1900 年东亚同文会裁撤了该支部。① 桑兵认为，广东支部裁撤的深层次原因"在于广东支部各成员深深介入了保皇会和革命党在华南策划的勤王、独立等反清密谋"。② 此种情形与汉口支部颇为相似。不过，广东支部只是名义上撤销，不少成员仍然潜伏进行各种活动。

东亚同文会在华除设置以上 5 个支部外，还在牛庄、库伦、乌里雅苏台等地设有通信员，窥视俄国在中国东北及西北的动态。由此可知，东亚同文会在中国心脏地带及边远地区，皆设有分支机构，进行各种调查，搜集情报，随时提供给日本政府，不啻日本政府侵华的情报机关。③

3. 东亚同文会早期办学活动

东亚同文会成立之初，即谋划开办书院、学堂，主要培养两种人才，一种是培养"精通中国语言文字和中国事情"的日本学生，并利用他们在中国各地广泛搜集情报；另一种是培养通晓日语、热衷于日本文化的中国人才并选拔部分中国学生到日本留学，将其培植成亲日分子，为以后侵略中国做准备。

（1）日清贸易研究所

东亚同文会的办学历史，最早可以追溯到日清贸易研究所时期。"日清贸易研究所被公认为东亚同文书院的前身，两者的统属机关，虽然完全不同，但是其创办宗旨以及人事关系，则一脉相承。"④ 1890 年9 月，荒尾精等人在上海创办日清贸易研究所。荒尾精，毕业于日本陆军士官学校，早年对于东洋问题尤其中国问题颇感兴趣。1886 年，荒尾精奉命来华，在上海乐善堂会见岸田吟香，二人决定在汉口开设乐善堂分店。乐善堂名义上经营眼药及杂货，实际上其成员佯装成中国商人，深入中国内陆，以勘察中国情势、搜集情报为主。⑤ 1889 年，

---

① 高木宏治编『東亜同文会第九回報告 明治三十三年』、3 頁。
② 桑兵：《日本东亚同文会广东支部》，《中山大学学报》2002 年第 1 期，第 1 页。
③ 黄福庆：《近代日本在华文化及社会事业之研究》，第 23 页。
④ 财团法人霞山会编『東亜同文会史・昭和編』、2003、24 頁。
⑤ 黄福庆：《近代日本在华文化及社会事业之研究》，第 30 页。

荒尾精返回日本，趁机向日本政府提议设立日清贸易商会，并成立日清贸易研究所，专门培养贸易人才。同年 9 月，荒尾精获得日本政府的支持，在上海英大马路泥城桥畔购买民房，改造后充当校舍及学生宿舍，宣布正式成立日清贸易研究所。

日清贸易研究所名义上是为了"考究日清贸易实情，培养精通贸易实务的人才"。[1] 研究所成立之初困难重重，一是招收的日本学生不适应异乡风土，二是财政极为困难。该所曾因经费不足，学生惶惶不安，经屡次劝导，并设法张罗经费才勉强维持 3 年。荒尾精向日本各界筹措经费，最后获得内阁 4 万元经费资助，并从日本各地招收 150 名学生，至 1893 年 6 月共有 89 名学生学成毕业。研究所培养的学生均担任随军作战的通译官，其中有 9 名在执行侦察中国情报的任务时被捕处死。[2] 由此可见，日清贸易研究所以研究和发展中日贸易为幌子，实则专门培养日本间谍，刺探中国各地情报。1892 年，荒尾精将这些调查资料编辑成《清国通商综览》，该书号称"清国大百科辞典"，涉及中国的商业地理、交通、金融、产业、惯习等各方面。[3] 该书也被视作了解清末中国社会结构不可或缺的"巨著"。[4] 甲午战后，中日关系恶化，清政府意识到日清贸易研究所不过是日本在华刺探情报的间谍机构，因此强令其解散。东亚同文会在上海成立东亚同文书院后，正式替代了该研究所之角色。

（2）福州东文学堂

福州东文学堂，由东亚同文会福州支部主任中岛真雄于 1898 年在福州创办。东文学堂属于东亚同文会的附属"事业"，也是该会在中国办学活动的最初试验。其校长由大名鼎鼎的陈宝琛担任，干事长为王孝绳，并从日本聘请首任教务长冈田谦次郎、教授桑田丰藏，以及第二教务长中西重太郎。[5] 东文学堂主要开设日语练习及政治经济诸

① 井上雅二『巨人荒尾精』、24 頁。
② 财团法人霞山会编『東亜同文会史・昭和編』、2003、24 頁。
③ 主要参考日清貿易研究所編『清国通商綜覧』（共 3 卷）、1892。
④ 竹内好『日本とアジア』筑摩書房、1966、384 頁。
⑤ 大蔵省印刷局「東文學堂ノ設立」、『官報』1898 年 10 月 7 日。

科，经费方面起初由东亚同文会补助，后转由台湾总督府补助。① 东文学堂主要招收当地中国子弟就学，以速成教育培养政治人物，曾培养出担任过中国驻西班牙公使的刘崇杰，还有一些毕业生担任了伪政权官员，如伪满洲国最高法院院长林荣等人。1903 年，东文学堂改名为"全闽师范学堂"，转由福建地方政府经营，经费由福建政府每年补助 12000 元，成为福建全省师范学校之本部。② 师范学堂设有本科、预科及速成科，招收学生均为官费生，毕业后担任各府县小学教员，培养目标与此前东文学堂截然不同。③ 除了东文学堂外，东亚同文会还在福建厦门建有东亚书院，在泉州建有彰化学堂，在漳州建有中正学堂，均得到台湾总督府的经费支持，但经营时间和办学规模十分有限。

（3）南京同文书院

1900 年初，东亚同文会成员山口正一郎、中村兼善、山田良政等人奔赴南京负责筹办书院事宜。同年 5 月，"东亚同文会决定在南京鼓楼妙相庵创办南京同文书院"。④ 东亚同文会原本委派佐藤正担任书院院长，然其因病未能到任，遂改由根津一担任院长，选任佐佐木四方志、山田良政为委员，山口正一郎担任教务长。⑤ 南京同文书院成立伊始，制定书院章程，"规定其修学年限为 3 年，其开设课程有汉语、英语、历史、地理、法学、伦理、商业学、经济与财政学、中国律令及制度等科目，书院学生一律实行寄宿制"。⑥ 南京同文书院起初主要招收日本学生，计划每年招收 20 名。不久，书院又在南京王府园增设分院，计划接收 30 名中国学生。书院对日本学生主要讲授汉语、中国地理、中国制度、中国政治经济等各科，对中国学生主要讲授日语和

---

① 〔日〕东亚同文会编《对华回忆录》，第 488 页。
② 「東文学堂ノ組織ヲ変更シ全闽師範学堂ヲ改設シタル件報告」、『学校関係雑件 第二巻』、アジア歴史資料センター、B12081871400。
③ 三五公司『福建事情実査報告』、1908、281 頁。
④ 高木宏治編『東亜同文会第七回報告 明治三十三年』、28 頁。
⑤ 対支功労者傳記編纂会『対支回顧録 上巻』、707 頁。
⑥ 高木宏治編『東亜同文会第十三回報告 明治三十三年』、3 頁。

其他基础科目。① 正当书院野心勃勃、不断扩张其业务之际，庚子事变发生，南京局势有所变化，时任两江总督的张之洞"劝告"该书院解散。1900 年 8 月，东亚同文会关闭南京同文书院，职员及日籍学生迁往上海，在上海另立东亚同文书院，开始新的办学历程。

（4）其他办学活动

上海东亚同文书院成立后，其办学经历虽多波折，但一直持续到日本战败投降为止。民国初期，东亚同文会还成立天津同文书院、汉口同文书院，实为留学预备学校，专门招收中国学生施以普通中等教育，选拔其中优秀者赴日本留学。抗战后期，东亚同文会又经营北京工业专门学校、北京经济专门学校及东亚工业学院。② 1943 年 4 月，东亚同文会接受日本当局命令，创办北京工业专门学校，该校只接收日本学生，设有采矿、冶金、电气 3 科，修业年限 3 年，旋因抗战结束、无人毕业。北京经济专门学校，原本是北京同学会经营的北京兴亚学院，1943 年日本大东亚省指令该校转由东亚同文会经营，并更名为"北京经济专门学校"，至抗战结束共有 76 名毕业生。东亚工业学院原系英国在上海创办的学校，1942 年日本"接收"该校，并转交东亚同文会经营，是专门招收中国学生的中等教育机关，设有初级科和高级科。③

比较东亚同文会在中国经营的几所学校，其中上海东亚同文书院社会影响、办学规模、教学水平远胜于其他各校，日本政府对其资助力度也更大。其他学校以培养中国学生为主，而上海东亚同文书院主要训练通晓中国语言和中国情况的日本学生，表面以"中国通"自居，实则大多成为谍报人员，其开展的"大旅行调查"为典型代表。④ "大旅行调查"是上海东亚同文书院最重要的"课程"之一，其目的

① 高木宏治编『東亜同文会第十三回報告 明治三十三年』、1 頁。
② 近代日本教育制度史料編纂会編『近代日本教育制度史料 第 10 巻』大日本雄弁会講談社、1956、126 頁。
③ 财团法人霞山会『東亜同文会史・昭和編』、2003、45 頁。
④ 石嘉、张新超：《日本东亚同文会在华教育活动述论（1900—1945）》，《近代中国》2017 年第 1 期。

在于调查中国实情，写成调查报告，供日本政府作为对华政策之参考资料。旅行调查每年定期举行，由书院应届毕业生担任，其调查内容涉及地理、经济、商业、政治、民俗等各方面。他们数人组成一班，旅行日期一个月至两个月不等，其足迹几乎遍及中国每一个角落。① 旅行调查之后，学生需要撰写详细的调查报告，然后报送内阁、参谋本部、外务省等，东亚同文会出版的《中国经济全书》和《中国省别全志》，就是根据这些调查报告汇编而成。由此可知，上海东亚同文书院以培养在中国大陆活动的人员为目的。日俄战争期间，就有数十名学生担任军事侦探，日本政府通过该院学生搜集了不少有关中国的政治与商业情报，该书院学生在日本侵华过程中扮演了相当重要的角色。②

三　同仁会

同仁会成立初期，正值日俄战争之际，日本倾其国力投入战争，无暇顾及其他，同仁会规模和活动范围有限。日俄战争结束后，日本攫取在朝鲜和中国东北的大量特权，加之同仁会第二任会长大隈重信较为重视"经略"中国，同仁会活动中心逐渐转向中国。1906 年大隈重信在早稻田大学发表演说，提出"派遣两千余名会员经营清韩；选派医师、开设医院、设置医卫机构、开办医药学校，向清韩人传授邻邦启发之事业；国内开办东京同仁医药学校，直接向清国人施以医学、药学教育；应从学术方面着手开发清国，本会工作在于确保日清两国之交谊、东方和平文明之普及"。③ 此后，同仁会在日本政府的支持下，在中国经营四大医院、创办医药学校、设置医疗卫生机构，不断扩张其势力，以"慈善""救护"为名，在沦陷区推行殖民同化政策。分析既往研究，国内学者大抵关注全面抗战时期同仁会在沦陷区的卫生防疫、"宣抚工作"，日本学者更多关注全面抗战以前同仁会在华医

---

① 石嘉：《清末民初江西省的砂糖业》，《中国农史》2015 年第 1 期。
② 黄福庆：《近代日本在华文化及社会事业之研究》，第 54 页。
③ 早稻田大学编辑部编『大隈伯演説集』、1907、164 頁。

疗活动，对其渗透与同化的本质尚乏有力分析。① 有鉴于此，以下重点论述同仁会成立经过，全面梳理同仁会在华医疗活动，进一步分析其医疗活动性质。

1. 同仁会的成立

1902 年初，东亚同文会主要负责人近卫笃麿、长冈护美联合片山国嘉、岸田吟香、北里柴三郎等日本医界名流成立东亚同文医会，此为同仁会之滥觞。② 东亚同文医会与东亚同文会关系密切，早期不少成员由东亚同文会会员兼任，部分经费亦由其补助。"某种程度而言，同仁会与东亚同文会有着莫大的关联，甚至可以说同仁会被纳入东亚同文会的系统之内。"③ 东亚同文医会成立不久，北里柴三郎、片山国嘉、藤井兼一、日高昂、细野顺、高木友枝、园田宗义、金杉英五郎、川上昌保、永坂周二、酒井荣次郎、永井久一郎等人在东京成立新的组织——亚细亚医会。④ 1902 年 3 月，大日本私立卫生会协议会召开，商议东亚同文医会与亚细亚医会合并事宜。同年 6 月，东亚同文医会与亚细亚医会负责人在东京华族会馆召开创立总会，会上决定二者正式合并，改名为"同仁会"，长冈护美任会长、片山国嘉任副会长。同仁会成立伊始，极为重视发展会员，成立不到两个月，其会员已超过 2000 名。⑤ 1902 年 11 月，同仁会召开临时总会，一致决定将该会

① 国内相关研究成果可见：王萌《抗战时期日本在中国沦陷区内的卫生工作——以同仁会为对象的考察》，《近代史研究》2016 年第 5 期；石嘉、安艺舟《渗透与同化：抗战时期日本在沦陷区的卫生防疫研究》，《中国社会历史评论》2017 年第 18 卷；张慧卿《"宣抚"抑或控制：大屠杀后日军在南京的卫生防疫》，《江海学刊》2019 年第 3 期；石嘉、洪平平《日本同仁会在华医疗活动述论（1902—1945）》，《历史教学问题》2022 年第 2 期。日本相关研究成果有：細野浩二「所謂「支那保全」論と清国留日学生教育の様態——同仁会・東京同仁医薬学校を例にして」、『早稲田大学史記要』第 8 号、1975 年；丁蕾「近代日本の対中医療・文化活動——同仁会研究」、『日本医史学雑誌』第 45 号、1999 年；中西裕「延原謙と同仁会医療班中国派遣」、『學苑』第 853 号、2011 年；藤田賀久「同仁会と近代日中関係：人道主義と侵略の交錯」、『紀要』第 8 号、2016 年。
② 〔日〕东亚同文会编《对华回忆录》，第 475 页。
③ 黄福庆：《近代日本在华文化及社会事业之研究》，第 72 页。
④ 小野得一郎編『同仁会三十年史』財団法人同仁会、1932、2 頁。按，该书系同仁会内部历年史料、档案汇编，以下均类同，特此说明。
⑤ 財団法人同仁会編『同仁会要覧』、1918、9 頁。

升格为财团法人组织，翌年获得日本当局许可，由此获得合法地位。

起初同仁会主要在日本国内设置本支部，曾先后设有东京本部、大阪支部、京都支部、神奈川支部、香川支部、冈山支部、福冈支部、鹿儿岛支部、北海道支部、宫城支部、石川支部、长野支部、新潟支部、广岛支部、对马支部、兵库支部、名古屋支部，至大正后期，日本大多数府县均设有支部。一战期间，同仁会计划在中国扩张势力，曾一度计划筹资在汉口、营口、上海等地增设支部。然而，1923 年日本发生关东大地震，同仁会陷入严重的财政危机，该计划只得暂时搁浅，其他各支部亦暂停活动。① 直到同仁会在华医疗事业纳入外务省"对支文化事业"体系后，该会利用外务省经费补助，才将工作重心转移到中国，并在中国经营医院、广设支部。②

同仁会原为日本民间医疗团体，其运营经费起初仰赖本会会员和社会人士捐款，该会按照捐款数量划分会员等级、颁发相应奖章：捐款 1000 元以上者为有功会员、颁发有功会员奖章；捐款 100 元以上者为特别会员、颁发特别会员奖章；捐款 30 元以上者为正会员、颁发正会员奖章。同仁会成立以后，获得社会各界捐款，至 1923 年捐款总数达 200 余万元。③ 此后同仁会业务日益扩张，仅依靠社会捐款难以为继，遂积极谋求日本政府资助。日本外相小村寿太郎曾主张，"东洋方面的各种设施，应视为国家事业，或由政府经营，或归民间经营而由政府加以奖励保护，以确保并扩张日本的权益"。④ 由此可知，日本当局对于东亚政策，也有逐渐从民间的投资，转向国家直接经营的趋势。

1905 年，日本国会议员提出《关于清韩医事卫生建议案》，"认为同仁会在中朝两国的医疗活动，事实上已经……为政府经营中朝两国带来莫大的裨益，所以建议日本政府，对同仁会应大力支持，并给予相当程度的保护"，这个建议得到了日本政府的接纳。⑤ 自此以后，同

---

① 财団法人同仁会编『同仁会四十年史』、1943、67 頁。
② 「支那ニ於ケル同仁会医院補助ニ関スル件」、『同仁会関係雑件』、アジア歴史資料センター、B12082293500。
③ 财団法人同仁会编『同仁会四十年史』、68 頁。
④ 外务省编『小村外交史 上巻』原書房、1966、213 頁。
⑤ 黄福庆：《近代日本在华文化及社会事业之研究》，第 303 页。

仁会得到日本当局直接或间接的援助，日益成为日本政府经营中朝两国的辅助团体。从 1918 年开始，日本政府每年定期补助同仁会经费，1918—1922 年共补助该会 95 万元。① 1923 年，日本国会出台《对支文化事业特别会计法》，同仁会被纳入"对支文化事业"体系，② 日本政府对其补助力度明显加强，1923—1936 年共补助其 5598110 元，平均每年补助经费逾 40 万元。③ "自民国十三年之后，每年所得之补助较前倍增，一因事业的扩大，包括济南、青岛两病院，一因文化事务局经费充足。"④ 同仁会在接受日本政府补助的同时，亦受到日本政府的管控和约束，逐渐由原来的民间团体变为半官方机构。

同仁会自 1902 年成立，至 1945 年解散，前后历时 40 多年，经历六任会长时期，"第一时期为长冈护美会长时期（1902—1904 年），第二时期为大隈重信会长时期（1904—1922 年），第三时期为丹波敬三副会长时期（1922—1925 年），第四时期为内田康哉会长时期（1925—1935 年），第五时期为林权助会长时期（1935—1939 年），第六时期为近卫文麿会长时期（1939—1945 年）"。⑤ 同仁会会长、副会长均为日本有名政客，该会与日本政府、军方有密切关联，尤其全面抗战爆发以后更是直接纳入战时体制。同仁会名义上宣扬促进中国和亚洲各国的医学、药学及其技术之普及，保护人民健康、救助疾苦，⑥ 实则紧密配合日本侵华政策，以"救世主义""救死扶伤"为幌子，赢得中国民众的好感，消解中国民众的反日、排日情绪。为实现此目的，同仁会极力在华开展各种医疗活动，具体涉及"在亚洲各国设置

① 王树槐：《庚子赔款》，第 521 页。
② 《对支文化事业特别会计法案》决定退还部分庚子赔款，补助日本在华教育、学艺、卫生、救恤及其他文化事业，此即"对支文化事业"。相关研究可参见孙颖、徐冰《"东方文化事业委员会"活动研究》，《宁夏社会科学》2014 年第 2 期；石嘉《抗战时期日本在上海的文化侵略——以上海日本近代科学图书馆为例》，《江苏社会科学》2015 年第 1 期；徐志民《从合作到对抗：中国人眼中的"东方文化事业"（1923—1931）》，《社会科学研究》2017 年第 4 期。
③ 具体可参考『同仁会関係雑件/補助関係』（共 19 卷）、外務省外交史料館藏。
④ 王树槐：《庚子赔款》，第 522 页。
⑤ 财团法人同仁会編『同仁会四十年史』、7—23 頁。
⑥ 東亜研究所編『日本の在支文化事業』、1940、91 頁。

医院;推荐医师、药剂师或介绍医学技术;调查各国的医事卫生及药品;要求各国协助移住地的日本开业医师,并给予方便;劝导各国派遣医药学生赴日本留学,并加以保护,给予修业上之方便;发刊有关医药学等图书"。①

2. 同仁会开办的医院

同仁会创立之初,由于规模尚未充实,经费有限,所以早期工作仅限于派遣医务人员前往中国、朝鲜、南洋等地,传授医疗卫生知识,并协助各国设置医科学校或医院事宜。同仁会自创立至1912年,共派遣医护人员达329名,遍布中国、朝鲜、南洋等地。② 1906年以后,同仁会开始在朝鲜和中国东北创办医院,曾在朝鲜创办大邱同仁医院、平壤同仁医院、龙山同仁医院,在东北创办营口同仁医院、安东同仁医院。③ 日本吞并朝鲜后,同仁会在朝鲜创办的医院转由朝鲜总督府管理,在中国东北创办的医院则交由满铁经营。一战以后,同仁会在华医疗活动开始受到日本政府的重视,得到外务省的经费支持,该会将活动重心转向中国内地,相继创办同仁会北京医院、同仁会济南医院、同仁会青岛医院、同仁会汉口医院。各医院经营情况如下。

(1)同仁会北京医院

1912年10月,同仁会委派驻华公使馆医官平贺精次郎创办医院,地址位于北京东单三条胡同。④ 该医院起初名为北京日华同仁医院,1927年同仁会将其改名为同仁会北京医院。⑤ 全面抗战爆发以后,同仁会暂时关闭北京医院,直到日本完全占领北京后,又重新组建医疗防疫机构,1941年将其定名为同仁会北京诊疗班。⑥ 为行文方便,下文统称其为同仁会北京医院。

---

① 「同仁会事業概要送付ノ件」、『同仁会関係雑件』、アジア歴史資料センター、B12082294000。
② 財団法人同仁会編『同仁会四十年史』、811頁。
③ 「同仁会事業要旨」、『同仁会関係雑件』、アジア歴史資料センター、B12082293100。
④ 財団法人同仁会編『同仁会事業概要』、1918、12頁。
⑤ 「同仁会経営各病院名称変更ニ関スル件 昭和二年」、『同仁会/同仁会関係雑件第二巻』、アジア歴史資料センター、B05015222500。
⑥ 中西裕「延原謙と同仁会医療班中国派遣」、『學苑』第853号、2011年。

　　1914 年，同仁会北京医院开始营业，至 1921 年该医院已拥有事务所、门诊室、病房、宿舍等建筑 22 栋，建筑面积总计 1500 余平方米。为增进所谓"日中亲善"，该医院雇用大批中国医护人员，其接收病患绝大部分为中国上流社会人士。① 随着医院医疗设备日益完善和规模不断扩大，前往该院就诊的中国患者人数不断增多，1915 年中国患者总计 7638 人，1920 年升至 17801 人，1924 年增至 35245 人，1927 年增至 45365 人，1930 年增至 46001 人。然而，日本发动九一八事变、强占中国东北以后，中国各地掀起反日运动，该医院的发展亦受局势影响，就诊的中国患者人数骤减，1931 年减至 20217 人，较此前减少一半以上。华北局势稍微平缓以后，该医院又出现复苏的趋势，1935 年该院恢复此前关闭的眼科，并增设儿科，增加了医务人员，前往该院就诊的中国患者人数也得以上升，1936 年中国患者人数升至 35712 人。② 1937 年七七事变爆发以后，该医院受战争影响关闭，其医务人员迁往日本，日军攻占北京以后，同仁会利用日本军方支持，重开北京诊疗班。③

　　同仁会不仅在北京创办医院，还开设卫生防疫机构和巡回诊疗班。1920 年 10 月，同仁会开设交民试验所，其业务包括用科学方法检测血液及其他分泌物、检定体温器、开展卫生防疫工作、制造防疫药品等。该卫生试验所起初设在日本驻华公使馆内，1927 年迁至南池子，后又迁往二条胡同，1936 年该所与同仁会北京医院合并。④ 1936 年，同仁会北京医院决定开设巡回诊疗班，起初计划在山西实施"巡回诊疗"，后因山西排日风潮尤盛，遂改在"冀东防共自治政府"控制下的通县、蓟县、遵化县、玉田县、丰润县开展诊疗、治疗、预防注射等，并进行卫生讲话、调查地方卫生状况及卫生展览会等医疗卫生活动。⑤

①　森悦五郎『支那を観る』財団法人同仁会、1931、20 頁。
②　財団法人同仁会編『同仁会四十年史』、84 頁。
③　末永恵子「日中戦争期における対中国医療支援事業の変容——同仁会の医療支援について」、『宮城歴史科学研究』第 68 号、2011 年。
④　「北京交民試験所ヲ北京医院内ニ移転ニ関スル件 昭和十一年五月」、『病院関係雑件/同仁会北京医院関係』、アジア歴史資料センター、B05015222500。
⑤　同仁会北京医院編『冀東地方巡廻診療記』、1936、3 頁。

（2）同仁会济南医院

1915 年 9 月，日军青岛守备队将原由山东铁路管理部经营的中国民居改建为诊疗所，位于济南市商埠地五马路纬七路，起初诊疗对象为日军、日侨。① 1923 年 3 月，青岛守备队撤离济南后，诊疗所转由日本外务省管理。不久，外务省委托济南的日本居留民团负责经营，直至 1925 年 4 月转由同仁会经营，并更名为同仁会济南医院。② 该医院开设内科、外科、儿科、妇科、眼科、耳鼻咽喉科、牙科、皮肤泌尿科等科室，建有病理实验室、慈惠诊疗所，另外还附设挤乳厂、医疗仪器修理厂、制冰厂、发电厂等，济南医院是同仁会经营的规模最大、设备最全的一家医院。③

同仁会济南医院起初运营不甚理想，深受当时中日关系之影响。该医院创办不到 3 年，1928 年日军制造济南惨案，中日关系紧张，济南民众发起反日、排日运动，医院因此受到影响。院长牧野融曾向同仁会会长内田康哉报告当时情形，"本院因此次事变之影响，患者大为减少，诊疗收入比平常减少约六成"。④ 1927 年同仁会济南医院接收中国患者 87832 人，1928 年骤减至 44329 人，几近减少一半。济南惨案发生后，济南民众联合抵制该医院，医院的中国患者人数因此骤然减少。此后，日本当局又策划九一八事变、华北事变、七七事变等一连串事件，"济南民众排日、反日情绪高涨，对该医院亦抱有排斥情绪，1931 年该医院的中国患者减至 36270 人，1937 年减至 20780 人"。⑤ 七七事变以后，"该医院受到战争影响，不得不关闭、暂时迁往东京，剩余设备和建筑则因战争破坏殆尽"。⑥ 日军占领山东以后，同仁会卷土重来，先后开设济南诊疗班和济南防疫处，然其性质较战前同仁会济南

①　青島守備軍民政部総務部編『病院要覧』、1921、69 頁。
②　「済南病院」、『病院関係雑件/同仁会之部』、アジア歴史資料センター、B12082292400。
③　黄福庆：《近代日本在华文化及社会事业之研究》，第 91 页。
④　「昭和三年度減収補填方ニ関スル件 昭和三年八月」、『病院関係雑件/同仁会済南病院関係 第一巻』、アジア歴史資料センター、B05015225700。
⑤　財団法人同仁会『同仁会四十年史』、115 頁。
⑥　「支那事変ニ付医院引揚東京事務所開設 昭和十二年八月」、『病院関係雑件/同仁会済南病院関係 第三巻』、アジア歴史資料センター、B05015231500。

医院已然发生明显变化。①

（3）同仁会青岛医院

同仁会青岛医院原系德国占据青岛时所建医院，位于青岛市江苏路。一战以后，日本出兵山东，并将该院占为己有，将其改建为青岛疗养医院，其诊疗对象主要是日本军人及其家属。1916 年，青岛疗养医院更名为青岛医院，次年改建成普通医院，向青岛市民开放。② 此后，前来该院就诊的病患迅速增加，医院规模也不断扩大。1922 年，日本政府将该医院转交青岛的日本居留民团管理，"直到 1925 年再将该医院转交同仁会经营，并更名为同仁会青岛医院"。③ 该医院设置内科、外科、妇科、儿科、眼科、牙科、耳鼻咽喉科、皮肤泌尿科等科室和药局、事务所等机构，1929 年外务省补助该医院 45000 元建造传染病房和其他卫生防疫设施，诊疗霍乱、鼠疫及其他恶性传染病患者。④ 因日本经营青岛时间较长、对青岛控制较为严密，该医院受中国国内反日运动影响相对较小，加之医院采取一些改革措施，极力招徕病患，医院起初运营相对顺利。从该医院接收患者人数来看，起初该医院主要面向日本患者，其次为中国患者。"1925 年日本患者为 86342 人、中国患者为 42209 人、其他国家患者合计 4516 人，1926 年日本患者为 83786 人、中国患者为 41326 人、其他国家患者合计 6506 人。"⑤ 在某种程度上，该医院是日本在中国建造的、主要为日本当局服务的医疗机构。

1929 年，世界经济危机迅速蔓延至各国，中国亦不能幸免，国内经济萧条、银价暴跌，加之日本为转嫁经济危机加紧侵略中国，中国民众纷纷发起反日爱国运动，这些因素也影响到青岛医院的发展。此外，该医院出现内讧也是影响其发展的重要因素。1929 年，青岛医院

---

① 石嘉、安艺舟：《渗透与同化：抗战时期日本在沦陷区的卫生防疫研究》，《中国社会历史评论》2017 年第 18 卷。

② 青岛守備軍民政部総務部編『病院要覧』、1921、19 頁。

③ 森悦五郎『支那を観る』、78 頁。

④ 「伝染病舎新築補助金四五〇〇〇円 昭和四年五月」、『病院関係雑件/同仁会青島医院関係』、アジア歴史資料センター、B05015234300。

⑤ 小野得一郎編『同仁会三十年史』、153 頁。

进行人事调查，新任院长改革院务，将颇受病患欢迎的内科医生全部替换，致使医院发展受到严重影响，来院就诊的患者人数骤减。其后，医院"改革派"又联合医生、护士与院长、副院长对抗，致使医院内部矛盾激化。不久，医院内的东京大学毕业生成立所谓"铁门俱乐部"，极力排挤其他学校出身的医员。① 连续内讧严重影响了该医院的正常发展，1928 年前来该医院就诊患者总计 135943 人，1931 年减至108758 人，抗日战争全面爆发后，1937 年该院患者总数降至 70604人，较之前减少近一半。② 是年 8 月，该医院受到战争波及，只得暂时关闭并迁往东京，③ 直至青岛完全沦陷后，同仁会才在青岛重建医疗卫生机构。

（4）同仁会汉口医院

早在清末时期，同仁会即谋划在汉口建造医院。1904 年 12 月，湖广总督张之洞聘请日本军医神保涛次郎协助其创办军医学堂，以培养军医人才。神保涛次郎获得张之洞信任后，趁机委派军医河野丰藏来汉口负责筹办医院事宜。不久，河野丰藏得到当地日本侨民的支持，成立同仁会汉口支部及其附属医院，筹建经费由同仁会本部补助。④ 该医院成立初期主要面向日本侨民，其后同仁会本部建议扩大医院规模、接收中国患者，然此建议却因引起当地日本侨民和医院日本职员的一致反对而作罢，同仁会最后决定在汉口创办一家新的医院——同仁会汉口医院。

1919 年，同仁会创办汉口医院，至 1922 年全部竣工，占地面积近4500 平方米，总计耗资 522325 元。⑤ 1923 年 2 月，该医院正式营业，医院建在汉口日本租界的山崎街，医院设有内科、外科、妇科、儿科、

---

① 「青島医院医員ノ内訌ニ関スル件　昭和五年十二月」、『病院関係雑件/同仁会青島医院関係』、アジア歴史資料センター、B05015234800。

② 財団法人同仁会編『同仁会四十年史』、111 頁。

③ 「青島医院引揚東京事務所開設　昭和十二年八月」、『病院関係雑件/同仁会青島医院関係』、アジア歴史資料センター、B05015236500。

④ 「同仁会ニ於テ医学校及医院設立ニ関スル件　明治四十一年一月」、『同仁会関係雑件』、アジア歴史資料センター、B12082293100。

⑤ 小野得一郎編『同仁会三十年史』、121 頁。

眼科、齿科、耳鼻咽喉科、皮肤泌尿科、X线科、细菌病理检查科、药局及事务局。[1] 该医院起初运营较为顺利，前来就诊患者人数不断增多，甚至出现人满为患的情况，医院遂考虑扩张规模、开设分院。1922年底，同仁会汉口医院创办九江分院，直至1925年停办。1924年初，同仁会汉口医院在汉口堤口正街开设堤口分院，医务人员直接从汉口医院调派，至1926年该分院关闭。1927年，同仁会汉口医院又在汉口英租界智民里增开分院，后因日本制造济南惨案，中日关系紧张，该分院难以为继，只得于1930年5月宣布关闭。[2]

同仁会汉口医院开设几年后，中国国内发生轰轰烈烈的国民革命运动，武汉局势动荡，影响到该医院的发展。加之，济南惨案发生后，武汉地区反日、排日风潮尤盛，该医院受到极大冲击。[3] 1931年夏，武汉发生特大洪水，同仁会随即动员四大医院职员和中国留日医药学生组建汉口医院诊疗班、青岛医院诊疗班及留日中国医师团诊疗班，各班共救治灾民达43707人。[4] 然不久日本制造九一八事变，再度点燃武汉市民的反日怒火，中日关系急剧恶化，汉口医院亦受到当地民众的强烈排斥，不少市民拒绝接受该医院开展的灾后救治，医院业务受到严重影响。[5] 1932年6月，汉口医院合并儿科与内科，不久又合并耳鼻咽喉科与眼科，该医院规模大幅缩小。其后，中日关系稍和缓以后，该医院又出现短暂的复苏。1937年抗日战争全面爆发后，来医院就诊的中国患者迅速减少，1935年中国患者为35563人，1936年减至29885人，1937年降至11689人。[6] 1937年8月，同仁会最终决定关闭

---

① 「漢口同仁医院概観 昭和十一年一月」、『病院関係雑件/同仁会漢口医院関係 第三巻』、アジア歴史資料センター、B05015226200。
② 「智民里分院廃止ニ関スル報告 昭和五年六月」、『病院関係雑件/同仁会漢口医院関係 第一巻』、アジア歴史資料センター、B05015239100。
③ 「時間ニ関スル報告 昭和三年九月」、『病院関係雑件/同仁会漢口医院関係 第一巻』、アジア歴史資料センター、B05015238500。
④ 財団法人同仁会編『同仁会中華民国水災救護診療事業報告』、1932、23頁。
⑤ 「時間ニ関スル報告 昭和七年二月」、『病院関係雑件/同仁会漢口医院関係 第一巻』、アジア歴史資料センター、B05015239500。
⑥ 財団法人同仁会編『同仁会四十年史』、107頁。

汉口医院，将所有医护人员及医疗设备撤回东京，① 直到日军占领武汉以后，同仁会卷土重来，重新在汉口开设医疗卫生机构，然其性质与前迥然相异。

　　同仁会除经营以上四大医院外，1916 年该会向日本政府申请资助，趁机提出所谓的"筹设医院十年计划"，"计划在 1918—1927 年 10 年间分 3 期在中国各地广设医院，即第一期（1918—1920 年）开设济南、汉口、南京医院；第二期（1920—1923 年）开设赤峰、归化城、兰州、西安、太原、徐州、南昌、九江、长沙、重庆、南宁、云南医院；第三期（1923—1927 年）兴建多伦诺尔、凉州、热河、山海关、张家口、石家庄、芝罘、潍县、郑州、彰德、洛阳、杭州、蚌埠、芜湖、宜昌、成都、贵阳医院；计划总投资达 360 余万元，其中绝大部分依靠社会各界捐赠"。② 从该计划可知，同仁会欲控制整个中国的医疗卫生事业，其勃勃野心可见一斑，然该计划最终因经费短缺而胎死腹中。其后，同仁会又在上海购置土地，计划创办上海医院及其附属医校，上海医院预计建筑总面积 3283 坪③、总投资 1279140 元，其附属医校专门培养中国医学人才，医校设置四年制本科和二年制预科，起初计划招收 300 名学生，学校预计投资达 1368088 元。④ 然而，正当同仁会准备实施这一计划之际，日本发生关东大地震，政府资助及民间捐款亦告断绝，同仁会在经费上陷入绝境，维持原有业务尚且困难，更无力继续在上海建造医院。1925 年 10 月，同仁会不得不抛售此前在上海购买的 47 余亩土地，最后售得 30 多万两白银，用于维持该会其他事业。⑤

3. 同仁会创办的医药学校

　　同仁会成立之初，曾在东京开办同仁医药学校，此后该会活动重

① 「支那事変ニ付医院引揚東京事務所開設ニ関スル件 昭和十二年八月」、『病院関係雑件/同仁会漢口医院関係 第一卷』、アジア歴史資料センター、B05015240200。
② 財団法人同仁会編『同仁会要覧』、1915、16—19 頁。
③ 1 坪 = 3.305785 平方米。
④ 「上海同仁会医院、医学校設計書」、『病院関係雑件/同仁会之部』、アジア歴史資料センター、B12082291700。
⑤ 「同仁会上海医院計画中止問題解決参考資料一括」、『同仁会関係雑件 第一卷』、アジア歴史資料センター、B05015278200。

心转至中国，并成立青岛医学校，作为同仁会青岛医院的附属机构。全面抗战时期，同仁会又经营了青岛东亚医科学院、同仁会上海医科大学，以下分别论述同仁会在华创办医药学校情况。

青岛医学校。1924 年 9 月，日本在青岛创办医学校，作为同仁会青岛医院的附属学校。该学校只接收中国学生，专门培养中国医务人才。1925 年，青岛医院及其附属医学校同时转交同仁会经营。[①] 该校办学规模十分有限，成立伊始仅招收 9 名学生，1925 年为 15 名，1926 年为 17 名，三届毕业生只有 26 名。1927 年以后，该校因经费困难，难以为继，只得停止接收学生，至 1930 年最后一届学生卒业后宣告解散。[②]

青岛东亚医科学院。日军占领山东以后，在青岛胶州路开办东亚医科学院，旨在"教授医学知识、陶冶人格，为东亚新文化的建设、发展培养医师人才"。[③] 该校设有预科、本科和研究科等科，预科 1 年、本科 4 年、研究科 3 年，实为一所高等医科学校。1941 年 7 月，兴亚院将该校转交同仁会经营，聘请海军中将军医向山美弘担任院长。该校与日本官方、军方联系颇为密切，主要培养日本战时所需医护人员。至 1942 年，该校共接收学生 402 名，日本学生人数最多，共 292 名，占总数的 72.6%；台湾籍学生人数次之，共 102 名，占总数的 25.4%；中国大陆学生仅为 14 名。由此可见，该校开办目的并非培养中国医学人才，而是"培养"更多服务于日本军方的医护人员，以配合日本在华的军事行动。[④]

同仁会上海医科大学。早在 1924 年，同仁会就计划投资 30 万元，在上海创办医科大学，目的在于"普及亚细亚各国的医药之道，贡献

① 小野得一郎编『同仁会三十年史』、154 頁。
② 「青岛医学校卒業者六名ニ関スル件 昭和五年五月」、『病院関係雑件/同仁会青岛医院関係』、アジア歴史資料センター、B05015234900。
③ 「財団法人同仁会ノ設立スル青岛東亜医科学院ニ関スル件ヲ定ム」、『内閣公文類聚』、アジア歴史資料センター、A03010142600。
④ 黄福庆：《近代日本在华文化及社会事业之研究》，第 102 页。

中日国民的保健事业"。① 同仁会起初计划开设专门部，至1928年建成大学部，但因经费问题该计划一直未能实现。直到1942年夏季，同仁会利用日本政府和军部支持，正式创办上海医科大学。② 该学校办学水平与青岛医学校相当，均为高等学校，其修业年限规定为6年。然而，上海医科大学运营并不顺利，一方面同仁会难以投入更多经费，另一方面日本侵华战争已是穷途末路，该校运营仅3年，1945年日本宣布战败投降，学校也随之解散。

护理培训班。抗日战争全面爆发以后，日军出现大批伤亡，急需大量医护人员。加之，同仁会为配合日本侵华战争，在华北、华中沦陷区开设几十处医疗卫生机构，亦需要大量医护人员。因此，同仁会在沦陷区广设护理人员培训班，招收沦陷区学员，教授1~2年的短期护理学课程，学员毕业后被派往同仁会医疗机构乃至战争前线服务。③

同仁会开设医药学校并非为培养中国医学人才、促进中国医学进步，而是为了满足日本侵华战争需要。东京同仁医药学校校长冈田和一郎曾直言不讳道："本校直接使命虽然在于医学教育，但其精神则以协助母会（同仁会）奖励东亚之文明为己任，亦即其抱负是东亚的，也是世界性的，因此肄业于本校之学生，须抱有远大之志愿与恢宏之胸襟，以期大成于将来。不仅医学界应该如此，如果一般国民亦有此种气概，定能协助我帝国之发展。"④ 早稻田大学校长高田早苗亦指出："日本传播新文明于中国，不仅使中国获得利益，同时亦可使日本获得利益，对华事业当从此种观念入手，新医学在中国普及之际，其他文明事业亦即侵略之事业必将随之普及，由此而产生之影响，自不待言。"⑤ 由此窥知，同仁会实际上是日本在中国实行同化与渗透的重

---

① 「対支文化事業ニ関スル各種ノ計画」、『支那ニ於ケル文化事業調査関係雑件/外国人ノ文化事業 第二巻』、アジア歴史資料センター、B05016075400。
② 财团法人同仁会编『同仁会四十年史』、179页。
③ 〔日〕东亚同文会编《对华回忆录》、第479页。
④ 細野浩二「所謂「支那保全」論と清国留日学生教育の様態——同仁会・東京同仁医薬学校を例にして」、『早稲田大学史記要』第8巻第12号、1975年。
⑤ 财团法人同仁会编『同仁』第1巻第1号、1906年。

要工具，"此种倾向自 1908 年东京同仁医药学校始收日本学生后，更为具体、明显"。①

4. 刺探中国医药界情报

同仁会的重要任务之一，即调查中国医疗卫生制度、医药界现状。该会专门设有调查部，在中国开展大量调查，具体包括："卫生行政机关，包括中央卫生部及地方卫生局的组织和职员，各地驻屯军军医处组织和职员，海港检疫制度及防疫保健设施。医育机关，包括各省立大学医学院、各医学专门学校、其他医药学校相关调查。医疗机关，主要调查各医院（含军医院）和疗养所组织、规程、职员、统计等。医政团体，调查各地医师会（中西医师会）现况、会员、中西医师总数、分布状态等；各地禁烟委员会、红十字会、国民拒毒会等现状；卫生防疫相关调查机关及研究机关的调查。药房相关调查，包括新旧药房的名称、买卖药品、种类、数量、同业行会规约等。药剂相关调查，包括各省鸦片栽培、需求及戒烟状态；人参、樟脑及其他特产药材相关调查。有关疾病方面的调查，主要调查天花流行状况、种痘状态、痘苗供需情况、地方病统计调查、精神病者、癫痫病者的处理办法等。其他医事卫生相关统计、卫生思潮、卫生运动等相关事项。"② 同仁会在华调查相当广泛、细致，旨在刺探我国医疗卫生行政、医疗医育机构、医疗卫生团体、医药行业、珍稀药材、流行疾病（特别是传染病）、卫生防疫等各方面信息，此种调查曾为日本发动侵华战争、维系殖民统治提供大量情报。

如同仁会发行的《华北药草》，详细调查了华北药草的分布、生产及交易情况，指出华北药草主要种类有杏仁、槐米、枣子、胡桃、益母草、地黄、柴胡、香附子、远志、沙参等，详细统计各药材产地、产量、种类、用途、交易等情况，并调查河北、北京、天津、山东、河南、山西、陕西、甘肃、宁夏等主要药草分布、产量及集散状况。根据调查，河北省药材年产量 2232470 斤，其中 40% 出口国外，剩余

---

① 細野浩二「所謂「支那保全」論と清国留日学生教育の様態——同仁会・東京同仁医薬学校を例にして」、『早稲田大学史記要』第 8 巻第 12 号、1975 年。

② 財団法人同仁会編『同仁会四十年史』、204—205 頁。

大部分输往国内其他地区。河北省药草种类有 50 余种，车前子、黄
芩、知母、远志、蒲公英、益母草、天花粉、香附子、瓜蒌等为主要
药草。药草年产量超过 1 万斤的地区有涞源、房山、临榆、定县、安
国、完县、易县、迁安、井陉、内丘、涞水等地。① 同仁会对华北药
草资源调查相当细致，被视为“中国事情研究”的重要参考资料，先
后为日本外务省、华北派遣军参考利用。② 再如同仁会发行的《中华
民国医事综览》，详细调查、统计中国医事行政法规、中国医事行政机
关、中国医学教育机关、各省医院名录、中国医师名录、中国药房名
录、中国医药学著作等情况，“系本会调查部年来关于中国医界现状所
搜集之资料整理编辑，渐得近接正鹄与完备者”。③ 同仁会曾依据部分
调查报告编有“同仁会中国卫生丛书”，该套丛书共 5 辑，包括《中
华民国医师卫生现状》《上海医药界现状》《中国医界新思潮》《华北
药草》《中华民国医育问题》。④ 全面抗战时期，日本参谋本部在中国
开展兵要地志调查，将交战区域的卫生、疾病、疫情调查置为重点，
并且参考、利用同仁会的调查与研究成果。⑤

　　为推进中国医事卫生情况的研究与调查，1935 年 7 月同仁会成立
“东方医事研究会”。该研究会成立后，聘请日本军医界人士、医药界
学者组织专题讲座，曾聘请海军医务局长高杉新一郎主讲“居住在印
度中央亚细亚蒙古的各民族医学之比较”，陆军军医少将梶井贞一郎主
讲“满洲医界事情”，庆应大学教授小泉丹主讲“中国医界瞥见谈”，
同仁会评议员山井格太郎主讲“中国医界相关见闻”，庆应大学教授
藤浪刚一主讲“中华民国医事卫生视察谈”，东京帝国大学教授永井

---

① 财团法人同仁会编『北支那の薬草』、1942、55 頁。
② 具体可参考「多田部隊作成調査「北支ニ於ケル薬草」」、『各国ニ於ケル農産
　物関係雑件/薬草ノ部』、アジア歴史資料センター、B09041181200；「北支ニ於
　ケル薬草（支那視察報告第十号）昭和十五年二月」、『参考資料関係雑件 第十
　巻』、アジア歴史資料センター、B05016095300。
③ 财团法人同仁会编『中華民国医事綜覧』、1935、序言。
④ 财团法人同仁会编『同仁会支那衛生叢書』第 1 輯、1930、序言。
⑤ 具体可参考日本参謀本部編『贛湘地方兵要地誌概説』、1938；大本営陸軍部編
　『江西省兵要地誌概説』（军事秘密）、1943、日本防衛省防衛研究所藏。

潜主讲"华北和满洲视察谈"。① 同仁会还发行大量中日文医药学杂志、图书，发行的杂志有《同仁》《同仁会报》《同仁会医学杂志》《同仁医学》等，翻译、出版的医药学书籍有《生理学》《病理学》《药理学》《组织学》《解剖学》《临床医学》《外科学》《内科学全篇》《局部麻醉》《妇科学》《儿科学》《产科学》《眼科学》《耳鼻咽喉科学》《齿科医学全书》《皮肤及性病学》《近世卫生学》《检血法》《泌尿科学》《人体寄生虫病学》《细菌学实习提要》《四季之卫生》《霍乱》等。同仁会正是通过调查研究、翻译出版、发行杂志等方式将日本医药学界最新成果传播到中国，同时也将中国医药界情报信息传递到日本。"理解和知悉中国医药、文化界情势为同仁会极为重要之使命。"②

　　日本侵华战争全面爆发后，日本外务省委托同仁会实施"临时对华防疫事业"，成立华北防疫班和华中防疫班，并在华北、华中沦陷区广设分班，各地防疫班均设有调查研究部，负责调查沦陷区传染病、地方病及其他特殊疾病发生状况及其诱因，调查病原及其诱发因素，以及研究有效预防、诊疗方法。③ 抗战后期，同仁会医疗卫生机构继续扩张，刺探沦陷区医疗卫生情报范围不断扩大。1939 年 1 月，兴亚院正式接管"对华防疫事业"，具体实施仍由同仁会负责。④ 兴亚院"是集日本从前在中国到处制造罪恶的种种特务机关之大成的一个总特务机关"，⑤ 同仁会也由此纳入战时轨道，极力配合日本军方行动，一方面承担随军医疗卫生救护之"任务"，另一方面在沦陷区开展"宣抚工作"，搜集医疗卫生情报。1939 年 5 月，同仁会防疫机构实行改革，华北防疫班改为华北中央防疫处，华中防疫班改为华中中央防疫处，在天津、石家庄、保定、太原、运城、临汾、青岛、济南、烟台、

---

① 財団法人同仁会編『同仁会四十年史』、206 頁。
② 財団法人同仁会編『中華民国文化機関要覧』、1936、序言。
③ 「对支防疫事業計画方針 分割 2」、『同仁会関係雑件/防疫事務関係 第一巻』、アジア歴史資料センター、B05015314000。
④ 「对支防疫事業興亜院移管ノ件」、『同仁会関係雑件/防疫事務関係 第一巻』、アジア歴史資料センター、B05015314100。
⑤ 中国第二历史档案馆编《中华民国史档案资料汇编》第 5 辑第 2 编《外交》，江苏古籍出版社，1997，第 56—57 页。

开封、新乡、徐州、海州、南京、苏州、无锡、镇江、杭州、金华、芜湖、汉口、九江、南昌、张家口、海口等地开设防疫班。1941 年底，同仁会在张家口成立"蒙疆"支部。1942 年 4 月，同仁会在海口成立海南岛支部。前述医疗防疫机构均设有调查研究部，负责调查沦陷区传染病、地方病等的预防治疗并从事其他医疗、卫生、防疫方面的调查研究。①

为便于日本在沦陷区开展医疗卫生方面的调查研究，推进所谓"大东亚新秩序建设"，抗战后期同仁会设置"蒙疆"、华北、华中、海南岛等四个卫生研究所，其业务主要涉及："中国传染病、地方病及其他特殊疾病的预防、消灭及治疗方法的调查研究；中国养生法及其他保健卫生实行方法的调查研究；中医学及中草药的调查研究；东亚新药学创建的调查研究；保健卫生调查研究的统制；保健卫生方面的统计事项；其他有关保健卫生方面的事项。"② 卫生研究所由同仁会支部及各地分班（处）统辖和指导监督，实施保健卫生方面的调查研究时，所长必须征得支部长同意，并与地方分班（处）长协议通过，按照其指定调查研究事项实施，每年向其呈交报告书。同仁会通过此种调查研究机构，刺探沦陷区疫情、医药、卫生等方面的情报，然后上报日本军政高层，顺应"时势与军队"，亦即配合日本侵略中国的政策，开展其在中国的医疗活动。③

综上所述，同仁会在华医疗活动主要涉及经营同仁会北京、济南、青岛、汉口等处的医院；创办青岛医学校及抗战时期的青岛东亚医科学院、同仁会上海医科大学，培养日本当局所需医护人员；设置完善的调查研究机构体系，刺探中国医药界各种信息，为日本推行侵华国策提供情报。全面抗战爆发以后，中国人民排日、反日运动空前高涨，同仁会受此局势影响，其四大医院相继关闭，迁往日本，其他业务亦受到冲击。"惟据调查，因年来我国民受日本着着进逼之结果，颇引起

---

① 财团法人同仁会编『同仁会四十年史』、829 頁。
② 财团法人同仁会编『同仁会四十年史』、836 頁。
③ 藤田賀久「同仁会と近代日中関係：人道主義と侵略の交錯」、『紀要』第 8 号、2016 年。

对日厌恶心理，故各地同仁医院力求接近民众，然其营业，亦不见较前兴旺。"① 日本侵占中国大片领土后，同仁会利用日本军部支持，趁机在中国占领区成立大量医疗卫生机构，实施所谓对华"防疫事业"，② 其在华医疗"事业"更是得到空前扩张。

同仁会在华文化侵略与渗透活动不断深入，起初同仁会以发展中国医疗卫生事业、促进中日医学文化交流相标榜，实际上却充当"开发""经略"中国之先锋。同仁会创始人之一片山国嘉曾指出，"开发中国，有很多办法，应举办的事业也很多，如果从医术及文明的关系看日本历史，则开发中国，也要从输入医术开始，以此作为文明的先驱，是最为有效的方法"。③《对支文化事业特别会计法》出台后，该会成为"对支文化事业"重要组成部分，"借文化事业之美名，实文化侵略之实质"。④

民国初期，欧美各国开始退还庚子赔款用于发展中国的教育文化、社会救济、医疗卫生等事业，日本亦紧随其后，表面上利用庚子赔款发展对华"文化事业"，实则趁机开展文化侵略与渗透活动，企图赢得更多中国人对"日本先进文化"的认同感，逐渐掌控中国文化事业话语权。然因日本在中国的侵略扩张愈演愈烈，中日关系不断交恶，其对华"文化事业"因此受到国人的抵制，同仁会文化侵略和渗透活动范围亦受限。全面抗战爆发后，同仁会在军部的支持下，在沦陷区广设医疗卫生机构，其势力不断膨胀，其侵略和渗透性质更是暴露无遗。战争期间，同仁会被纳入日本战时体制，其医疗卫生机构不少要职为军人、政客把持，必须接受日本派遣军、特务机关的指挥和监督，需要担负随军医疗救护的"工作任务"，成为协助日本当局发动、扩大侵华战争的重要工具，同仁会及其医师也成为"日本民族殖民海外

---

① 曾亦石：《"九一八"事变后之日本对华文化侵略》，《中国新论》第 2 卷第 8 期，1936 年，第 63 页。

② 具体可参考『同仁会関係雑件/診療班支那派遣関係』（共 3 巻）、外務省外交史料館藏。

③ 片山国嘉「東亞の経営と医衛の普及」、『中央公論』第 3 期、1905 年。

④ 「留日支那学生ノ学資問題ニ関スル件」、『在本邦各国留学生関係雑件/支那留学生ノ部　第三巻』、アジア歴史資料センター、B12081651200。

之先驱"。① 由此可知，同仁会所标榜的目的及事业，无非是辅助日本当局实行所谓的 "大陆政策"，其医疗活动实与日本的殖民侵略互为表里。

第二节　早期日本在华官方机构及其活动

根据 1923 年日本国会通过的《对支文化事业特别会计法》，日本外务省文化事业部一方面利用庚子赔款补助日本早先成立的东亚同文会、同仁会、日华学会等民间团体，使其逐渐变为日本当局实施对华 "文化事业" 的半官方机构；另一方面成立北京人文科学研究所和上海自然科学研究所等官方机构，开始在北京、上海发展所谓的对华 "文化事业"，实行文化侵略与渗透活动。

一　日本对庚子赔款的处理政策

庚子事变以后，清政府被迫签订《辛丑条约》，向英、美、法、德、俄、日、意、奥、西、荷、比支付巨额赔款。一战以后，中国作为 "战胜国" 积极谋求减免庚子赔款，加之北洋政府因参加一战出现财政危机，乃决定推迟 5 年支付赔款，至 1922 年又被迫继续向西方列强支付赔款。② 不过，此时欧美列强开始考虑退还庚子赔款用于发展中国的 "文化教育事业"，借此掌握中国文化教育话语权。鉴于此种情形，日本当局开始考虑处理庚子赔款之对策。1922 年 2 月，荒川五郎联合 12 名议员在日本第 45 届国会上提出处理庚子赔款议案，建议将部分庚子赔款退还中国，用于补助中国留日学生，日本在中国开设的医院、学校及其他文化机构，以促进所谓的 "日中亲善" "亲善提携"，该议案不久得到日本当局的支持。③ 此即《对支文化事业特别会

①　小野得一郎「同仁会の事業精神」、『同仁』第 2 卷第 8 号、1928 年。
②　東亜研究所編『列国対支投資概要 昭和 11 年末現在』、1943、402 頁。
③　「義和団事件賠償金還付ニ関スル建議案（第四十五議会荒川五郎外提出）」、『東方文化事業部関係会計雑件 第一卷』、アジア歴史資料センター、B12082293100。

计法》的来历。日本国会通过《对支文化事业特别会计法》之前，中国需要向日本支付庚子赔款本息共计 72108776 元，1945 年以前还清；此外，山东悬案解决后，日本获得补偿金，"皆为年利六分的国库券，其中铁路补偿金额为 1450 万元，公有财产补偿金额为 360 万元，1937年以前还清"。① 向日本支付庚子赔款情况，"1923—1931 年间每年必须向日本支付赔款本息共计 2263505 元；1932—1940 年间每年必须向日本支付赔款本息共计 3845666 元；1941—1945 年间每年必须向日本支付赔款本息共计 2663505 元"。② 日本并不是退还所有庚子赔款用于对华"文化事业"，而是每年从庚子赔款中拨付 172 万元，并从山东补偿金中拨付 78 万元，共 250 万元作为对华"文化事业"经费。

　　日本当局补给对华"文化事业"范围相当广泛，涉及教育、学艺、卫生、救恤及其他领域。例如，1928 年外务省文化事业部对华"文化事业"补助涉及对中国留学生的学费补助，包括一般补给留学生、选拔留学生、特选留学生、留学生其他补助（中国留学生日本旅行补助、日本学生团体中国考察补助、中国留学生归国旅费补助、中国留学生治疗费用补助、特选留学生研究费补助及其他杂项补助）；中国留学生预备教育机构补助，包括日本预备教育机关和中国预备教育机关补助；对日本公私团体文化设施补助对象，包括青岛日本人学校、东亚同文会、同仁会及日华学会；中日两国交换演讲考察旅行费的补助对象，包括日本个人和团体的中国考察旅行、中国个人和团体的日本考察旅行；中国学者研究事业及编纂事业的补助；向中国各地学校等捐赠图书及其他物品补助；"东方文化事业"总委员会及上海分委员会补助；北京人文科学研究所、北京近代科学图书馆及上海自然科学研究所补助。③ 至全面抗战爆发前夕，日本对华"文化事业"得到扩张，增加补助东方文化学院（包括东京研究所和京都研究所）、日本在华居留民团（包括青岛居留民团、上海居留民团及天津共益会）、

①　岡部長景「對支文化の使命」、『外交時報』第 41 巻第 11 号、1925 年。

②　「対支文化事業特別会計法説明」、『東方文化事業部官制関係雑件 第一巻』、アジア歴史資料センター、B05015008700。

③　外務省文化事業部編『最近ニ於ケル文化事業ノ概況』、1928、7—35 頁。

"对满文化事业"（包括"满洲国立文化研究院"、图书馆及博物馆及"日满文化协会"等）、"新规事业"（包括北京日本近代科学图书馆、上海日本近代科学图书馆、华北产业科学研究所等）。①

　　为进一步强化监管对华"文化事业"，1923 年 5 月日本外务省设置"对支文化事务局"，负责监管对华"文化事业"一切事宜。不久，外务省颁行《对支文化事务局官制》，具体规定："1. 对支文化事务局受外务大臣管辖，职掌对支文化事业相关事务；2. 对支文化事务局设局长一人、事务官 4 人、专任局员 8 人；3. 局长由外务省亚细亚局长充任，综理一切局务，指挥并监督所属职员；4. 事务官由局长任命，分掌局务；5. 其他人员接受上级指挥，从事庶务。"②"对支文化事务局"管理事项涉及补助日本在中国的教育、学艺、卫生、救恤及其他文化事业相关事项；补助居留日本的中国国民实施与前项相同事业相关事项；补助日本在中国开展的学术研究和旅行考察相关事项；对华"文化事业"相关经理事务；庚子赔款、山东方面补偿金处分事项。另外，还规定"特别会计"相关事项："1. 文化事业的视察相关事项；2. 社交机关、研究所、试验场等相关事项；3. 中国留学生的行动（政治运动除外）相关事项；4. 聘请教师相关事项；5. 各种展览会（博览会及商品展览会除外）相关事项；6. 天灾、地震、凶灾等相关事项，但救灾借款除外。"③"对支文化事务局"是日本专门监管对华"文化事业"之机关，在经费、业务、管理上进行全面监控。为了审议、调查对华"文化事业"，日本外务省另外设有咨询机关——"对支文化事业调查会"。

　　1923 年 12 月 27 日，日本外务省颁布"对支文化事业调查会"官制，以加大对此"事业"的监管力度，具体规定，"外务省文化事业调查委员会在外务大臣监督下，提供咨询并调查审议有关对支文化事

---

① 主要参考外務省文化事業部編『文化事業部事業概要』、1934；外務省文化事業部編『昭和十一年度文化事業部執務報告』、1936。

② 成瀬恭『外務省の百年』原書房、1969、1041 頁。

③ 「対支文化事業主管事項」、『東方文化事業部官制関係雑件 第一巻』、アジア歴史資料センター、B05015008800。

业一切事宜；关于对支文化事业，调查委员会得向外务大臣提出建议；
调查委员会由一名会长、三十名以内委员组成；会长由外务大臣担任，
委员由外务大臣奏请从各厅高等官或具有相当学识者中选任，并由内
阁任命；会长综理会务，会长遇有其他事情，由外务省指定委员代理
其职务；调查会设干事长一名，干事若干名。干事长由对支文化事务
局局长兼任，受会长之命执掌庶务，干事由外务大臣奏请从各厅高等
官中选任，经内阁任命，受会长、干事长指挥，整理各种庶务；调查
委员会设置书记，由外务大臣任命，接受上级指挥处理庶务"。① 由此
可见，调查委员会成员基本由日本政府官员或御用学者组成，其目的
就是强化日本政府对对华"文化事业"的监管，"而外务省就是幕后
的操控者"。

　　日本正式出台《对支文化事业特别会计法》后，引起中国文化、
教育、学术界激烈反对，尤其对该法案中的"支那""对支"等辱华
词汇表示强烈不满，国内民众纷纷要求日本政府修改该法案。1924 年
4 月，蒋梦麟在《北京大学日刊》发文，认为"'对支文化'字样易
招误会，故主张改为'东方学术'字样"。② 为缓和当时中国民众的排
斥情绪，同年 12 月日本政府修改原定官制，在亚细亚局之下设置"文
化事业部"，以取代"对支文化事务局"。1926 年 7 月，日本成立由中
日双方专家、学者组成的"东方文化事业总委员会"，并颁布总委员
会章程，"对支文化事业"正式改名为"东方文化事业"。③ 不过，从
后来的日本档案及研究来看，日方仍有人称其为"对支文化事业"。
1927 年 6 月，外务省再次修改官制、扩充管理机构，"将文化事业部
升格为外务省独立一部，部长由外务省高等官员充任，文化事业部之
下分设三科，第一科职掌对华文化事业资助事宜，第二科分掌庶务，
第三科职掌国际文化事业相关事项"。④

---

① 「対支文化事業調査会官制」、『東方文化事業部官制関係雑件 第一巻』、アジア
　　歴史資料センター、B05015008900。
② 《校长布告》，《北京大学日刊》1924 年 4 月 26 日，第 1 版。
③ 「東方文化事業総委員会章程」、『総委員会関係雑件/総委員会組織成立経過関
　　係』、アジア歴史資料センター、B05015165400。
④ 成瀬恭『外務省の百年』、1045 頁。

从日本处理庚子赔款结果来看，日本既不是将庚子赔款悉数退还给中国，退还的庚子赔款也不是由中方处置，日方始终掌握该款的使用权和主动权。《对支文化事业特别会计法》出台后，日本开始利用庚子赔款发展对华"文化事业"，主要由日本所设官方机构、民间团体实施，由外务省遥控和监管，因而引起中国人民极大愤慨和排斥。江苏省教育会曾强烈抗议日本此举不过是"用庚款之名，实行文化侵略主义"。① 而北洋政府方面迫于各界的强烈抗议和反对，只得派员赴日谈判、协商，幻想日本政府能够修改法案。

1923 年 12 月，北洋政府委派江西省教育厅厅长朱念祖和教育部参事陈延龄共赴日本，协助驻日公使汪荣宝交涉庚子赔款处理法案，不久中方官员会同日本外务省亚细亚局局长出渊胜次，事务官冈部长景、朝冈健等人商议庚子赔款问题，翌年 2 月中日双方达成《日本对华文化事业协定》，亦称为"汪 - 出渊协定"，具体规定："1. 日本举办对华文化事业时，应充分尊重中国知识分子阶层之意见。2. 庚子赔款中拨付资金，主要用于中国人所办文化事业；至于对日本在山东既设医院学校，和其他日本团体在华经营的各种文化事业，其补给应从山东方面款项支付。3. 在北京地区成立人文科学研究所及图书馆。4. 在上海地区成立自然科学研究所。5. 办理前两项事业所需经费，随后另定之。6. 以后庚子款项资金如有剩余，再举办以下事业：在适当地点成立博物馆；在济南地区成立医科大学，附属日本所设医院；在广东地区设立医科学校及附属医院。7. 对于第三项至第六项所办各项事业，设置评议委员会，由中日人士组成，评议员约为 20 名，中日双方各为10 名，在中日双方协商下，另选一名中国人担任会长。8. 北京人文科学研究所及图书馆用地，由中国政府无偿提供。9. 救恤之名义，应尽快改为慈善费或者其他名称。"② 针对前述第五项规定，中方代表提出具体意见：1. 图书馆建筑开办费至少需 100 万元，常年经费至少需 40万元。2. 研究所建筑开办费至少需 50 万元，常年经费至少需 30 万元。

---

① 《反对日本文化侵略》，《中华教育界》第 16 卷第 7 期，1927 年，第 1 页。

② 「汪 - 出渊协定协议事项配付关系」、『日支共同委员会关系一件』、アジア历史资料センター、B05015116400。

3. 大正十四年（1925）预算内应加入博物馆经费。4. 图书馆、博物馆、研究所之内容，由中日组织董事会决之，人数比例，照清华学校先例办理。5. 十三年度留学生补助费至少 60 万元。①

　　对比分析"汪-出渊协定"和《对支文化事业特别会计法》，可以发现二者内容并无本质的不同，日本仍未将庚子赔款交给中国政府自行处理。协定签订后，日本对华"文化事业"不仅合法化，而且获得更多便利，可以在中国领土上成立各种文化机构或团体。该协定与国人的初衷相去甚远，因而再度引起各界人士的反对和抨击。② 然而，北洋政府外交无力，而且疲于应付国内的北伐战争，终于放弃最后的努力，该协定竟成为以后日本对华"文化事业"之准绳，一直持续到抗日战争结束为止。

　　随着庚子赔款处理政策的敲定和相关机构的完善，日本外务省制定了具体实施方案，共分为五项内容。③ 一是对于中国留学生补助费，每年由中国政府自国内派送留学生 300 名赴日留学，由外务省补助其学费；二是每年中日两国学生团体至少互相安排三次旅行考察，以相互了解两国之风土人情，每次旅行费用，每人定为 500 日元；三是以 200 万元经费，在上海设立自然科学研究社，内分医学部与理学部；四是以 300 万元在北京设立人文科学研究社；五是以对华文化事务局之经营，拨出一部分，为保存清朝古物费。日本外务省据此方案，极力谋划开设北京人文科学研究所和上海自然科学研究所，以便开展对华"文化事业"。

二　"东方文化事业总委员会"

　　根据"汪-出渊协定"第七项规定，由中日双方人士共同组成评议委员会，开展对华"文化事业"。为此，日本政府委派外务省事务官朝冈健来华物色合适人员。1925 年 5 月，中国外交总长沈瑞麟会同

---

　　① 　王树槐：《庚子赔款》，第 490 页。
　　② 　黒竜会编『日支交涉外史 下』、1939、304 页。
　　③ 　《日本对华文化侵略政策之行动与反抗》，《教育杂志》第 17 卷第 5 期，1925 年，第 2 页。

日本驻华公使芳泽谦吉，协议委员会成立事宜，双方通过"沈-芳泽换文"，决定："1. 借庚子赔款在中国境内所办各项文化事业，允许在不违反日本法令前提下，为统筹规划起见，成立由中日两国人士共同组成的文化事业委员会。2. 委员名额，中国限 11 名、日本限 10 名以内，委员长由中国人充任。3. 在上海和北京各设分会。"① 依此换文，双方最后选出 11 名中国委员、7 名日本委员，成立"东方文化总委员会"，委员基本选自中日两国教育界、学术界人士。

"东方文化总委员会"成立后，于 1925 年 10 月在北京召开第一次会议，选举柯劭忞担任委员长，并讨论了研究所机构设置、经费预算、总委员会管理规章等问题，通过《东方文化总委员会规程》，具体规定："委员会定名为东方文化总委员会，在北京设置委员会事务所；该会目的在于保存东方文化，力图研究并加以发扬；为达此目的，在不违反《对支文化事业特别会计法》之前提下，在中国实施文化事业的筹划、决定及管理；另外规定了该会的组织和人事安排，每年召开一次总会，经费来自政府补助和其他捐款，决定在北京和上海等处设置分会或特别机关。"② 此外，关于北京、上海创建研究所机构事项，总委员会向中日双方政府提出两点希望："第一点，希望中国方面尽早提供北京图书馆及研究所的建筑用地；第二点，希望中日双方官员对于研究所和图书馆进行的相关研究和调查，给予援助和保护。"③

1926 年 7 月，"东方文化总委员会"召开临时会议，将"对支文化事业"改为"东方文化事业"，"东方文化总委员会"随之改为"东方文化事业总委员会"，并通过《东方文化事业总委员会章程》，其主要内容有："本委员会依照民国十四年五月四日中国外交总长与日本驻华公使换文决定，管理以庚子赔款所举办之文化事业；本委员会由中华民国政府派出十一名以内、日本政府派出十名以内委员组成；本委

---

① 外務省文化事業部編『東方文化事業総委員会記録』、1929、24 頁。
② 「東方文化総委員会規程」、『総委員会関係雑件/総委員会総会関係 第一巻』、アジア歴史資料センター、B05015165800。
③ 「第一回総会 大正十四年十月」、『総委員会関係雑件/総委員会総会関係 第一巻』、アジア歴史資料センター、B05015165800。

员会设委员长一人，由中国委员公推之；本委员会接受日本政府应拨庚子赔款，分配于各项应办文化事业，凡非庚子赔款部分资金及其他捐款，其指定用于中国文化事业者，本委员会均得接受依其所定条件决定用途；本委员会每年开总会一次，遇有必要情形，经中日两国委员各半数之提议，由委员长召集临时会，但得用文书征求意见，以代表召开会议。"① 1926 年 11 月，总委员会在东京举行第二次会议，决定筹办各项事业经费及具体内容。"总委员会从外务省补助款项中，保留北京委员会准备金 3 万元，其余用作北京和上海各项事业经费；在研究所及图书馆建设总经费 535 万元中，支出 35 万元作为预备金；调整总委员会委员任期，其任期定为 1 年；筹设东方文化图书馆筹备处，处长由中国筹备委员担任，推荐濑川为日方筹备委员；北京人文科学研究所主要事业定为新字典编纂方法的调查、四库全书补遗及续编、十三经注疏通检编纂等三项，并推举江庸为事务主任。"②

综上可知，虽然"东方文化事业总委员会"成员是从中日两国教育、学界名流中选出，名义上负责筹办对华"文化事业"，实际上经费的拨付和使用权始终掌握在日本政府手上，归根到底，"东方文化事业总委员会"仍然属于《对支文化事业特别会计法》体系，只是在表面上做了一些修饰而已，并无任何实权。总委员会此后召开数次会议，为日本在中国开设研究机构和文化机构打下了基础。

三　北京人文科学研究所

1924 年 6 月，"对支文化事业调查会"召开第三次会议，决定"于 1924—1929 年间，拨付 535 万元作为图书馆及研究所建筑和设备经费，其中北京图书馆及研究所为 3139550 元、上海研究所为 2210450元"。③ 依据"汪-出渊协定"，研究机构建筑用地由中国方面提供。

① 「中日文化事業総委員会章程草案」、『総委員会関係雑件/総委員会総会関係 第一巻』、アジア歴史資料センター、B05015165700。
② 「第二回総会 大正十五年十月」、『総委員会関係雑件/総委員会総会関係 第二巻』、アジア歴史資料センター、B05015166300。
③ 「第三回調査会 大正十三年六月二十一日」、『東方文化事業調査委員会関係雑件 第二巻』、アジア歴史資料センター、B05015060100。

1927 年 10 月，日本购买位于北京王府井大街东厂胡同的原黎元洪官邸，将其改建为北京人文科学研究所，具体建造事宜由东方文化事业总委员会北京分会负责。是年 12 月，北京人文科学研究所召开成立大会，宣告研究所成立，通过研究所管理章程，具体规定：“研究所设置总裁 1 人、副总裁 2 人，总裁由中方委员担任，副总裁从中日委员中各推举 1 人；设置研究员若干人，除由总委员会委员担任外，可聘请其他专家学者充任；设置图书筹备委员 2 人、图书筹备评议员若干人，前者在中日方委员中各推荐 1 人，后者聘请专家学者担任；研究所工作方针由总裁、副总裁拟定，经委员会研究员协议后实施，且向总委员会委员长呈交事业报告。”① 此外，“选举柯劭忞担任总裁，王树枏、服部宇之吉任副总裁，聘请安井小太郎、内藤虎次郎、狩猎直喜、胡敦复、胡玉缙、何振岱、贾恩绂、江庸、江瀚、梁鸿志、汤中、戴锡章、姜忠奎、刘培极、王照、王式通、徐审义、杨策、章华等人为研究员，江庸兼任事务主任”。②

北京人文科学研究所分设哲学、宗教、经学、文学、语言学、史学、考古学、法制、经济和美术等研究部门，研究所“以孔孟之道为宗旨、以伦常为立身之本、以博通古今中外为致用之法”。③ 该研究所的主要工作有调查新字典编纂方法、补遗及续编四库全书、编纂十三经注疏通检等三方面。该研究所成立以后，颁布《北京人文科学研究所暂行细则》，以规范、管理日常事宜，详细内容如下。

1. 本研究所依据 1926 年在东京会议，议定以续修四库全书提要、新字典编纂法调查、十三经索引三者为研究事项，此次开会以三项难以同时并举，先以续修四库全书提要为主，以后再进行其他两项。

---

① 「北京研究所暫行章程」、『総委員会関係雑件/総委員会総会関係 第三巻』、アジア歴史資料センター、B05015166500。
② 外務省文化事業部編『東方文化事業総委員会記録』、1929、369 頁。
③ 「第一回総会 大正十四年十月 分割 1」、『総委員会関係雑件/総委員会総会関係 第一巻』、アジア歴史資料センター、B05015165700。

2. 关于续修四库全书，先就两层进行，一是搜集乾隆四库全书内失载各书，二是搜集乾隆以后至宣统末年名人著作，选定著录书目，其实施要点如下：

（1）从 1927 年开始进行著录书目的选定工作，暂拟二年完成。

（2）研究所正副总裁对著录负有综理大纲、督促工作、选定书目之责任。

（3）四库书目各部中，子目甚繁，此次续修均准据乾隆成例。

（4）凡所著录以平允为主，不可有门户之见，然须择要典、雅记，其空疏无用之书，一概不录。

（5）各研究员应于每月末将拟定著录书目送正副总裁选定其书目，内须注明卷数、已刊未刊及刊本种类，其未刊者应注明其稿本所在，以便购置或抄录。

（6）正副总裁每三个月将选定书目，提交全体研究员开会决定。

（7）选定著录、各书，由研究所申请图书馆筹备处购买或抄录。

3. 著录书目提要，应于每次决定后，由研究员分别纂拟，其细则另定之。①

根据上述细则，各研究人员应在《四库全书》之经、史、子、集部选择一部或数部，负责著录起草工作，各部研究人员具体分配情况如下。经部：江瀚、胡玉缙、徐审义、刘培极、姜忠奎、王照、杨策、狩野直喜、安井小太郎；史部：王式通、戴锡章、江瀚、汤中、内藤虎次郎；子部：刘培极、胡玉缙、江庸、王式通、胡敦复、梁鸿志、汤中、安井小太郎；集部：王式通、戴锡章、江庸、章华、梁鸿志、

---

①　外務省文化事業部編『東方文化事業総委員会記録』、1929、377—380 頁。

何振岱、狩野直喜、内藤虎次郎。[1]

　　北京人文科学研究所创建之际，正值日本出兵山东、制造济南惨案，全国各地发起反日爱国运动，该研究所因此受到影响。"东方文化事业委员会全体中国会员，在报上登大号字广告云，日军占据济南，我国委员于十三议决，全体退出东方文化总委员会。"[2] 因中方委员集体退出，总委员会工作一度陷入瘫痪状态。然而，日本方面不顾中国方面的反对，单方面委派濑川浅之进担任总务委员、桥川时雄担任日方事务主任、邓萃芬担任中方事务主任，服部宇之吉担任研究所副总裁（总裁空缺），继续推进研究所事务。[3] 这样的人事调动已经彻底倒向日方，更加方便日本掌控研究所一切事宜。为加强统制"东方文化事业总委员会"事务组织，1934 年日本设置东方文化总委员会事务所，并颁布《东方文化事业总委员会事务所暂行办事细则》，规定该事务所掌管"东方文化事业"相关事宜，事务所设置总务部、研究部、图书部、会计部，各部设置主任，主任之下设主事和其他职员，总务主任总理一切事宜，委派桥川时雄担任总务委员署理兼研究部主任、大槻敬藏担任总务会计兼会计部主任、邓萃芬担任总务部主任、徐鸿宝担任图书部主任、小竹武夫和林秀芳担任主事、青木晋和萧璋任事务嘱托，其他职员有三谷美和、郑中础、李襄海、柯昌济、林其埔、史时祥、黄闳、黄崇熹、吴辰宏、孙春芳、高舒宽、徐志杰、徐彭年、吴瑞祺、苏镇宣、李富昌、王涤生、梁晋勳、张鸿轩。[4] 由此可见，事务所实权由日本人掌控，基本事务却由中国职员承担。

　　北京人文科学研究所成立后，主要任务是续修四库全书提要，具体涉及"撰写《钦定四库全书》中经篡改、删除及误差较大的书籍提要，改写阮氏《四库未收提要》；编纂者著录存目遗漏书籍、《永乐大

①　外務省文化事業部編『東方文化事業総委員会記録』、1929、385—386 頁。
②　《东方文化事业会解体》，《申报》1928 年 5 月 18 日，第 6 版。
③　阿部洋『「対支文化事業」の研究——戦前期日中教育文化交流の展開と挫折』汲古書院、2004、462 頁。
④　北京人文科学研究所編『東方文化事業総委員会並北京人文科学研究所の概況』、1935、13—21 頁。

典》辑佚书籍、敦煌文献等提要；编纂乾嘉以后之著述及辑佚书提要；增补禁、焚书籍，佛道藏经中部分书籍，词曲小说和明代地方志等提要"。① 北京人文科学研究所原本计划 5 年内（1927—1931）完成所有编目工作，然而在此期间因发生济南惨案，中国研究人员集体退出，研究所工作计划一度中止，日本只得临时召集本国研究人员继续开展编目工作。1931 年，编目工作结束后，研究所又开展编辑提要工作，此时已聘到柯劭忞、胡玉缙、江瀚、王式通等中方研究员，其后研究所基本工作大多由中国职员完成。②

　　时隔数年之后，日本阴谋策划七七事变，侵华战争全面爆发，续修《四库全书提要》工作亦受到战争影响，几近于停滞状态。加之，此时外务省已将学术研究重心转向东京的东方文化学院和京都的东方文化研究所，不再补助北京人文科学研究所，③ 该所出现严重财政危机，续修四库全书提要工作断断续续，直至 1943 年 10 月终于完成提要初稿，但因经费拮据书稿一直未能出版发行，仅保留了油印本。"抗日战争结束以后，在平冈武夫的协助下，将该油印本送往台湾，在王云五先生主持之下进行整理，1972 年台湾商务印书馆正式出版，书名仍为《续修四库全书提要》（共计三册），收录书籍达 28530 部，较原定 27000 部为多。这是北京人文科学研究所最主要的成绩，汇聚了大量中国学者的智慧和心血。"④

　　北京人文科学研究所，是日本外务省根据《对支文化事业特别会计法》，利用庚子赔款在中国开设的研究机构，研究所经费和管理均由外务省管控，研究所基本工作却由中方人员承担，以整理中国古籍经典、研究东方文化为主要任务，其目的是为日本学者研究中国提供重要参考资料，并服务于日本当局对华政策，这与当时中国知识分子之

---

① 北京人文科学研究所編『東方文化事業総委員会並北京人文科学研究所の概况』、1935、22 頁。
② 外務省文化事業部編『文化事業部事業概要』、1934、5 頁。
③ 外務省文化事業部編『昭和十四年度文化事業部事業概要』、1939、3 頁。
④ 山根幸夫『東方文化事業の歴史：昭和前期における日中文化交流』汲古書院、2005、56 頁。

期望相去甚远。① 抗日战争胜利以后，日本战败投降，对华“文化事业”体系崩溃，北京人文科学研究所亦随之解散，由国民政府教育部委派沈兼士负责接收该所事宜。

四　上海自然科学研究所

1. 上海自然科学研究所的成立

根据“沈-芳泽换文”规定，日本在上海成立东方文化事业总委员会上海分会，负责筹建上海自然科学研究所事宜。② 然而，当时上海民众反日风潮极盛，上海委员会组建并不顺利，直至 1925 年 11 月才成立，委员由中日两国教育界人士组成，中方委员有胡敦复、秦汾、伍连德、文元谟、谢应瑞、余岩、严智钟、郑贞文、朱家骅、章鸿剑，日方委员有大河内正敏、岸上谦吉、林春雄、濑川浅之进、庆松滕左卫门、入泽达吉、山崎直芳、矢田七太郎、新城新藏。③ 1926 年 12 月，上海委员会举行第一次会议，会议围绕委员会章程、研究所组织大纲、研究人员考察、计划研究事项、临时事务委员会、运营经费等内容进行，并通过以下决议：

    1. 选举严智钟担任上海委员会委员长。

    2. 通过《东方文化事业总委员会上海委员会章程》和《上海自然科学研究所组织大纲》。

    3. 派遣研究员事项：

    （1）1927—1929 年，派遣 7 人赴欧美、14 人赴日本；

    （2）赴欧美人员所需经费定为 49800 元；

    （3）1930—1931 年，每年派遣 7 人赴欧美；

    （4）赴欧美人员所需经费，由委员会制定预算，日本人员所

① 孙颖、徐冰：《“北京人文科学研究所”筹建始末——20 世纪上半叶日本对华文化侵略之典型一例》，《求是学刊》2007 年第 5 期。

② 石嘉：《抗战时期上海自然科学研究所在中国的调查与研究》，《日本侵华南京大屠杀研究》2022 年第 1 期。

③ 上海自然科学研究所编『上海自然科学研究所十周年紀念誌』、1942、4—5 頁。

需经费则另定之；

（5）1927 年度研究预备经费定为 87000 元；

（6）设置临时事务委员处理会务，并委任余岩、谢应瑞、郑贞文、矢田七太郎、大河内正敏为委员。①

上海委员会第一次会议，最重要的成果是通过了《东方文化事业总委员会上海委员会章程》和《上海自然科学研究所组织大纲》。《东方文化事业总委员会上海委员会章程》规定上海委员会依据"沈-芳泽换文"，由中国政府选任 11 名委员、日本政府选任 10 名委员组成；委员会设委员长 1 名，从中国委员中选出；委员会主要职能是筹备设立上海自然科学研究所，审核本委员会所属各项预算决算并报告总委员会，评议并处理属于上海自然科学研究所的其他重要事项，受理总委员会之委办事项；上海委员会接受总委员会所划分于上海方面之庚子赔款依照预算使用；增设临时委员会和事务所。②《上海自然科学研究所组织大纲》主要规定上海自然科学研究所成立目的、机构设置、人员安排、日常管理、研究事项等方面，详细内容如下：

1. 上海自然科学研究所以研究自然科学之纯粹学理为目的。

2. 上海自然科学研究所应注重于增进中国人研究高深自然科学之能力，以谋中国自然科学之发达。

3. 上海自然科学研究所分理学、医学两部，理学部先设物理、化学、生物、地质学科，医学部先设病理学、细菌学、生药学科。

4. 上海自然科学研究所设所长一人，综理本所事务，由上海委员会延聘中国人充任；理学部、医学部各科各设主任一人，研究员及研究生各置若干人；各科主任由所长物色相当专门人员提交上海委员会审议聘任之，各科研究员由各科主任推荐请所长聘

---

① 「昭和元年十二月上海委員会第一回委員会決議事項実施」、『上海委員会関係雑件/第一回委員会決議事項実施関係』、アジア歴史資料センター、B05015181700。

② 「東方文化事業上海委員会章程」、『上海委員会関係雑件/第一回委員会決議事項実施関係』、アジア歴史資料センター、B05015181700。

任，研究生以中国人为限，由研究所以考试方式选取。

　　5. 上海自然科学研究所设事务处，处理本所会计、出版、购置等事务。

　　6. 上海自然科学研究所各项规程及预算，由所长会同各部、科主任协商拟定，送请上海委员会审定。

　　7. 上海自然科学研究所进行之计划，每年由所长会同各科主任拟定，提交上海委员会于常会时审定。

　　8. 上海自然科学研究所先就中国最需要之事项从事，凡中国现有机关已着手研究者不再重复研究。

　　9. 本组织大纲有未尽事宜得由上海委员会于常会时修改之。①

　　此外，上海委员会第一次会议还讨论了研究所的研究任务，计划研究工作有：“1. 汉药研究，由余岩、庆松滕左卫门负责；2. 重力及地磁气测定，由文元谟、新城新藏负责；3. 扬子江鱼类之生物学的研究，由严智钟、岸上谦吉负责；4. 关于地质学之研究，由章鸿剑、山崎直芳负责；5. 天然无机化合物之相率研究，由郑贞文、片山正夫负责；6. 中国产发酵菌及发酵菌类的研究，由郑贞文、片山正夫负责；7. 中国流行病、地方病调查研究，由林春雄、谢应瑞负责。会议还决定 1927 年度前述各项研究事项总预算为 40000 元。”②

　　上海自然科学研究所创办伊始，恰逢日本制造济南惨案，全国人民掀起反日运动高潮，上海民众亦组织大规模反日运动，上海自然科学研究所受到较大影响，中方委员相继退出上海委员会，加之当时国民政府推行“革命外交”，强令中方委员、研究人员集体退出“东方文化事业总委员会”，上海自然科学研究所筹建工作近于废止。然而，日本当局并不甘心此前在上海的工作付诸东流，单方面决定委派东京大学名誉教授横手千代之助担任代理所长，继续推进研究所筹建工作。

---

① 「東方文化事業上海委員会章程」、『上海委員会関係雑件／第一回委員会決議事項実施関係』、アジア歴史資料センター、B05015181700。

② 「昭和元年十二月上海委員会第一回委員会決議事項実施」、『上海委員会関係雑件／第一回委員会決議事項実施関係』、アジア歴史資料センター、B0501518180。

1928 年 8 月，日本在上海法租界徐汇路与祈齐路交会处，创办上海自然科学研究所，研究所建筑总面积近 2 万平方米，由东京大学教授内田祥三负责建筑设计，前后历经 3 年，直至 1931 年 8 月方告建成，研究所大楼建筑耗资达 120 余万元。①

上海自然科学研究所建成以后，人员安排上完全倒向日方，研究人员共 32 人。其中中方仅 3 人；助理人员共 24 人，其中中方仅 2 人。② 研究所中方职员寥寥无几，其重要原因在于日本推行侵华政策，激起中国民众强烈的反日情绪。不过，此后随着中日关系相对缓和，研究所开始招募中国研究人员，一些中国学者秉持发展中国自然科学的立场加入研究所。上海自然科学研究所经历三任所长时期："第一任所长时期，1928—1936 年东京大学名誉教授横手千代之助担任所长；第二任所长时期，1936—1938 年京都大学教授新城新藏担任所长；第三任所长时期，1938—1940 年兴亚院华中联络部文化局局长森乔兼任代理所长；第四任所长时期，1940—1945 年东京大学教授佐藤秀三担任所长。"③

2. 上海自然科学研究所的学术活动

上海自然科学研究所设有医学部和理学部，下设病理学科、细菌学科、生药学科、物理学科、生物学科、化学科、地质学科及卫生学科等 8 个学科。④ 研究所宣称："以研究自然科学之纯粹学理为目的，以确立发扬东方文化之根本为目的，并致力于自然科学在中华民国之发展。"⑤ 上海自然科学研究所每年必须接受日本当局委托的"学术研究"，例如 1933 年该研究所共接受 57 项研究课题，其中代表性的课题有"物理学科负责的'扬子江沿岸重力和地磁力测定''上海为中心的地球物理学的现象研究''扬子江水流的研究'等课题，化学学科

---

① 上海自然科学研究所编『上海自然科学研究所十周年紀念誌』、31 页。
② 外务省文化事业部编『文化事业部事业概要』、7 页。
③ 上海自然科学研究所编『上海自然科学研究所十周年紀念誌』、185 页。
④ 「上海自然科学研究所、上海同仁会华中卫生研究所、上海日本近代科学图书馆参观报告」、『新学生』第 4 卷第 3 期、1944 年。
⑤ 〔日〕小宫义孝：《上海自然科学研究所轮廓》，陈宝华译，《江苏教育》第 3 卷第 4/5 期，1942 年。

负责的'中国原产含有稀有元素矿物之分析''关于山东省出产的一种新锰矿''镭在中国的分布状态'等课题，生物学科负责的'中国产淡水鱼的研究''中国产淡水鱼的发生学研究''东洋产淡水鱼的分布研究'等课题，地质学科负责的'日本海成白垩纪层的研究''满洲产古生代头足类之研究''朝鲜无烟煤炭的地质学研究'等课题，病理学科负责的'中国居民的卫生状态研究''中国风土病的研究''寄生虫的研究'等课题，细菌学科负责的'关于霍乱菌型的研究''关于牛传染肋膜炎的研究''关于赤痢菌型研究'等课题，生药学科负责的'神农本草经的研究''现行汉药中的草类生药的原植物研究''汉药的组织解剖及显微镜化学的研究'等课题"。① 从上海自然科学研究所的研究课题可知，其调查和研究方向侧重中国矿产、资源、地理、渔业、医疗、药物等方面，尤为重视调查研究中国的矿产资源，该所曾利用此类调查研究，编纂《中国矿产地一览》（共四卷），详细统计了江苏、浙江、安徽、河南、江西、湖北、湖南、福建、广东、海南岛、广西、四川、贵州、云南等省份各种矿产资料情况，② 为日本日后掠夺中国资源提供重要情报。

上海自然科学研究所每年定期举办学术演讲会、学术谈话会，广邀中日学者参会交流。如学术演讲会方面，"1935年4月，研究所举办第一次讲座，由新城新藏所长主讲'自然科学与阴阳五行说'；1935年5月，举办第二次讲座，由药学博士曾广芳主讲'本草之科学的研究'；1935年6月，举办第三次讲座，由理学士尾崎金右卫门主讲'中国之地史'；1935年9月，举行第四次讲座，由医学博士水野礼司主讲'高血压与动脉硬化'；1935年10月，举办第五次讲座，由农学士木村重主讲'动物分布与扬子江之特异性'；1935年11月，举办第六次讲座，由药学博士中尾万三主讲'中国名茶与古瓷器的沿革'；1935年12月，举办第七次讲座，由新城新藏所长主讲'回转运动的起源'"。③ 学术谈话会方面，"1935年4月，研究所举办第一场学

①　外務省文化事業部編『文化事業部事業概要』、7—13頁。
②　上海自然科学研究所編『中國鑛産地一覽』第1卷、1940、序言。
③　上海自然科学研究所編『上海自然科学研究所要覧』、1936、30頁。

术谈话会，其研讨主题有'汉药石斛之生药学研究''热河产碱性花岗岩''流行性霍乱之东渐''织毛运动中ボス无机酸与饱和脂肪酸之作用'；1935 年 5 月，举办第二场谈话会，其研讨主题有'浙江省象山县黄铅矿''山东省姜可庄及浙江省新昌县所产蚕石中的稀有元素''丝状菌的生成物'；1935 年 6 月，举办第三场谈话会，其研讨主题有'健康中国人的血液像''圆锥体的磁力''东亚新生代碱性岩石区'"。①

此外，上海自然科学研究所还比较重视加强联络中外学术团体，尤其是中国方面的学术研究团体。研究所成立伊始，"积极联络中国科学社、中国化学会、中国药学会、中华医学会、中华学艺社、中国地理学会、中国动物学会、中国植物学会、中国工程师学会、远东热带病学会、Shanghai Naturalist Club、Royal Asiatic Society、Verein der Deutsch Sprechende Arzte in Shanghai 等中外学术团体机构"。②

上海自然科学研究所比较重视发行期刊。研究所设编译室，专门负责编纂、印刷、出版研究所内各种刊物，并加强与中国文化、学术、教育团体的联络。其发行期刊中较有代表性的是《上海自然科学研究所汇报》，该刊专门刊载所内研究人员的研究报告，如 1929 年第二期刊发"日本农学博士山崎百治的研究报告《关于中国产"曲"》，药学博士中尾万三编纂的《汉药写真集成》（第一辑）；次年发行 3 期，即发表中尾万三的研究报告《食疗本草的考察》，冈田家武的研究报告《天然钠化合物的研究》，中尾万三编纂的《汉药写真集成》（第二辑）"。③ 该刊自 1929 年创刊至 1944 年停刊，共发行 14 卷 146 期。研究所还创办外文期刊 The Journal of the Shanghai Science Institute，该刊发行英语、德语、法语等版本，刊载上海自然科学研究所工作业绩。④ 全面抗日战争时期，上海自然科学研究所发行《中国文化情报》《中

---

① 主要参考『上海自然科学研究所関係雑件/状况報告関係 第一巻』、アジア歴史資料センター、B05015198900。
② 上海自然科学研究所編『上海自然科学研究所要覧』、34 頁。
③ 具体可参考上海自然科学研究所編『上海自然科学研究所彙報』第 1 巻第 1—5 号、1929、1930。
④ 上海自然科学研究所編『上海自然科学研究所十周年紀念誌』、161 頁。

国杂志目次》，其目的在于"通过提供中国学术、文化相关情报，促进中日两国间的文化交流和相互理解"。①《中国文化情报》自 1937 年 5 月创刊到 1941 年 12 月停刊，共计发行 31 期，刊载各种大小纪事 130 件。② 该杂志详细调查了中国各种研究机构及其学术研究情况，如第一期刊载了上海市立博物馆、上海市立卫生试验所、青岛海滨生物研究所、中华医学会、远东气象协会等相关信息。③《中国杂志目次》自 1937 年创刊，1938 年初发行第四期后暂时停刊，1940 年以后继续发行，至 1942 年共计发行 10 期，该刊发行目的在于介绍中国发行的期刊，将其目录汇编刊行。④

除上述各种业务外，上海自然科学研究所还设置中央图书室和各学科图书室，"截至 1941 年 8 月，共收藏中日文书籍 27790 册、西文书籍 7730 册、外文小册 18500 册、其他捐赠书籍 10789 册，以上合计 64809 册；收藏中日文杂志 533 种、西文杂志 926 种，二者共计 1459 种；另外收藏各种地图达 3900 种，首重汉文古籍的收藏，并兼顾西方杂志"。⑤ 筹建各类附属工场，诸如硝子工厂、金工厂、石工厂、木工厂、汽罐系（含瓦斯与水道）、电气系等作为研究所辅助设施，负责研究所各科室仪器设备的维修工作和其他事宜。⑥ 开设俱乐部和共存会，"旨在增进研究所成员相互亲睦，提高身心修养，增进所员之福利"。⑦ 俱乐部设有运动部、学艺部、娱乐部、庆吊部，其中运动部下设棒球部、网球部、乒乓球部，专供所员娱乐、锻炼所需；学艺部为研究所文学、音乐、摄影、绘画等爱好者聚会场所，定期举办演讲会、学艺会，加强研究所职员交流；娱乐部每年春秋季举办运动会及其他娱乐活动；庆吊部负责研究所职员及其家属遇有婚庆喜事、灾难事故时，举办欢庆会或悼念活动。共存会由研究所职员组成，实为一种互

---

① 阿部洋『「中国文化情报」解题・分类目录』绿荫书房、1994、7 页。
② 阿部洋『「中国文化情报」解题・分类目录』绿荫书房、1994、9 页。
③ 上海自然科学研究所编『中国文化情报』第 1 号、1937 年 7 月、1 页。
④ 上海自然科学研究所编『上海自然科学研究所十周年纪念誌』、166 页。
⑤ 上海自然科学研究所编『上海自然科学研究所十周年纪念誌』、155 页。
⑥ 上海自然科学研究所编『上海自然科学研究所要览』、1936、51 页。
⑦ 上海自然科学研究所编『上海自然科学研究所要览』、51 页。

助共济组织，该会成立"保健委员会"作为卫生保健之咨询机关，设置诊疗室负责研究所紧急伤病者的救护事宜。①

上海自然科学研究所经费，主要由日本外务省根据《对支文化事业特别会计法》进行补助，日本当局较为重视上海自然科学研究所筹办事宜，可谓不惜投入重金，据相关资料统计，外务省补给该所各种建筑费用达 2346000 元、每年经费约 39 万元，至民国 22 年（1933）共耗费 1931000 元，推算至民国 25 年，并加上建筑费约为 5447000 元。②比较来看，同期北京人文科学研究所总计耗费仅 1212000 元，前者为后者的数倍，其重视度之差异可见一斑。③ 日本外务省利用此种补助，强化对上海自然科学研究所的管控，使其成为协助日本当局刺探上海及其周围地区科技情报的重要工具。侵华战争全面爆发后，该研究所日益注重搜集沦陷区各种情报，"与各方面紧密的联络之下，内部方面，因研究部面的综合，已从纯学术研究，扩充为应用部门，而对于大陆建设作科学的协力了"。④ 该研究所学术调查研究之目的，是便于日本调查中国国情、掠夺中国资源，绝非日本宣扬的"发达中国自然科学""增进中国科技进步"。

3. 上海自然科学研究所的文化侵略

侵华战争全面爆发后，上海自然科学研究所成为日本实施文化侵华政策的重要工具。该研究所接受日本驻上海特务部，以及后来兴亚院的委托，刺探中国科学界、文化与出版界、教育界等各种情报。⑤

首先，刺探中国科学界情报。上海自然科学研究所调查了民国时期学术团体机构数量——1912 年仅为 5 个，1921 年增至 17 个，至1935 年达到 144 个。⑥ 各研究机构按性质划分，主要分为三种，即政

---

① 上海自然科学研究所编『上海自然科学研究所十周年纪念誌』、1942、170—171 页。
② 主要参考王树槐《庚子赔款》，第 532 页。
③ 王树槐：《庚子赔款》，第 532 页。
④ 〔日〕佐藤秀三：《上海自然科学研究所的活动》，《东亚联盟》（南京）第 1 卷第 4 期，1941 年 10 月，第 78 页。
⑤ 上海自然科学研究所编『上海自然科学研究所十周年纪念誌』、26 页。
⑥ 上海自然科学研究所编『中国文化情报』第 1 号、1937 年 7 月、27 页。

府设立者、学术团体创设者、大学内设立的研究院，并认为在中国科学研究事业当中，取得最好成绩者是地质学和生物学。[1] 该所刺探中国科学界情报，具体涉及医药学界、天文气象学界、地质学界、生物学界及矿产资源方面。

医药学界方面，调查了上海市立医院、上海市立卫生试验所、中华医学会、中山医院、国立上海医学院等机构团体情况，并统计了伪北京临时政府和伪南京维新政府以及上海、香港、重庆医药学教育机构情况。[2] 天文气象学界方面，调查了中央观象台、中央研究院天文研究所、南京紫金山天文台、中山大学天文台、青岛市观象台、陆地测量总局天文观测所、中国天文学会、中国日食观测委员会、中国天文委员会情况，以及中国天文观测工作和天文研究工作概况。[3] 地质学界方面，调查了实业部地质调查所、中央研究院地质研究所、两广地质调查所、长沙地质调查所、江西地质矿产调查所、河南地质调查所、浙江矿产事务所、陕西地质调查所情况，认为实业部地质调查所为现代中国地质研究的中心机关。[4] 生物学界方面，调查了北京静生生物调查所、中国科学社生物研究所（南京）、中国西部科学院、北京研究院生物研究所、中央研究院动植物研究所（南京）、浙江省昆虫局、实业部中央农业研究所（南京）、广东渔业试验所、江苏省昆虫局、江西省农业院、广东昆虫局、青岛海滨生物研究所，以及各大学生物研究室、种植物学会、博物馆情况。[5] 矿产资源方面，统计了中国煤矿、石油、油页岩、盐等非金属矿物，以及金矿、铜矿、银矿、钨矿、锑矿、锰矿、水银矿等金属矿物分布和产量情况。[6] 1940 年，上海自然科学研究所接受东亚研究所委托，重点调查华中、华南各地矿产资源，据此编成《中国矿产地一览》，详细记载矿产地名、分布位置、矿产品质、埋藏量、矿床种类、生成时代、赋存状态，并附有

---

[1]　上海自然科学研究所编『中国文化情报』第 1 号、1937 年 7 月、1 頁。
[2]　上海自然科学研究所编『中国文化情报』第 16 号、1939 年 6 月、14 頁。
[3]　上海自然科学研究所编『中国文化情报』第 28 号、1941 年 6 月、15 頁。
[4]　上海自然科学研究所编『中国文化情报』第 2 号、1937 年 7 月、16 頁。
[5]　上海自然科学研究所编『中国文化情报』第 15 号、1939 年 3 月、10 頁。
[6]　上海自然科学研究所编『中国文化情报』第 16 号、1939 年 6 月、40 頁。

详细参考文献。① 上海自然科学研究所的矿产资源调查，旨在为日军掠夺、开发中国矿产资源提供情报，实行"以战养战"政策，兴亚院方面更是将其视为"关乎国运的重要国防资源调查"。②

其次，刺探中国文化与出版界情报。上海自然科学研究所调查了战时中国文艺界、文化界及出版界情况，具体涉及文化界知名人士动静、文化事业、文化财产、文化机构、博物馆及图书馆等方面。

文化界名人动静方面，主要调查了国统区、香港地区及各沦陷区文化界名人，调查名人数量达数千人。例如关于张伯苓的情况，记录如下："张伯苓，南开大学校长，长沙临时大学筹备委员、工程设计主任，1938 年 11 月 1 日从重庆到长沙，21 日转游桂林，次日出席广西省政府纪念周，并发表前线抗战经过的报告，24 日前往长沙出席临时大学筹备委员会常务委员会议。"③ 文化事业方面，调查了中国教育文化基金会、英美庚子赔款管理会动向，英国援助重庆政府的新规文化事业、重庆政府的国际文化合作、美国对华教育文化事业、汪伪政府文化事业发展情况。④ 文化财产方面，主要在华中沦陷区开展文化财产"保存工作"，搜掠沦陷区藏书及古物。侵华战争全面爆发后，上海自然科学研究所接受日本"中国派遣军"特务部长委托，在沦陷区调查文化机关及政府残存文献，并在南京将其"接收保管"，随后该所对上海、南京、杭州、苏州、厦门等地的图书文件及学术标本器械类开展"地毯式"调查，以"接收保管"为名加以掠夺。⑤ 例如南京沦陷初期，该所对当地原国民政府部门、文化机构的文化财产进行实

① 上海自然科学研究所编『中國鑛産地一覽』第 1 卷、1940、序言。
② 本庄比佐子・内山雅生・久保亨编『興亜院と戦時中国調査』岩波書店、2017、153 頁。
③ 上海自然科学研究所编『中国文化情報』第 5 号、1938 年 2 月、73 頁。
④ 上海自然科学研究所编『中国文化情報』第 31 号、1941 年 12 月、1 頁。
⑤ 按，部分国外学者认为，1941 年 2 月，上海自然科学研究所将搜集的全部图书、标本、美术品及其整理报告和目录悉数归还汪伪政府，具体可参见佐伯修『上海自然科学研究所：科学者たちの日中戦争』宝島社、1995、218 頁。但国内学者认为这批文化财产为日方掠去，上海自然科学研究所充当了此次文化财产掠夺的帮凶，具体可参见经盛鸿《侵华日军对南京"文化大屠杀"述论》，《江海学刊》2004 年第 5 期。

地调查和"接收保管",至 1938 年 4 月,先后调查中央党部图书馆、中央大学、中央研究院等 70 多个文化机构,并设置接收场所 25 处,"接收原中央地质调查所图书 70 余万册、中央研究院学术标本 10 万余个、复旦大学图书 10 万册……"① 文化机构方面,调查了全面抗战以前中国学术机关团体情况,七七事变以后沦陷区文化机构、各类学校、研究机构情况,日伪政府文化研究机构情况。如上海自然科学研究所曾调查伪华北临时政府、伪维新政府及重庆政府学术研究机构团体、图书馆、博物馆及其他普通文化机构情况。② 博物馆及图书馆方面,主要调查了上海、华北沦陷区、华中沦陷区、华南沦陷区、重庆、西南、西北等地博物馆及图书馆发展情况。如上海自然科学研究所曾调查四川、湖南、河南、甘肃、陕西、广东、广西、贵州、浙江、江西、云南等地博物馆和图书馆运营情况。③

再次,刺探中国教育界情报。上海自然科学研究所主要调查中国教育机构现状、日本语教育、教育界名人动静等。

教育机关现状,主要调查了战时中国教育设施及善后救济,各地学生动态,各大学、学院及专科学校现状,日伪政府教育文化"业绩",沦陷区教育文化现状,国民政府统治下的华中教育概况,"孤岛"上海教育界动向,重庆方面教育机构现状等。各地学生动态方面,上海自然科学研究所曾调查上海、山东、江苏、浙江、福建、安徽、江西、湖南、湖北、广东、广西、贵州、云南、陕西、甘肃、重庆、香港等地学生反日排日运动,对上海学生运动调查颇为详尽,重点调查了上海市学生界救亡协会、上海青年救国服务团、上海抗敌后援会、上海教育界救亡会、上海青年会返乡运动促进会等团体活动。④ 事实上,日本其他机构亦开展类似的中国排日运动、中国人对日感情调查,并撰写相关调查报告,如满铁调查科的《济南事变与排日货运动》,日本陆军省的《关于中国的排日侮日》,国际经济研究所的《排外中

① 上海自然科学研究所编『中国文化情報』第 7 号、1938 年 5 月、20 頁。
② 上海自然科学研究所编『中国文化情報』第 12 号、1938 年 11 月、1 頁。
③ 上海自然科学研究所编『中国文化情報』第 27 号、1941 年 1 月、56 頁。
④ 上海自然科学研究所编『中国文化情報』第 5 号、1938 年 2 月、34 頁。

国的解剖》，以及东亚同文书院大旅行调查报告《山西对日感情报告》《蒙疆地区中国人对日感情》《广东中国人对日感情》《香港中国人对日感情》《武汉为中心中国人对日感情》等，通过此种调查掌握中国民众思想动态，为日本当局制定文化侵略和同化政策提供情报。[1] 日本语教育，主要调查了华北地区、华中地区日语学校开设情况，以及日伪政府、日本在华文化机构开办的日语教育状况。据调查，全面抗战时期华中地区曾出现"日语学习热"，纷纷成立日语学校，宝山开设日语学校 1 所，学生 60 名；嘉兴开设 1 所，学生 130 名；杭州开设 2 所，学生 110 名；常州开设 1 所，学生 10 名；吴淞开设 1 所，学生 130 名；松江开设 2 所，学生 102 名；湖州开设 1 所，学生 400 名；江阴开设 2 所，学生 42 名；扬州开设 4 所，学生 457 名；吴江开设 1 所，学生 50 名；太仓开设 1 所，学生 170 人；苏州开设 10 所，学生 2524 名；沪西开设 1 所，学生 50 名；南市开设 1 所，学生 130 名。[2] 出现此种"盛况"，一方面与日本的文化同化政策有关，欲彻底奴役、控制中国人民，必先消灭其语言，最终由日语取代；另一方面，沦陷区人民为谋生计被迫学习日语，"被占领国的民众学习占领国语言，是一种有效的生活手段"。[3] 日本当局还在沦陷区学校强行推行日语教育，如上海市立小学每周日语教学时间 2~18 小时，南京中小学每周日语教学时间 3~9 小时，杭州补习学校及小学每周日语教学时间 3~9 小时。[4] 教育界名人动静，主要调查中国各地教育界名人行踪、活动情况，与前述文化界名人调查相似。

近代帝国主义国家向外扩张，往往以武力夺人土地者为下策，以文化的"浸润"、民族感情的"培养"，经济的"合作"、文化的"交

① 相关资料可参考满铁调查课编『濟南事變と排日貨運動』、1928；陸軍省編『支那の排日侮日について』、1931；国際経済研究所編『排外支那の解剖』、1937；東亜同文書院編『山西に於ける對日感情報告』『蒙疆地區に於ける支那人の對日感情』『広東に于ける支那人の対日感情』『香港に於ける支那人の對日感情』『中支に於ける支那人の對日感情特に武漢を中心として』、1939。
② 上海自然科学研究所編『中国文化情報』第 7 号、1938 年 5 月、37 頁。
③ 山根幸夫『東方文化事業の歴史：昭和前期における日中文化交流』汲古書院、2005、168 頁。
④ 上海自然科学研究所編『中国文化情報』第 11 号、1938 年 10 月、1 頁。

流"为上策。"二十世纪初期，日本野心志士……近利者，主张用力掠夺，远图者则注意对华文化的研究，对革命分子及留日学生友谊的争取，因之有协会的创立，有学馆的设置。前者如兴亚会、东邦协会、东亚同文会、同仁会、东洋协会、中国留学生同情会、日华学会；后者有乐善堂、东洋学馆、日清贸易研究所、善邻书院、福州东文学社、南京同文书院、北京东文学社、振武学堂等。"①

发动全面侵华以后，日本举国进入战时体制，上海自然科学研究所的政治军事色彩日益明显。该所日本研究员对此供认不讳，"……研究所自设立以来在外务省管辖之下，通过特别会计法用庚子赔款培育起来的国际研究机构性质，逐渐转变为由兴亚院的经费，即国家的一般财政预算提供支持的，同时兼有国家机构色彩的状况越发明显"。②战争期间，上海自然科学研究所接受日本军方命令，极力刺探中国科学界、文化与出版界、教育界各种情报，搜掠沦陷区的文化财产。③不仅如此，该所还极力"支援"日本当局发动的侵华战争，具体表现在以下几个方面。

一是为侵华日军提供医疗卫生服务。上海自然科学研究所派遣大批研究人员，为日本陆海军提供医疗援助、开展卫生检疫工作、制造医疗防疫药剂等。

二是推行"粮棉增产计划"。上海自然科学研究所接受日军特务部委托，在浦东农场开展棉花品种改良试验，以增加棉花产量、满足日军战略物资需求。

三是刺探军事情报。上海自然科学研究所接受日本"派遣军"委托，开展所谓的《兵要地志》资料搜集和调查，其内容涉及矿物资源、供给水、医疗防疫、动物兽疫、气象、陆水地磁气、植物森林、外国权益、文化事业等相关调查。④

———————————

① 王树槐：《庚子赔款》，第481页。
② 上海自然科学研究所编『上海自然科学研究所十周年紀念誌』、1942、28頁。
③ 「占領地区内学術資料第一次整理状況報告 昭和十三年十月 分割1」、『上海自然科学研究所関係雑件 第二卷』、アジア歴史資料センター、B05015185400。
④ 上海自然科学研究所编『上海自然科学研究所十周年紀念誌』、1942、28—29頁。

　　上海自然科学研究所搜集的相关情报，为日本军方编纂《兵要地志》提供重要信息，也为日军侵略、攻占中国大片领土起到"重要指导作用"，更是该所在华长期进行文化侵略和渗透的铁证。例如，日本陆军部发行的《江西省兵要地志概说》即广泛参考了上海自然科学研究所的军事情报，详细记载江西省战略要地、主要作战路线的地形、地质、气象、航空、交通、通信、卫生、宿营及给养、作战及动员资源等信息，并附有各种军用地图。① 由此可见，战时上海自然科学研究所已完全纳入日本战争体系、彻底背离科学轨道，沦为侵华战争的工具和附庸。据该所研究员细井辉彦回忆称，日本军部曾派遣他们去做疟疾的调查工作，使他们在从事这种工作的过程中，对自己研究工作的意义，逐渐产生怀疑，认为进行类似此种调查所累积的结果，固然可以促进研究的进步，但是若从纯学术的立场而言，并不会有任何的进步。② 所幸的是，上海自然科学研究所最终随着日本战败而解散。1945 年 9 月，国民政府委派中央研究院接收上海自然科学研究所，将其改造成上海医学研究所。③ 新中国成立以后，上海医学研究所由中国科学院接管，更名为中国科学院上海生化研究所，成为真正服务于中国人民的科研机构。

第三节　中方对于日本对华"文化事业"的态度

　　中国各界关于日本对华"文化事业"的态度，存在一个动态变化的过程，起初对日本退还庚子赔款用于发展中国文化教育事业颇有好感，然而随着日本不断强化对此种"事业"的管控，进行文化渗透和侵略活动，中国社会各阶层逐渐产生警惕和反感。④

---

① 具体可参考大本营陆军部编『江西省兵要地誌概説』（军事秘密）、1943、日本防衞省防衞研究所藏。
② 黄福庆：《近代日本在华文化及社会事业之研究》，第 175 页。
③ 佐伯修『上海自然科学研究所：科学者たちの日中戦争』宝島社、1995、267 页。
④ 徐志民：《从合作到对抗：中国人眼中的"东方文化事业"（1923—1931）》，《社会科学研究》2017 年第 4 期。

一　中国政府的态度

清末以还，中国政府迫于巨额庚子赔款的压力，开始同各国交涉退还庚子赔款事宜，派驻美公使梁诚赴美交涉退还庚子赔款之事，经过数年斡旋，美国总统于 1907 年 12 月 3 日在国会咨文中，要求国会授权退还庚子赔款，作为教育之用，由中国派遣学生来美为其方式之一，这一提案随后在参议院顺利通过。① 美国率先退还庚子赔款，让中国政府看到了希望，其后中国又积极与英、法、俄、日等国交涉退款事宜。一战前后，中国政府开始与日本交涉退款，日本方面为缓解中日关系紧张表示愿意退款，将其用于中国的文化教育事业。日本议员竹内正志认为："日本尚余庚子赔款不过 7000 余万日元，只及两艘战舰。多此两艘，在国防上又能增几许强味？若以之生利，每年可得 350 万元，用于中国教育文化事业，则十年二十年后，中国文化面目必为之一新。以之补助留学生学费，每人每年 500 元，千人仅 50 万元，其效必大。以其所余数百万，在中国南北设大学，对两国亲善之功，难以估计。"② 竹内正志已经意识到文化侵略和渗透的影响超过直接的军事侵略，故坚持退还庚子赔款，补助对华"文化事业"。

1918 年 2 月，日本外相本野一郎提议效仿英美国家，退还庚子赔款，补助中国留学生，"通过减免庚子赔款及其他办法，尽快完善中国留学生教育设施"。③ 不久，日本政府向时任驻日公使的章宗祥传达处理庚子赔款意见："将于合适时机，放弃庚子赔款的请求，办法另行考虑。"④ 有人还提出退还庚子赔款的处理方案："庚子赔款用于日华两国民的机关维持经营之事业，是日中文明交流意义上的事业，是中国国民永远福祉的事业，原则上还应包括学校、医院等相关事业；日

①　王树槐：《庚子赔款》，第 277 页。
②　竹内正志『戦後の日本及支那』博文館、1919、302—303 頁。
③　「在本邦清国留学生関係雑纂」、『外国人留学』、アジア歴史資料センター、B12081616700。
④　「対支文化事業ノ沿革及現状」、『帝国議会関係雑纂/説明資料/対支文化事業 第二巻』、アジア歴史資料センター、B03041496600。

本人要严格监督管理对华文化事业，考虑中国的利益以缓解其排日情绪。"①

　　起初中国政府竟相信日方将直接退还庚子赔款，任凭中方处置，所以对此举大为感激。当时的北洋政府甚至还考虑了庚子赔款用途，各部门态度不尽相同，但大多主张举办教育和实业："教育界人士，自以用之教育为主，但政府方面亦有盼望教育与实业兼顾者。"② 当时北洋政府财政困难，政府自然希望分得一杯羹，故有用于教育与实业之建议。1922年3月1日，教育部设立退款兴学委员会，顾名思义，退款应以补助教育为主。③ 同年5月，财政部提议退还庚子赔款用于行政、实业、教育，各取1/3。司法部则认为，"实业、行政两项范围太广，实业可改为裁兵及其善后用途，诸如开垦、筑路、设工厂等，行政方面应确实指明为改良司法，筹备赈济等用途"。④ 此外，吴佩孚等一众军人面对大量"退还赔款"也望而生羡，"倡言退款建筑铁路，更有一部分人专门宣传筑路的人起而和之，遂造成退款筑路的空气"。⑤ 对此，吴佩孚电函北京政府，主张以庚子赔款修建川汉、粤汉两路，一度造成利用庚子赔款筑路和发展教育之争，直到吴佩孚、曹锟等人下台后，筑路派声势大落，教育派渐占优势。加之，日本国会通过《对支文化事业特别会计法》后，与北洋政府初衷相去甚远，其态度也开始变得消极。

　　日本方面起初对庚子赔款的处理态度不尽相同，大体分成三种方案："一是完全无条件免除中国政府支付庚子赔款，委托中国政府自由处分；二是免除中国政府支付庚子赔款，并由中国政府用于开发文化事业为条件；三是日本政府仍旧接受中国政府支付庚子赔款，再由日

①　大林一之『対支文化事業の具体案に就て』大民倶楽部、1923、5頁。
②　王树槐：《庚子赔款》，第346页。
③　《中华民国大事记》，《东方杂志》第18卷20期，1921年。
④　《缓付庚子赔款》，《庚子赔款》（北洋政府外交部），台北，"中央研究院"近代史研究所档案馆藏档案，档号：03-08-017-02。
⑤　《各国退还庚子赔款用途之争执》，《东方杂志》第21卷第15期，1924年，第1页。

本政府将赔款用于中国文化开发事业。”① 如大藏省主张抛弃庚子赔款，目的在于推进“中日亲善”，减轻中国负担，使得中国在对日本感激之余，益增信赖，达到密切中日经济利益关系的作用。因此建议利用庚子赔款开发中国各种物产资源，“棉花的栽培、绵羊的养殖、地质的调查、矿山的开发等，教育上的设施亦包括在内，诸如聘请日本技师，以资启发人文，中日互相提携的基础可以巩固”。② 日本外交调查会亦认为，鉴于东洋大局及日本的将来，“中日提携”为最紧要，并提出庚子赔款处理办法：“尽量诱致优良学生来日；日本学校及社会不可对中国人有偏颇待遇；发展留学日本的特长；中国人好面子，在可能范围内，采用合办组织；日本官民必须协力以赴。”③

　　1918 年 9 月 13 日，日本内阁召开会议，决定具体方案，将大藏省和外交调查会的两种建议合并。1921 年，岸田事务官提出庚子赔款具体用途，“作为辅助中国留日学生，日本文化医务团体及在华之日本学校之用，并在华设立图书馆、博物馆，中国各大学设日本讲座”。④ 1922 年 2 月，荒川五郎等人再度提议退款，款项使用范围与岸田提议相同。同年 7 月，日本十余个文化机构举行“东洋文化事业”恳谈会，皆主张退还庚子赔款作为文化教育之用。⑤ 1923 年 3 月，日本国会通过《对支文化事业特别会计法》，规定以庚子赔款（本利 72108776元）、山东悬案补偿胶济路国库券（本利 15700000 元）、青岛共有财产及制盐业补偿国库券（5567784 元）等款项，用于资助“对华文化事业”，包括中国教育、学艺、卫生、救恤及其他文化“事业”，日本在华之同样“事业”，以及在日本有关中国之学术研究。经费管理上，由

---

① 「団匪賠償金処分法」、『大正末期ニ於ケル亜細亜局所管東亜関係懸案要領』、アジア歴史資料センター、B03030295300。
② 「支那団匪事件賠償金未済額免除に関する議案」、『義和団事変清国償金授受一件 第九巻』、アジア歴史資料センター、B06150080200。
③ 「支那人本邦留学情況改善案」、『支那政見雑纂 第三巻』、アジア歴史資料センター、B03030276600。
④ 「団匪賠償金還付問題に関する私見」、『義和団事変清国償金授受一件 第十一巻』、アジア歴史資料センター、B06150081800。
⑤ 「東洋文化事業懇談会 大正十一年七月」、『東方文化事業関係雑件 第一巻』、アジア歴史資料センター、B05015001800。

日本政府每年制定岁入岁出预算，与国家总预算一并送请国会审议。①

依据《对支文化事业特别会计法》规定，日本对华“文化事业”的经费需要经日本国会批准，并由外务省管理、监督。北洋政府对此结局大为失望，甚而派代表表示强烈反对。② 1923 年 12 月，北京政府派朱念祖、陈延龄赴日，会同驻日公使汪荣宝，与日本政府商议庚子赔款处理问题，力图争取日方的让步，双方最终于翌年 2 月达成“汪-出渊协定”，主要规定退款的具体用途，但经费管理上完全由日方操纵。③

该协定一经公布，即引起中国各界的强烈反对，北京政府迫于压力只得继续与日本交涉。1925 年 4 月，中国教育部提议，日本庚子赔款办理文化事业，必须由两国协同组织委员会，对其策划管理。同年 5 月，中国外交总长沈瑞麟与芳泽谦吉协定“沈-芳泽换文”，确定组建由中日双方委员参加的总委员会，其下设置北京分委员会和上海分委员会。④ 经过几次交涉，北京政府最终也未能达到预期目的，尽管他们对日本主导的对华“文化事业”大为不满，却又无可奈何，充分暴露其外交的软弱无能。国内各阶层反对日本对华“文化事业”声浪虽高，但并无多大效果，日本当局仍我行我素，因此北伐完成之后，中国政府开始向日本提议，修改庚子赔款办法。⑤

国民党方面对日本主导的对华“文化事业”持否定态度。北伐军占领上海后，随后就日本对华“文化事业”发表宣言，明确提出解散东方文化事业总委员会：“日本政府实有重新考虑之必要，如果日本政府未能尊重多数学术教育团体之主张，（则应）中止该委员会之进行，另循正当之途径。”⑥ 南京国民政府成立后，继续反对日本对华“文化

① 「对支文化事业特别会计资金運用方ニ関スル件 大正十二年五月」、『東方文化事業部関係会計雑件 第一巻』、アジア歴史資料センター、B05015063700。
② 《七零八落之东方文化事业》，《教育杂志》第 19 卷第 2 期，1927 年。
③ 「協議事項配付関係」、『日支共同委員会関係一件/汪——出渊協定』、アジア歴史資料センター、B05015116400。
④ 外務省文化事業部編『東方文化事業総委員会記録』、1929、10 頁。
⑤ 王树槐：《庚子赔款》，第 509 页。
⑥ 《所谓“东方文化事业”之失败与反抗》，《教育杂志》第 19 卷第 1 期，1927 年，第 3 页。

事业",争取日本悉数退还庚子赔款。1929 年 6 月,教育部部长蒋梦麟认为日本对华"文化协定"有碍中国教育之进步,应当废止。[①] 同年 9 月,日本驻沪总领事重光葵会见中国外交部部长王正廷,商议庚子赔款事宜,王正廷重申国民政府要求全部退还之主张。[②] 11 月 16日,教育部咨请外交部废止日本对华"文化事业"相关协定,认为这些协定均为前北洋政府所订,国民政府应不予承认。教育部还提出两种应对方案:"一是日方允许废除协定但不退还庚子赔款,中方则应拒绝日本在中国境内兴办文化事业,解散东方文化事业总委员会及北京上海两分委员会,不接受特别会计法下之任何资金,且庚子赔款补助从此一律停补;二是日本同意改订协定,退还庚子赔款完全由中方支配,由中国聘任日本 3 人、中国 6 人,组成委员会,管理支配按年退还庚子赔款。"[③] 教育部的目的是完全否认日本对华"文化事业",由中国政府掌控庚子赔款用途。

　　1929 年 12 月,行政院训令教育部,废除此前中日所有文化协定,要求中止东方文化事业总委员会的活动,中方委员一律撤出委员会,不得参与其中的"文化事业"活动。[④] 不久,外交部派驻日公使汪荣宝几次访问亚细亚局局长,协商废除北洋政府签订的"汪-出渊协定",而日方依然无动于衷,并无变更既定方针之意,中国政府只得商讨庚子赔款运用问题。[⑤] 关于庚子赔款用途,南京国民政府希望以 2/3办理生利事业,以 1/3 作为教育文化经费,但日方以根本变更现行办法将动摇"文化事业"基础为由,拒绝中方要求。1930 年 1 月,汪荣宝再度与日方商议,由两国政府派遣若干名专门委员,协议庚子赔款使用问题,各委员意见一致后,再由两国政府裁夺。[⑥] 然不久日本策

① "中华民国"外交问题研究会编《国民政府北伐后中日外交关系》,台北,"中华民国"外交问题研究会,1964,第 16 页。
② 「廃止日支委員非公式会見」、『日支共同委員会関係一件』、アジア歴史資料センター、B05015120900。
③ "中华民国"外交问题研究会编《国民政府北伐后中日外交关系》,第 12 页。
④ 《行政院院令》,《教育部公报》第 1 卷第 12 期,1929 年。
⑤ "中华民国"外交问题研究会编《国民政府北伐后中日外交关系》,第 13 页。
⑥ "中华民国"外交问题研究会编《国民政府北伐后中日外交关系》,第 22 页。

划九一八事变，中日关系急剧恶化，庚子赔款处理问题也不了了之。日本方面完全不顾中国政府的反对，继续利用庚子赔款发展对华"文化事业"，进行文化侵略和渗透，直到抗战结束后才终止所有活动。"日本久存侵略中国之野心，发展东方文化不过一种利用的口号而已。日人对华一向是步步进逼，遇有远见之人，亦不过暂采迂回之策而已。原拟退还庚子赔款，意在利用此款，作一些迂回的工作，欲真正放弃庚子赔款，则非日本原意所在，因之名为退还，实则移款他用，为将来侵略铺路。虽发生许多波折，日仍无悔改之意，且军部得势后，侵略之野心更张，自欲善加利用此款，作为侵略中国之工具。"[1]

二　中国教育界的态度

中国教育界人士起初热心关注庚子赔款分配问题，以期获得更多款项投入本国的文化教育事业。1918 年，北京大学王云阁教授提出《拟联合同志陈请各国退还庚子赔款专供吾国推广教育事业意见书》，并得到蔡元培校长的支持，具体来看，意见书提出"退还庚款"应主要用于以下八个方面：1. 最高研究学术机关之基金；2. 国立北京大学及国立各专门学校之扩充费及南京、四川、广东三大学之创办费；3. 国立四大学之基金；4. 学校派遣留学费；5. 北京、南京、四川、广东四处之图书馆、博物院等费；6. 收入较少省份普通教育开办之补助费；7. 同上有分社会教育建设之补助费；8. 各国境内之华工教育费。[2] 1919 年，第五届全国教育会联合会议举行，会上通过《退还庚子赔款专办教育案》，决定将各国退还庚子赔款专充教育经费。[3] 此后，各地教育会竞相向北京政府请愿，主张将各国退款用作教育经费。1921 年，江西省教育会请愿，要求政府将退款作为各省教育经费，其理由有三点：一是国以民为主体，如国民教育不普及，是国魂已丧，国奚

---

① 王树槐：《庚子赔款》，第 512 页。

② 《拟联合同志陈请各国退还庚子赔款专供吾国推广教育事业意见书（续）》，《北京大学日刊》1918 年 12 月 9 日，第 5 版。

③ 《第五届全国教育会联合会议决案》，《教育杂志》第 11 卷第 11 期，1919 年。

以立；二是欲完成教育社会，非经费充裕，不足资展布；三是原此赔款实根于前清排外风潮所致，有此结果，今国体变更已久，既蒙各邦根本解免，以之陶铸国民，俾具有世界观念，尤为名实相符。①

日本政府出台《对支文化事业特别会计法》之后，中国国内一片哗然，尤其教育界反对声浪最高。1923 年，经亨颐发文反对日方利用庚子赔款资助日本同文书院及同仁医院。他认为："同文书院和同仁医院，是日本在我国已办的事业，以退还庚子赔款来补助这两个机关，只可认为等于不退还。"② 1924 年，北京国立专门以上八校教职员召开联席会议，通过《北京国立八校对各国退还庚子赔款之宣言》，反对日本《对支文化事业特别会计法》，主张成立由中日两方选派与外交政治及宗教俱无关系之学者、教育家共同办理。③ 日本政府不顾中国各界的强烈反对，利用庚子赔款补助、发展所谓对华"文化事业"，国内教育界愤怒之余，也更加清醒地认识到日本的文化侵略意图。王希曾发文揭露日本利用对华"文化事业"实施文化侵华政策，其外务省在幕后操纵一切。"日本也是退还庚款的一国，但它们国会议决，却是每年拨日币一百七十二万元作'对支文化事业'之用，并且在外务省中设一个'对支文化事务局'，经营其事——一切计划及管理基金之事，悉归该局办理。这俨然是把中国当作它们一个属邦，要直接处理他的文化事业，也就是要直接操纵他的命脉。"④ 不久，全国教育联合会向日本来华特使朝冈健递交抗议书，抗议日本"用庚子赔款在北京、上海等处设立研究所、图书馆机关。然其经费则需通过贵国国会，其事权则统辖于贵国外务省之对华文化局。借发展文化之名，行文化

---

① 《请愿退还庚子赔款以充教育经费案》，《江西省教育会会务录》第 1 期，1921年，第 58 页。

② 经亨颐：《日本退还庚子赔款消息及我底希望》，《国民日报·觉悟》第 1 卷第 22期，1923 年，第 1 页。

③ 《北京国立八校对各国退还庚子赔款之宣言》，《东方杂志》第 21 卷第 13 期，1924 年。

④ 王希曾：《日本"对支文化事业"》，《新教育评论》第 1 卷第 2 期，1925 年，第 11 页。

侵略之实"。① 此后，各省教育会亦竞相发表反对宣言，如江苏省教育会就发表《本会否认东方文化事业委员会宣言》，明确指出"日本即利用庚款，拟在我国内地举办各种文化事业，假亲善之美名，欺我国少数人国际知识之幼稚。……查此次东方文化事业分委员会在沪开会，我国委员几无置喙余地，所定研究题目，均关我国财富命脉，其文化侵略、经济侵略并进之计划，已昭然若揭"。②

南方政府实行"革命外交"，不仅反对日本操纵的对华"文化事业"，而且要求日方退还庚子赔款，教育界人士亦纷纷要求日方退款。1926 年 8 月，国立九校教职员联席会召开，会上通过五个议案："本会议应根据全国各教育团体历来之主张"，在日本未正式声明退还庚款以前，所有在华举办之各文化事业，一致否认；分函致政府，说明国人对庚款之主张，即日本须正式声明退还，取消民国十二年中日协定；请中国方面参加东方文化事业总委员诸君表明态度，在日本未正式声明退还以前，万勿出席会议，表示不予合作；每团体推举代表一人，为接洽专员，负责起草呈函，分访国务院、外交部、教育部各当局，面递公文，并与中国委员江庸等接洽一切；推举宣言起草员，说明该会议对日庚款最后之主张。③ 1927 年初，中国科学社、中华教育改进社等学术教育团体联合发表宣言，抗议日本政府利用庚子赔款作为侵略中国之资本，强烈要求日方无条件退还庚子赔款，并提出几条斗争办法：不参加东方委员会，不参与日本借庚款所办任何活动，不招待日本借庚款派遣来华之参观团体、调查团及其他人员，不接受日本利用庚款补助中国学术研究团体，防止日本利用庚款在华实行文化侵略。④ 中国教育界对日本所谓"对支文化事业"的抵制与反对一直持续到抗战结束。

---

① 《日本对华文化侵略政策之行动与反抗》，《教育杂志》第 17 卷第 5 期，1925 年，第 3 页。
② 《本会否认东方文化事业委员会宣言》，《江苏省教育会月报》第 12 期，1926 年，第 4—5 页。
③ 《教育界对日庚子赔款力争主权》，《晨报》1926 年 8 月 12 日，第 6 版。
④ 《七零八落之东方文化事业》，《教育杂志》第 19 卷第 2 期，1927 年，第 203 页。

三　留日学生界的态度

留日学生界对日本处理庚子赔款及其对华“文化事业”的态度，亦有一个不断演变的过程，起初比较认同、支持日方利用庚子赔款补助留日学生，日本出台《对支文化事业特别会计法》前夕，不少留日学生对其颇有期待：“拟以日本所获中国庚子赔款二千万元为基本金，以其年利作为中国留学生费用。”① 留日学生群体还积极争取日方将退款用于补助留日教育并纷纷指出留学生的困境：“学生负笈异邦，举目无亲，一旦学费无着，此种惨况真有不堪言状者，生活不安遑云求学。”② 强烈要求各国退还庚子赔款以补助留学经费。

留日学生提出退还庚子赔款的同时，要求中国政府尽可能掌握庚子赔款处理权，起码由中日两国派出同数委员组织委员会处理，庚子赔款主要用于“设立图书馆及博物馆；设立学术研究所；设立医科大学以代病院，但须按照吾国教育部章程办理；补助留学生，但日本方面不得提出任何条件”。③ 由此看出，留日学生群体比较重视中国政府对庚子赔款的主导权。留日学生这一诉求，得到部分政府官员的支持。当时国会议员金镕认为：“我国留日学生数达数千有余人，比年以来因国内政变纷争，各省公费停解，经济无着困顿非常……为国家培养人才计，拟本中日亲善之旨，激励所识东友中之有力者，代我要求其本国政府仿照美国先例，退还庚款作为诸生学费，济其眉急。”④

日方公布《对支文化事业特别会计法》之后，规定大部分庚子赔款用于日本对华“文化事业”，仅少部分用于留日教育，而且补助名额、补助生人选、经费管理等均由日方管控，因此激起留日学生界的强烈反对。1923 年 6 月，留日学生总会函请政府反对日本所定庚子赔

---

① 　王树槐：《庚子赔款》，第 497 页。
② 　「留日公费生缺费善后代表意见书」、『在本邦各国留学生関係雑件/支那留学生ノ部　第三巻』、アジア歴史資料センター、B12081651200。
③ 　《留日学生为日本对华文化事业案告国人书》，《五九》第 1 期，1923 年，第 4—5 页。
④ 　《议员金镕为要求日本政府退还庚子赔款充留学费请建议政府函》，《众议院公报》第 2 期常会 125，1922 年，第 40—41 页。

款用途："日本此次退还庚款所划分各种用途，如宣传佛教、儒教，如补助同文书院及设立病院等等，其居心阴毒了然如见，本会已发布宣言一致反对。"① 不少留日学生公开指责《特别会计法》是日本当局未与中国政府协议的单方面决定，抨击日本利用庚子赔款发展其对华"文化事业"，抗议日本"借文化事业之美名，实文化侵略之实质"。② 留日学生还联合起来发布《中华民国留日学生关于排日问题之宣言》，抗议日本对华"文化事业"是完全不顾中国人民利益的文化侵略，是日本侵华扩张的附庸工具，强烈反对日本自行处理庚子赔款。③

　　1924 年 3 月，北京政府教育部颁布《日本对华文化事业补助留学生学费分配办法》并做出如下规定：一是在补助留日学生总数上，确定各省补助人数共 320 人，并以众议院议员名额及负担赔款金额之比例为标准进行分配。具体来看，江浙与川直四省名额相对较多，黑龙江与吉林最少。④ 二是在补助金额上，确定为每名每月学费日币 70 元。三是在补助比例上，要求留日官费、自费生应各占各省补助名额之半数，如若单数则由自费生多补一名。四是在补助名额分配次序上，主要根据留学学校层次来确定，以东京帝国大学为代表的 43 所官立大学优先，早稻田大学等 3 所私立大学次之，33 所官立专门学校及高等学校再次之，5 所私立专门学校及私立大学专门部、部分高等学校及预科学校最后。该办法一经公布，立刻引起留日学生的关注。

　　留日学生一方面继续反对日本出台的《对支文化事业特别会计法》，另一方面围绕补助分配问题发生争执。如早稻田大学、庆应大学、明治大学等校的自费留日学生，认为公费生已有政府资助，故庚子赔款应当倾向自费生。而东京高等师范学校等公立学校留日公费生，

① 《留日学生总会反对日本所定退还庚子赔款用途请监督政府勿遽收受函》，《参议院公报》第 3 期，1923 年。
② 「留日支那学生ノ学資問題ニ関スル件」、『在本邦各国留学生関係雑件/支那留学生ノ部　第三巻』、アジア歴史資料センター、B12081651200。
③ 〔日〕实藤惠秀：《中国人留学日本史》，第 165 页。
④ 《日本对华文化事业补助留学生学费分配办法》，《教育公报》第 11 卷第 4 期，1924 年，第 39 页。

“认为有权获得庚子赔款补助，支持教育部公布的分配办法”。① “留日官自费生之间围绕学费补助和名额分配，相互攻击，使得整个留日学生界在此后的一年多时间里处于一种混乱的状态。”② 部分激进的自费留日学生甚至聚众游行至中国驻日公使馆、留日学生监督处，强烈要求“北洋政府教育部调整、修改《日本对华文化事业留学生学费补助分配办法》”。③

留日学生群体对庚子赔款处理及日本对华“文化事业”的态度，与国内各界有相似之处，也有自身特点。相似之处在于，他们都反对日本自行处理庚子赔款，要求中国政府争取主导权，并且深刻认识到日本对华“文化事业”的侵略本质。不同之处在于，留日学生群体关注的重点在于留学经费补助，希望争取更多补助名额和经费，北洋政府颁布分配办法后一度引起留日学生界内讧。④ 尽管留日学生群体认识到日本对华“文化事业”的侵略性质，却又迫于生计不得不争夺日方的补助，所以一度出现认识与实践的背离。

留日学生虽然积极争取日方资助，甚至被迫屈从日本政府，实则暂时隐忍，利用庚子赔款完成学业，毕业后服务于中国近代革新事业。仅以民国时期警察留日学生群体为例，日本曾利用庚子赔款补助近千名警察赴日留学，其根本在于培植大批“致力于大东亚新秩序建设和社会治安维持的协力者”。⑤ 令日本政府始料不及的是，大多数警察留日学生没有成为亲日分子，相反却出现汪叔子这种借留学之机潜入敌邦，搜集日军情报，献身抗日运动的爱国志士，也有李士珍这类怀着“知己知彼，师日长技”的心态赴日求学者。他们充分借鉴日本近代

---

① 阿部洋『「対支文化事業」の研究——戦前期日中教育文化交流の展開と挫折』、339頁。
② 「留日学生総会ノ紛擾」、『在本邦留学生関係雑件 第三巻』、アジア歴史資料センター、B05015397300。
③ 「文化事業部補助留学生費修正弁法案 大正十五年十二月」、『民国政府ノ外国留学ニ対スル諸調査関係雑件』、アジア歴史資料センター、B05016089800。
④ 《留日学生为日本对华文化事业案告国人书》，《五九》第1期，1923年。
⑤ 「警察講習所拡張案」、『種村氏警察参考資料第93集』、アジア歴史資料センター、A05032052300。

警察教育和管理经验，返国后投身中国近代警察教育事业，对于中国近代警察教育的发展产生深远影响。[①]"考察民国时期的中国高等警察教育不难发现，留日学生在各地高等警察学校有留学经历的教师中仍占压倒性多数，北京警官高等学校有履历可查的 9 任校长中，就有 5 人具有留日经历……各地高等警察教育机构使用的教材，也有不少译自日本，有的科目甚至只是在清末译本的基础上略加修订而成。日本高等警察教育对中国的影响，通过这些师资和教材一直延续到南京国民政府垮台为止。"[②]

小　结

甲午战争之际，日本即开始组建各种民间文化团体，以"关切中国情势""研究中国问题"为名，加紧在中国开展调查研究，借此刺探中国各地情报，其典型代表有东亚同文会和同仁会。东亚同文会素以"开发""经略"中国为口号，曾在北京、上海、汉口、福州、广州等地成立支部，利用各支部刺探中国情报；此外，为培养大批亲日分子和日本谍报人员，该会创办南京同文书院、东亚同文书院、天津中日学院及江汉高级中学等。全面侵华时期，东亚同文会的"教育事业"进一步扩张，经营北京工业专门学校、北京经济专门学校、东亚工业学院，极力培养战时日本所需人才。[③] 同仁会则是以发展中国医疗卫生事业为名，协助日本当局实施同化和"宣抚"政策。同仁会早期在华活动主要有：经营同仁会北京医院、同仁会青岛医院、同仁会济南医院及同仁会汉口医院，开展诊疗防疫工作；创办医药学校，培养日本当局所需医护人员；发行医药学杂志、翻译医药学书籍，在华

---

① 石嘉、李军：《民国时期的警察留日教育（1928—1945）》，《浙江师范大学学报》2017 年第 4 期。

② 肖朗、施峥：《中国近代高等警察教育综论》，《浙江大学学报》2007 年第 1 期，第 125 页。

③ 石嘉、张新超：《日本东亚同文会在华教育活动述论（1900—1945）》，《近代中国》2017 年第 27 期。

宣传日本医药学知识；组织留日医药学生谈话会、中日医药学生谈话会、中华民国医师讲习会、中日医学大会等活动，加强中日医药学界之间的交流；调查中国医疗卫生机构、管理制度及医药界现状，刺探我国医药界各种情报。东亚同文会、同仁会这些活动，是在配合日本政府行动的前提下，"经营""开拓"中国，本质上还是一种文化同化和渗透活动。①

东亚同文会、同仁会在中国的文化同化和渗透行径，曾引起国人的察觉和抵制，时人曾评述东亚同文书院："专事教育日人研究中国经济、政治、社会等实际情形，院内设有调查部，专调查中国经济状况、社会风俗、物产资源地等项。而特别注意者，尤以长江流域之情形为最。学生毕业后，皆由在华最高外交官指派前往在华日人所经营之航海、纺织、商店、矿山等实习或担任指导，致现今在华的重要日本人多该院毕业生，其计划之深远狠毒，可谓至矣。"② 至于同仁会，亦是紧密配合日本侵略政策，通过经营四大医院招揽中国病患、笼络中国民心，全面侵华战争时期更是极力支援日军，发挥了随军救援的作用，成为日本当局实施侵华国策的重要工具。时人判断称"日本帝国主义除用军事、政治及经济的手段侵略我们外，并施用文化的侵略；使我们为它小惠所麻醉；不仅甘心受其侵略，而且要歌颂其仁慈美德，这种侵略手段，是极为可怕的"。③

1923 年，日本国会公布《对支文化事业特别会计法》，激起中国国内各界一致反对，中日双方围绕庚子赔款主导权展开博弈，尽管日方有所让步，但始终掌握庚子赔款的主导权，日本外务省还设置"对支文化事务局"（后改为文化事业部）专门管理"对支文化事业"。为了缓和当时中国各界的反对情绪，日本决定组建由中日教育界人士构成的东方文化事业总委员会，成立总委员会表面上是日本的让步，实则方便

---

① 石嘉、洪平平：《日本同仁会在华医疗活动述论（1902—1945）》，《历史教学问题》2022 年第 2 期。
② 李若飞：《日帝国主义之对华文化侵略》，《新亚细亚》第 3 卷第 5 期，1932 年，第 54 页。
③ 张觉人：《日本帝国主义侵略中国史》，重庆青年书店，1939，第 22 页。

了日本推进其对华"文化事业"。东方文化事业总委员会下设北京分
会和上海分会，北京分会负责创办北京人文科学研究所，上海分会负
责创办上海自然科学研究所。北京人文科学研究所和上海自然科学研
究所建成以后，均由日本外务省掌控，外务省牢牢控制研究所的经费
和业务，使其成为配合日本侵略政策的重要工具。北京人文科学研究
所以整理中国古籍、研究东方文化为名，其目的不过是为日本人研究
中国问题提供参考资料，并服务于日本对华政策上的需要。上海自然
科学研究所的目标更为明确，即搜集中国各地资源情报，方便以后日
本的掠夺和利用。由此看来，日本利用庚子赔款成立研究机构，其目
的并不是促进中国人文、自然科学进步。①

　　早期日本的民间团体因缺少经费补助、中方的排斥，其活动范围
和发展规模均有限。日本国会颁布《对支文化事业特别会计法》以
后，外务省开始利用庚子赔款补助这些民间团体，日本民间团体由
"民办"转向"官办"的趋势明显，其势力得以不断扩张，其性质也
发生明显变化。20世纪30年代以后，中日关系发生重大变化，日本外
务省亦相应调整其对华政策，其同化和渗透的色彩日益明显。九一八
事变后，外务省篡改《对支文化事业特别会计法》，在"对支文化事
业"的基础上推出"对满文化事业"，将其侵略触角从中国关内伸向
东北。② 华北事变后，为了配合日本军部行动，外务省又抛出所谓的
"新规事业"，创办北京近代科学图书馆、上海近代科学图书馆及华
北产业科学研究所，加紧在中国进行文化同化和渗透活动，紧密配
合日本当局的军事侵略。七七事变以后，日军占据中国大片领土，
外务省利用军部支持，不断扩张日本民间文化团体、官方文化机构
的规模和势力，这些文化团体和机构的侵略性质和政治色彩日益明
显，完全纳入日本战时体制，变成日本推行"大陆政策""大东亚战
争"的附庸，直到抗战结束后才宣告解散。

　　中国政府、教育界、留日学生界对日本庚子赔款处理政策及其对

---

　　①　　石嘉：《抗战时期上海自然科学研究所在中国的调查与研究》，《日本侵华南京大
　　　　屠杀研究》2022年第1期。

　　②　　石嘉：《伪满时期日本在东北的文化侵略》，《日本侵华史研究》2017年第3期。

华"文化事业"的态度，从开始抱有期待变为最后的彻底失望和排斥，他们认识到庚子赔款完全由日本政府操控，其对华"文化事业"更是典型的文化侵略事业，其根本目的在于彻底征服中国，以便永久性维系日本在中国的殖民统治，实现政治、经济、文化侵略紧密结合，环环相扣。① 《新教育评论》杂志曾发文，揭露日本利用所谓"东方文化事业"而行文化侵略之本质："日本用种种手段来敷衍，设立了什么文化事业委员会。名称由'对支'，而'支日'，而'中日'，而'东方'，变化虽多，实际还不过是日本外务省内对支文化事务局的一个附属执行机关。换句话说，就是'日本对支文化侵略公司'的一个支店。他们的关系是：日本帝国政府—外务省—对支文化事务局—东方文化事业委员会。这样委员会可办的事业乃是日本的内政，日本的外交。借文化事业的名淆惑视听，引伸日本的内政到中国领土上，当然是国人根本所反对的。"② 国内各界对日本所谓"对支文化事业"的反对和排斥一直持续到抗战结束为止。

---

① 《教育消息：防范日本文化侵略》，《厦大周刊》第 218 期，1929 年。
② 《举国反对的外交性质的"东方文化事业"》，《新教育评论》第 3 卷第 1 期，1926 年，第 3 页。

第二章
侵华时期日本"对满文化事业"

　　文化侵略在日本侵华过程中扮演了重要角色。1931 年九一八事变后，日本进一步加强在中国东北的文化渗透。外务省将《对支文化事业特别会计法》用于东北，即制定"对满文化事业"，其从属于"对支文化事业"体系，沿袭此前办法，以退还的庚子赔款援建伪满国立文化研究院、伪满国立图书馆、伪满国立博物馆及"满蒙"学术调查团，加紧控制和掠夺中国东北地区的人文和自然资源；成立"日满文化协会"，以开展学术研究和调查为名，极力宣传伪满"独立"之论调；利用庚子赔款资助东北的留日学生，将其培植成亲日分子和殖民统治"协力者"。分析既往研究成果，国内学者鲜有关注日本"对满文化事业"者，仅见少数学者研究伪满留日学生，个别日本学者虽然开始关注"对满文化事业"，但对其殖民同化和渗透的本质缺乏有力分析。① 本章主要利用日本外务省档案，侧重考察外务省出台的"对满文化事业"总计划，梳理日本外务省在伪满援建的文化研究机构及

---

　　① 　关于日本外务省在伪满的文化侵略，国内学者关注点以伪满留学为主，代表成果有：孔凡岭《伪满留日教育述论》，《抗日战争研究》1997 年第 2 期；孔凡岭《伪满时期留日教育及其特点》，《历史档案》1998 年第 1 期；刘振生《"满洲国"日本留学史研究》，吉林大学出版社，2004；石嘉《伪满时期日本在东北的文化侵略》，《日本侵华史研究》2017 年第 3 期。日本学界对此问题研究相较更为全面，代表成果有：冈村敬二「満州国立奉天図書館の歴史」、『大阪府立図書館紀要』第 30 号、1994 年；周一川「「満州国」の留学政策と留日生概況と事例研究」、『アジア教育史研究』第 8 巻、1999 年；冈村敬二「「対満文化事業審査委員会」の創設事情」、『人間文化研究』第 4 号、2000 年；冈村敬二「羅振玉と日満文化協会——人事問題をめぐって」、『人間文化研究』第 5 号、2001 年；阿部洋『「対支文化事業」の研究——戦前期日中教育文化交流の展開と挫折』汲古書院、2004。

团体和外务省补助东北留日学生政策。借此专题研究，引起学界对此问题的关注。

第一节　"对满文化事业"总计划

日本出台《对支文化事业特别会计法》以后，外务省开始在中国组建各种文化机构、资助日本民间团体、补助留日学生，名为发展中国的文化事业，实则加紧对华文化侵略与渗透。日本外务省起初主要在中国关内开展"文化事业"，对东北的"文化事业"主要由满铁负责实施，及至日本占据东北以后，外务省将其触角伸向东北，趁机发展所谓的"对满文化事业"。① 外务省文化事业部成为"对满文化事业"总指挥机关，同时利用日本驻伪满大使馆，指挥各种社会文化活动。"在日本，外务省文化事业部为'对满文化事业'实施的核心机构；在满洲，以满洲国日本大使馆为中心机关。"② 为顺利开展各种文化活动，日本不顾中国政府的反对，单方面篡改《对支文化事业特别会计法》，抛出所谓的"对满文化事业"，具体办法仍沿袭此前《对支文化事业特别会计法》，补助"满蒙文化研究"、伪满国立文化研究院及伪满留日教育。

一　"满蒙文化研究"

"满蒙文化研究"分为人文和自然两大门类，人文研究涉及"满蒙历史资料；满蒙民族语言资料；满蒙民族之人种学与民俗学资料；满蒙地理资料；满蒙宗教资料；满蒙考古学的资料"。③ 可见，"满蒙文化研究"的政治色彩非常明显，极力配合日本当局侵华扩张论调，

① 「対満文化施設の大体方針」、『対支文化事業調査会』、アジア歴史資料センター、A15060165100。
② 「満州国留学生ニ対シ給費制度ニ関スル件 昭和八年」、『在本邦留学生関係雑件 第九巻』、アジア歴史資料センター、B05015406100。
③ 「対満文化事業」、『第六十八回帝国議会参考資料 下巻』、アジア歴史資料センター、B13081273100。

"利用历史学、地理学、考古学、语言学、土俗学、宗教学等人文学科研究证明满洲国建国的正当性"。[1] 由此看出，日本的"满蒙文化研究"不是纯粹的学术研究，而是鼓吹日本在中国东北殖民统治的正当性和合法性，妄图从根本上维系其"永久的殖民统治"。[2] 自然科学方面，主要对东北古生物学、地质学、人类学、动物学、植物学等领域开展全面勘察，搜集东北自然资源情报，方便日本对其掠夺和利用，进而扩大日本侵华战争。

"满蒙文化研究"主要由"满洲国立文化研究院""日满文化协会"负责实施，而涉及重要的"国防资源调查研究"则委托上海自然科学研究所开展。上海自然科学研究所曾聚集大批有谍报经验的日本研究人员，他们长期在上海及其周围地区活动，以学术研究调查为名，搜集中国重要资源情报。九一八事变以后，日本又妄图利用该所在东北搜集资源情报，其险恶用意昭然若揭。

二 成立文化机构

日本外务省文化事业部主要利用庚子赔款成立"满洲国立文化研究院""满洲国立图书馆""满洲国立博物馆"等文化机构设施，通过这些机构实行文化同化和渗透活动，配合日本的侵略政策，外务省明确各文化机构的分工与任务，"创办满洲国立文化研究院，主要任务在于发扬东洋固有文化，渐次其他一般文化；创办图书馆目的在于管理原张学良官邸所藏书籍、博物馆图书室保管书籍、奉天宫殿内所藏档案、辽宁图书馆书籍和奉天收藏的四库全书；创办博物馆目的在于掌管博物馆现有藏品并力图搜集满蒙古今工艺品"。[3] 日本外务省欲借此类文化机构，全面掌控东北的文化资源，加以利用，以便实施其文化侵略政策。

---

[1] 阿部洋『「対支文化事業」の研究——戦前期日中教育文化交流の展開と挫折』、676 頁。

[2] 沈建民：《日本在满蒙文化的侵略》，《苏中校刊》第 2 卷第 57、58 期合刊，1931 年 11 月。

[3] 「対満文化事業」、『第六十八回帝国議会参考資料 下巻』、アジア歴史資料センター、B13081273100。

三　培养留学人才

补助留日学生、培养留学人才，是日本对华"文化事业"的重要内容。外务省出台"对满文化事业"后，沿袭此前外务省补助留日学生政策，资助伪满留日学生学费，包括伪满政府派遣的留学生、伪满蒙政部派遣的留学生、"日满文化协会"派遣的留学生及日本振东塾派遣的留学生。[①] 此外，还资助社会在职人员赴日留学，如教员、警察等。日本当局企图利用庚子赔款补助伪满留日学生经费，将其培植成效忠于伪满洲国和日本政府的亲日分子，充当日本实施"以华制华"侵略政策的工具。

日本外务省操纵"对满文化事业"，主要通过在经费上、业务上和管理上对其进行严格监督。外务省曾明确规定，"对满文化事业"各方案，必须征求东方文化事业总委员会及上海分会之建议，人文科学研究必须遵照日本东方文化学院理事、评议员相关建议，自然科学研究必须征求上海分会及上海自然科学研究所成员相关建议，各项学术研究必须制订详细计划，上报外务省批准后方可实行。外务省还规定"对满文化事业"具体推行办法："1. 外务省文化事业部承担满洲国文化研究院的筹建经费，负责派遣适当管理、研究人员；2. 对图书馆、博物馆的整备，图书、资料类的收集保管实施援助；3. 文化研究院为日后满蒙文化研究之中枢机关，应逐渐诱导满洲国独立经营。"[②]

为强化监管"对满文化事业"，外务省专门组建"对满文化事业审查委员会"，会员有市村瓒次郎、服部宇之吉、冈部长景、狩野直喜、山田三良、松井元兴、白鸟仓吉，由外务省文化事业部选自东方文化学院及其东京和京都研究所成员。[③] 委员会的职责是审查、监督"对满文化事业"各项经费使用情况和"对满文化事业"开展情况，最后向日本外务省上报前述内容并对其进行严格监管。留日学生培养

---

① 皆川豊治『満洲国の教育』満洲帝国教育会、1939、221頁。
② 阿部洋『「対支文化事業」の研究–戦前期日中教育文化交流の展開と挫折』、671頁。
③ 「対満文化事業」、『第六十七回帝国議会参考資料』、アジア歴史資料センター、B13081271200。

方面，外务省严格选拔政策，从出身、学历、成绩、思想、行为等方面严格挑选，然后根据《对支文化事业特别会计法》之学费补助项对"合格"学生进行补助。日本外务省正是按照上述"总计划"，开展"对满文化事业"，加强在东北的文化同化与渗透。[①] 其具体办法是利用庚子赔款补助成立各种文化机构设施，来推行"对满文化事业"，成立"日满文化协会"等团体开展文化侵略活动，补助各类留日学生，培植亲日分子，而日本政府在幕后操控一切。

第二节　组建"文化机构"和调查团体

"对满文化事业"总体计划出台后，日本外务省利用庚子赔款，创办"满洲国立文化研究院""满洲国立图书馆""满洲国立博物馆"，次年又组建"满蒙"学术调查团，利用这些文化机构团体加强对东北文化资源、自然资源的调查和研究，以掌握、利用东北文化资源、加紧推行文化同化和侵略活动。

一　"满洲国立文化研究院"

1932 年 5 月，日本外务省决定利用庚子赔款支持伪满政府创建"满洲国立文化研究院"，该院总部设在伪满国立图书馆之内，院长由伪满文教部部长兼任。创办"满洲国立文化研究院"之目的在于"发扬、研究东方固有文化，尤其以儒佛二教为中心，逐渐援助其他普通文化事业"。[②] 该研究院的主要业务是经营和管理"满蒙文化研究所""满洲国立图书馆""满洲国立博物馆"，刊行重要未刊图书及研究资料，和其他外务省认为必要之事业。[③]

---

① 東亜同文会編『対支回顧録 上巻』原書房、1968、378 頁。
② 「対満文化施設の大体方針」、『対支文化事業調査会』、アジア歴史資料センター、A15060165100。
③ 「満洲国立図書館及文化院設立ニ関スル件 昭和七年四月」、『対満文化審査委員会関係雑件 第一巻』、アジア歴史資料センター、B05015211500。

"满洲国立文化研究院"的"满蒙文化研究"由"满蒙文化研究所"负责实施，研究所所长、主事均由日本人担任，其他研究员、司书及事务员则由日本人和中国东北人担任。"满蒙文化研究""以满蒙人文科学研究为主，涉及社会学、土俗学、历史学、考古学、古生物学、人类学、语言学与经学等相关资料搜集、调查及调查报告的发表"。① 例如，1933 年开展的相关研究有"吉林省东京城及其附近考古学调查、备边司誊录有关满蒙事项拔萃、俄满辞典日译及满日辞典编纂、明实录和李朝实录抄录、女真民族研究、契丹民族研究、满蒙民族与宗教研究、辽金契丹民族历史的研究等"。② 日本"满蒙文化研究"名义上宣扬开发"满洲固有文化"，倡导"东洋文明"，实则宣传"满洲独立"论调，妄图从价值观念、民族意识、宗教信仰、民俗惯习、语言文字等方面着手，彻底将东北从中国分裂出去，实现日本对其永久性殖民统治。该研究院还计划筹办伪满文教学院，一方面极力鼓吹封建迷信思想和忠君思想，培养更多服从日本殖民统治的"顺民""良民"；③ 另一方面，大力倡导所谓的"传统君子教育"和"日本武士道精神"，向中国东北青少年灌输忠于伪满傀儡皇帝和日本天皇之奴化思想，彻底消泯其反抗精神和民族意识。

二 "满洲国立图书馆"

1932 年 5 月，日本占据张学良原官邸，将其改建为"满洲国立奉天图书馆"，后更名为"满洲国立图书馆"。是年 6 月 28 日，"满洲国立图书馆"正式开馆，由袁金铠担任馆长、金毓黻担任副馆长，开馆以后主要开展古籍整理工作。④"满洲国立图书馆"成立目的在于"保管张学良官邸、博物馆图书室、辽宁图书馆、通志馆等的书籍，搜集

① 「満州国文化院設立計画ニ関スル件」、『日満文化協会関係雑件/文化研究員関係』、アジア歴史資料センター、B05015990100。
② 外務省文化事業部編『文化事業部事業概要』、1934、61—62 頁。
③ 「満州国文化院設立計画ニ関スル件」、『日満文化協会関係雑件/文化研究員関係』、アジア歴史資料センター、B05015990100。
④ 武强主编《东北沦陷十四年教育史料》第一辑，吉林教育出版社，1989，第126 页。

奉天宫殿内所藏档案、奉天地区所藏四库全书，对此类古籍进行整理，防止其散佚"。① 该图书馆表面上为了保护、抢救东北古籍文献，实则为了控制东北人文科学发展方向，掌握其文化话语权，鼓吹所谓的"满洲独特文化"，肆意宣传"满洲独立"舆论。

"满洲国立图书馆"成立伊始并无固定经费，所以无力购买书籍，然该馆利用日本军部支持，抢掠张学良原官邸、东北大学、冯庸大学、萃升书院、盛京故宫等处大量图书，"至 1932 年 10 月搜掠书籍达到 97071 册，外加外文图书 500 余册，其他各种拓片、法帖百余种"。② "满洲国立图书馆"系统整理了这些古籍，1932 年 6 月至 10 月，共整理、运输图书档案 8 次，将其移运到张学良原官邸东院前后楼，并对这些古籍进行编目整理，"本馆自大同元年 11 月更从事丛书子目索引之工作，至 2 年 2 月制成索引片一万余枚，其检查索引片系用王云五四角检字法制成号码"。③ 此外，"满洲国立图书馆"还整理了大批满汉文古籍，"至 1934 年 5 月共整理各种古籍文献达二十万余册"。④

"满洲国立图书馆"亦开展"满蒙文化研究"，具体包括："史迹踏查及拓本采取，开展金时代即前汉的史迹踏查兼古碑拓本采取；四库全书、书前提要的制作，编纂四库全书之经史子集部及殿版图书集成之 3400 余种书前提要；满文档案研究，搜集盛京故宫所存满文档案，然后在此基础上进行研究；清朝实录研究，以盛京故宫崇谟阁所藏实录为基础。"⑤ 日本当局还利用"满洲国立图书馆"搜掠东北各地重要历史文物，如起初收藏在该馆的丸都纪功碑、辽陵石刻等珍贵文

---

① 「対満文化施設の大体方針」、『対支文化事業調査会』、アジア歴史資料センター、A15060165100。
② 「昭和七年度満州国立図書館事業費助成」、『日満文化協会関係雑件/経費関係第一巻』、アジア歴史資料センター、B05016057500。
③ 「昭和七年度満州国立図書館事業費助成」、『日満文化協会関係雑件/経費関係第一巻』、アジア歴史資料センター、B05016057800。
④ 「奉天図書館事業報告 昭和九年五月」、『日満文化協会関係雑件/満州国立図書館関係』、アジア歴史資料センター、B05016060600。
⑤ 「奉天図書館事業報告 昭和十年五月」、『日満文化協会関係雑件/満州国立図書館関係』、アジア歴史資料センター、B05016060600。

物均被掠往日本国内从事所谓的"学术研究"。"满洲国立图书馆"成立初期，其运营经费主要由外务省依据《对支文化事业特别会计法》进行补助，1932 年补助该馆 19000 元，次年补助 15000 元。① 此后，日本当局将该馆交由伪满政府经营，其运营经费转由伪满文教部门资助，而文化侵略活动并没有因此中断。

三　"满洲国立博物馆"

1935 年初，日本关东军司令官在京都大学举行茶话会，邀请伪满"名流"罗振玉、郑孝胥、袁金铠、臧式毅等人参加，协议在伪满新京（长春）创办"满洲国立博物馆"。1935 年 6 月，日本外务省"接收"奉天原汤玉麟府邸，将其改建为"满洲国立博物馆"，由罗振玉担任名誉馆长、温肃任副馆长。"满洲国立博物馆"成立后，日本外务大臣广田弘毅明确表示："本博物馆设立，对满洲国文化研究极为重要，对日满文化提携、增进人类福祉，亦有重大意义。本馆设立之使命在于研究、发扬东洋文化，以增进日满亲善、人类福祉。"② 促进"日满亲善"、实行文化同化政策是该博物馆的重要"使命"。该博物馆成立不久，即大肆搜集奉天当地博物馆藏品，防止其"散佚"，主要搜集古今技艺珍品，并考虑与关东总博物馆合并之可能性。③ 表面上是为了帮助伪满"保管"、搜集东北珍贵文化，避免其散佚或毁坏，实则利用该博物馆控制、利用东北文化资源，便于其开展所谓的"满蒙文化研究"。

"满洲国立博物馆"成立不久，即在东北搜掠大量珍贵文物珍宝，"包括奉天当地博物馆及其他文化机构所藏珍贵文物、辽代石刻、魏齐隋唐石刻、伪满中央银行寄存丝绣、罗雪堂院长捐赠明器和瓦当及少部分日本私人藏品，博物馆共设有 22 室和 1 间别室、廊路，专门陈列这批

① 「昭和八年度満州国々立図書館経費助成ニ関スル高裁案」、『日満文化協会関係雑件/経費関係　第一巻』、アジア歴史資料センター、B05016057800。
② 「国立博物館開館式ニ関スル件」、『日満文化協会関係雑件/博物館関係』、アジア歴史資料センター、B05016059700。
③ 「対満文化施設の大体方針」、『対支文化事業調査会』、アジア歴史資料センター、A15060165100。

文物珍宝，足见其数量之多、品种之全"。① "满洲国立博物馆"的运营经费，起初主要由日本外务省依据《对支文化事业特别会计法》进行一定补助，"1934 年外务省补给该馆 40000 元，购买六朝至唐代墓志铭 60 个"。② "1936 年外务省补给该馆国币 5000 元，购买古铜器 6 件。"③

四 "满蒙学术调查团"

1933 年，日本外务省成立"满蒙学术调查团"，由早稻田大学教授德永重康担任团长，调查团有日本专家学者 14 人，其他翻译、技师、警务人员等 60 余人。另外，为直接指导该调查团，日本当局从关东军特务部选派 1 名军官跟随调查团，负责"预防危害""保守机密"。④ 该调查团分为"岩石矿物矿床调查班""地形地层化石调查班""人类人文地理调查班"三个班，"主要围绕东北、华北地区动物学、植物学、人类学、古生物学、地质学等自然科学领域展开调查研究"。⑤ "满蒙学术调查团"虽然是伪满政府委托日本成立，但受到日本政府严密监管，而且与军方保持密切联系，调查团必须接受日本关东军司令官的指示，在经费上和业务上必须接受日本外务省的指令。为加强指导和监督，调查团设置指导委员会，委员长由陆军省军官担任，委员由关东军军官或外务省官员担任。由此可见，该调查团与日本当局，尤其是日本军方有着莫大的关联，实际已经成为服务于日本军部的谍报工具，调查团不少随从是从关东军里面挑选，并且持有轻机关枪、手枪等武器。⑥

---

① 「国立博物館開館式ニ関スル件」、『日満文化協会関係雑件/博物館関係』、アジア歴史資料センター、B05016059700。
② 「対満文化事業」、『第六十七回帝国議会参考資料』、アジア歴史資料センター、B13081271200。
③ 「日満文化協会長博物館ニ銅器寄贈ノ件」、『日満文化協会関係雑件/満州国立図書館関係』、アジア歴史資料センター、B05016059800。
④ 「満蒙学術調査研究団派遣の件」、『陸満密大日記』、アジア歴史資料センター、C01002941500。
⑤ 「満蒙学術調査研究団報告刊行助成」、『研究助成関係雑件/出版助成関係雑件第六巻』、アジア歴史資料センター、B05015875300。
⑥ 「満蒙学術調査研究団派遣の件」、『陸満密大日記』、アジア歴史資料センター、C01002941500。

1933 年 7 月 23 日，"满蒙学术调查团"开启第一次调查活动，调查路线"以热河省北票为起点，先后对凌源、平泉、承德、赤峰、乌丹城、建平、朝阳等地进行发掘、采集、勘测、调查研究，并得重大收获"。① 仅掠往日本国内有关动物学、植物学、人类学、地质学、古生物学等各种标本即共 73 箱，相关调查报告共计 135 篇、30 册。② 这些调查报告汇集了东北和华北地区矿产资源、动植物资源及其他自然资料情报，为日本掠夺和利用中国资源提供了重要信息。日本各界大力资助"满蒙学术调查团"，"日本外务省补给调查团 50000 元，学术振兴会资助 15000 元，原田积善会资助 10000 元，南满铁道株式会社资助 10000 元，朝日新闻社资助 15000 元"。③ 在日本各界的大力资助和日本军部的"武力援助"之下，"满蒙学术调查团"肆意搜掠中国自然资源及其情报，此后该团定期组织这种掠夺式、情报式的活动，直到抗战结束才停止活动。

五 "日满文化协会"

"日满文化协会"由"日满"政界、学术界"名流"联合成立。1933 年 10 月，伪满洲国的"国务总理"郑孝胥、"监察院长"罗振玉、"财政部总长"熙洽、"民生部总长"臧式毅、"中央银行总裁"荣厚、"文教部次长"许汝棻、"府中令"宝熙、"参议"袁金铠等人发起，联合日本东京帝国大学名誉教授服部宇之吉、东京帝国大学教授池内宏、京都帝国大学名誉教授内藤虎次郎、京都帝国大学教授滨田耕作、京都帝国大学教授羽田享、帝室博物馆监察官沟口祯次郎，共同组建"日满文化协会"，宣称其目的在于"联合日满学界共同保存东方文化，并为之振兴"。④ 其后，"日满文化协会"颁行《日满文

① 外务省文化事业部编『文化事业部事业概要』、1934、63 页。
② 「自昭和七年至昭和十年满蒙学术调查研究团ノ调查事业助成一件」、『满蒙学术调查团调查事业助成关系』、アジア历史资料センター、B05016054600。
③ 「自昭和七年至昭和十年满蒙学术调查研究团ノ调查事业助成一件」、『满蒙学术调查团调查事业助成关系』、アジア历史资料センター、B05016054600。
④ 「对满文化事业」、『第六十七回帝国议会参考资料』、アジア历史资料センター、B13081271200。

化协会章程》，规定：协会目的为以"日满"学界之协力保存并振兴"满洲国"之文化为目的；会员资格为"满洲国"对于文化有研究之学者，"赞助"该会"事业"之各界名士，加入该会者须经会员 3 人以上之介绍、经评议会之承认；协会成员，总裁 1 名、会长 1 名、副会长 2 名、评议员若干、理事若干、主事 2 名，总裁公推"满洲国"执政任之，会长由"日满两国"评议员公推评议员中之"满人"任之，副会长"日满两国"各 1 人、由两国评议员分别推任之，评议员由本会发起人就"日满两国"之硕学耆儒推荐、经总裁之委任，理事由评议员中"两国"分别互选以 1 人为常任理事，主事"日满"各 1 人、由会长委任之。会长综理会务、副会长辅佐之，评议员对于该会重要事业会议决定，理事专任该会事业之实施，主事处理该会事务。总会每年举行 1 次，评议会及理事会由会长随时召集之。该会经费由"日满两国"筹集之。①

　　上述章程具体规定了"日满文化协会"的成立目的、机构设置、人员配备、具体会务、经费来源等方面内容。依据该章程，"日满文化协会"主要成员有会长、副会长、评议员、理事、主事及普通会员，并成立评议会管理人事，会长由评议会选举的伪满评议员担任，副会长亦由评议会选举日本和伪满评议员各 1 名担任，而评议会成员由"日满文化协会"创始人推荐，理事是从日"满"评议员中选任，主事则由会长从日"满"评议员中各选 1 名，会员主要吸收日"满"学术界人士、赞助该会经费之社会名流，会员加入协会必须由 3 名以上会员推荐、经过评议会认可。以下列出"日满文化协会"成立初期成员情况：

表 2-1　"日满文化协会"成立初期成员

日本评议员	市村瓒次郎、伊东忠太、池内宏（理事）、服部宇之吉（理事）、羽田亨（理事）、滨田耕作、原田淑人、冈部长景（副会长）、小川琢治、狩野直喜（理事）、内藤虎次郎（常任理事）、矢野仁一、沟口祯次郎、水野梅晓（理事）、白鸟仓吉（理事）、关野贞、新村出

---

① 《文化侵略之日满文化协会》，《黑白》第 1 卷第 2 期，1933 年，第 31—32 页。

续表

伪满评议员	醇亲王载沣（总裁）、郑孝胥（会长）、宝熙（副会长）、罗振玉（常任理事）、荣厚（理事）、丁士源（理事）、许汝棻（理事）、王季烈（理事）、金毓黻（理事）、西山政猪（理事）、袁金铠、臧式毅、熙洽、吴廷燮、温肃、阚铎、张廷厚、赵汝梅、曾恪、袁励准、黄允中、陈曾矩、伊里春、宇佐美藤夫、筑紫熊七、田边治七、远藤柳作
主事	衫村勇造（常务主事）、任祖安（主事）

资料来源：外务省文化事业部编『文化事业部事业概要』、1934、65—66 页。

由表 2-1 可知，"日满文化协会"总裁、会长、副会长均选自日"满"皇族、政客，使得该会带有明显的政治色彩。会长总理会务，由 2 名副会长共同协助；常任理事选自日本和伪满学界人士；伪满方评议员数量虽然超过日方，然而评议员并无实权，仅参加讨论协会事宜；协会执行、管理权由理事和主事负责，理事人数双方持平（伪满方理事尚有 1 人为日侨），常务主事仍由日本人担任。[①] 由此可知，"日满文化协会"的主要人事安排由日方掌控，掌握实权的职务大多由日本人担任。

"日满文化协会"经费来源是日本外务省和伪满政府各支付一半，其中日本外务省补助经费按照《对支文化事业特别会计法》进行补助，"1933 年外务省补助日满文化协会 5000 元；1934 年补助 20000 元；1935 年补助 20000 元；1936 年补助 20000 元；1937 年补助 15000 元；1938 年补助 15000 元；1939 年补助 15000 元；1940 年补助 15000 元"。[②] 日本外务省对其补助持续到日本战败、协会解散为止。1945 年"日满文化协会"解散之际，"外务省仍补给该会 29500 元，用于《明代满蒙资料》出版费、日满文化协会事务费及其解散补助"。[③]

1933 年 10 月，"日满文化协会"召开第一次总会，讨论协会名称、人事设置，总结"对满文化事业"开展情况和国立文化研究院学

---

① 河村一夫『日中関係史の諸問題』南窓社、1983、70 頁。
② 『日満文化協会関係雑件/経費関係 第一、二巻』、アジア歴史資料センター、B05016057300、B05016058500。
③ 「協会解散」、『日満文化協会関係雑件』、アジア歴史資料センター、B0501605 7200。

术研究状况。不久，"日满文化协会"成立东京分会，"目的是保存、发扬东方古文化，涉及清实录的复制出版、热河古建筑的修复。由罗振宇担任会长、冈部长景担任副会长，常任理事有服部宇之吉、白鸟仓吉、伊东忠太等人"。① 翌年 3 月，"日满文化协会"召开评议会，通过《日满文化协会事务细则》，规定"协会在新京设置事务总处、在其他要地设置分处，总处统辖本会一切事务"。② 1935 年 5 月，"日满文化协会"召开第二次总会，商议 1935 年度"事业"计划，具体内容有："满洲国立博物馆开馆；对明清内阁大库古档案整理事业补助；热河离宫修缮；清朝实录出版；辽代东陵壁画与高句丽时代壁画的出版事业。"③ 1936 年 12 月，"日满文化协会"举行第三次总会，总结一年来开展各项文化工作情况："日满文化协会自清太祖实录至光绪实录共整理、出版 4400 余卷，外加溥仪自天津寄赠《宣统政记》70卷，合计 4474 卷。"④ 清历代实录整理经费全部由伪满政府支付，日本在技术方面提供支持。1937 年，"日满文化协会"又承担"新规事业"，负责举办"访日宣诏纪念美术展览会"和"四书集注直解印刷"相关事项。⑤ 除整理古籍以外，"日满文化协会"还开展大量社会文化活动，具体如下。

1. 调查研究活动

"日满文化协会"开展的调查研究活动主要包括古迹调查、民俗风情调查、古文献资料搜集等，"古迹调查主要有热河古建筑调查、农安县古建筑调查、热河古迹遗址调查、蒙古远陵调查、辑安县古迹遗址调查、哈尔滨文物研究所藏品调查、东京城遗迹调查、吉林近郊古迹遗址调查、整理热河宝物馆藏品、热河古建筑调查、萨尔浒碑亭调

① 国際文化振興会編『本邦国際文化団体便覧』、1935、118 頁。
② 「対満文化事業」、『第六十七回帝国議会参考資料』、アジア歴史資料センター、B13081271200。
③ 外務省文化事業部編『昭和十一年度執務報告』、1936、105 頁。
④ 「日満文化協会第三回総会 昭和十一年十二月」、『日満文化協会関係雑件』、アジア歴史資料センター、B05016055600。
⑤ 「日満文化協会十二年度新規事業 昭和十二年一月」、『日満文化協会関係雑件』、アジア歴史資料センター、B05016056100。

查、永陵古迹遗址调查、吉林阿什哈达碑文调查、抚顺古迹遗址调查；民俗风情调查主要有甘珠儿朝民俗调查、吉林乌拉街旗人民俗调查、吉林旗人民俗调查、全满民众娱乐调查、北满汉人家居调查、北满俄罗斯人开拓部落调查、北满民众娱乐调查；古文献资料搜集主要有博物馆陈列资料、满蒙古地图及其他古文献等方面。"①

2. 出版发行活动

"日满文化协会"出版发行活动主要涉及"编纂出版《满洲文化语》《纂组英华》《御制避暑山庄诗》《大清实录及其汉日满译》《高句丽遗迹》《明季辽事丛刊》《满洲金石志》《四书集注正解》《御注孝经》《孚惠全书》《吉林阿什哈达碑文》《旅顺黄金山井铭》《宣诏纪念美术展览会图录》《满洲金石志补遗》《满洲美术展览会图录》《通沟（上下卷）》《近代女真的研究》《日本史概要》《东方文库普及版》"。② 1942 年，"日满文化协会"开始编纂、发行《皇明实录抄》《李朝实录抄》两部共 30 册。1944 年，协会开始出版发行《明代满蒙资料》，直至 1945 年日本战败，"日满文化协会"出版活动终止。③

3. 援建文化团体设施

"日满文化协会"成立后，利用伪满政府和日本政府经费资助，"设立古迹保存会、主办全满博物馆图书馆会议、筹建新京满系图书馆、成立满洲史学会、援助国立中央图书馆和博物馆、修缮萨尔浒碑亭"。④ 例如，1937 年"日满文化协会"扶持成立"满洲史学会"，召集黑田源次、山下泰藏、山本守、龙泽俊亮、罗福颐、李文信等研究人员，创办杂志《满洲史学》，专门刊发伪满相关史学文章，并协助伪满政府编纂"建国史"（如《满洲国史》《满洲建国十年史》等），

---

① 「日満文化協会紀要」、『日満文化協会関係雑件』、アジア歴史資料センター、B05016057100。

② 日満文化協会編「日満文化協会紀要」『日満文化協会関係雑件』、アジア歴史資料センター、B05016057100。

③ 「協会解散」、『日満文化協会関係雑件』、アジア歴史資料センター、B05016057200。

④ 日満文化協会編『日満文化協会紀要』、53 頁。

通过"史学研究"来伪造伪满独立的"正当性与合法性"。①

4. 宣传日本文化与政策

"日满文化协会"成立后，"举办日本洋画展览会、音乐介绍会、雕刻展览会、飞鸟奈良美术展览会、东方文化演讲会、日本特别文化讲座等文化活动，并发布由该协会推选符合日本政策的日"满"语各种主题演讲，每月发布数次"。②"日满文化协会"主要通过此类文化活动，向东北民众宣传日本文化及政策，进而达到文化同化与渗透之目的。

5. 开展各种文艺活动

"日满文化协会"举办各种文艺活动，诸如展览会、音乐影视、美术工艺、文艺座谈会等活动。"举办展览会主要有，主办登极纪念美术展览会、热河摄影展览会、新京名家所藏古美术展览会、东方古地图展览会、访日宣诏纪念美术展览会、蒙古朝会介绍会、陶器展览会、热河建筑介绍展览会、民俗展览会、兴亚书道展览会；音乐影视活动主要有，成立新京国剧音乐协会、新京音乐协会、满洲戏剧研究会、满洲电影协会、满洲留声机公司，援助各种剧团、舞蹈、儿童剧团，举办国民歌发表音乐会；美术公益活动主要有，每年召开满洲国美术、工艺茶话会，举办美术团体展览会和雕刻讲习会；文学活动主要有，召开文艺振兴茶话会，援助'艺文志'等满系青年文学团体及文学创作，举办全满文艺团体文话会，审查纪念建国文艺作品等活动。"③ 举办各种文化艺术活动，也成为"日满文化协会"实行文化渗透和同化政策的重要途径。

"日满文化协会"是日本外务省文化事业部利用庚子赔款资助成立的学术团体。该会以学术研究、整理古籍为名，在东北进行文化侵略与渗透活动，并广泛开展各种文化活动，涉及调查研究东北文化古迹与社会民俗，搜集整理各种古籍文献，援建社会文化机构设施，出

---

① 国際善隣協会編『満洲建国の夢と現実』、1975、157頁。
② 日満文化協会編『日満文化協会紀要』、56頁。
③ 岡村敬二「日満文化協会にみる「満州国」の文化活動——昭和12年の「転機」から昭和16年「芸文要綱」まで」、『人間文化研究』第7号、2001年。

版发行大型丛书；大肆宣扬日本文化，鼓吹日本同化政策；组织文化
艺术活动，极力宣扬"满洲独立"论调，宣传奴化思想。该协会日益
成为日本在东北进行文化侵略的重要工具，直至日本战败后，"日满文
化协会"宣告解散，其东京分会事务所也化为乌有。① "日满文化协
会"的文化侵略与同化行径激起国人强烈不满，他们竞相发表文章揭
露、抨击其罪行。时人曾发文揭露"日满文化协会"的文化侵略行
径："日伪为转移东北同胞之思想，对于奴化文字之建树，无所不用其
极。最近伪'满'文化协会对于满清事迹，疑编纂清朝实录，已委托
日人水野梅晓主持。并复印四库全书，复特聘吴廷燮主编'奉天'通
志等书籍，借以达其文化侵略之目的。现在又准备在长春举行所谓
'建国纪念大博览会'。对于产业贸易文化之展览，又特别注意。"②

第三节　补助伪满洲国各类留日学生

　　教育侵略是日本侵华又一战场，其中发展留日教育更是日本当局
侵略东北的重要措施。日华学会曾向外务省呈送《对满留学生教育方
案意见书》，指出："留学生教育关乎日满两国永久融合之对策，应择
满洲国子弟来日留学，接受师范、实业等中等程度以上学校教养，以
图将来养成日满提携之中心人物。"③ 该意见书得到外务省的支持，随
后外务省利用庚子赔款补助大批伪满留日学生，妄图培植效力于日本
殖民统治的亲日分子。

一　补给普通留日学生

　　日本外务省补助伪满普通留学生，主要包括伪满政府每年定期选

---

① 「協会解散」、『日満文化協会関係雑件』、アジア歴史資料センター、B0501605
　7200。
② 《日在我东北文化侵略愈急》，《东北消息汇刊》第 1 卷第 2 期，1934 年，第
　176—177 页。
③ 財団法人日華学会編『対満留学生教育方案意見書』、日本愛知大学霞山文庫館
　蔵原件、出版時間不詳。

派的留日学生、"日满文化学会"选派的留日学生、振东塾培养的留日学生及伪满蒙政部派遣的留日学生，以下分别介绍各类留日学生补给情况。

1. 伪满政府派遣的留日学生

《对支文化事业特别会计法》颁布以后，日本当局即开始利用庚子赔款补助包括东北籍学生在内的中国留日学生。九一八事变以后，日本外务省推出"对满文化事业"，继续采取此前留学生补助政策，补助伪满留日学生。[①] 外务省补助伪满留日学生种类主要有三种：补助一般留学生、选拔补助留学生及特选补助留学生。留学生获得补助，需要具备一定资格，"要求日本专门以上学校在学者，或卒业后进入更高级学校、研究机构研究者及实习者，且学习成绩优秀、身体健康。选拔程序，由满洲国代表在满足前项资格之候选者中选定，并由外务省、文部省和满洲国代表联合决议，选拔时间大体每年两次：第一次为 5 月、第二次为 9 月"。[②] 补给留学生名额与经费规定，"补给人数当限制在外务省预算许可范围内，补给费大抵每人每月六七十元，具体补给额视本人所在学校程度、补给种类而定"。[③]

1933 年初，日本外务省与伪满当局制定《遴选一般留学生办法》，规范一般留学生选拔办法，要求："入选之留学生应提交：1. 履历书；2. 健康证明；3. 最近 4 寸半身像照片；4. 学校证明书，叙明科别、学级、入学与卒业时间，个人经济状况及德行尤请加以切实考语；5. 历年成绩证明书。"[④] 据统计，"1932 年外务省资助伪满各类留学生 73 人、

---

① 按，以往关于伪满留日学生人数统计不尽一致，驻日满洲国大使馆统计情况：1934—1943 年，依次为 894 人、982 人、1363 人、1822 人、1519 人、1325 人、933 人、1256 人、1220 人、1004 人；日华学会统计情况：1932—1939 年，依次为 317 人、314 人、757 人、1133 人、1805 人、1939 人、1620 人、1322 人。（参考槻木瑞生『満州国留学生録』第 1—6 巻、龍渓書舍、2012；日華学会『満州国中華民国学生留日名簿』、1932—1939）

② 「満州国留学生ニ対シ給費制度ニ関スル件 昭和八年一月」、『在本邦留学生関係雑件 第九巻』、アジア歴史資料センター、B05015406100。

③ 日華学会編『留日学務規程及概況』、1937、179 頁。

④ 「満州国留学生ニ対シ給費制度ニ関スル件 昭和八年一月」、『在本邦留学生関係雑件 第九巻』、アジア歴史資料センター、B05015406100。

1933 年补助 94 人、1935 年补助 87 人、1936 年补助 73 人、1937 年补助 80 人、1938 年补助 55 人、1939 年 3 月补助人数为 66 人"。①

外务省选拔补助留学生时，极为重视审查留学生的"思想"和"德行"，例如京都帝国大学向外务省推荐特选补助生王世丰时提到"该学生资性温厚、精勤、健康状况良好、思想稳健，学业成绩优良、对研学至极忠实，将来必收相当之研究实绩"。② 获得此种补助的留学生通常要求其"思想稳健""性格温顺"，其他"反日激进分子"不可能获得补助资格。日本外务省还经常举办新生欢迎会、毕业生送别会、留学生茶话会、留学生见学旅行等活动，日本外务次官曾在留学生毕业典礼上表示，"日本帝国与满洲国关系极为亲善友好，望诸君一道协力实现日满一体之理想。诸君居住日本多年，深知日本之实情、日本人的心情、日本的人情风俗，诸君肩负日满中三国亲善提携之重要使命，望诸君归国后传达日本的真意、日本人的心情，为实现东亚大陆的和平与繁荣而共同努力"。③ 有论者指出，日本企图通过补助经费、组织各种文娱活动，收买伪满留日学生。④

2. "日满文化学会"选派的留日学生

1934 年，日本陆军大将铃木孝雄在东京成立"日满文化学会"，该会名义上为民间团体，实则与日本政界、军方联系尤为密切。"日满文化学会"成立以后，每年从伪满选拔数名优秀青年学生，补助其全部学费，将其送往日本各府县的师范学校留学，服从日本在东北实施殖民奴化教育。此种留日学生与日本学生共同生活学习，而且必须住校、实行严苛的寄宿制度。日本学校专门设有舍监，负责监督留学生的学习生活、身体状况、言行举止及"思想品行"等各方面，如日方

① 参考外务省外交史料馆『在本邦留学生関係雑件』第 9—12 卷；外務省文化事業部『昭和十三年満州国及中華民国補給生概要』、1939；谢廷秀：《满洲国学生日本留学十周年史》，满洲国大使馆内学生会中央事务所，1942。

② 「昭和九年」、『在本邦特選留学生補給実施関係雑件/推薦関係 第一巻』、アジア歴史資料センター、B05015513900。

③ 「文化事業関係満支留学生第一回送別晩餐会 昭和十四年三月」、『在本邦留学生関係雑件 第十二巻』、アジア歴史資料センター、B05015409200。

④ 王奇生：《沦陷区伪政权下的留日教育》，《抗日战争研究》1997 年第 2 期。

曾记录第二批留学生情况，"生活上适应寄宿舍生活和日本饮食，陶德滋性质温良笃实、志操坚固、言语明了、举止端正、热心学习，吴玉兰性质温良、志操坚实、热心学习"。① 1934—1941 年，该学会共选拔 8 批 52 名学生赴日留学，其留学费用均由日本外务省依据《对支文化事业特别会计法》进行补助。"1936 年补助日满文化学会选派留学生 1500 元，1937 年补助 3200 元，1938 年补助 5500 元，1939 年补助 6000 元，1940 年补助 9600 元，1941 年补助 10600 元。"②

3. 振东塾培养的留日学生

1935 年 5 月，日本陆军大将林铣十郎在东京成立振东塾，"立足于振兴东邦之大义、日满融合一体之精神，选拔满洲国优秀青年游学东京，加以指导教育，将其培养成将来满洲帝国各界中坚人才为目的；通过指导训育，使得本塾学生真正认识理解日本及日本人，以期培养成将来日满融合之必要楔子"。③ 振东塾采用封建武士道教育思想，尤为重视伪满学生的"训育"，"注重灌输日本传统武士道精神，每日进行剑道、相扑等训练；塾生尽量回避同本国人交往，奖励敬爱、接触日本人，并定期组织塾生参拜靖国神社、明治神宫，训育之后送入日本更高级学校深造"。④ 由此可见，振东塾对伪满学生监管尤为严格，企图通过日本军国主义教育将其培植成"日满融合之必要楔子"。振东塾严格规定留学生选拔资格，要求"志操坚确、意志坚定，身体强健，头脑优秀，年满 15 岁且有相应的学习能力"。⑤ 振东塾成立后，共接收 9 名伪满学生，完成"训育"之后，"分别送往日本

---

① 「日満文化学会二満州国留学生養成費補給 昭和十一年四月」、『諸補給関係雑件 第一巻』、アジア歴史資料センター、B05015522900。
② 「日満文化学会」、『諸補給関係雑件 第三巻』、アジア歴史資料センター、B050 15529900。
③ 「振東塾補助申請 昭和十二年一月」、『助成費補助申請関係雑件 第五巻』、アジア歴史資料センター、B05015867500。
④ 「振東塾 分割 1」、『諸補給関係雑件 第三巻』、アジア歴史資料センター、B050 15530200。
⑤ 「振東塾補助申請 昭和十二年一月」、『助成費補助申請関係雑件 第五巻』、アジア歴史資料センター、B05015867500。

中央大学、法政大学、东京中野中学校、东京府立农艺学校等校留学"。① 振东塾留学生培养经费，主要由日本外务省进行补给，"1937年补给 1500 元、1938 年补给 5900 元、1939 年补给 5000 元，1940 年补给 4800 元"。②

4. 伪满蒙政部派遣的留日学生

从 1934 年开始，伪满蒙政部委托"兴安总署"，从兴安中等农业学校或兴安第一师范学校挑选 5 名蒙古族优秀青少年学生，"派往日本东北或北海道主要畜产区的中等专门学校留学，所学专业为兽医畜产学，以培养畜产专门技术人员"。③ 伪满蒙政部选拔学生较为严苛、烦琐，"留日学生入学前须提交申请书、履历书、卒业证明书、人物调查书、原籍证明书、保荐书、身份证明书等，而且还须自备旅费和部分学费"。④ 伪满蒙政部选派学生部分学费由日本外务省补助，"1935 年每月补助学费 150 元，全年共计 1800 元；1936 年共补助 1800 元；1937 年每月补助 120 元，全年共计 1440 元"。⑤ 此外，外务省还资助留学生毕业回国旅费及其他费用。

二　补助普通教员留学生

1933 年以后，伪满文教部每年挑选部分教员赴日本留学，"使之'受日本学校教育之实地训练，并以补益日满亲善'，实质上还是为推行奴化教育培养骨干教师"。⑥ 至 1936 年，伪满文教部共派遣 5 次 111名教员赴日本留学。⑦ 日本外务省依据《对支文化事业特别会计法》

①　振東塾『振東塾現在生一覧』、1941 年調。

②　「振東塾 分割 1」、『諸補給関係雑件 第三巻』、アジア歴史資料センター、B050
　　15530200。

③　「蒙政部派遣留学生 昭和九年六月」、『満洲国蒙政部派遣留学生関係雑件』、ア
　　ジア歴史資料センター、B05015569100。

④　「蒙政部派遣留学生 昭和九年六月」、『満洲国蒙政部派遣留学生関係雑件』、ア
　　ジア歴史資料センター、B05015569100。

⑤　「蒙政部派遣留学生経費関係 昭和十年一月」、『満州国蒙政部派遣留学生関係雑
　　件』、アジア歴史資料センター、B05015569200。

⑥　齐红深主编《东北地方教育史》，辽宁大学出版社，1991，第 294 页。

⑦　武强主编《东北沦陷十四年教育史料》第一辑，第 420 页。

补助此类留学生大量经费，包括留学学费、见学旅行费、毕业归国旅费及指导教官津贴。学费补给方面，"1933 年外务省补给 12000 元，1934 年补给 8460 元，1935 年补给 5385 元，1936 年补给 16200 元"。① 见学旅行补给方面，"1934 年外务省补给伪满第一批教员留学生王冠青等 24 人考察旅费每名 70 元，合计 1680 元；1935 年补给第四批教员留学生考察旅费 2240 元；1936 年补给第五批教员留学生考察旅费 4200 元"。② 毕业回国旅费补给方面，"1935 年 3 月外务省补给于巨川等 13 人归国旅费 1300 元"。此外，外务省还补给此类留学生的指导教官津贴，"1935 年外务省补给东京高等师范学校教官 600 元、广岛高等师范学校教官 540 元、东京女子高等师范学校教官 200 元，合计金额 1340 元"。③ 1936 年，外务省又补给各师范学校指导教官津贴 1040 元。

三　补助社会教育教员

1934 年，伪满文教部开始派遣社会教育教员赴日本熊本县立青年学校教员养成所和青森县立实业补习学校教员养成所留学，目的在于培养社会教育指导者，使其体会日本实际的社会教育方法。④ 此种留日学生研修内容主要是，"体验乡村的实际生活，修炼农村社会教育，培养学生对此教育的能力和热情，养成贡献于社会教育之有为社会教育者"。⑤ 其研修方法分为"定地研究"与"移动研究"。"定地研究，是指在日本指定的乡村农家寄宿，调查研究当地农村社会教育方法，研究场所设在日本熊本县立实业补习学校教员养成所和青森县立青年学校

---

① 「文教部派遣留学生補給 自昭和八年」、『満州国文教部派遣留学生関係雑件 第一巻』、アジア歴史資料センター、B05015568200。
② 『満州国文教部派遣留学生関係雑件 第一巻』、アジア歴史資料センター、B05015567400。
③ 「文教部派遣留学生指導教官手当支給 自昭和九年」、『満州国文教部派遣留学生関係雑件 第一巻』、アジア歴史資料センター、B05015568100。
④ 「満洲国派遣社会教育指導者内地視察旅行補給 昭和十年二月」、『在本邦留学生本邦見学旅行関係雑件/補助実施関係 第八巻』、アジア歴史資料センター、B05015830800。
⑤ 「社会教育指導者留学ニ関スル趣旨」、『満州国文教部派遣留学生関係雑件 第二巻』、アジア歴史資料センター、B05015568600。

教员养成所，研究时间为 10 个月；移动研究是指视察研究日本模范乡村、农会、产业组合、畜产组合、其他诸团体、农产市场等场所，借此增长留学生对农业和农村之见识和涵养，具体地点位于日本宫崎县、福冈县、爱知县、长崎县、秋田县、静冈县、福岛县、山形县、宫城县、新潟县、北海道及朝鲜乡村，研究时间为 2 个月。"①

选拔社会教员留学生比较严格，必须拥有社会教育经历，或者满足这些要求："1. 师范学校、中等学校及农业学校毕业者，年龄在 25~35 岁之间者；2. 资性健实，具备作为社会教育者之素质；3. 身体强健、崇尚勤劳者；4. 精通一定日语，具备普通日常会话能力；5. 应具有相当之资产，留学出现障碍，如家庭事情等因素则概不接收。"② 按此选拔要求，"1934 年伪满文教部选拔第一批 10 名社会教员赴日本留学，这些留学生选自伪满公署、教育行政机关、中小学校职员"。③ "1935 年伪满文教部选拔第 2 批共 10 名社会教员赴日本留学。"④ "1936 年伪满文教部选拔第 3 批共 10 名社会教员留学生。"⑤

伪满社会教员留学期限定为 1 年，毕业时必须提交社会教育论文或社会教育调查报告，毕业回国后服从伪满文教部的就业安排。例如最早两批毕业生中，其中 8 名就职于省公署礼教科、3 名就职于县公署教育局、8 名就职于中小学校及文化机构，基本服务于伪满社会教育事业。⑥ 伪满社会教员留学日本期间享有诸多补给，"补给费用有往返旅费 200 元，留学期间每月研究费 60 元，留学期间原有薪资继续支付，此类经费主要由日本外务省支付，另外伪满驻日大使馆还补给研

① 「満洲国社会教育指導者の留学に関する件」、『陸満密大日記』、アジア歴史資料センター、C01003239900。
② 「第一回社会教育指導研究員 昭和九年十一月」、『満州国文教部派遣留学生関係雑件 第二巻』、アジア歴史資料センター、B05015568600。
③ 「第一回社会教育指導研究員 昭和九年十一月」、『満州国文教部派遣留学生関係雑件 第二巻』、アジア歴史資料センター、B05015568600。
④ 「第二回社会教育指導研究員 昭和十一年一月」、『満州国文教部派遣留学生関係雑件 第二巻』、アジア歴史資料センター、B05015568700。
⑤ 「第三回社会教育指導研究員 昭和十一年三月」、『満州国文教部派遣留学生関係雑件 第二巻』、アジア歴史資料センター、B05015568800。
⑥ 「満洲国社会教育指導者の留学に関する件」、『陸満密大日記』、アジア歴史資料センター、C01003239900。

究生指导费和其他杂费 1000 元"。①

四　补助警察留日学生

伪满政府为巩固傀儡政权、镇压东北人民反日运动、服务日本殖民统治要求，相当重视培养伪警察宪兵。伪满政府与日本当局协议，决定派遣中下层警官赴日留学，留学学校为日本最高警察教育学校——警察讲习所。"1932 年 5 月，伪满洲国政府派遣第一批 25 名警察赴日本留学，1933—1935 年每年派遣 30 名警察留学生，至 1936 年 4 月共派遣 5 批 145 名警察赴日留学。"② 其后，警察讲习所设置半年制预科、本科教育，接收留学生数量增加，伪满政府每年可派遣两批警察留学生。1936 年，伪满政府派遣第六批 30 名警察赴日留学；1937 年，伪满政府派遣第七、八批共 60 名警察赴日留学；1938 年，伪满政府派遣第九、十批共 65 名警察赴日留学；1939 年，伪满政府派遣第十一、十二批共 78 名警察赴日留学；1940 年，伪满政府派遣第十三批 33 名警察赴日留学；1941 年，伪满政府派遣第十四批 38 名警察赴日留学。③

侵华战争后期，日本占领周边国家大片领土，战线无限扩大而难以向中国派遣更多兵力维系其殖民统治，只得培植沦陷区亲日分子、汉奸伪吏，扶持新的殖民统治代理人，实现"以华治华"之目的。在此种大背景之下，日本警察讲习所不断扩张其规模，1942 年该校扩建

① 「日本派遣社会事業研究生詮衡要項」、『満州国文教部派遣留学生関係雑件 第二巻』、アジア歴史資料センター、B05015568700。
② 「昭和六年度ヨリ九年ニ至ル満州国留学生ニ関スル経費答弁書」、『在本邦留学生便宜供与（入退学、見学、実習等）関係雑件/警察関係 第三巻』、アジア歴史資料センター、B05015588200。
③ 关于伪满警察留学生派遣数，目前说法不一，刘振生曾列举伪满 14 期 443 名警察留学生（参见刘振生《"满洲国"日本留学史研究》，第 112 页），然第 11—14 期各期人数尚待商榷，刘著列举 11—14 期人数依次为 39 人、36 人、33 人、35 人，据日本外务省、内务省警保局档案则为 40 人、38 人、33 人、38 人。派遣总数，据日本内务省警保局档案，伪满毕业生总数为 570 人，由此可推知伪满派遣总数为 580 人左右。（参考「警察講習所拡張案」、『種村氏警察参考資料第 93 集』、日本国立公文書館蔵）

为中央警察学校，并推出《警察讲习所扩张案》，规定："接收满洲国及中华民国留学者各 50 名，蒙古联合自治政府、泰国、菲律宾、缅甸、马来各 30 名，其他地区（苏门答腊、婆罗洲岛等）50 名，总计 300 名。"① 警察讲习所接收伪满警察留学生人数继续增加，至 1943 年 10 月，伪满政府共选派 18 批 580 余名警察赴该所留学，其中毕业者达 570 人。② 伪满选派警察留学生大多为满族人，有学者曾列举前 14 批 443 名警察，其中满族 374 人，日本 25 人，蒙古族 22 人，朝鲜族 19 人，俄罗斯族 3 人。③ 选派日本留学生，是为了配合伪满政府和日本政府监视警察留学生之"动静"。

　　伪满警察留学生留学费用主要由日本外务省依据《对支文化事业特别会计法》进行补助，包括教育费与个人费。"1932 年，外务省补助警察留学生教育费 9440 元、个人费 19000 元；1933 年，补助教育费 10455 元、个人费 19800 元；1934 年，补助教育费 10455 元、个人费 19800 元；1935 年，补助教育费 10455 元、个人费 18000 元；1936 年，补助教育费 10455 元、个人费 17000 元、教育设施费 17600 元。自 1936 年以后，外务省每年补助分为前后两期，主要补助教育经费。1937 年，前期补助教育经费 9986 元，后期补助 9986 元；1938 年，前期补助 9986 元，后期补助 9986 元；1939 年，前期补助 5295 元，后期补助 6668 元；1940 年，教育经费补助激增至 13836 元。1941 年转由外务省东亚局补助，共支付教育经费 12325 元。"④ 日本外务省大力资助伪满警察留学生目的在于"增进满洲国警官留学生对日本当局好意的

---

① 「警察講習所拡張案」、『種村氏警察参考資料第 93 集』、アジア歴史資料センター、A05032052300。

② 第 1—9 期人数主要参考外务省外交史料馆『在本邦留学生便宜供与（入退学、見学、実習等）関係雑件/警察関係』、第 2—7 卷；第 10、12—15 期参考日本国立公文書館『内務大臣決裁書類』、昭和 13 年（下）、昭和 16 年（下）、昭和 17 年；第 11 期参考日本防衛省防衛研究所「満洲国警察講習所へ留学方に関する件」、『昭和 14 年「満受大日記 第 17 号」』；第 16 期参考日本国立公文書館『種村氏警察参考資料第 79 集』。

③ 刘振生：《"满洲国"日本留学史研究》，第 112 页。

④ 主要参考『在本邦留学生便宜供与（入退学、見学、実習等）関係雑件/警察関係』、第 2—4 卷、第 6 卷、日本外务省外交史料馆藏档案。

理解与感激，待其卒业归任又可将此种恩情散播于部下，以一名留学生变成数十倍的亲日敬日分子"。①

小　结

"日帝国主义者，在国内以满鲜并称，其视东北为其海外发展第一线中之最前线可知，最近自杀之日使佐分利曾谓'中国是日本海外发展第一线'。故对于东北之侵略，或为政治的，或为文化的，或为经济的，无时或已。在上述三种侵略方式之中，当以文化侵略为最阴毒。"② 文化侵略与渗透是日本在东北维系殖民统治的重要手段。伪满傀儡政权成立伊始，日本为维系和巩固其殖民统治，日益强化思想控制和文化同化政策，出台"对满文化事业"计划。该计划仍然沿袭此前《对支文化事业特别会计法》，即利用庚子赔款，扶持成立各种文化机构，实施文化同化政策和侵略活动，实际上是日本"对支文化事业"的延伸和扩张。外务省主导的"对满文化事业"侵略本质与政治色彩日益明显，其学术文化活动已经偏离学术轨道，沦为鼓吹"满洲独立"和宣扬"日本文化优越性"的工具，其奴化教育本质和文化渗透色彩尤为明显。

日本不惜篡改历史、颠倒是非，极力鼓吹"满洲独立"论调，宣传分裂中国之谬论，例如"日满文化协会"会员矢野仁一撰写的《满洲国历史》"反驳国际联盟报告书《满洲为中国自然且必然之一部分》，并对《古代之东北》（傅斯年作）、《历史上的满洲》（李清君著）提出'满洲为中国完全之一部'论点加以反驳，强力论述满洲与中国完全独立存在"。③ 针对日本的文化侵略行径和割占东北之野心，中国教育学术界发起强烈反对运动，华北高校不仅成立对日联合会，

---

① 「昭和十一年中雑件」、『在本邦留学生便宜供与（入退学、見学、実習等）関係雑件/警察関係 第五巻』、アジア歴史資料センター、B05015591300。

② 《日本在东省之文化侵略》，《日本研究》第 1 期，1930 年，第 95 页。

③ 日本文部省編『文部省推薦図書時報 第 3 輯』、1934、25 頁。

并组建"满蒙学术研究"机构，加强"满蒙历史文化"研究，以史实证明东北为中国固有领土，揭露日本篡改历史、侵占东北的野心与阴谋。1932 年傅斯年等人合著《东北史纲》，通过梳理东北历史，以史实证明东北是中国的领土，神圣不可侵犯。冯家昇连续在《禹贡》杂志上发表文章，揭露"日本人为了伸展领土的野心，早几年前就在国际上宣传他们的'满蒙非支那论'……雇用了大批学人专门致力于'满鲜学'或'满蒙学'"。[1] 冯家昇明确指出"日满文化协会"的侵略渗透本质，认为这是服部宇之吉、内藤虎次郎、罗振玉、郑孝胥等日本和伪国一流野心家们之组织，以实现对东北广泛、积极的研究活动，使东北成为日本对华文化侵略之尖兵。[2] 日本企图通过"对满文化事业"，在思想文化上麻痹、奴役东北人民。正如美国学者任达所说，"日本和中国打交道时，为使中国依附日本，开始运用两面开弓的战略，一面是军事的，另一面是非军事的。每一面各有不同的演员，甚少重叠"。[3]

---

[1]　冯家昇：《我的研究东北史地的计划》，《禹贡》（半月刊）第 1 卷第 10 期，1934 年，第 2 页。

[2]　冯家昇：《东北史地研究之已有成绩》，《禹贡》（半月刊）第 2 卷第 10 期，1935 年，第 1 页。

[3]　〔美〕任达：《新政革命与日本》，李仲贤译，江苏人民出版社，2010，第 24 页。

第三章
侵华时期东亚同文会在华"教育事业"

东亚同文会自述其宗旨为"促进两国文化交流，增进两国人民之友谊和福祉"，而其真实目的实为"培养日本优秀子弟，使其精通中国语言和事情，成为刺探中国情报的谍报人才；在华选定若干有为子弟，对其施予适当的教育与熏陶，成为亲日中坚分子"。① 为实现此种目标，东亚同文会先后在上海、天津、汉口创办同文书院，尤其以上海东亚同文书院（后改称"东亚同文书院"）最为"成功"。东亚同文书院主要培植大批"中国通"式人才，在中国开展旷日持久的"大旅行调查"，为日本制定对华政策提供重要情报。至全面侵华时期，东亚同文会被纳入日本战时体制，日本化教育和殖民化教育色彩日趋明显，日本外务省亦不断强化对该会的管控，使其变成日本实施文化侵略和渗透的重要机构。

东亚同文会在中国的办学历史，最早可以追溯到甲午战前成立的日清贸易研究所。1890 年荒尾精在上海开办日清贸易研究所，培植日本间谍式"人才"，在中国各地搜集情报。甲午战争以后中日关系恶化，清政府强制日清贸易研究所解散、停止其间谍活动。此后，东亚同文会继替日清贸易研究所在中国办学，② 先后成立北京支部、汉口支部、上海支部、福州支部、广东支部，并且创办南京同文书院、上海同文书院、天津同文书院、汉口同文书院，主要接收日本学生，培养其汉语能力和刺探情报能力，抗战后期，东亚同文会又增开东亚工

---

① 国际文化振兴会编『本邦国際文化団体便覧』、1935、53 页。
② 黄福庆：《近代日本在华文化及社会事业之研究》，第 29 页。

业学院、北京经济专门学校、北京工业专门学校，其"教育事业"得
以进一步扩张。既往研究鲜有关注东亚同文会及其教育活动者，偶有
涉及大抵关注东亚同文书院及其学生"大旅行调查"，对东亚同文会
创办的其他学校则语焉不详，且对其抗战时期办学活动研究不足，相
关日文档案挖掘利用尚不充分。[①] 鉴于此，本章主要利用日本外务省
和东亚同文会档案，论述东亚同文会在华教育活动，分析其文化侵略
与渗透本质。

第一节　东亚同文书院

　　1898 年 11 月，东亚同文会在东京正式成立，近卫笃麿当选会长，
长冈护美担任副会长。[②] 近卫笃麿、长冈护美均为日本政界要角，而
近卫家族势力尤大，近卫笃麿本人出身华族，系明治末期有名的政客，
其子近卫文麿更在全面抗战时期三度出任日本首相，可见东亚同文会
实与日本政府有着莫大联系。东亚同文会成立伊始，即谋划在中国开

---

①　国内相关研究成果可参见金桂昌《日本创办天津"中日学院"始末》，《历史教
　　学》1990 年第 3 期；苏智良《上海东亚同文书院述论》，《档案与史学》1995 年
　　第 5 期；冯天瑜《东亚同文书院的中国旅行调查》，《文史知识》2000 年第 1 期；
　　赵文远《上海东亚同文书院与近代日本侵华活动》，《史学月刊》2002 年第 9 期；
　　周德喜《东亚同文书院始末》，《兰州大学学报》2004 年第 3 期；石嘉、张新超
　　《日本东亚同文会在华教育活动述论（1900—1945）》，《近代中国》2017 年第 27
　　辑；张艳国、石嘉《近代日本在华调查机构的"江西调查"研究》，《江西社会
　　科学》2019 年第 11 期。日本相关研究成果有：大森史子「東亜同文会と東亜同
　　文書院——その成立事情、性格および活動」，『アジア経済』第 6 号，1978 年；
　　六角恒広「東亜同文書院の中国語教育」，『早稲田商学』第 318 号，1986 年；
　　藤田佳久「東亜同文書院学生の中国調査旅行コースについて」，『愛知大学国
　　際問題研究所紀要』第 90 号，1989 年；水谷尚子「東亜同文書院に学んだ中国
　　人——中華学生部の左翼学生」，『近きに在りて』第 28 号，1995 年；藤田佳久
　　「東亜同文書院卒業生の軌跡——東亜同文書院卒業生へのアンケート調査か
　　ら」，『同文書院記念報』第 9 号，2001 年；石田卓生「東亜同文書院の北京移
　　転構想について」，『中国研究月報』第 2 号，2009 年；韓立冬「天津中日学
　　院・江漢高級中学校の中国人教育：「対支文化事業」下の留日予備教育という
　　視点から」，『年報地域文化研究』第 15 号，2011 年。
②　対支功労者傳記編纂会編『対支回顧録 上巻』，681 頁。

设支部、创办书院学堂，尤以上海东亚同文书院最具代表，其声名几乎凌驾东亚同文会，成为东亚同文会的主业。

一　东亚同文书院创建时期

1900 年 8 月，东亚同文会将南京同文书院迁往上海，此原系一时权宜之计，原本计划时局和缓后即迁回。但是鉴于上海为中国商业枢纽地，同时也是社会、政治、外交之中心，不论研究中外语言，还是调查中国情势，皆可收事半功倍之效，在庚子事变平息后，日方并未将书院迁回南京，而是改名为东亚同文书院，专门培养精通中国语言和国情的日本学生。[①] 南京同文书院可谓东亚同文会早期在华办学的一次试验，经营规模和办学水平十分有限，迁沪之前仅有十余名学生肄业。迁沪之后，东亚同文书院迅速走上正轨，每年入学的学生少则五六十人，多则超过百人。上海东亚同文书院第一任院长根津一非常重视生源质量，曾亲率教职员奔赴日本各地宣传、招生，并获得各地府县的支持，加之书院办学条件日益成熟、完备，其招生形势出现好转，每年能够接收优质生徒 60～100 名，例如"1901 年招收 60 人、1902 年招收 76 人、1903 年招收 72 人，几乎遍布日本各府县"。[②]

东亚同文书院起初主要接收中等学校毕业生，分为自费生和公费生两种，早期公费生占据绝大多数，其学费由各地府县政府支付。东亚同文书院毕业生学历等同于日本专门学校毕业生之学历，并且享受"尽后召集"和免除高等文官检定考试等优先权。书院学生年龄、学历不一，有年过 30 岁的县议员，也有从陆军士官学校或高等学校转学而来者，而中学毕业者始终占据绝大比例。学生一律要求住校，并采取自治制度。学生入学仪式有所规定，获准入学的学生定期在东京集合，由东亚同文会择日举行入学仪式，之后集体前往皇宫"遥拜"，在东京例行仪式完毕后，即由院长或干事长率领学生游览京都、大阪等地名胜古迹，而后从神户或长崎搭船赴沪。[③] 书院学生毕业后几乎

---

① 黄福庆：《近代日本在华文化及社会事业之研究》，第 34 页。
② 上海東亜同文書院大学編『創立四拾週年東亜同文書院紀念誌』、1940、259 頁。
③ 竹内好『日本とアジア』、386 頁。

半数以上留在中国就业，东亚同文会曾统计 33 期 2684 名毕业生就业
情况：从就业地区看，留在中国者 1487 人，返回日本者 1165 人，其
他地区 32 人，可见有一半以上毕业生留在中国；从就职种类看，进入
企业、银行、商界工作者共计 1597 人，担任行政官员者 510 人（其中
一半以上供职于伪满、伪蒙疆政府），从事教育和公益事业者 224 人，
新闻通讯从业者 95 人，其他行业者 258 人，可见大部分毕业生活跃于
工商业界及政界。① 然而，相较日本本土学校毕业生而言，他们的出
路仍受到限制，"例如在外交界，仅能官至领事或总领事，他们虽然以
开拓中国市场的先驱自居"，实际上无论在官场或实业界，往往与他们
的理想相去甚远。②

　　上海东亚同文书院开办伊始设有政治科和商务科，修业年限均为
3 年。"政治科开设财政学、经济学、英语、时文、汉语、汉文、汉文
尺牍、刑法、行政法、商法、民法、国际公法及私法、法学通论、欧
洲近世外交史、中国制度、中国政治地理、伦理学，商务科开设时文、
英语、汉语、汉文、汉文尺牍、民法、商法、法学通论、商业学、商
业实践、商品学、商业算术、中国商业地理、中国制度、中国商业惯
例、经济学、簿记学、伦理学。"③ 1914 年该书院增设农工科，农工科
设有制造化学科与采矿冶金科，两科修学年限均为 3 年。"制造化学科
开设汉语、汉文、汉文尺牍、时文、英语、地质矿物、无机有机化学、
电气化学、制造化学、应用动植物学、冶金学、电气工学、机械工学、
农业制造学、农业泛论、簿记学、商业通论、中国商业惯例、中国地
理、中国制度、伦理、分析及实践，采矿冶金科开设汉语、汉文、汉
文尺牍、时文、英语、地质矿物、无机有机化学、制造化学、冶金学、
机械工学、电气工学、采矿学、簿记学、商业通论、中国商业惯例、
中国地理、制图、中国制度、伦理、分析及实践。"④ 对比书院前后所
设学科、科目，之前更为重视语言、法学、商业等科目，之后转而重

---

① 　财团法人霞山会编『東亜同文会史・昭和編』、2003、42 頁。
② 　黄福庆：《近代日本在华文化及社会事业之研究》，第 53 页。
③ 　上海東亜同文書院大学編『創立四拾週年東亜同文書院紀念誌』、1940、37 頁。
④ 　上海東亜同文書院大学編『創立四拾週年東亜同文書院紀念誌』、48 頁。

视农业、工矿学科，以便培养大批精通于中国物产资源，尤其是矿产资源的谍报人员，从而实现掠夺和"开发"。1918 年书院政治科停止招收学生，1920 年农工科也宣布停止招收学生。1922 年书院整顿各学科，统一规定各学科修学年限为 4 年。书院教员主要聘请日本各大学毕业生担任，汉语等科目则聘请中国教员负责。日本官方通过《对支文化事业特别会计法》以后，外务省依据法案、利用庚子赔款资助东亚同文会，同时强化对其办学活动的管控，例如重新规定教师任用资格，"规定教员必须为日本帝国大学或官立大学考试及格、获得学士学位者，且还须经外务省之认可"。[1]

　　除日常学习科目外，东亚同文书院还相当重视旅行调查，每年必定组织学生开展"大旅行调查"，全面侵华时期书院还专门成立"学生调查大旅行指导室"，旨在搜集中国各种情报。[2] 东亚同文书院组织的"大旅行调查"，"主要调查地理（包括地形地势、气候、都市、税关、交通运输、社会风俗），政治（包括调查当下政情、过去政情），商业（包括贸易状况、商贸、公会、度量衡、货币、金融、商品、商业惯例），经济（包括经济单位、资本家、劳动者、田园和住宅、农业、畜牧业、林业、矿业、工业、物质、生活程度、外国企业及其势力）"。[3] 由十几名日本籍学生组建一个调查班，调查时间大多为 1~2 个月，调查范围深入中国腹地，由城市到乡村。调查结束后，要求每位调查班成员撰写调查报告，然后将其上报日本内阁、参谋本部、外务省等，继而为日本当局制定对华政策提供重要情报。[4] 目前，爱知大学霞山文库收藏此种"调查报告书"原件达 700 余册，东亚同文会所编《中国省别全志》《中国经济全书》《东亚同文书院大旅行志》《大旅行调查报告书》《东亚调查报告书》等均由此调查编纂而成（详见附录）。

① 「外務省命令書」、『東亜同文会関係雑纂 第四巻』、アジア歴史資料センター、B12081970900。
② 東亜同文書院大学学生調査大旅行指導室編『東亜調査報告書』、1940、1 頁。
③ 「清国内地大旅行調査計画案」、『東亜同文会関係雑纂 第一巻』、アジア歴史資料センター、B12081968500。
④ 山本隆『東亜同文書院生』、10 頁。

二　东亚同文书院扩张时期

起初，东亚同文书院受到中国局势动荡和中日关系波动影响，其发展可谓历经波折。1901 年 5 月，东亚同文书院在上海高昌庙桂墅里建造校舍、举行开学典礼。起初，书院出现严重的财政困难，完全仰赖举借外债而勉强维持。日俄战争以后，东亚同文会重点经营东亚同文书院，书院财政有所改善。1907 年，外务省补助东亚同文书院30000 元，资助其学生在中国开展大旅行调查。[1] 1913 年初中国爆发"二次革命"，东亚同文书院校舍毁于此次战火，教职员暂时迁回日本长崎，直到上海局势稳定以后才重返上海。1913 年 10 月，东亚同文书院在上海赫司克而路建造临时校舍，书院学生得以续学。1917 年 4 月，东亚同文书院总部迁往徐家汇，此后局势稍微缓和，直到侵华战争全面爆发，成为东亚同文书院"黄金发展时期"。这一时期书院的教学水平和规模均得到较大扩充。1918 年，东亚同文书院增加校舍，并增设中国学生部，招生范围扩大。同年 8 月，东亚同文书院纠集本院教职员组建中国研究部，旨在中国搜集、整理各种情报，指导书院学生开展大旅行调查，加强与其他团体机构联络，发行调查研究报告、书籍等。[2] 中国研究部成立后，依据书院教职员、学生调查报告编有《东亚调查报告书》《中国研究》《华语月刊》等刊物。

1937 年 7 月，卢沟桥事变爆发。同年 9 月，东亚同文书院被上海市警察局接管，书院教职员再度迁移至日本长崎，借用长崎女子师范学校校舍上课，直到上海沦陷以后才迁回。校舍已完全毁于战火。其后得到日本外务省、陆军省的支持，强占上海交通大学校舍，继续办学活动。1938 年 4 月，东亚同文书院全部迁往上海交通大学，并扩建为东亚同文书院大学，直到 1945 年日本战败，书院宣告解散，撤回日本。[3] 纵观东亚同文书院发展历程，抗战时期东亚同文书院办学水平

---

[1]　「三年計画支那調査案」、『東亜同文会ノ清国内地調査一件』、アジア歴史資料センター、B03050448900。

[2]　東亜同文書院支那研究部編『支那研究』第 1 号，1920 年 8 月。

[3]　財団法人霞山会編『東亜同文会史・昭和編』、37 頁。

得以提升，由原来的中等教育机构发展为高等教育机构，最终升格为大学。

　　全面抗战时期，日军控制上海，东亚同文书院趁机扩张办学规模。1938 年 4 月 17 日，东亚同文书院师生在上海交通大学文治堂正式举行开学典礼。① 开学后，院长大内畅三积极联络书院师生，完成将书院升格为大学之动作，以便扩大学校规模、增加学生人数。② 大内畅三的建议很快得到东亚同文会的大力支持。1938 年 11 月，近卫文麿以东亚同文会会长名义正式向外务大臣提出申请，拟定书院升格为大学相关事项："1. 1938 年 4 月，停招商务科学生。2. 1939 年 4 月，招收大学预科学生。3. 1941 年，开始招收大学部学生。4. 1942 年 3 月，废止商务科。5. 1944 年 3 月，大学部第一届毕业生。6. 如至 1939 年 4 月 1 日仍未获准升格，则俟获准同时，将东亚同文书院一年级学生编入大学预科一年级肄业。"③ 1939 年初，日本国会通过近卫文麿的申请，同意将东亚同文书院升格为大学。

　　1939 年 12 月，东亚同文书院正式升格为东亚同文书院大学，学校规模得以扩大。④ 根据东亚同文书院大学学则，"学校开设大学预科、大学部、研究部，预科修学年限 2 年、大学部为 3 年、研究部为 2 年，预科招收中学毕业生，大学部接收预科班毕业生、同文书院毕业生、其他高等学校或大学预科毕业生"。⑤ 1943 年该校复设专门部，修学年限 3 年，学科建设进一步完善。全面抗战时期，东亚同文书院招生规模有所扩大，"1937 年招收 70 人，1939 年升至 102 人，1941 年增至 132 人，1944 年达到 166 人，至 1945 年抗战结束，书院共招收 46 期学生，总人数达 4646 名"。⑥ 然而，随着抗战胜利的到来，东亚同文书院已经是穷途末路。1945 年，盟军轰炸上海，在日本招收的学生已不

① 「上海ニ復帰開院式挙行ノ件 昭和十三年四月」、『東亜同文書院関係雑件 第四巻』、アジア歴史資料センター、B05015341900。
② 〔日〕薄井由：《东亚同文书院大旅行研究》，上海书店出版社，2001，第 19 页。
③ 滬友会编『東亜同文書院大学史』、72 頁。
④ 「東亜同文書院大学設立」、『官報』1940 年 1 月 11 日。
⑤ 滬友会编『東亜同文書院大学史』、73 頁。
⑥ 滬友会编『東亜同文書院大学史』、304—337 頁。

能赴上海就学，不得不借用日本富山县吴羽飞机公司工厂上课，而在中国各地招收的学生仍在原校上课。日本战败投降以后，中国政府要求东亚同文书院大学解散，由中国教育部京沪特派员办公处负责接收事宜。东亚同文会遂通告在日本就学的学生返乡听候介绍转入其他学校，而在上海的教职员及学生，则陆续被遣送回国内。[①] 东亚同文书院大学从 1939 年升格为大学，至 1945 年宣告解散，前后历时 6 年。直到 1947 年部分东亚同文会成员联合创办爱知大学，在日本继续办学活动、研究中国学，但是其影响力很难与此前东亚同文书院相提并论。

三　东亚同文书院学生群体

东亚同文书院主要培养调查研究"中国问题"的日本学生。书院成立伊始即制定"三年计划支那调查案"，要求学生旅行调查以名都要津为据点，深入中国内地，详细调查政治、经济、商务等一切事务情形。[②] 1903 年，东亚同文书院派出第一期学生（商务科 50 名、政治科 6 名）前往天津、北京等地开展"修学旅行"，调查问题主要涉及商业商品、金融、矿业、交通运输、关税等方面。[③] 1905 年，东亚同文书院派遣第三期学生，深入"满蒙"、华北、华中乃至华南开展调查，形成 67 册《旅行调查报告书》，其内容主要涉及交通运输、货币金融、贸易、农业、工业、矿业等方面。[④] 次年，东亚同文书院制定《支那实地调查旅行要旨》，形成比较成熟的旅行调查制度，具体要求"每次旅行须获得 15000 页左右的实地调查报告"，调查报告书"平时作为地理书籍编纂的材料，特殊时期对经济事项开展尤为详密的调查"。[⑤] 1908 年，东亚同文书院学生编写《长江线旅行调查报告》，其

---

① 黄福庆：《近代日本在华文化及社会事业之研究》，第 44 页。
② 「三年計画支那調査案」、『東亜同文会ノ清国内地調査一件』、アジア歴史資料センター、B03050448900。
③ 東亜文化研究所編『東亜同文会史』、霞山会、1988、362 頁。
④ 「第叁期旅行調査報告書総目録」、『東亜同文会ノ清国内地調査一件』、アジア歴史資料センター、B03050449200。
⑤ 「支那実地調査旅行要旨」、『東亜同文会ノ清国内地調査一件』、アジア歴史資料センター、B03050449100。

内容主要涉及地理民情、产业、贸易、金融、交通、关税等方面。①
1920 年以后，东亚同文书院学生调查进入"大旅行"时期，调查范围
更广、主题更明确。从第 18—25 期（1921—1929）调查报告书看，经
济产业调查占据 50% 以上、交通和资源调查占据 30% 以上。② 九一八
事变以后，南京国民政府拒绝向东亚同文书院学生颁发"入国许可
证"，"中国方面支撑体制的崩坏阻碍了学生大旅行"。③ 从此，书院学
生调查范围仅限于"日军支配的地域"，七七事变后主要集中在长江
中下游地区。从第 35—40 期（1938—1943）调查报告书看，大部分属
于华中沦陷区实态调查，而且集中于经济产业、财政金融、交通运输、
物产资源、社会风俗等方面的调查研究。④

　　东亚同文书院办学根本目的在于培植大批精通中国语言和国情的
日本间谍，利用这些日本学生在中国各地开展"大旅行调查"，"为日
本政府制定侵华政策提供情报和信息，不少日本学生还充当随军翻译、
间谍等，为军方搜集和提供情报，甚而直接参与侵华战争"。⑤ 尤其抗
战时期，东亚同文书院被纳入战时体制，不少学生直接加入侵华日军
队伍，所以近卫文麿说，"战争以还，学生从军或协助皇军行动，对国
家贡献很多"。⑥ 需要指出的是，尽管书院不少学生受日本侵华政策影
响，但亦有少数学生长期在中国学习生活，逐渐认识到日本军国主义
本质，并接受左翼思想或社会主义思想，纷纷加入反战行列。例如，
1930 年 10 月，书院教员王学文（中共特科成员）在书院内成立中国
共产党、共产主义青年团支部，书院学艺部和中国问题研究会多数成

① 「長江線旅行調査報告総目次」、『東亜同文会ノ清国内地調査一件報告書（長江線ノ部）別冊』、アジア歴史資料センター、B03050569300。
② 冯天瑜主编《东亚同文书院中国调查手稿丛刊续编》，国家图书馆出版社，2017，"各期目录"。
③ 藤田佳久「東亜同文書院の中国調査旅行と書院生の描いた中国像」、『季刊地理学』第 50 号、1998 年。
④ 冯天瑜主编《东亚同文书院中国调查手稿丛刊》，国家图书馆出版社，2016，"各期目录"。
⑤ 周德喜：《东亚同文书院始末》，《兰州大学学报》2004 年第 3 期。
⑥ 滬友会編『東亜同文書院大学史』、155 頁。

员加入该组织,① 其典型代表有中西功、西里龙夫、手岛博俊、白井行幸等人。1931 年 12 月 26 日,日本海军官兵参观同文书院时,安斋库治、川濑清、白井行幸、远藤进、中西功、水野成、新庄宪光、逆卷隆等人向官兵散发传单,反对日本当局策划九一八事变、侵占中国东北。② 同文书院创办初衷在于培植精通中国语言和国情的日本间谍,令其始料未及的是一批学生成为具有共产主义信念、国际主义精神的中共党员。东亚同文书院对这批进步学生采取高压手段,安斋库治和白井行幸被迫退学,其他学生被强制停学或引渡回国,而且严格限制其择业、就业。"经两次学生运动,无形中影响了历届毕业生的就业问题。以往历届学生在毕业前夕,已有百分之八十被各机关公司内定约聘,但是这次的应届毕业生,除二十余人因个人背景职业有眉目外,其余毫无着落,这种现象,固与当时经济不景气有关,但学生运动的影响,实为主因。"③

除培养日本学生外,东亚同文书院也曾接收中国学生。为了扩充书院规模,书院负责人与中国教育部协议,于 1920 年 9 月获准设立中国学生部。为了招收中国学生,书院还组织招生委员会分赴各省,与各省教育当局接洽。然而因日本当局制造济南惨案,中日关系恶化,国内排日风潮尤盛,书院招生严重受到影响,不得不暂时搁置。④ 至1930 年 9 月,中国学生部才正式成立。中国学生部起初开设商务科,"修业年限为 4 年,每年招收 50 名左右中国学生,入学资格以中等学校毕业生为限,中国学生须在特设预科班学习 1 年,预科毕业后进入本科学习 3 年,与日本学生同班上课"。⑤ 由于中日关系不断恶化,国内反日运动此起彼伏,书院不少中国学生成为反日运动先锋,"中华学生部一度成为学生反日运动的据点和中国共产党对日工作的窗口"。⑥

---

① 财团法人霞山会编『東亜同文会史·昭和編』、87 頁。
② 财团法人霞山会编『東亜同文会史·昭和編』、89 頁。
③ 黄福庆:《近代日本在华文化及社会事业之研究》,第 53 页。
④ 黄福庆:《近代日本在华文化及社会事业之研究》,第 41 页。
⑤ 上海東亜同文書院大学編『創立四拾週年東亜同文書院紀念誌』、53 頁。
⑥ 财团法人霞山会编『東亜同文会史·昭和編』、42 頁。

九一八事变以后，中国学生部的运营受到重创，中国学生纷纷退学，1931 年 9 月该部被迫停招学生，1934 年 3 月书院正式废除该部。中国学生部开办 4 年间，共招收中国学生近 400 名，然而受中日局势的影响，中途退学者不断增多，最终毕业者只有 50 人。[①] 与其培养的日本学生人数相去甚远。

第二节　天津中日学院

东亚同文会除在上海设立书院外，原本计划在北京及广东两地也分别设立同文书院，并于 1919 年派员前往两地实地考察，而当时中日关系恶化，两地排日风潮尤盛，难以购买土地办校，遂改在天津及汉口创办学校。

一　天津同文书院时期

1921 年，东亚同文会成立天津同文书院，校址位于天津市海光寺徐胡圈村日本租界附近，书院定位于普通中等教育，起初主要接收中国学生，定期选拔部分优秀学生前往日本留学。[②] 学院名誉院长初定为黎元洪，但黎元洪拒绝接受，只得改由前吉林省省长郭宗熙担任，选任江藤荣吉为学院监督，张庭芝担任教务主任，藤江真文担任干事，“教员从中日两国选拔，书院初期中国教员有 10 人、日本教员仅为 4 人”。[③] 聘请更多中国教员意在缓解五四运动后中国民众对该学院的排斥情绪，进而扩大其招生数量，但是书院的日常管理和经营仍然由东亚同文会本部操控。

天津同文书院成立前后，正值中日关系动荡期，全国各地反日、

① 滬友会編『東亜同文書院大学史』、337 頁。
② 「天津同文書院改善ニ関シ有田八郎ヨリ来信外一件 大正十四年十一月」、『天津中日学院関係雑件 第一巻』、アジア歴史資料センター、B05015324600。
③ 「天津同文書院概要」、『東亜同文会関係雑纂 第四巻』、アジア歴史資料センター、12081970800。

排日运动高涨，严重影响到书院招收学生。"几乎没有中国学生愿意就读该校，第一届毕业生仅为 54 名，仅及原计划之一半。"① 为解决招生难题，1925 年东亚同文会本部委派理事大内畅三前往中国，要求加强与北京大学等中国高校的联系，寻求中国教育界的援助。同年 12 月，中日双方签订创办天津同文书院契约书，主要规定："成立由陈大齐、大内畅三、江藤荣吉、沈尹默、周作人、马裕藻、张凤举、张廷芝等中日人士共同组成的'中日教育会'；天津同文书院高级中学毕业生取得中华民国各大学入学资格；天津同文书院高级中学第一学年毕业学生取得日本各高等学校及高等专门学校入学资格；为便于中日教育会达成其目的，教育上由中国人负责，财政经营上由日本人负责；学生学杂费、中日两国人的捐款充作校费，若经费不足由东亚同文会补助；中日教育会每年召开一次总会，议决下年预算、会则修正及其他重要事项；中日教育会内设置校务委员会，制定学校规则、议决重大校务；教职员由中日教育会协定招聘，然当前应尽量保持原状；天津同文书院于民国十五年四月更名为中日学院；天津同文书院教育方针由中日教育会而定；本契约有效期间为民国十五年四月一日至民国二十五年三月三十日，前后合计十年。"② 由此可见，天津同文书院获得了中国教育界的支持，取得更多办学条件和便利，为了缓和当地民众的排斥情绪，教学上由中方负责，但书院的经营管理权仍归东亚同文会掌控。

二 中日学院时期

1926 年 4 月，"天津同文书院转由中日教育会经营，并更名为中日学院，院长为沈兼士、教务长为张子秀、总务长为江藤荣吉、庶务长为藤江真文"。③ 天津同文书院时期设置高级部与初级部，并仿照美国"三三制"教育制度，开设国文、修身、日语、英语、历史、地

① 财团法人霞山会编『東亜同文会史·昭和编』、44 页。
② 「中日教育會ノ契約書」、『天津中日学院関係雑件 第一卷』、アジア歴史資料センター、B05015324600。
③ 财团法人霞山会编『東亜同文会史·昭和编』、336 页。

理、博物、物理、数学、化学、簿记、商业、图画、体操等课程。① 改
建为中日学院以后，教育制度由"三三制"改为"四二制"，并设留
学预科班，"通过留学选拔考试者，可进入日本特设预科及文部省管辖
的官立学校留学"。② 1935 年 9 月，中日学院增设高级农科部，专门培
养棉花种植技术人才和亲日的"中坚青年"。③ 1935 年招收第一期学员
共 23 人，至 1943 年共招收 9 期 343 人。④ 日本当局为掠夺华北农产资
源，推行"棉花增殖计划"，急需指导棉花种植的人才，故计划将农
科班扩建成独立的中日高级农科学校，然而华北事变后中日关系恶化，
该计划未实施。

　　日本侵华战争全面爆发以后，"中日学院因战争和时局影响只得暂
时关闭，一度充作日本驻华北方面军临时宿舍"。⑤ 直到 1937 年 12 月
华北局势"平缓"后，中日学院恢复办学，其农科到 1938 年才恢复招
生，"此后学院加大招收日本学生力度，1938 年计划招收 33 名日本学
生"。⑥ 战争期间中日学院的运营管理并不理想，"1938 年 5 月，该校
'发生抗日分子纵火事件'，该校图书室焚毁严重；8 月，更遇有该校
中国教员爆炸事件；9 月，又出现抗日杀奸团'胁迫中日学院教职员
事件'，以暗杀、爆炸等手段强令该校中国教员离职"。⑦ 前述一连串
抗日运动表明，日本帝国主义在华北的殖民统治并不牢固，更未从根
本上征服华北广大民众，相反，当地民众的排日、反日运动此起彼伏，
加之战时的中日学院性质发生明显变化，已经纳入日本战时体制，学

---

① 「天津同文書院概要」、『東亜同文会関係雑纂 第四巻』、アジア歴史資料センタ
　ー、B12081970800。
② 「中日学院改善方ニ関スル件 昭和二年十月」、『天津中日学院関係雑件 第一
　巻』、アジア歴史資料センター、B05015324800。
③ 「農業科新設ニ関スル件 昭和十年一月」、『天津中日学院関係雑件 第一巻』、ア
　ジア歴史資料センター、B05015325900。
④ 財団法人霞山会編『東亜同文会史・昭和編』、105 頁。
⑤ 「中日学院校舎日本陸軍使用ノ件 昭和十二年九月」、『天津中日学院関係雑件
　第一巻』、アジア歴史資料センター、B05015327800。
⑥ 「中日学院開校ニ関スル件 昭和十二年九月」、『天津中日学院関係雑件 第一
　巻』、アジア歴史資料センター、B05015327900。
⑦ 「支那人教員脅迫、爆弾事件 昭和十三年九月」、『天津中日学院関係雑件 第一
　巻』、アジア歴史資料センター、B05015328900。

院蜕变为日本当局培植汉奸和日本间谍的工具，因此激起华北民众的排拒情绪，学院只能依靠日本宪兵和警察来维持办学，而且学生人数下降明显，退学事件时有发生。"1937 年虽录取 121 人，中途退学者达 116 人；1938 年仅录取到 51 人，中途退学者 19 人；1939 年仅招到 45 人，退学者 7 人。"①

　　1938 年以后，中日学院日本化教育色彩渐浓。为响应近卫文麿"东亚新秩序建设声明"，学院出台所谓"训育方针"，提出"普及日语教育成为学院第一使命，让学生把握日本精神、体得大东亚精神，成为大东亚共荣圈建设的中坚分子，为完成世纪圣战、确立大东亚共荣圈而努力"。② 由此可知，战时中日学院已成为日本实施殖民奴化教育的重要工具。抗战后期，华北在日本高压统治之下，形势有所"缓和"，中日学院学生人数有所回升，"1939 年全体学生256 名，1940 年增至 420 名，1941 年为 439 名，1943 年达 580名"。③ 从 1943 年起，中日学院设置特设科，开始接收华北电业公司（日企）选派的委托生，所学科目主要是日语，辅以电气学、珠算、簿记等实务科目，毕业后充任电业公司事务员。"起初特设科预计招收 30 人，最后仅录取 12 人。"④ 1943 年底，"中日学院增设畜产技术员养成讲习所，次年该讲习所录取 30 人"。⑤ 中日学院在日本当局的支持之下，其办学活动一直持续到抗战结束为止。"1945 年日本战败投降，该校最终被强令解散，其校园作为战争赔偿，划归南开大学文学院使用。"⑥

　　中日学院除了培养中国学生，还接收日本外务省派遣来华留学的日本学生。日本外务省为"培养研究东方文化的人才和日中文化提携

①　「学生異動状況報告 昭和十四年六月」、『天津中日学院関係雑件 第二巻』、アジア歴史資料センター、B05015329700。
②　財団法人霞山会編『東亜同文会史・昭和編』、103 頁。
③　東亜同文会編『東亜同文会事業報告書』、1939—1943 年调，日本爱知大学霞山文库馆藏原件，以下报告书均类同。
④　東亜同文会編『昭和十八年度上半期 事業報告書』、1943 年调。
⑤　東亜同文会編『昭和十八年度下半期 事業報告書』、1944 年调。
⑥　金桂昌：《日本创办天津"中日学院"始末》，《历史教学》1990 年第 3 期。

上的楔子"，从 1930 年 11 月开始推行所谓的"补助留学生制度"。①
此种"补给生"分三种：第一种是选拔日本小学毕业生或具有同等学
力者，进入中国的中等学校学习，外务省每月补助学费 35 元以内；第
二种是选拔日本中学毕业生或具有同等学力者，进入中国专门学校或
大学学习，外务省每月补助学费 70 元以内；第三种是选拔日本大学、
专门学校毕业或具有同等学力者，进入中国大学、研究生院、专门学
校及其他学校学习研究，外务省每月补助学费 120 元以内。② 其中第一
种补助生，被派往天津中日学院和江汉高级中学学习。"第一批补助生
人选，从满洲、山东、天津等地的日侨子弟中选拔。"③ 经过严格面试
和考查，最终选拔铃木隆康、川口晃、永江和夫、小泽茂、尾崎正明、
池上贞一等 6 人进入中日学院学习，马殿幸次郎、藤卷晃进入江汉高
级中学学习。④ 截至 1939 年，外务省一共选派 28 人进入中日学院，10
人进入江汉高级中学。这些日本学生与中国学生同宿共学，欲将其培
养成精通中国国情和语言的日本人才，其中池上贞一成为爱知大学教
授，川口晃等成为外交官，其余多数活跃于日本商界。⑤ 1939 年，外
务省又选派 25 名第二种补给生进入中日学院学习，在该校学习汉语一
年后再转入北京各大学留学。⑥ 1940 年以后，外务省文化事业部管控
的"东方文化事业"，先后由兴亚院和大东亚省继承，二者亦曾派遣
日本学生进入中日学院学习，抗战后期受战争和经费影响，日本一度
中止选派学生，直至 1945 年日本计划派遣 8 名第一种补助生进入中日
学院学习，⑦ 旋因日本战败，此项计划也胎死腹中。

---

① 河村一夫「対支文化事業関係史——官制上より見たる」、『歴史教育』1967 年
第 5 巻第 8 号。
② 大里浩秋「在華本邦補給生，第一種から第三種まで」、『中国研究月報』2009
年第 61 巻第 9 号。
③ 藤江真文『自画自賛』、愛知大学霞山文庫収蔵（鉛字未刊本，时间、版本不
详）、42 頁。
④ 「補給生名簿 昭和十年七月」、『在華本邦第一種補給生関係雑件 第一巻』、アジ
ア歴史資料センター、B05015613400。
⑤ 藤江真文『自画自賛』、46 頁。
⑥ 東亜同文会編『昭和十五年度下半期 事業報告書』、1940 年调。
⑦ 藤江真文『自画自賛』、45 頁。

尽管东亚同文会做出一些改革的努力和尝试，将天津同文书院改建为中日学院，但学院的经营管理权始终由东亚同文会管控，日本当局颁行《对支文化事业特别会计法》以后，东亚同文会被纳入"对支文化事业"体系，必须接受外务省的指导和监管，东亚同文会各地支部及同文书院变成半官方机构，此后中日学院也必须接受日本政府的全面监管。侵华战争全面爆发以后，中日学院的教育性质发生明显变化，殖民奴化教育色彩日益明显，最终蜕变为日本政府培植亲日分子和汉奸的重要机构，成为日本实施殖民奴化教育和文化同化政策的重要工具。

第三节　江汉高级中学

汉口同文书院与天津同文书院办学目的相同，均以教育中国学生为主，学校组织也与天津同文书院相同，均由日本外务省补助经费，并接受其监督和管理。

一　汉口同文书院时期

1922 年 3 月，东亚同文会成立汉口同文书院，校址位于汉口日本租界附近。汉口同文书院办学宗旨与天津同文书院相似，"即招收中国学生，施与普通中等教育，并选拔优秀学生赴日本留学，相当于一种留日预备学校"。[1] "书院名誉院长由前湖北省省长何佩瑢担任，监督由东京帝国大学文学士齐藤重保担任，负责处理学校一切事务，其他中国教员 8 人、日籍教员 1 人。"[2] 书院教员主要由中国人担任，目的是缓解当时愈演愈烈的排日、反日风潮，更是缓解招生难题之需要，但是书院的经营管理权始终由东亚同文会本部把持。

---

[1] 韩立冬：《近代日本的中国留学生预备教育》，北京语言大学出版社，2015，第 333—334 页。

[2] 「漢口同文書院中学部概要」、『東亜同文会関係雑纂　第四巻』、アジア歴史資料センター、B12081970800。

汉口同文书院起初设置中学本科与中学实科，二科修学年限均定为 4 年，开设课程与天津同文书院相似，实科主要教授学生商业、经济方面相关知识与技能。另外，规定入学资格，"学生必须身体健全、品行端正，并在高等小学校毕业或在 13 岁以上有同等学力者；获入学资格者还须填写志愿书，并出具由父兄长辈等人填写的保证书"。① 汉口同文书院成立初期，招收的学生数量十分有限，"书院分甲、乙两班，甲班招收学生 67 名、乙班学生为 52 名，然退学、缺席现象时有发生"。② 究其原因，汉口同文书院成立伊始，国内正举行大规模的"收回教育权运动"，当地不少师生纷纷从外国人创办的学校退出，该书院亦受到此种风潮之影响。

二　江汉高级中学时期

为应对武汉地区民众的反日、排日风潮，汉口同文书院不得不做出相应改革与调整，决定 1924 年以后一律采用中国教育制度。1925 年东亚同文会又派遣理事大内畅三前往武汉协商改革书院办学制度，中日双方协议后决定成立"东方学会"，成员有大内畅三、齐藤重保（书院监督）、杨昌寿（同文书院教务长）、孙振（同文书院教员）、薛德焴（武昌大学教授）、陈英才（省立女子师范校长）等 6 人。东方学会成立后开始调整书院内部结构。"江汉高级中学毕业生取得中华民国各大学入学资格；开设高级中学部，同时将汉口同文书院改名为江汉高级中学；高级中学部当分普通科，设有文理二科；成立董事会，作为江汉高级中学重要问题咨询机构，董事由武汉知名教育者充任。"③ 1926 年 4 月 1 日，汉口同文书院改建为"江汉高级中学"，委任陈英才为校长，由东方学会负责日常经营，运营经费由东亚同文会资助。学校还成立董事会，"董事长由何佩瑢担任，其他董事有大内

---

① 「漢口同文書院中学部章程」、『東亜同文会関係雑纂　第四巻』、アジア歴史資料センター、B12081970800。
② 「漢口同文書院事業報告」、『東亜同文会関係雑件 第一巻』、アジア歴史資料センター、B05015243500。
③ 東亜同文会編『東亜同文会事業報告書』、1925 年调。

畅三、齐藤重保、陈英才、陈雨苍、陈映黄、陈达、孙振、熊世玉、薛德焴、杨昌寿、张如本,将近半数为武汉各校校长,其余选自中日教育界名流"。① 相较调整之前,该校人事管理和教育制度均有较大变动。

虽然汉口同文书院推行一系列调整和改革,以应对动荡局势、扩大办学规模,但始终没有摆脱困境。仅时隔数月,"广东国民政府发动北伐战争,武汉地区成为国民革命中心地。因此战争影响,江汉高级中学招生工作异常艰难,前后两次招生通过考试者不过 17 人"。② 外部环境动荡、中日关系不稳,严重影响到江汉高级中学招生。招生情况直到南京国民政府成立、武汉时局暂时缓和后才有所变化,"1926年该校全体学生仅为 65 名,1927 年上升至 151 名"。③ 然而 1928 年日本制造济南惨案,全国各地发生大规模反日运动,江汉高级中学再度受到时局影响,学生退学风潮尤甚,同年学生人数较上年减少 38 人。④ 1929 年 9 月,"江汉高级中学向湖北省政府教育厅提出《私立中等学校及小学立案条例》,获得其认可后增添初级部,学校遂成为完整的中学"。⑤ 是年,江汉高级中学增设留学预备班,开始选拔留日学生,主要从本校初中部毕业生和高一学生中选拔,接受定期预备留学教育后,再赴日本学校留学,"如 1930 年学校选派 13 名赴日本京都大学、早稻田大学、东京一高等学校留学"。⑥ 1932 年以后,该校开始接收日本外务省派遣来华留学的第一批补助生,1937 年该校关闭后停止接收,此种补助生转入中日学院续学,"直到复校后重新开始接收,至抗战结束该校共接收十余名补助生"。⑦

---

① 「自大正十四年十月至同十五年三月事業報告」、『東亜同文会関係雑件 第五巻』、アジア歴史資料センター、B05015245400。
② 「江汉高級中学事業報告」、『東亜同文会関係雑件 第五巻』、アジア歴史資料センター、B05015245400。
③ 東亜同文会編『東亜同文会事業報告書』、1926—1927 年调。
④ 東亜同文会編『東亜同文会事業報告書』、1928 年调。
⑤ 「江漢中学ノ支那側設立認可手続完了 昭和四年九月」、『漢口江漢中学校関係雑件』、アジア歴史資料センター、B05015382200。
⑥ 東亜同文会編『東亜同文会事業報告書』、1930 年调。
⑦ 財団法人霞山会編『東亜同文会史・昭和編』、104 頁。

　　1931 年 8 月，武汉发生特大水灾，江汉高级中学校舍和其他建筑遭受重创，加之日本先后制造"九一八"事变和"一·二八"事变，"武汉民众反日情绪尤为高涨，在水灾和时局的双重影响下，学校从 1931 年 9 月到 1932 年 3 月间停止全部课业"。① 其后，"因蒋介石政府忙于围剿红军，国内反日情绪相对缓和，江汉高级中学招生形势恢复正常，1932 年该校举行两次招生考试，报考人数达 447 名"。② 不过日本强占东北并建立伪满洲国傀儡政权的举动强烈刺激了中国民众，国民政府召开中央委员会全体会议，"孙科、宋子文等提议全国民众一致抗日，上海、南京等长江沿岸各地抗日风潮再度高涨，武汉学生组织抗日救国总会，并带动了江汉高级中学学生的排日运动"。③ 1933 年初，"学校高级部学生率先发起排日、反日运动，随后全体学生响应并组织'退学团'，向政府请愿要求转学至他校"。④ 在前述爱国运动的冲击之下，江汉高级中学的中国教员亦争相离职，"东亚同文会一度向外务省提议暂时关闭该校，直到 1934 年以后该校形势才有所好转，同年在校学生数为 185 名"。⑤

　　1935 年日本阴谋策划华北事变，妄图割占广大华北地区，成立伪政权"冀东防共自治委员会"，由此激发学生界反日情绪，武汉中等以上学校学生成立救国联合会，并举行大规模"反对华北自治"的游行示威运动。⑥ 为避免大规模学潮"波及"江汉高级中学，该校对学生实行严格监管，禁止学生参加武汉各校学生救国联合会召开的代表大会，严禁学生外出参与游行示威运动，违反规定者直接开除。⑦ 在此种高压政策之下，该校学生未能参与此次爱国运动，亦未发生大规模退学、反日运动，1935 年该校学生人数为 175 名，1936 年上升至

① 東亜同文会編『東亜同文会事業報告書』、1931 年调。
② 東亜同文会編『東亜同文会事業報告書』、1932 年调。
③ 東亜同文会編『東亜同文会事業報告書』、1932 年调。
④ 「山海関事件卜江漢事件卜江漢中学生ノ動揺 昭和八年二月」、『漢口江漢中学校関係雑件』、アジア歴史資料センター、B05015383700。
⑤ 東亜同文会編『東亜同文会事業報告書』、1934 年调。
⑥ 東亜同文会編『東亜同文会事業報告書』、1935 年调。
⑦ 東亜同文会編『東亜同文会事業報告書』、1935 年调。

210 名。① 然而，不久日本又制造卢沟桥事变，侵华战争全面爆发，中国各地民众纷纷投身抗日运动，江汉高级中学日方教职员纷纷撤离汉口，该校只得再次宣布休学。1937 年 8 月，代理校长王知生等人与学校董事会达成协议，决定继续开办江汉高级中学，改组原董事会，脱离东亚同文会一切关系，由中方独立经营。②

1938 年 10 月，日军攻占武汉，江汉高级中学亦为日军占据，该校校舍被充作其兵营。直到 1941 年 5 月，东亚同文会向日本军方申请返还校舍及用地，同年 7 月改组学校董事会，并决定复校开学。③ 江汉高级中学复校后，加大了招生宣传力度，曾在《武汉报》《大楚报》刊载招生广告，并将广告张贴于武汉三镇各大街道。尽管该校不遗余力扩大宣传，但由于当地民众排日情绪有增无减，招生受到影响，1941年仅录得 119 名学生，中途退学、开除者超过 20 人，学生人数较战前明显减少。④ 为适应日本战时需求，江汉高级中学在教育方针和规程方面做出重大调整，进一步强化学生的"训育"，"训练学生严守本分、勤修学德，不参加任何政治色彩的社会运动，养成明理守法之习惯、克制感情之冲动"。⑤ 一言以蔽之，此种教育与奴化教育并无二致，旨在将学生培养成服从日本殖民统治的"顺民""良民"。武汉在日军的高压统治下，形势相对"平静"，江汉高级中学招生人数有所回升，1942 年学生数增至 158 名，1943 年上升至 223 名。⑥ 然此时日本已陷入法西斯战争泥淖不能自拔，武汉沦陷区物价上涨、经济崩溃，加之日本政府削减东亚同文会运营经费，江汉高级中学教职员生活困难，学校运营难以为继。⑦ 该校办学活动艰难持续到 1945 年，日本投降以后该校最终解散，校产由国民政府接收。⑧

---

① 東亜同文会編『東亜同文会事業報告書』、1936 年调。
② 東亜同文会編『東亜同文会事業報告書』、1937 年调。
③ 東亜同文会編『東亜同文会事業報告書』、1941 年调。
④ 東亜同文会編『東亜同文会事業報告書』、1941 年调。
⑤ 東亜同文会編『東亜同文会事業報告書』、1942 年调。
⑥ 東亜同文会編『東亜同文会事業報告書』、1942—1943 年调。
⑦ 東亜同文会編『東亜同文会事業報告書』、1943 年调。
⑧ 財団法人霞山会編『東亜同文会史・昭和編』、45 頁。

小　结

上海东亚同文书院、天津中日学院、江汉高级中学，是日本东亚同文会在华创办的三所主要学校。总体而言，这三所学校均定位为中等教育机构，直到抗战后期东亚同文书院才升格为大学，从办学规模、师资力量、教学水平、社会影响来看，与同期欧美国家在华创办的教会大学相去甚远。再分析东亚同文会三校，上海东亚同文书院主要培植精通"中国语言"和"中国问题"的日本籍学生，实际上是培养典型的谍报人才，招收的中国学生人数非常有限；天津中日学院与江汉高级中学则主要招收中国学生，后期也招收少量的日本学生。可见，培养日本籍"中国通"式人才是东亚同文会在华办学的重点。比较三校办学效果，上海东亚同文书院培养了大批"中国通"式人才，其"大旅行调查"更是轰动一时；但天津、汉口两校因内外环境和经费掣肘，始终未能形成气候，办学规模和影响远不及上海东亚同文书院，"不仅创校宗旨不甚明确，既无一般中学应具备的规模，又没有作为留学日本的预备学校的条件，不仅如此，在创校之前，对中国的教育环境以及其他外国人所经营的同类学校的办学情形，未作深入了解与调查，把办学问题看成过于简单"。① 论及经费、师资、设备、规模，上海东亚同文书院远强于后二者，例如 1928 年外务省补助东亚同文书院费 92000 元，补给天津中日学院和江汉高级中学各 59500 元，② 上海东亚同文书院成为外务省经营之重点，后二者经费、设备则存在严重问题。以天津中日学院为例，其设备之差，到了令人难以想象的地步，据称自然科学设备不仅全无，连基本的饮水、卫生设备都没有，校内苍蝇满天飞，因此常受到学生、家长的诟病。③ 从前述比较可见，天

---

① 黄福庆：《近代日本在华文化及社会事业之研究》，第 58 页。
② 『東亜同文会関係雑件/補助関係　第二巻』、アジア歴史資料センター、B05015252900。
③ 阿部洋編『日中関係と文化摩擦』巖南堂書店、1982、36 頁。

津中日学院和江汉高级中学的办学成绩一直不甚理想，一方面固然受到国内民众反日运动影响，中国学生大多不愿就读日本人创办的学校；另一方面则与其本身存在的各种问题有关。

　　全面抗战爆发以后，东亚同文会加紧扩张在华势力，在日本军方支持下"接管"北京一些高校，在此基础上成立东亚工业学院、北京工业专门学校、北京经济专门学校，办学性质发生明显蜕变，旨在培养"大东亚共荣圈建设人才"。① 东亚同文会在华办学经费起初主要依靠会员及民间人士捐款，但捐款数量有限，难以维持其庞大业务，因此改向日本政府申请资助，而该会创始人之一近卫笃麿与日本政府关系密切，其倡导的"中国保全论"契合日本当时的对华政策，不久即得到外务省的经费资助。"1901 年以后，外务省每年补给东亚同文会经费 4 万元，一直持续到 1913 年，1914 年以后外务省加大补助力度，同年补给经费达 11 万元，截至 1923 年外务省共补给其经费 157 万元。"② 事实上，日本当局出台《对支文化事业特别会计法》以前，外务省补助东亚同文会经费数量并不明显，1923 年《对支文化事业特别会计法》颁行以后，外务省将东亚同文会纳入"对支文化事业"体系，明显加大对其经费补给力度，"1924 年外务省补给该会 24 万元、1925 年补给 26.7 万元、1926 年补给 36 万元"。③ 从 1924 年到 1936年，外务省共补助该会经费达 480 余万元，"平均每年达 34 万余元，几为此前平均数的 4 倍。"④ 根据《对支文化事业特别会计法》相关规定，外务省每年补助'对支文化事业'经费为 250 万元，"下发给东亚同文会的补给经费平均为 34 万余元，约占总数的 13%"。⑤ 外务省对其重视程度可见一斑。

---

① 财团法人霞山会编『東亜同文会史·昭和編』、45 頁。
② 主要参考『東亜同文会関係雑件/補助関係』第一卷、第二卷，外務省外交史料館藏。
③ 『東亜同文会関係雑件/補助関係 第二巻』、アジア歴史資料センター、B05015252900。
④ 王树槐：《庚子赔款》，第 519 页。按，抗战后期，大东亚省接替外务省文化事业部"对支文化事业"，亦曾补给东亚同文会，此补给持续到抗战结束。
⑤ 黄福庆：《近代日本在华文化及社会事业之研究》，第 27 页。

　　日本当局正是通过经费补助，严格管控东亚同文会及其办学活动。外务省明确规定，东亚同文会经营的学校及其他相关重要事项，应预先接受外务大臣及各学校所在地总领事的指示；学校经营方法及其他外务大臣认为之必要事项，直接服从外务大臣与各学校所在地总领事之指示；每年应向外务大臣与各学校所在地总领事提交收支预算书、决算明细书及财产目录、事业成绩报告书、补助申请书及命令书；外务大臣随时派遣官员对该会收支结算及经营情况进行监察；如违反外务省命令或外务大臣认为该会事务处理不当、学校经营未能达到目的，将立即停付并收回所有补助金。① 在外务省控制下，全面抗战时期东亚同文会已沦为日本实施文化侵略的一个重要机构。上海东亚同文书院培植了大批"中国通"式人才，在中国开展旷日持久的"大旅行调查"，搜集大量中国情报，并将其上报日本高层，供其参考决策，扮演了典型的谍报人员角色。全面抗战爆发后，东亚同文会也被纳入日本战时体制，上海东亚同文书院不少学生直接加入侵华日军队伍，充任随军翻译或后勤勤务。② 正如时人所说的，日本在上海创办同文书院，"以为对中国南部文化侵略的大本营"。③

---

① 「外務省命令書」、『東亜同文会関係雑件/補助関係 第十巻』、アジア歴史資料センター、B05015261700。
② 〔日〕薄井由：《东亚同文书院大旅行研究》，第54页。
③ 李若飞：《日帝国主义之对华文化侵略》，《新亚细亚》第3卷第5期，1932年，第54页。

第四章
侵华时期同仁会对华"防疫事业"

全面侵华战争时期，日本同仁会曾负责整个沦陷区的"卫生防疫事业"，其目的在于掌握沦陷区卫生防疫情况；运用卫生防疫措施，严防恶性传染病"危及"侵华日军或日侨；同时在沦陷区开展所谓的"宣抚工作"，以有效配合日本当局的侵华战争和殖民统治需要。鉴于此，本章主要整理和利用日本外务省档案、同仁会相关史料，重点论述侵华战争时期日本对华"防疫事业"启动背景、同仁会在中国各沦陷区的卫生防疫机构设置情况及其医疗活动，并进一步揭露同仁会服务于侵华战争的本质。

第一节　日本对华"防疫事业"的缘起

抗日战争全面爆发以后，在中国人民饱受战乱之苦的同时，霍乱、赤痢、伤寒、天花等各种恶性传染病开始流行，加之日寇为尽快灭亡中国，已使用细菌作战，使得各种恶疫在抗战后方日益猖獗。[①] 1938年，华南、华东、华北多地发生严重霍乱疫情，日本驻华领事馆曾对各自驻地疫情进行详细调查。

一　全面抗战爆发后各地疫情

华东及华南地区。1938年，华南地区最先出现霍乱疫情，此后迅速

---

① 刘冠生：《战时防疫》，《战时医政旬刊》第13期，1938年，第2页。

蔓延全国各地。1938 年 5 月，上海仅发现 2 名霍乱患者，之后霍乱疫情急剧恶化。6 月霍乱患者增至 1226 人、死亡 520 人；7 月霍乱患者 3863 人、死亡 627 人；至 1938 年底患者总计 7466 人，死亡 2431 人。① 苏州，6—8 月份查有真性霍乱患者 22 人、疑似霍乱患者 8 人、死亡 8 人，共计 38 人。② 杭州，7 月、8 月市内出现真性霍乱患者 14 人、带菌者 2 人；市外霍乱尤为猖獗，塘楼镇霍乱患者将近 300 人，死亡达数百名；杭州近郊墩镇霍乱患者数十名。③ 徐州，8 月初发现真性霍乱患者 26 人、疑似霍乱患者 178 人，合计 204 人。无锡，霍乱患者平均每日出现五六人。九江地区霍乱疫情亦甚为严重，至 8 月霍乱患者总数约 1000 人，其中真性霍乱患者 270 人，疑似霍乱患者数百名，每日死亡人数达 30 余人。④ 厦门，5 月底发现 3 名霍乱患者。汕头，7 月初霍乱患者 426 人。香港，5 月底首现霍乱患者，至 7 月中旬真性霍乱患者 166 人，其中死亡 118 人。⑤ 另外，陇海线及长江沿岸、华南地区霍乱患者累计数万人，因中日交战无法详细统计。

　　华北地区。日本侵华战争全面爆发以后，华北地区也开始出现霍乱疫情。1938 年 7 月，北京发现真性霍乱患者 2 人、疑似霍乱患者 62 人，合计 64 人。⑥ 天津 6 月出现霍乱患者，至 10 月中旬患者总计 291 人，死亡 140 人。塘沽 8 月份发现霍乱患者 11 人，其中 8 人死亡。⑦ 石家庄 8 月份真性霍乱患者 8 人，疑似霍乱患者 35 人，合计 43 人。

---

① 「在上海総領事館 分割 2」、『伝染病報告雑纂/中国ノ部（満蒙ヲ除ク）第二巻』、アジア歴史資料センター、B04012613300。

② 「在蘇州領事館」、『伝染病報告雑纂/中国ノ部（満蒙ヲ除ク）第二巻』、アジア歴史資料センター、B04012614400。

③ 「中支防疫班報告 分割 1」、『同仁会関係雑件/防疫事務関係 第四巻』、アジア歴史資料センター、B05015319400。

④ 「支那ニ於ケル伝染病流行状況 分割 2」、『同仁会関係雑件/防疫事務関係 第三巻』、アジア歴史資料センター、B05015318700。

⑤ 「一般及雑件」、『伝染病報告雑纂/中国ノ部（満蒙ヲ除ク）第二巻』、アジア歴史資料センター、B04012613000。

⑥ 「在中華民国公使館」、『伝染病報告雑纂/中国ノ部（満蒙ヲ除ク）第二巻』、アジア歴史資料センター、B04012613100。

⑦ 財団法人同仁会編「各地防疫班とコレラ流行状況」、『同仁』第 12 巻第 9 号，1939 年。

济南（含兖州）8 月初真性霍乱患者 10 人、疑似霍乱患者 17 人，合计 27 人。新乡及其近郊 8 月份真性霍乱患者 44 人、疑似霍乱患者 12 人，合计 56 人。① 开封地区也发生严重霍乱疫情，然患者数目不详。

除霍乱外，其他恶性传染病亦是接踵而至。赤痢方面，以上海和香港疫情最为严重。1938 年 1 月，上海赤痢患者 205 人，其中死亡 71 人；香港患者 70 人，其中死亡 34 人。2 月，上海赤痢患者 174 人，其中死亡 79 人；香港患者 63 人，其中死亡 23 人。至 6 月底，上海赤痢患者总计 1031 人，其中死亡 331 人；香港患者总计 237 人，其中死亡 107 人。② 此外，天津和济南也发现有少数赤痢患者。伤寒方面，上海和香港仍为重灾区。1938 年 1 月，上海各种伤寒患者 128 人，其中死亡 117 人；香港患者 23 人，其中死亡 6 人。5 月，上海各种伤寒患者增至 2067 人，其中死亡 721 人；香港患者总计 162 人，其中死亡 36 人。③ 另外，天津和青岛发现个别伤寒患者。天花流行情况，以香港最为严重。1938 年 1 月，香港天花患者总计 219 人，其中死亡 142 人；2 月患者增至 837 人，其中死亡 690 人；至 6 月患者总数达到 4430 人，其中死亡 3422 人。④ 1938 年 11 月以后，上海天花流行甚为猖獗，从 1938 年 8 月初至翌年 5 月底，天花患者总计 2969 人，其中死亡人数达 1080 人。⑤ 在伪满统治的东北地区，1939 年，大连开始出现霍乱患者，翌年 9 月，长春发现霍乱患者 13 人，舒兰县发现霍乱患者 35 人，哈尔滨发现霍乱患者 5 人。与此同时鼠疫也开始猖獗起来，农安、通辽等地因鼠疫死亡人数达 658 人。而哈尔滨的伤寒疫情较为严重，1940

① 「支那ニ於ケル伝染病流行状況 分割 2」、『同仁会関係雑件/防疫事務関係 第三巻』、アジア歴史資料センター、B05015318700。
② 「在上海総領事館 分割 1」、『伝染病報告雑纂/中国ノ部（満蒙ヲ除ク）第二巻』、アジア歴史資料センター、B04012613200。
③ 「在上海総領事館 分割 1」、『伝染病報告雑纂/中国ノ部（満蒙ヲ除ク）第二巻』、アジア歴史資料センター、B04012613200。
④ 「一般及雑件」、『伝染病報告雑纂/中国ノ部（満蒙ヲ除ク）第二巻』、アジア歴史資料センター、B04012613000。
⑤ 興亜院華中連絡部編『中支ニ於ケル医療防疫調査書』、1941、110 頁。

年 7 月伤寒患者人数达 965 人。①

二　实行对华"防疫事业"原因

为预防各种恶性传染病"危及"侵华日军与日本侨民②，影响"日军作战力"，同时为"安抚"沦陷区民众，排挤欧美国家在华势力，控制沦陷区"医疗卫生事业"，日本外务省遂推出所谓的对华"防疫事业"。日本外务省官员直言不讳道："此次中国事变期间，中国各地传染病流行，且有不断蔓延的迹象，此种恶疫不仅危及本邦侨民，甚而有传播至日本内地之虞。且中国防疫措施甚为缺乏，各种恶疫极可能殃及帝国军队，对华防疫事业若等闲视之，国际联盟、欧美宗教团体及其他组织则在中国各地组建相当大规模的防疫班，开展各种救护活动，势必助长中国人对欧美的依赖观念。帝国在占领区内实施防疫事业，对于安抚中国民众、维护帝国军队及本邦侨民安全而言，本部认为极有必要开展。"③ 在此种动机支配下，日本外务省联合军部策划在北京和上海设立防疫机构，从事防疫调查研究、制造防疫药品及其他相关事宜，组织防疫班，分别向华北、华中沦陷区派遣。④ 并决定在同仁会内部设置"临时对华防疫事业部"，由该部具体负责实施各项防疫事宜，外务省则在政策、经费上实行全面管控。

日本当局选择同仁会负责实施对华"防疫事业"，缘于当时日本在华医疗卫生机构只有上海自然科学研究所和同仁会，然前者只有研究机构而无实施机构，而且其研究对象以自然科学为主，后者则在华从事医疗卫生活动长达 35 年，对中国各地医疗卫生工作颇有经验。⑤

---

① 『伝染病報告雑纂/満蒙ノ部 第三巻』、アジア歴史資料センター、B0401264
9400。
② 按，侵华时期大批日本侨民和侵华日军涌入中国，至日本正式投降时，留置在中国战区（含大陆、台湾及越南北部）的日本战俘和日本居留民共有 2138353 人，其中日本战俘 1255000 人，日本侨民 784974 人，强征的韩国人 56665 人，台湾同胞 41714 人。具体参考陈祖恩《上海日本人居留民战后遣送政策的实相》，《社会科学》2004 年第 12 期。
③ 外務省文化事業部編『昭和十三年度執務報告』、1938、44 頁。
④ 財団法人同仁会編「対支防疫事業概要」、『同仁』第 12 巻第 9 号、1939 年。
⑤ 財団法人同仁会編『同仁会四十年史』、1943 年、424 頁。

1939 年以后同仁会正式继承外务省文化事业部的"临时对华防疫事业",活动范围得以扩大。同年 3 月日本外务省文化事业部、陆军医务局与同仁会协议通过《对支防疫事业实施办法》和《对支防疫事业方针》,前者规定:"1. 实施对支防疫事业实际大本营由同仁会本部继承;2. 外务省委托宫川副会长、田边事务理事、小泽经理部长及藤田主事等 4 人执掌对支防疫事业相关事宜;3. 因对支防疫事业而派赴中国者,受外务省委托者由其节制,受军部嘱托者由其管辖;4. 经外务省批准,昭和 14 年以后对支防疫事业实施主体改为同仁会。"① 后者规定:"防疫目的:在中国实施防疫及其相关的调查研究为目的;防疫机关:在北京及上海方面设立防疫研究所;主要事业:防疫相关的调查研究,防疫药品的制造和供给,防疫的实施,防疫相关的教育;临时事业:为适应当前的事态,组织临时防疫班,开赴华北和华中方面;事业主体:昭和 13 年于同仁会内设置防疫事业本部,昭和 14 年以后同仁会接替外务省文化事业部,成为防疫事业主体。事业经费:本事业经费由外务省文化事业部补给。"② 从前述办法和方针可以看出,同仁会系对华"防疫事业"的实施机构,日本外务省和军部则在幕后进行操控。

1939 年 4 月,日本医学总会在京都召开,同仁会副会长宫川米次召集各国立大学校长、医学部长、医科大学校长等医界名流 50 余人,以及新闻杂志社代表 24 人,协商对华"防疫事业"实施事项,力求得到日本医界和新闻界的支援。会后同仁会决定设立"临时对华防疫事业部"。③ 不久,同仁会还派遣东京帝国大学医学部教授高木逸磨等 4 人赴华北调查疫情,派遣大阪帝国大学医学部教授谷口腆二等 6 人赴华中调查疫情。5 月 23 日,外务省集合同仁会要员召开"对华防疫事业协议会",决定组建华北防疫班和华中防疫班,由外务省补给筹建经

① 「对支防疫事業實施方法二關係スル件」、『同仁会関係雑件/防疫事務関係 第一巻』、アジア歴史資料センター、B05015313900。
② 「对支防疫事業計画方針」、『同仁会関係雑件/防疫事務関係 第一巻』、アジア歴史資料センター、B05015313900。
③ 財団法人同仁会編『同仁会四十年史』、428 頁。

费。1938 年补助防疫事业经费共计 1700000 元，1939 年转由兴亚院补助，补助总经费达 6021000 元。①

第二节　日本对华"防疫事业"的实施

　　1938 年 6 月，同仁会在日本外务省和军部的支持下，组建临时对华防疫部，总部设在东京，由宫川米次担任部长、田边文四郎担任理事、小泽道云担任经理部长、藤田通成担任主事、小林荣担任嘱托。防疫总部之下设立华北防疫班和华中防疫班。华北防疫班在北京设置本部，本部设有总务部、制作部、调查研究部、教育部。华北防疫班在华北各要地广设分班，先后开设天津分班、石家庄分班、塘沽分班、太原分班、济南分班、芝罘分班、青岛分班、新乡分班、徐州分班；华中防疫班在上海设置本部，本部设有总务部、防疫部、调查研究部、卫生建设部、防疫指导部、制造部、诊疗部，其中防疫部又分设特殊防疫班、消毒班、特殊诊疗班、患者输送班、预防注射班，并设有上海支部、南京支部、九江分班、镇江分班。②

一　华北防疫班

　　1938 年 6 月，同仁会借用原日本东方文化事业部大楼（位于北京王府大街东昌胡同一号）成立华北防疫班本部，东京大学医学部教授高木逸磨任本部班长、东京大学副教授兼传染病研究所所员石井信太郎担任副班长。③ 华北防疫本部设置总务部、制作部、调查研究部、教育部等四部，总务部和教育部在王府井大街东昌胡同一号的本部厅舍开设，制作部及调查研究部在北京天坛第一野战防疫部内开设。总务部管理预算、决算相关事项，人事及庶务会计事务，各部及分班的事业及作业的指导监督、联络，防疫器材的补给输送等事宜。教育部

---

① 東亜研究所編『日本の対支投資』、1942、946 頁。
② 外務省文化事業部編『昭和十三年度執務報告』、1938、51 頁。
③ 財団法人同仁会「華北防疫班之業務報告」、『同仁医学』第 11 号、1938 年。

负责北京、天津、青岛、济南、徐州、归德、开封等各地中国民众的卫生状况及班员活动状况等方面的摄影、卫生防疫思想的普及、防疫教育资料的收集。① 制作部从事疫苗、痘苗及免疫血清制作。疫苗制作方面,1938 年 7—10 月份该部制作霍乱疫苗、霍乱伤寒混合疫苗及其他各种疫苗数达 250 万人份。② 痘苗制作方面,1939 年 1—3 月份制作痘苗突破 300 万人份。③ 免疫血清制作即购进各种马匹制作免疫血清。调查研究部负责细菌检查、水质检查、发疹伤寒的调查研究、病毒媒介昆虫类的调查。其中细菌检查包括粪便培养其他细菌的检查,病毒系统的调查,霍乱菌各株的毒力试验,制造霍乱免疫血清,霍乱、赤痢、弧菌等菌株移植作业,霍乱预防注射,霍乱发生地消毒监督、病理组织标本制作装置、其他试验器具的配备,各种菌培养基的制作。1939 年 2 月,该部培养基调制量为 881900 毫升,检测各类病菌 9767 件。④ 水质检查主要涉及北京市水源及井水的细菌检查,水中毒物检查,水源消毒药品的调制及试验药品的调制。发疹伤寒的调查研究包括动物实验,组织标本、器具、染色液等的配备,病原体培养的配备。病毒媒介昆虫类的调查主要涉及病毒媒介昆虫类的调查研究、捕获采集和标本制作。⑤

　　1938 年 6—8 月,华北防疫本部在华北地区相继设立天津分班、塘沽分班、石家庄分班、太原分班、济南分班、青岛分班、芝罘分班、徐州分班、新乡分班。各地分班业务主要围绕霍乱等恶性传染病的预防、诊疗、检疫等内容展开,以下列举 1938 年下半年各班卫生防疫情况。

　　天津分班:治疗霍乱患者 280 名,霍乱、伤寒赤痢等菌检索 34236

---

① 财团法人同仁会「北支防疫班業務報告」、『同仁』第 12 巻第 9 号、1938 年。
② 外務省文化事業部編『昭和十一年度執務報告』、1936、45 頁。
③ 「北支防疫業務報告 第十二報」、『同仁会関係雑件/防疫事務関係 第四巻』、アジア歴史資料センター、B05015319700。
④ 「北支防疫業務報告 第十二報」、『同仁会関係雑件/防疫事務関係 第四巻』、アジア歴史資料センター、B05015319700。
⑤ 财团法人同仁会「北支防疫班業務報告摘録」、『同仁』第 13 巻第 4 号、1939 年。

件，其他试验与检查 1500 余件，预防注射 84139 人。①

塘沽分班：检疫方面，塘沽港船舶检疫 212 艘、乘客 23390 人，白河德码头附近船舶检疫 348 艘、乘客 16301 人，塘沽列车检疫 133 车次；霍乱预防接种，塘沽、大沽、白河德码头等处预防接种人数总计 49281 人；霍乱、伤寒、赤痢等菌检索 54897 件；派员赴山海关、唐山、卤水沽等地调查其防疫状况，对特殊妇女（"慰安妇"、妓女等）进行梅毒检测。②

石家庄分班：治疗霍乱患者 307 人，霍乱等菌、寄生虫、原虫等检索 174543 件，进行霍乱菌生物学、免疫学调查研究和霍乱患者临床检查等。③

太原分班：霍乱菌检索 3925 件，其他菌、寄生虫检索 375 件，石家庄分班协助该班检索霍乱等菌 22313 件；霍乱预防接种 27878 人；日本小学校儿童寄生虫卵检查，一对一反应检查。④

济南分班：霍乱、伤寒等菌检索和其他检查 11343 件，7 月中下旬霍乱预防接种超过 5000 人、10 月中旬伤寒预防接种 3088 人；另外，负责调查胶济线张店附近和黄河附近的霍乱疫情。⑤

青岛分班：治疗霍乱患者、带菌者、疑似霍乱者共计 158 人，尸体检索 54 具，霍乱预防注射 5921 人，分发疫苗 18000 人份，调查霍乱患者传染系统，从事霍乱菌生物学、免疫学性状的调查研究。⑥

芝罘分班：诊疗传染病患者 234 人，霍乱、伤寒预防接种 54 人，种痘 607 人，检疫人数为 12471 人。⑦

新乡分班：新乡地区霍乱菌检索达 127357 件、清化镇 15588 件、怀庆 7022 件，其他菌检索 233 件；治疗新乡、清化镇、怀庆霍乱患者合计 1090 人、疑似霍乱者 427 人、带菌者 673 人；霍乱预防注射约

---

① 财团法人同仁会「天津分班業務報告」、『同仁』第 13 卷第 4 号、1939 年。
② 财团法人同仁会「塘沽分班業務報告」、『同仁』第 13 卷第 4 号、1939 年。
③ 财团法人同仁会「石家庄分班業務報告」、『同仁』第 13 卷第 4 号、1939 年。
④ 财团法人同仁会「太原分班業務報告」、『同仁』第 13 卷第 4 号、1939 年。
⑤ 财团法人同仁会「济南分班業務報告」、『同仁』第 13 卷第 4 号、1939 年。
⑥ 财团法人同仁会「青岛分班業務報告」、『同仁』第 13 卷第 4 号、1939 年。
⑦ 财团法人同仁会「芝罘分班業務報告」、『同仁』第 13 卷第 4 号、1939 年。

200 人；进行霍乱菌生物学、免疫学调查研究，寄生虫卵检查。①

徐州分班：霍乱等菌检索方面，徐州达 112742 件、归德 62368 件、开封 19781 件，便检 696 人，诊疗 1081 人，霍乱等预防接种 20125 人。②

二 华中防疫班

1938 年 5 月，日本外务省、军部与同仁会协议通过《华中防疫事业计划案》，其中规定"1. 临时华中防疫本部为促成华中防疫事业而设置；2. 华中防疫本部之事业隶属于日本华中派遣军之下，并负责占领区的防疫事宜；3. 防疫事业为当前紧急要务，以后再图扩张其他事业；4. 为推行防疫事业，暂时利用既设机关实施应急作业，机关设施日后再做完善；5. 事业的中心地位于上海。"③ 从该计划案可看出，华中防疫班与日本军部保持密切联系，其主要任务在于负责沦陷区的卫生防疫工作，防止传染病蔓延至日本军队。

1938 年 7 月，同仁会华中防疫本部与上海防疫支部在原上海南市市政府大楼开设，上海支部特殊诊疗班则在上海南市海军医院开设。④大阪大学教授兼传染病研究所所员谷口腆二担任上海本部部长，井上善十郎为次长。上海本部设有总务部、防疫部、调查研究部、卫生建设部、防疫指导部、制造部、诊疗部等七部，其中防疫部又设有特殊防疫班、消毒班、特殊诊疗班、患者输送班、预防注射班。总务部受命于防疫本部部长，监督其他各部工作和事务。防疫部负责预防各种传染病，发现传染病患者及带菌者，检查水质，发现传染病患者时及时实施诊疗和消毒工作。⑤ 调查研究部负责调查传染病、地方病及其他特殊疾病的发生状况及其诱因，调查病原及其诱发因素，及时研究有效的预防、诊疗方法。卫生建设部指导和设计都市规划中必要的卫

---

① 财团法人同仁会「新乡分班业务报告」、『同仁』第 13 卷第 4 号、1939 年。
② 财团法人同仁会「徐州分班业务报告」、『同仁』第 13 卷第 4 号、1939 年。
③ 「对支防疫事业计画方针 分割 1」、『同仁会关系杂件/防疫事务关系 第一卷』、アジア历史资料センター、B05015313900。
④ 财团法人同仁会「华中防疫班之业务报告」、『同仁医学』第 11 号、1938 年。
⑤ 财团法人同仁会「中支防疫班业务报告」、『同仁』第 12 卷 9 号、1939 年。

生工学及社会保健卫生相关设施建设。防疫指导部实施防疫和其他卫生教育，培养专门防疫人员；赴各地开展卫生思想普及活动，指导各种卫生问题。制造部制作有效的预防、治疗传染病生物制剂，即各种预防疫苗、痘苗、治疗血清、化学制剂以及诊疗所需药品、驱虫防毒制品。诊疗部负责治疗各种传染病或其他疾病患者，并与调查研究部互为支持、联络，为调查研究部实施调查研究提供便利。①

　　华中防疫部之下设有上海防疫支部、南京防疫支部、镇江分班、九江分班等，其中上海和南京支部均设有移动防疫班和特殊诊疗班。上海防疫支部成立初期（1938 年 7 月至 1939 年 3 月）开展一系列卫生防疫工作。防疫班方面：检查霍乱、伤寒、赤痢等菌共 13775 件；启动移动防疫班，针对霍乱实施便检、预防注射、患者及家属的消毒等；派遣消毒班，对上海及其周边地区天花患者及其家属进行消毒；检查水质，检查长江三角洲地区的井水、自来水、沟渠等处水质；预防注射与种痘，在上海及其附近地区实施霍乱预防注射数总计 30473 人、种痘 31070 人；分发霍乱疫苗和痘苗，分发霍乱疫苗 1150519 人份，伤寒疫苗 3794 人份，痘苗 554675 人份；调查研究主要针对上海市内疟疾和霍乱菌情况。② 特殊诊疗班方面：1938 年 9 月，诊疗班共接纳 72 名霍乱患者，其中治愈 66 人，死亡 6 人；翌年，上海及附近地区天花流行，该班组建移动防疫班赴嘉兴、杭州、王店、南通、吴淞、常州、无锡、南京、嘉定、南翔等地实施预防和诊疗；不久，上海流行疟疾，该班又迅速启动相关诊疗和防疫工作；此外，该班还接管南市慈善医院、援助八字桥防病医院。③ 南京支部成立伊始的主要业务有：霍乱、疟疾、伤寒等菌的检索共计 31308 件；成立移动防疫班和消毒班；在南京光华门、中华门、通济门、水西门等处实施检疫；检查南京水质；预防注射与种痘，南京市内霍乱预防注射共计 349996 人，伤

---

① 「对支防疫事业计画方针 分割 2」、『同仁会関係雑件/防疫事務関係 第一巻』、アジア歴史資料センター、B05015314000。
② 財団法人同仁会編『同仁会四十年史』、475—476 頁。
③ 財団法人同仁会「中支防疫本部及上海支部作業概況摘録」、『同仁』第 13 巻第 4 号、1939 年。

寒预防注射 7684 人，种痘 92421 人；分发疫苗和痘苗，分发霍乱疫苗数 42660 人份，伤寒疫苗 10850 人份，痘苗 91450 人份；调查研究，先后调查南京、句容、溧水、金坛、镇江、扬州、方家巷、芜湖等地疟疾原虫持有率。[1] 特殊诊疗班：接纳各种传染病患者 220 人，治愈 184 人。镇江分班：1938 年 11 月由南京支部组建，至 1939 年 3 月诊疗新旧患者共计 7188 人，包括内科、外科、皮肤科和眼科患者。[2] 因九江地区霍乱猖獗，华中防疫部紧急抽调上海和南京支部医务人员组建九江分班，主要负责实施预防注射、检查井水和上水道水质、防止霍乱等传染病蔓延、诊疗传染病患者等事宜。[3]

第三节　日本对华"防疫事业"的扩张

1938 年 12 月，日本在华成立"兴亚院"，接替外务省文化事业部掌管大部分对华"文化事业"。1939 年 1 月，兴亚院正式接管对华"防疫事业"，具体实施仍由同仁会负责。[4] 同年 5 月，同仁会防疫机构实行改革，华北防疫班改为华北中央防疫处，华中防疫班则改为华中中央防疫处，此前派往中国各地的分班、地方防疫处或诊疗班实行合并，组建诊疗防疫班。1940 年 3 月，同仁会受南京伪维新政府委托，接管其"内政部"直辖的杭州医院筹备处、镇江医院筹备处、南京防疫处筹备处、苏州防疫处筹备处、杭州防疫处筹备处、芜湖防疫处筹备处业务，分别由同仁会杭州诊疗班、镇江诊疗班、南京防疫处、苏州防疫处、杭州防疫处和芜湖防疫处负责实施。[5] 1941 年底，同仁会在张家口设置"蒙疆"支部，并设有诊疗班和防疫处。1942 年 4 月同仁会又增设海南岛支部，下设诊疗班和防疫处，此外，同仁会还成立"蒙

① 　财团法人同仁会编『同仁会四十年史』、479—480 页。
② 　财团法人同仁会编『同仁会四十年史』、481 页。
③ 　外务省文化事业部编『昭和十一年度执务报告』、1936、50 页。
④ 　「对支防疫事业兴亚院移管ノ件」、『同仁会关系杂件/防疫事务关系 第一卷』、アジア历史资料センター、B05015314100。
⑤ 　财团法人同仁会编『同仁会四十年史』、617 页。

疆"卫生研究所、华北卫生研究所、华中卫生研究所及海南岛卫生研究所。[1] 至侵华战争后期，同仁会对华"防疫事业"在日本军方的支持下得以大幅扩张。

一　华北中央防疫处

1939 年 4 月，华北中央防疫处成立，其总部移至北京外五区先农坛庆成宫庙，处长仍由高木逸磨担任。[2] 该处设有防疫部、制作部、调查研究部、教育部、卫生材料部等五部。以下介绍各部工作情况。

防疫部主要负责北京市内流行的霍乱、天花及鼠疫等恶性传染病的预防注射。1939 年霍乱预防接种 6725 人、伤寒预防接种 992 人、种痘 1783 人，1940 年霍乱预防接种 59642 人、伤寒预防接种 32 人、种痘 439 人，1941 年霍乱预防接种 2052 人、种痘 1848 人。[3] 制作部负责制作各种疫苗、痘苗、血清，1939 年该部制作霍乱疫苗 3259190 毫升、伤寒疫苗 427750 毫升、伤寒副伤寒混合疫苗 2276050 毫升、诊断用血清 750 毫升、治疗用血清 172000 毫升，1940 年制作霍乱疫苗 3965200 人份、伤寒副伤寒混合疫苗 2570666 人份、治疗血清 172000 人份，1941 年制作霍乱疫苗 7027002 人份、伤寒副伤寒混合疫苗 198380 人份、痘苗 483860 人份、诊断用血清 15526 毫升、治疗用血清 47878 毫升。[4] 调查研究部主要调查研究伤寒、发疹伤寒及发疹热、疟疾、赤痢菌、结核、水质检查与除硬法、麻药中毒、性病预防、传染病材料检查等。例如 1939 年该部病原菌检索 10888 件、血清反应试验 3779 件、原虫寄生虫检查 3889 件、水质检查 156 件，1940 年病原菌检索 2948 件、血清反应试验 3588 件、血液型鉴定 1357 件、原虫寄生虫检查 26 件、水质检查 58 件、药物检查 16 件、其他检查 8 件，1941 年病原菌检索 824 件、血清反应试验 24099 件、血液型鉴定 707 件、原虫寄生虫检查

---

①　東亜研究会『最新支那要覧 昭和 18 年度版』、1943、478 頁。
②　宮川米次「五十日の旅日記」、『同仁会医学雑誌』第 14 巻第 1 号、1940 年。
③　財団法人同仁会編『同仁会四十年史』、450 頁。
④　財団法人同仁会編『同仁会四十年史』、452 頁。

977 件、水质检查 10 件、药物检查 69 件、其他检查 86 件。① 教育部，1940 年该部设立华北卫生研究所及附属防疫医员养成所，并提供必要的业务指导和医学教育，以培养"日华提携"的医学"人才"，至 1941 年共接收 2 期 64 名中国学员。② 卫生材料部，负责卫生资材的购置、出纳、保管、配给等相关业务，另外则须加强与同仁会本部、同仁会华北支部及华北支部天津驻在输送部和其他部门的联络，以保证卫生资材的及时输送和补给。

华北中央防疫处成立后，先后在华北改建、新设天津防疫处、石门（石家庄）诊疗防疫班、保定诊疗防疫班、济南防疫处、青岛防疫处、芝罘诊疗防疫班、太原诊疗防疫班、运城诊疗防疫班、临汾诊疗防疫班、开封诊疗防疫班、新乡诊疗防疫班、徐州诊疗防疫班、海州诊疗防疫班。各地分班（处）业务主要有："痘苗、血清、预防接种药剂和其他预防治疗品的制造、配置及检定；防疫业务的指导统制；诊疗、防疫的实施；中国养生法及其他卫生实行方法的普及；传染病及其他疾病的检索；病理学、细菌学、血清学及理化学的检查；医师、齿科医师、技术员等的讲习；护士及助产士的培养；传染病、地方病等疾病预防治疗法和其他诊疗、卫生防疫方面的调查研究；特殊妇女（'慰安妇'、妓女等）梅毒检测和健康调查；其他卫生防疫事宜。"③以下分别列举各地分班（处）卫生防疫情况。④

天津防疫处。1939 年 6 月，同仁会决定在天津南华路 17 号设置防疫处，处长由日本冈山大学细菌学副教授村上荣担任，次年因其业务扩大，同仁会借用天津市立传染病医院，防疫处迁至天津河北小王庄志成路。⑤ 1940 年 2 月，天津防疫处成立天津防疫委员会，并与日本军医部协议，决定其承担业务有："1. 接受日本军医部指示，负责天

---

① 财团法人同仁会编『同仁会四十年史』、456 頁。
② 财团法人同仁会「班处情报」、『同仁会报』第 8 号、1942 年。
③ 财团法人同仁会编『同仁会四十年史』、829 頁。
④ 按，相关史料仅记载天津、保定、济南、青岛、芝罘、太原、运城、临汾、开封、新乡、徐州等 11 个分班（处）卫生防疫情况，石家庄和海州诊疗防疫班仅记载诊疗情况，其卫生防疫统计不详，故未列出。
⑤ 财团法人同仁会「班处情报」、『同仁会报』第 3 号、1941 年。

津市一般防疫业务；2. 协助并指导中国方面的防疫业务；3. 对天津市附近一带的卫生防疫状况展开调查研究。"① 同年 7 月，该处正式开展防疫工作，组建三个霍乱预防接种班，分赴天津华街东南角、鼓楼及金钢桥等处实施预防注射。该处还受日本军部指示，对天津市开放性肺结核、寄生虫病、疟疾、赤痢、伤寒等恶性传染病展开调查。同年 8 月，天津发生特大水灾，该处组建临时移动诊疗班，对灾民实施救治，并开展灾后防疫工作。② 1940 年，该处在天津市全面开展卫生防疫工作，包括船舶检疫和普通市民传染病检查；各种菌检索及其他检查；原虫、寄生虫、疟疾的调查研究；传染病患者的诊疗；各种预防接种；特殊妇女梅毒检测和健康调查等方面。天津防疫处成立后卫生防疫情况：1939 年，霍乱、伤寒预防接种 55377 人，种痘 14476 人，细菌、寄生虫、原虫等检索 63149 件，血清检查 226 件，检疫 309 人；1940 年，预防接种 56897 人，种痘 3640 人，细菌、寄生虫、原虫等检索 55737 件，血清检查 865 件，检疫 60 人。③

石门诊疗防疫班。1939 年 5 月，同仁会将石家庄诊疗班和防疫班合并，改建为石门诊疗防疫班，地点位于石家庄市大同街，由日本陆军军医饭塚助治担任班长。该班成立后的工作有：负责市内中国小学儿童的身体健康检查、防疫卫生指导；派遣新乡分班，援助该地区的卫生医疗事业；天津发生水灾后，紧急组建救护班，援助当地医疗救护事业；井陉煤矿发生爆炸事故后，开展医疗救援工作。④ 因缺乏该班卫生防疫情况统计，在此仅列举其诊疗情况。该班诊疗对象主要是中国和日本病患，1939 年中国就诊人数 66238 人、日本就诊人数 28614 人，中国住院人数 2041 人、日本住院人数 1705 人；1940 年中国就诊人数 64647 人、日本就诊人数 40242 人，中国住院人数 4360 人、日本住院人数 5601 人。⑤

① 　财团法人同仁会编『同仁会四十年史』、548 頁。
② 　宮川米次「五十日の旅日記」、『同仁会医学杂志』第 14 卷第 1 号、1940 年。
③ 　财团法人同仁会编『同仁会四十年史』、551 頁。
④ 　财团法人同仁会「同仁会記事」、『同仁』第 13 卷第 5 号、1939 年。
⑤ 　财团法人同仁会编『同仁会四十年史』、401 頁。

　　保定诊疗防疫班。1939 年 5 月，同仁会接管保定清苑县立平民医院（位于保定南门高楼街 15 号），将其改建为诊疗防疫班，班长为日本千叶医科大学讲师三好清夫。[①] 该诊疗班设有内科、外科、儿科、耳鼻咽喉科、皮肤泌尿科、眼科、妇科、齿科、防疫科、理学疗法科、X 线科等科。该诊疗班主要接纳中日方病患，1939 年中国就诊人数 33986 人、日本就诊人数 2814 人，中国住院人数 922 人、日本住院人数 756 人；1940 年中国就诊人数增至 77134 人、日本就诊人数为 4772 人，中国住院人数 3118 人、日本住院人数 857 人。[②] 为"安抚"中国民众，巩固日本的殖民统治，该诊疗班对大多数中国患者实行免费治疗，其余则实行优惠治疗。如 1939 年免费就诊人数为 32489 人，占总数的 96%；1940 年免费就诊人数为 71712 人，占总数的 93%。1939 年 10 月，保定诊疗班继承原由日本军方负责的防疫业务，其业务包括对保定及附近地区传染病发生的调查、城内外水质检查、疟疾病调查、日本居留民招待员唾液检查、便检、各种菌检索、各种预防接种、血清检查等。保定诊疗班卫生防疫情况：1940 年，霍乱、伤寒等预防接种 29 人，种痘 8 人，细菌、寄生虫、原虫等检索 220 件，血清检查 280 件；1941 年，预防接种增至 14129 人，种痘 3247 人，细菌、寄生虫、原虫等检索 413 件，血清检查 988 件。[③]

　　济南防疫处。1939 年 7 月，同仁会利用位于济南市六大马路纬九路的济南第七小学校址设立防疫班，次年兼并济南医院诊疗班，并将其改建为济南医院防疫诊疗班，其后因其业务复杂繁多，1941 年 11 月防疫处从济南医院防疫诊疗班独立出来，成立单独的济南防疫处，处长为神山定治。[④] 防疫处成立后主要从事细菌病理检查、卫生试验、传染病患者的输送、特殊传染病患者的诊疗、济南市内消毒作业、市内民众的预防接种、特殊服务业从业者及普通劳工的检疫、上水道水质检查、接收日军军部指示组建移动防疫班、各种卫生防疫的调查研

　　① 　東亜研究所編『日本の対支投資』、949 頁。
　　② 　财团法人同仁会「班处情报」、『同仁会报』第 2 号、1940 年。
　　③ 　财团法人同仁会编『同仁会四十年史』、515 頁。
　　④ 　财团法人同仁会编『同仁会四十年史』、608 頁。

究等。① 济南防疫处卫生防疫情况：1939 年，伤寒、霍乱等预防接种61065 人，种痘 13663 人，菌、寄生虫、原虫等检索 6035 件，血清检查4025 件，检疫 4160 件，其他 273 件；1940 年，预防注射 104968 人，种痘 23992 人，菌、寄生虫、原虫等检索 45991 件，血清检查 3469 件，检疫 18000 件，其他 47 件，治疗人数 47 人；1941 年预防注射 53660 人，种痘 68309 人，菌、寄生虫、原虫检索 33798 件，血清检查 5071 件，检疫 1080 件，其他 1061 件，诊疗 20 人。②

青岛防疫处。1939 年 5 月，原华北防疫班青岛分班改建为同仁会青岛防疫处，位于青岛市嘉祥路 3 号，由东京大学医学部副教授谷岛辰男担任处长。③ 该防疫处主要业务有：青岛市一般卫生防疫，包括市内防疫和海港检疫；青岛传染病医院患者的诊疗；检查室业务，包括细菌血清学的检查和卫生检查，前者涉及细菌检查、动物试验、培养基制作、临床用试药制作、诊疗用血清的制作等，后者涉及水质检查、食品和饮用水的品质鉴定、刑事物件的法医学鉴定；花柳病预防；分担同仁会东亚医科学院细菌学、卫生学、传染病学讲座。④ 青岛防疫处卫生防疫情况：1939 年，霍乱、伤寒等预防接种 28287 人，种痘3387 人，诊疗 7622 人，传染病材料检查 87358 件；1940 年，预防接种93341 人，种痘 15885 人，诊疗 4145 人，传染病材料检查 10878 件；1941 年，预防接种 97703 人，种痘 13918 人，诊疗 5296 人，传染病材料检查 51853 件。⑤

芝罘诊疗防疫班。1938 年，同仁会接受青岛海军特务部指示，利用芝罘日本医院开展一般诊疗、梅毒检测和其他卫生防疫工作。1939年 11 月，同仁会将该医院改建为华北中央防疫处芝罘办事处。1940年 4 月，成立独立的同仁会芝罘诊疗防疫班，班长为医学博士大里文

---

① 财团法人同仁会「班处情报」、『同仁会报』第 3 号、1941 年。
② 财团法人同仁会编『同仁会四十年史』、611 頁。
③ 「越川彰外十八名」、『同仁会関係雑件/防疫事務関係 第二巻』、アジア歴史資料センター、B05015315600。
④ 财团法人同仁会「班处情报」、『同仁会报』第 4 号、1941 年。
⑤ 财团法人同仁会编『同仁会四十年史』、504 頁。

祐。① 该诊疗防疫班主要负责芝罘地区的卫生防疫和诊疗工作、特殊妇女的梅毒检查及健康调查、海港检疫，以及其他传染病材料检测及培养基的制造等事宜。1941 年，该班受芝罘市西医工委之委托，并与当地各机关协议，决定举办医师讲习会，以推广卫生防疫知识。② 芝罘诊疗防疫班的诊疗和卫生防疫工作情况：诊疗方面，1940 年中国就诊人数 1661 人、日本就诊人数 5319 人，中国住院人数 433 人、日本住院人数 341 人；1941 年中国就诊人数 5615 人、日本就诊人数 9132 人，中国住院人数 964 人、日本住院人数 1070 人。卫生防疫方面，1939 年该班负责芝罘当地霍乱、伤寒等预防接种 4396 人，种痘 3155 人，菌、寄生虫、原虫等检索 126 件，血清检查 57 件，检疫船舶 435 艘 91855 人，梅毒检查 1388 人；1940 年预防注射 3672 人，种痘 331 人，菌、寄生虫、原虫等检索 2040 件，检疫船舶 659 艘 86276 人，梅毒检查 1511 人。③

太原诊疗防疫班。1938 年 7 月，同仁会在太原成立诊疗防疫班，由日本陆军军医中将越川彰担任班长。④ 兴亚院继替外务省管辖同仁会后，太原诊疗防疫班诊疗和卫生防疫业务得以进一步扩张。太原诊疗防疫班的诊疗和卫生防疫工作情况：诊疗方面，1939 年中国就诊人数 109723 人、日本就诊人数 42340 人，中国住院人数 3700 人、日本住院人数 7405 人；1940 年中国就诊人数 89625 人、日本就诊人数 61852 人，中国住院人数 5524 人、日本住院人数 14372 人。卫生防疫方面，1939 年该班负责太原当地霍乱、伤寒等预防接种 15022 人，种痘 3708 人，细菌、寄生虫、原虫等检索 2984 件，血清检查 2043 件；1940 年预防接种 6657 人，种痘 12379 人，细菌、寄生虫、原虫等检索 1599 件，血清检查 3489 件。⑤

运城诊疗防疫班。1939 年 10 月，同仁会继承山西运城日军诊疗所

---

①　日本醫事新報社編『日本醫事年鑑 昭和 15 年度版』、1940、753 頁。
②　财团法人同仁会「班处情报」、『同仁会会报』第 4 号、1941 年。
③　财团法人同仁会編『同仁会四十年史』、614—615 頁。
④　财团法人同仁会「班处情报」、『同仁会会报』第 5 号、1941 年。
⑤　财团法人同仁会編『同仁会四十年史』、412—413 頁。

和检疫所业务。翌年 1 月，同仁会将其改建为运城诊疗防疫班，班长由京都大学医学部外科嘱托坪井正人担任，该班位于山西省运城西外太史巷 7 号。① 该班成立目的在于，通过对大部分中国人实施免费诊疗笼络民心，并获得有关运城地区状况的调查资料。② 运城诊疗防疫班的诊疗对象基本以运城地区普通民众，主要是农民、劳动者和其他无产者为主，日本侨民亦为其主要诊疗对象，皮肤病、外伤患者居多，其次为花柳病和其他性病患者。防疫方面，主要致力于日本居留民和运城普通民众的卫生防疫工作及其相关教育，特殊妇女的梅毒检测和健康调查等。运城诊疗防疫班的诊疗和卫生防疫工作情况：诊疗方面，1939 年治疗中国患者 8801 人，日本患者 1039 人；1940 年治疗中国患者 28791 人，日本患者 5144 人。卫生防疫方面，1939 年该班负责运城当地霍乱、伤寒等预防接种 425 人，种痘 1017 人，梅毒检查 1072 人，健康调查 780 人；1940 年预防接种 6279 人，种痘 7754 人，梅毒检查 8431 人，健康调查 6340 人。③

临汾诊疗防疫班。1939 年 10 月，同仁会在临汾设立诊疗班。1941 年 11 月，同仁会将其扩建为临汾诊疗防疫班，位于临汾市北青狮子口街 13 号，由京都大学医学部副教授前岛国明担任班长。④ 该班成立以后继承临汾日本陆军医院的卫生防疫工作，1940 年初开始对日本居留民和临汾普通民众实施诊疗业务，次年配合山西日本侵略军，负责开展所谓的"宣抚救护"工作。临汾诊疗防疫班的诊疗和卫生防疫工作情况：诊疗方面，1940 年中国就诊人数 27298 人、日本就诊人数 4421 人，中国住院人数 1738 人、日本住院人数 38 人；1941 年中国就诊人数 22933 人、日本就诊人数 5608 人，中国住院人数 2975 人、日本住院人数 129 人。种痘防疫方面，1939 年该班负责临汾当地霍乱、伤寒等预防接种 452 人，种痘 1318 人；1940 年预防接种 9298 人，种痘 2982 人；

---

① 财团法人同仁会编『同仁会四十年史』、577 頁。
② 财团法人同仁会「同仁会記事」、『同仁会報』第 1 号、1940 年。
③ 财团法人同仁会编『同仁会四十年史』、584—585 頁。
④ 财团法人同仁会「班処情報」、『同仁会報』第 8 号、1942 年。

1941 年预防接种 1398 人，种痘 1511 人。①

　　开封诊疗防疫班。1939 年 5 月，同仁会成立开封诊疗班，位于开封市河道街 37 号，分为本班、南关医院和北关医院三部，班长为医学博士青山进午。② 翌年 4 月，诊疗班改称为同仁会开封诊疗防疫班，开展开封地区的卫生防疫工作。③ 同年 5 月，着手霍乱预防工作，主要涉及预防接种和检疫事宜。6 月，成立开封卫生防疫委员会，主要承担开封地区的消毒、细菌检测、病患隔离等业务。9 月份，开封疟疾疫情较为严重，该班开始实施疟疾防疫事宜。12 月，开封出现天花疫情，该班又承担当地的种痘工作。此外，还对特殊妇女群体实施梅毒检测，开展国民学校、青年学校、高等女学校学生健康诊断、献血志愿者的检诊、检血等活动，举办临床医学讲习会。④ 开封诊疗防疫班诊疗和卫生防疫工作情况：诊疗方面，1939 年中国就诊人数 50653 人、日本就诊人数 12862 人，中国住院人数 3073 人、日本住院人数 731 人；1940 年中国就诊人数增至 88863 人、日方就诊人数为 26302 人，中国住院人数 7678 人、日本住院人数 3648 人。防疫方面，1939 年该班负责开封当地霍乱、伤寒等预防接种 26415 人，种痘 2091 人，细菌、寄生虫、原虫等检索和血清检查 58 件，其他业务 2169 件；1940 年预防接种 11569 人，种痘 12344 人，细菌、寄生虫、原虫等检索和血清检查 2482 件，其他业务 8989 件。⑤

　　新乡诊疗防疫班。1938 年同仁会石家庄诊疗防疫班在新乡设立分班，1939 年 6 月又在新乡成立独立的诊疗防疫班，地点位于新乡姜庄街，由名古屋大学医学博士三好龙儿担任班长。⑥ 同年 9 月，该班正式继承原石家庄班新乡分班业务，对新乡普通民众实施免费治疗；次年 10 月以后开始实施收费治疗；1941 年 2 月以后对日本侨民亦实行收费

---

① 财团法人同仁会编『同仁会四十年史』、591 页。
② 青山进午「開封に於けるマラリア患者に関する二三の観察」、『同仁会医学雑誌』第 4 卷第 2 号、1940 年。
③ 日本学術振興会編『全国学会協会要覧 改訂』、1942、32 页。
④ 财团法人同仁会「班処情報」、『同仁会報』第 5 号、1941 年。
⑤ 财团法人同仁会编『同仁会四十年史』、523—524 页。
⑥ 财团法人同仁会编『同仁会四十年史』、570 页。

治疗，同年 4 月组建临时诊疗班，对"中国良民"实施"安抚救护"。防疫方面，设置新乡卫生委员会，协商该地区的防疫、卫生等事宜。① 新乡诊疗防疫班诊疗和卫生防疫工作情况：诊疗方面，1939 年中国就诊人数 28545 人、日本就诊人数 1907 人，中国住院人数 1681 人、日本住院人数 532 人；1940 年中国就诊人数增至 70733 人、日本就诊人数为 5516 人，中国住院人数 7094 人、日本住院人数 890 人。卫生防疫方面，1940 年该班负责新乡当地霍乱、伤寒等预防接种 36601 人，种痘 3278 人，细菌、寄生虫、原虫等检索 7226 件，检疫 379 人；1941 年预防接种 20182 人，种痘 9588 人，细菌、寄生虫、原虫等检索 2752 件。②

徐州诊疗防疫班。1939 年 6 月，原同仁会济南医院诊疗救护班徐州分班改建为徐州诊疗防疫班，位于江苏徐州市庆云路传薪阁巷 2 号，班长由京都大学医学博士松岛铁四郎担任。③ 同年 10 月，该班开始实施收费诊疗，其诊疗对象主要为日本侨民和日本军人，此后逐渐面向徐州普通民众，对其实行"免费或优惠治疗"。次年 5 月，接收铜山县立医院，诊疗班转移至该处，公园巷小学校址则充当防疫班。防疫班主要负责徐州市内花柳病预防事宜，对特殊服务业从业者、日本侨民实施梅毒检查；负责日本侨民霍乱预防接种业务。徐州诊疗防疫班诊疗和卫生防疫工作情况：诊疗方面，1939 年中国就诊人数 74946 人、日本就诊人数 14871 人，中国住院人数 4548 人、日本住院人数 747 人；1940 年中国就诊人数增至 87989 人、日本就诊人数为 26671 人，中国住院人数 5653 人、日本住院人数 5615 人。卫生防疫方面，1939 年该班负责徐州当地霍乱、伤寒等预防接种 1480 人，种痘 406 人，细菌、寄生虫、原虫等检索 588 件，检疫 3 人；1940 年预防接种 8640 人，种痘 5082 人，细菌、寄生虫、原虫等检索 13799 件，血清检查 966 件，检疫 5 人。④ 从该班卫生防疫情况看，其业绩较其他班为逊色。

---

① 财团法人同仁会「同仁会记事」、『同仁会报』第 9 号、1942 年。
② 财团法人同仁会编『同仁会四十年史』、574—575 頁。
③ 東亜研究所编『日本の在支文化事業』、96 頁。
④ 财团法人同仁会编『同仁会四十年史』、565 頁。

海州诊疗防疫班。1939 年 10 月，同仁会决定在海州成立独立的诊疗防疫班，实质上是将原济宁诊疗所迁至江苏省东海县海州新浦镇，1940 年 2 月将其改称为同仁会海州诊疗防疫班，并开始实施诊疗和防疫业务，其主要工作是在海州地区实施霍乱、赤痢等预防注射，对当地普通民众实施 "免费或优惠治疗"，对本县县立传染病医院进行指导和监督，对特殊妇女群体实施梅毒检查和健康诊断等。① 因缺乏该班卫生防疫情况统计，在此仅列举其诊疗情况。1940 年中国就诊人数26190 人、日本就诊人数 5717 人，中国住院人数 2325 人、日本住院人数 378 人；1941 年中国就诊人数 22322 人、日本就诊人数 4752 人，中国住院人数 421 人、日本住院人数 668 人；1942 年上半年中国就诊人数 12731 人、日本就诊人数 2608 人，中国住院人数 1038 人、日本住院人数 415 人。② 从该班诊疗情况看，日本病患者占据相当比重，其他几个诊疗防疫班亦是如此，可以说同仁会医疗设施主要还是服务于日本侵略军和侨民。

二 华中中央防疫处

1939 年 4 月，原华中防疫本部和上海支部统一改建为同仁会华中中央防疫处，且大部分机构移往上海市中心虹口区，北海道大学教授兼东京传染病研究所技术员井上善十郎接替谷口腆二，担任防疫处长。③ 华中中央防疫处设有防疫部、指导部、细菌学部、寄生虫学部、卫生学部、制造部、事务部等部门，其中制造部又分设疫苗科、血清科、痘苗科，事务部分设业务科和会计科。1939 年 4 月，华中中央防疫处依据上海防疫委员会决议，负责实施霍乱和伤寒预防注射事宜，随后向上海南市及虹口方面派遣预防接种班。同年 7 月，华中地区霍乱盛行，该处分别向常州、周浦镇、汉口、松江等地派遣移动防疫班，其中常州接受霍乱预防注射者达 23586 人。9 月，该处开始对上海驶往

---

① 青岛医学专门学校同窗会青友会编『青友史』青友会事务局、1981、151 頁。

② 财团法人同仁会编『同仁会四十年史』、596 頁。

③ 「高木逸磨外十名」、『同仁会关系雑件/防疫事务关系 第二卷』、アジア歴史資料センター、B05015315400。

汉口及日本的船舶实行检疫。10 月以后，开始对南市等地实施种痘和预防注射。[①] 以下列举华中中央防疫处卫生防疫和其他相关工作情况。

1939 年，华中中央防疫处在华中地区实施霍乱、伤寒、副伤寒预防接种数为 271793 人，种痘 30339 人，细菌、寄生虫、原虫等检索 13848 件，血清检查 1936 件，检疫 13644 人，水质检测 112 件；1940 年，霍乱预防接种 257149 人，伤寒预防接种 29851 人，种痘 98623 人，细菌、寄生虫、原虫等检索 13421 件，血清检查 1380 件，港口车站检疫 344 次，便检 4025 人；1941 年，霍乱、伤寒、副伤寒预防接种 269763 人，种痘 31496 人，细菌、寄生虫原虫等检索 20845 件，血清检查 540 件，检疫 6377 人。[②] 制造部主要负责制作、分发华中地区急需的霍乱疫苗、伤寒疫苗、痘苗等，如 1939 年制作霍乱疫苗 5089160 人份、伤寒疫苗 510000 人份、痘苗 1300000 人份，分发霍乱疫苗 6648260 人份、伤寒疫苗 549122 人份、痘苗 4334005 人份、各种血清 115 升；1940 年制作霍乱疫苗 11751630 人份、伤寒副伤寒混合疫苗 792040 人份、痘苗 8371025 人份、鼠疫疫苗 80000 人份、血清 45 升，分发霍乱疫苗 11121880 人份、伤寒疫苗 663540 人份、痘苗 8346025 人份；1941 年制作霍乱疫苗 13693400 人份、伤寒混合疫苗 950330 人份、痘苗 6642850 人份、血清 43 升，分发霍乱疫苗 13795900 人份、伤寒混合疫苗 583280 人份、鼠疫疫苗 49850 人份、痘苗 6351370 人份。[③] 细菌学部和寄生虫学部主要从事细菌学、血清学、寄生虫学、理化学方面的研究和调查。华中防疫处曾调查江苏省宜兴地区疟疾的蔓延状态和分布状况，浙江杭州疟疾蚊种类、分布状况调查和灭蚊实验，钱塘江沿岸肥大吸虫蔓延状况调查及患者皮肤反应实验研究，湖州、舟山岛及宜兴地区丝虫病症的调查研究。[④] 卫生学部主要致力于上海及南市各中小学校卫生设备调查、儿童体质调查、特殊卫生设施调查、卫生教育调查；华中地区结核病调查；环境卫生学方面的调查（包括空气负

---

① 财团法人同仁会「同仁会记事」、『同仁会报』第 3 号、1941 年。
② 财团法人同仁会编『同仁会四十年史』、489 页。
③ 财团法人同仁会编『同仁会四十年史』、487—488 页。
④ 财团法人同仁会「班处情报」、『同仁会报』第 9 号、1942 年。

离子量、温度、湿度、气压、风速、风向、衣服、食品、住居等方面的调查）；卫生指导方面的工作包括举办并指导中国卫生技术员讲习会，播放卫生广播、新闻，发放医学杂志，以普及卫生知识。①

华中中央防疫处成立后，先后在华中设有南京防疫处、苏州防疫处、镇江诊疗班、杭州防疫处、芜湖诊疗防疫班、汉口防疫处、九江诊疗防疫班。1940 年 3 月，该处受南京伪维新政府委托，接管其"内政部"附属杭州医院筹备处、镇江医院筹备处、南京防疫处筹备处、苏州防疫处筹备处、杭州防疫处筹备处、芜湖防疫处筹备处业务，分别由杭州诊疗班、镇江诊疗班、南京防疫处、苏州防疫处、杭州防疫处和芜湖防疫处负责实施。② 同年 4 月，九江诊疗防疫班开设南昌分班和庐山诊疗所。1942 年 9 月，南昌分班扩建为诊疗防疫班。1942 年 10 月，同仁会又新设金华诊疗防疫班和无锡诊疗防疫班，在华中沦陷区进一步扩张其势力。以下列举各分班（处）卫生防疫工作情况。③

南京防疫处。1939 年 5 月，原华中防疫部南京支部改建为同仁会南京防疫处，位于南京市莫愁路秣陵村，处长为日本北海道大学教授梅田芳次郎。④ 该处设有防疫部、传染病材料检查部、理化学试验部、调查部、研究部、教育部、制造部、移动防疫部等部门。防疫部主要承担患者病室、病毒污染地区的消毒，患者的运送、传染病患隔离及病毒污染品的消毒，传染病流行地域的区划，疫苗接种和卫生检疫，卫生防疫巡查与指导。传染病材料检查部负责便检，血液、体液、渗出物、排泄物的细菌检查，食品、饮料的细菌学的检查，疟疾检查，血清诊断等事宜。理化学试验部负责水质检查、毒物检查、清凉饮料检查、食品检查。调查部负责卫生行政设施及实地状况调查、民情风俗调查、卫生状况调查、医事卫生相关的资料收集、有关医事卫生统计材料的制作、传染病发生状况的即时报告、中国民间治疗法和中医

---

① 财团法人同仁会编『同仁会四十年史』、487 页。
② 财团法人同仁会「同仁会记事」、『同仁会报』第 1 号、1940 年。
③ 按，囿于资料所限，文章仅列出南京、苏州、杭州、芜湖、汉口、九江等 6 个分班（处）卫生防疫情况，无锡、金华、南昌分班情况不详，故未列出。
④ 「梅田芳次郎外三名（防疫）ヲ嘱託トス」、『東方文化事業部関係人事雑件 第五巻』、アジア歴史資料センター、B05015034100。

诊疗方面的调查、气候风土调查、中国人生活方式的调查。研究部除一般医学研究外，中国大陆为主要研究对象。教育部负责本处医务人员防疫作业的训练、教育，中国卫生官员的教育，其他临时教育（对日本军方卫生员、下士的疟疾检查讲习）。制造部负责制作本处所需的各种生物学制剂，诸如诊断用免疫血清、预防疫苗、蒸馏水、培养基、血清诊断所需各种试剂、细菌检查所需各种试剂及染色液。移动防疫部，向南京、浦镇、江宁、板桥、汤水镇、句容、丹阳、金坛、太平镇、扬州、浦江等地派遣预防注射班。①

此外，南京防疫处还接受日本军方、兴亚院、日本驻华使馆、南京居留民团、日伪政府、同仁会南京诊疗班、南京市内医院诊所、南京卫生防疫委员会等方面的委托，开展预防接种、检疫、诊疗、分发防疫药品等业务。② 1940 年 3 月，该处还接管原日伪"内政部"南京防疫处筹备处的卫生防疫业务。南京防疫处卫生防疫工作情况：1939年，该班负责南京当地霍乱、伤寒等预防接种 756410 人，种痘 59622人，寄生虫、原虫、细菌等检索和血清检查 39515 件，诊疗 178 人，理化学检查 27 件；1940 年，预防接种 120737 人，种痘 53897 人，细菌、寄生虫、原虫等检索和血清检查 45509 件，理化学检查 77 件；1941 年，预防接种 194125 人，种痘 85849 人，细菌、寄生虫、原虫等检索和血清检查 54487 件，理化学检查 132 件。③

苏州防疫处。1939 年 6 月，同仁会成立苏州防疫处，地点位于江苏省苏州城内付第 16 号，处长由九州大学医学博士中山元雄担任。④是年 8 月，该处开始接替苏州防疫委员会卫生防疫工作，负责苏州城内霍乱预防及其预防注射业务，11 月开展市内天花预防接种工作，在苏州市内实施便检、疟疾检查、井水和饮用水水质检查、中小学儿童体质检查、细菌学的检查和其他卫生调查。次年 3 月，该处接管日伪"内政部"直辖苏州防疫处筹备处之业务，该处卫生防疫事业进一步

①　财团法人同仁会「班处情报」、『同仁会报』第 3 号、1941 年。
②　兴亚院政务部编『中國社會事業の現状』、1940、116 页。
③　财团法人同仁会编『同仁会四十年史』、499 页。
④　東亜研究所编『日本の对支投資』、949 页。

扩张。① 4 月，苏州及其附近地区痘疮流行，该处派遣医务人员赴苏州站、金门、闾门以及太湖地区的西山岛、前山镇等地实施种痘。随后该处还成立移动防疫班，派遣医务人员协助日军赴太湖、前山镇等地，从事种痘、预防注射、传染病调查等业务。1941 年以后，为预防霍乱滋生，苏州防疫处成立巡回注射班，对火车站、交通要道、运往城内的蔬菜实施消毒和检疫，调查学校学生的卫生和苏州民居的卫生环境，对学校、工厂、百货店实施结核感染调查，对特殊服务业从业者实施便检，对城内沟渠水实施细菌学和生物学的检查，调查各种烟草的尼古丁含量，调查蔬菜、水果维生素 C 含量及其人体寄生虫附着率，进行中国茶叶标本的收集等。② 苏州防疫处的卫生防疫工作情况：1939 年该班负责苏州当地霍乱、伤寒等预防注射 94188 人，种痘 60827 人，细菌、寄生虫、原虫等检索 769 件，血清检查 10 件，水质检查 83 件；1940 年霍乱、伤寒等预防注射 123794 人，鼠疫预防接种 860 人，种痘 52639 人，细菌、寄生虫、原虫等检索 3352 件，血清检查 50 件，检疫 30263 件，水质检查 222 件；1941 年预防接种 68200 人，种痘 2565 人，细菌、寄生虫、原虫等检索 3169 件，血清检查 3487 件，检疫 237721 件，水质检查 16 件。③

镇江诊疗班。1940 年 4 月，同仁会将原同仁会华中防疫部南京支部镇江分班改建为独立的诊疗分班，位于镇江中山路大八叉巷，班长由医学博士齐藤林一担任。与此同时，该班还接管了日伪"内政部"镇江医院筹备处业务。该诊疗班设有内科、外科、眼科，起初在镇江市内实行免费、优惠治疗；开设附属护理学校，专门培养中国护理人员，至 1942 年在校招收学生已达 40 人。④ 该班卫生防疫工作，主要负责镇江及其附近地区的预防接种、卫生条件的改善、港口码头的检疫等事宜。因缺乏该班卫生防疫情况统计，在此仅列举其诊疗情况。镇

---

① 北海道帝国大学東亜研究会編『中支方面に於ける日本醫學の進出』、1942、7 頁。
② 財団法人同仁会「同仁会記事」、『同仁会報』第 8 号、1942 年。
③ 財団法人同仁会編『同仁会四十年史』、602 頁。
④ 財団法人同仁会「同仁会記事」、『同仁会報』第 11 号、1942 年。

江诊疗班主要治疗中国和日本病患，如 1940 年中国就诊人数 64768
人、日本就诊人数 5915 人，中国住院人数 2389 人、日本住院人数
2024 人；1941 年中国就诊人数 42140 人、日本就诊人数 8457 人，中国
住院人数 2924 人、日本住院人数 2907 人①。

　　杭州防疫处。1939 年 7 月，同仁会成立杭州防疫处，位于杭州市
南山路清波桥 45 号，班长由堀晁担任。② 次年该处接管日伪"内政
部"直辖杭州防疫处筹备处业务，其卫生防疫事业进一步扩张。杭州
防疫处成立后，其主要工作包括成立检疫班、预防注射班，对杭州停
车场，杭州至上海、王店等地的列车乘客实施检疫、预防注射；杭州
及附近地区鼠疫、霍乱、痘疮等传染病的防疫；研究各种传染病预防
对策、细菌检测；瓦茨曼氏及村田氏开展反应调查；杭州中小学生、
特殊服务业从业者、杭州国策会社从业员的寄生虫检查；日本艺伎、
女招待员的梅毒检查和健康诊断；中国人各种疾病的基本调查统计；
杭州市内开放性肺结核调查；理化学的检查（杭州市内水质调查）。
此外，防疫处还开展各种卫生防疫方面的调查研究和教育宣传，以提
高防疫处人员的防疫技能和专业素养，并面向杭州市民普及卫生防疫
思想和知识。③ 杭州防疫处卫生防疫工作情况：1939 年该处负责杭州
当地伤寒、霍乱等预防接种 6637 人，种痘 1124 人，细菌、寄生虫、
原虫等检索 438 件，血清检查 230 件，诊疗检疫 30727 人；1940 年预
防接种增至 72361 人，种痘 9477 人，细菌、寄生虫、原虫等检索 6122
件，血清检查 736 件，诊疗检疫总计 249349 人。④

　　芜湖诊疗防疫班。1939 年 5 月，同仁会成立芜湖诊疗防疫班，位
于安徽芜湖北门街辅德里，班长由日本九州大学医学博士小林三郎担
任。该班诊疗对象起初大多为芜湖底层民众，此后随着其医疗事业的
扩张，开始招揽中产阶级病患。1940 年 3 月，该班接管日伪"内政
部"直辖芜湖防疫处筹备处之业务，使其诊疗防疫事业进一步扩大。

① 　财团法人同仁会编『同仁会四十年史』、606 页。
② 　東亜研究所編『日本の在支文化事業』、98 页。
③ 　财团法人同仁会「班处情报」、『同仁会会报』第 4 号、1941 年。
④ 　财团法人同仁会编『同仁会四十年史』、557 页。

该班防疫业务主要是实施预防接种、检疫，预防恶性传染病的滋生。1941 年 6 月，同仁会华中支部组建临时宁波诊疗防疫班，由芜湖诊疗防疫班派遣医务人员，援助宁波市卫生防疫工作。此外，该班还先后组织三次巡回诊疗活动，相继到竹丝港、石硊镇、卡子口、清水河、和县等地实施诊疗。[1] 芜湖诊疗防疫班诊疗和卫生防疫工作情况：诊疗方面，1939 年中国就诊人数 8654 人、日本就诊人数 2385 人；1940 年中国就诊人数增至 16714 人、日本就诊人数为 12914 人，中国住院人数 2260 人、日本住院人数 4181 人。防疫方面，1939 年该班负责芜湖当地伤寒、霍乱等预防接种 155 人，种痘 22471 人，细菌、寄生虫、原虫等检索 353 件；1940 年预防接种 46391 人，种痘 2259 人，细菌、寄生虫、原虫等检索 4449 件，血清检查 1770 件。[2]

　　汉口诊疗防疫班。1938 年 10 月武汉沦陷，同仁会趁机将其势力扩张至华中内陆地区。1939 年 4 月，同仁会"接收"汉口法租界，将其改建为诊疗所，在汉口开展诊疗防疫工作。同年 9 月，同仁会又在汉口日本租界开设防疫处。1940 年 1 月，同仁会合并汉口诊疗所与防疫处，将其改建为同仁会汉口诊疗防疫班，由日本地方技师、医学博士原田美实担任班长。[3] 同年 6 月，汉口霍乱疫情日益严重，该班利用原同仁会汉口医院紧急开展预防霍乱工作，指导监督汉口市立第一、第二隔离医院的卫生防疫和诊疗工作，成立预防注射班，在汉口市内开展检疫、预防接种等卫生防疫工作。9 月，汉口霍乱疫情得到遏制后，痘疮开始流行，该班开始从事种痘事宜。此外，该班还负责汉口船舶、飞机乘客的卫生检疫，细菌、寄生虫、原虫等检索，疟疾的调查研究等。[4] 汉口诊疗防疫班卫生防疫工作情况：1939 年该班负责汉口当地霍乱、伤寒等预防接种 50346 人，种痘 133529 人，细菌、寄生虫、原虫等检索 4810 件，血清检查 15 件；1940 年预防接种 20528 人，种痘 35 人。[5]

①　财团法人同仁会「班处情报」、『同仁会报』第 6 号、1941 年。
②　财团法人同仁会编『同仁会四十年史』、543 頁。
③　医学中央雑誌刊行会「漢口診療防疫班外科に於ける診療成績報告」、『醫學中央雑誌』第 10 号、1943 年。
④　财团法人同仁会「班处情报」、『同仁会报』第 4 号、1941 年。
⑤　财团法人同仁会编『同仁会四十年史』、569 頁。

　　九江诊疗防疫班。1939 年 6 月，同仁会在日本军部支持之下，借用位于九江市溢浦路 37 号的法国医院设立诊疗防疫班，班长由日本熊本医科大学博士高田之担任。[①] 此后同仁会在江西省的势力日渐扩张，1940 年先后开办南昌分班和庐山诊疗所，1942 年 9 月南昌分班扩建为诊疗防疫班。1939 年 7 月，九江诊疗防疫班开始在九江地区开展霍乱预防注射和检疫工作，并向汉口、庐山、小池口等地派遣移动防疫班实施预防接种，派遣医务人员奔赴蕲春、德安、武穴、马头镇、田家镇、吴城、星子等地实施霍乱、伤寒预防接种和种痘。1940 年，九江地区伤寒、痘疮流行之际，该班着手开展相关的卫生防疫工作。南昌分班主要负责南昌市内及扬子洲地区的霍乱预防接种业务，"慰安妇"、妓女梅毒检查和健康调查等。[②] 九江诊疗防疫班诊疗和卫生防疫工作情况：诊疗方面，1939 年中国就诊人数 12350 人、日本就诊人数 7112 人，中国住院人数 1292 人、日本住院人数 1131 人；1940 年中国就诊人数增至 25605 人、日本就诊人数为 7339 人，中国住院人数 7072 人、日本住院人数为 2557 人。卫生防疫方面，1939 年该班负责九江当地霍乱、伤寒等预防接种 56571 人，种痘 19001 人，细菌、寄生虫、原虫等检索 1576 件，血清检查 238 件；1940 年霍乱、伤寒等预防接种 158294 人，种痘 107908 人，细菌、寄生虫、原虫等检索 5162 件，血清检查 1784 件，检疫 2328 件。[③]

三　"蒙疆"支部和海南岛支部

　　"蒙疆"支部。1941 年，伪蒙疆政权联络兴亚院，要求同仁会在该地区设置医疗卫生机构，同仁会遂决定于是年 12 月在河北省张家口成立"蒙疆"支部，并于该支部之下设置张家口诊疗班和"蒙疆"防疫处，聘请京都大学医学部教授户田正三担任"蒙疆"支部部长，医学博士三轮清三担任张家口诊疗班班长，其他医护人员共 28 人，"蒙

---

①　文生书院编『日本社会事業年鑑 昭和 17 年版』、1942、263 頁。
②　財団法人同仁会「班処情報」、『同仁会報』第 2 号、1940 年。
③　財団法人同仁会編『同仁会四十年史』、534 頁。

疆"防疫处处长由医学博士间鸠春男担任，其他医护人员 7 人。①
1942 年 3 月，该部及附属诊疗防疫机构开始负责"蒙疆"地区的诊疗
和卫生防疫工作。同年 4 月，同仁会接收华北疗养所，使其在"蒙疆"
地区的"医疗卫生事业"再度扩大。

　　海南岛支部。1942 年 3 月，原隶属于台湾总督府的博爱会将其管
辖的海南岛医疗卫生设施移交给同仁会，该会随即在海口成立海南岛
支部，聘请热带化学研究所所长下条久马一担任海南岛支部部长。②
海南岛支部之下设海南岛诊疗班和海南岛防疫处，海南岛诊疗班班长
由医学博士小林义雄担任，其他医务人员达 95 人，海南岛防疫处处长
由医学博士铃木稔担任，其他医务人员 21 人。③ 海南岛支部及附属诊
疗防疫机构成立后，主要继承博爱会在海南岛地区的诊疗和卫生防疫
工作。1942 年 12 月，海南岛支部又在榆林港成立榆林诊疗防疫班，④
同仁会在海南岛的势力不断扩大。

四　其他医疗卫生机构

　　为了不断扩大同仁会在中国的医疗业务和影响范围、加强对中国
医疗卫生方面的调查研究，并推进所谓的"大东亚新秩序建设"，1941
年 12 月同仁会制定《同仁会地区卫生研究所规程》，规定其"事业"
有："1. 调查研究中国之传染病、风土病及其他特殊疾病，以谋预防
及扑灭；2. 调查研究大陆养生法，及其他保健卫生之实行方法；3. 调
查研究中医及中草药；4. 调查研究如何创成及发展东亚新药学；5. 调
查研究有关卫生保健事项；6. 编制保健卫生等项统计；7. 调查研究其
他有关保健卫生诸事项。"⑤ 卫生研究所由同仁会支部及各地诊疗防疫
班（处）统辖和指导监督，研究所实施保健卫生方面的调查研究，所
长必须征得支部部长同意，必须与地区防疫处处长、诊疗班班长等协

---

① 　财团法人同仁会编『同仁会四十年史』、534 页。
② 　黄福庆：《近代日本在华文化及社会事业之研究》，第 77 页。
③ 　财团法人同仁会编「班处情报」、『同仁会会报』第 10 号、1942 年。
④ 　财团法人同仁会编「海南岛诊疗防疫簿余白」、『同仁会会报』第 15 号、1943 年。
⑤ 　财团法人同仁会编『同仁会四十年史』、836 页。

议通过，且按照其指定的调查研究事项开展工作，每年向其提交"工作报告书"。

按照上述规程，1941 年 12 月 13 日，同仁会在张家口设置"蒙疆"卫生研究所，所长由医学博士吉植精逸担任，其他所员 5 人。1942 年 1 月，同仁会在北京开设华北卫生研究所，所长由高木逸磨兼任，其他所员 18 人。① 1942 年 3 月，上海自然科学研究所内部改组，将其卫生学科、病理学科、细菌学科、生药学科划归同仁会，由此开设华中卫生研究所，作为同仁会之"医疗卫生事业"，从事保健卫生等专门的研究。调查所址，即在自然科学研究所内，所长亦由医学博士佐藤秀三担任。② 与此同时，同仁会继承博爱会在海口的卫生机构设施，在此基础上创办海南岛卫生研究所，所长由铃木稔兼任，其他所员 10 人。③

抗战后期，同仁会对华"防疫事业"仍在不断扩张。1942 年 8 月，同仁会在天津成立诊疗班。同年 10 月，同仁会在金华、无锡分别设立诊疗防疫班。1942 年以后同仁会又陆续"接管"华北、华中、华南沦陷区大批医院，"接管的医院有蒙疆华北疗养院、保定福音医院、天津马太夫医院、归德圣保罗医院、开封福音医院、徐州坤维医院、苏州福音医院、镇江基督医院、无锡普仁医院、南京鼓楼医院、杭州广济医院、上海仁济医院、上海医学研究所、九江妇幼医院、庐山万国医院、海南岛福音医院等医院"。④ 同年 7 月，同仁会在东京成立兴亚医疗研究所，⑤ 其防疫机构日益扩张，基本上掌控了广大沦陷区的"医疗卫生事业"。直至 1945 年日本彻底战败，同仁会最终解散，并撤离中国。

① 東亜研究所第一調査委員会編『日本の対支投資：第一調査委員会報告書 下卷』原書房、1974、181 頁。
② 《同仁会创立华中卫生研究所》，《中大周刊》第 61 期，1942 年。
③ 財団法人同仁会編『同仁会四十年史』、634—636 頁。
④ 財団法人同仁会編『同仁会四十年史』、637 頁。
⑤ 財団法人同仁会「同仁会記事」、『同仁会報』第 11 号、1942 年。

第四节　战后对同仁会的接收与改造

　　同仁会在中国的医疗防疫机构颇为完备、渗透力和活动面亦是相当广泛。无怪当时国民政府有此感叹，"抗战以前，北平中央防疫处是全国第一个防疫机构，设备相当完备，成绩相当良好"。① 然而，同仁会在沦陷区广设卫生防疫机构，绝非仅为沦陷区民众提供医疗服务，完成日本当局交代的"宣抚工作"才是其首要目的，重在"安抚"、同化沦陷区民众，使其安于日本的殖民统治。事实上，日本侵略者在战败撤退回国之前曾大肆破坏战时设置的诊疗防疫机构，如北京的华北中央防疫处，在天坛以内的原有房舍建筑，几乎被毁坏殆尽，仪器被日本人搬走，整个卫生防疫处，竟变成一片荒凉之地。② 再次证实了同仁会"防疫事业"的本质，为服务于日本侵华政策，一旦日本大陆政策败亡，即大肆破坏此前在中国建立的各种社会文化机构及设施。抗战结束以后，驻日盟军总司令部以同仁会"协助并支持战时日军的侵略活动"为由强令其解散，同仁会在华医疗机构最终被国民政府接收。1945 年底，华中中央防疫处由上海市卫生局接管，华北中央防疫处则由北京中央防疫实验处（后改为国民政府中央防疫处）接管。③

　　战后国民政府不仅接收了原同仁会卫生防疫设施，而且复建、扩建了部分防疫机构，并借鉴同仁会卫生防疫经验，恢复和发展了国内医疗卫生事业。抗战胜利以后，国民政府组建善后救济总署，着手恢复全国医疗、卫生、救恤等社会事业。1946 年初，冀热平津分署（以下简称分署）在北京主持善后工作，目的是协助一些必须复员而无力复员之机关，使其恢复战前的规模，弥补因战争而遭受的损失，并且

---

① 善后救济总署冀热平津分署编《善后救济总署冀热平津分署一年来之工振》，1946，第 1 页。

② 善后救济总署冀热平津分署编《善后救济总署冀热平津分署一年来之工振》，第 1 页。

③ 福士由紀「戦後上海における公衆衛生事業の再編：防疫施設の接収管理問題を中心に」、『一橋研究』第 29 巻 4 期、2005 年。

采取以工代赈之办法，寓救济于善后，使"工"与"赈"同时收效。此种办法公布以后，国民政府中央防疫处积极联络分署，希望分署采取以工代赈办法，恢复、重建卫生防疫机构。经过反复考量，分署认为中央防疫处的请求合乎以工代赈之原则和社会救济之需求：第一，中央防疫处是一个必要的机构，民族的健康仰赖甚力；第二，该处房舍建筑的确是因战争所受到的破坏，并且增加了实验盘尼西林（青霉素）的新工作，这一点合乎联合国善后救济总署的规定，而且损失的程度在50%以上；第三，该处经济力量不足，复员经费虽由新卫生署接洽，虽为5000万元，连同已有材料不过1亿元之谱，而该处修建所需，何止数亿；第四，工赈的原则，在救济失业工人以及难民贫民，北京乃首善之区，因战争元气大伤，若干人民遭受失业之苦，因此举力工赈，可以给不少人民得到实际帮助。①

鉴于以上原因，分署遂通过中央防疫处请求，双方签订第一次工赈合约，合约中详细规定了工程类别，所需工额工人、待遇以及其他相关事项。重建工程主要包括两大项：其一是修建房舍，其中包括实验大楼、鼠疫室、破伤风室、宿舍、道路等处，共需83000工时；其二是修建盘尼西林试验室，需要38000工时。二者共需121000工时。②工人配备方面，主要从社会局与其他慈善团体所主办之工厂，以及其他需要救济的失业工人、难民中征调，工人之管理主要由中央防疫处负责。工期规定，自1946年2月18日至9月18日7个月内完成。重建工程开始较为顺利，5月中旬就完成全部工程之一半。③

中央防疫处鉴于防疫、血清、种痘、牛痘疫苗制造之设施等亦重要，然耗费甚巨，该处遂援引前例，仍采取以工代赈之办法，完成新增工程。新添工程情况，马厩每间需4260工时，共4间，需17040工时；马夫室2440工时；兽医室3000工时；牛棚及隔离室2460工时；

---

① 善后救济总署冀热平津分署编《善后救济总署冀热平津分署一年来之工振》，第1页。

② 善后救济总署冀热平津分署编《善后救济总署冀热平津分署一年来之工振》，第1页。

③ 《中国善救总署冀热平津分署办理急赈情形》，《天津市政统计月报》第1卷第3期，1946年8月。

牛痘接种室 3940 工时；蒸汽消毒室 2600 工时；男女工宿舍合计 32500
工时；警卫室 3000 工时；修建道路和其他设施合计 2500 工时；杂房
700 工时；其他工程 2600 工时。前述全部工程共计耗费 72780 工时。①
7 月份，中央防疫处复要求分署兴建防疫机构相关基础设施，共需
60400 工时，要求与第二期合约工程一并办理。经过大半年的修复，
至 1946 年 9 月 22 日，分署与中央防疫处签订第一期工程完工，此期
工程共耗费壮年工 96062 工时、老幼工 6652 工时，全部工时相当于
675114 磅面粉价额。分署称赞道："如果第二期工程完工，则中央防
疫处不仅可以恢复战前的规模，而且新增了不少建筑与设施，对于华
北以及全国防疫工作，必有更进步更满意的贡献。"② 由以上工程量可
见，仅同仁会华北中央防疫处一处机构之修复竟需耗费如此巨大的人
力、物力、财力，倘若再修复华中、海南岛、"蒙疆"支部及其附属
分班，其工程量更是难以计数，进而证实了日本为从根本上殖民、同
化中国可谓不遗余力，而此类巨额经费是日本当局残酷压榨沦陷区民
众所得。战后国民政府虽力图重建、修复原同仁会防疫机构，却难以
恢复其全部机构，尤其此时国民党正在策划发动全面内战，将全国人
力、物力、财力倾注于独裁统治事业，其防疫机构在缺乏资金运转的
情况之下难以为继，发展、完善华北乃至全国的防疫事业更是无从谈
起，而此项巨大的惠民工程只有等新中国成立以后方能真正实施。

小　结

日军全面侵华时期，北京、上海等地出现严重的霍乱等疫情，与
此同时，日军为加速灭亡中国投放细菌炸弹，导致恶性传染病蔓延沦
陷区、交战区。为防止前述传染病扩散至侵华日军及日本侨民群体、
"安抚"沦陷区广大民众，日本当局委派同仁会负责实施对华"防疫

---

① 善后救济总署冀热平津分署编《善后救济总署冀热平津分署一年来之工振》，第 2 页。
② 善后救济总署冀热平津分署编《善后救济总署冀热平津分署一年来之工振》，第 3 页。

事业"，活动范围主要在广大沦陷区。

通观全面侵华时期同仁会在中国沦陷区卫生防疫事业的发展轨迹，呈现出以下鲜明的特质。

其一，卫生防疫机构及其活动辐射面广。日本出台对华"防疫事业"后，同仁会遂在北京、上海分别成立华北防疫班和华中防疫班，并在石家庄、天津、塘沽、太原、济南、烟台、青岛、徐州、新乡、南京、镇江、上海、九江等地成立分班，而七七事变之前同仁会在关内仅设有北京、青岛、济南、汉口几大医院，可见同仁会势力有了明显扩张。及至日本兴亚院接替外务省掌控对华"防疫事业"后，同仁会势力再度扩大，先后成立华北、华中、"蒙疆"、海南岛等四大支部，并在天津、保定、石家庄、张家口、太原、运城、临汾、济南、青岛、烟台、开封、新乡、徐州、海州、南京、镇江、无锡、芜湖、苏州、杭州、金华、汉口、九江、南昌、海口等地改建、新建诊疗防疫班或防疫处，其触角伸向北京、上海、天津、内蒙古、河北、山东、山西、河南、江苏、浙江、安徽、湖北、江西、海南等省市，紧随日军侵华步伐自北向南不断扩张其势力，几乎渗透、辐射沦陷区每一角落，垄断、控制了各沦陷区的卫生防疫。①

其二，日本当局控制十分严密。初期同仁会卫生防疫经费基本由日本外务省补给，后转由兴亚院补给，日本当局正是利用此种补给不断加强对同仁会各项"事业"的管控。外务省曾明确规定，"同仁会防疫事业和其他相关活动应当遵从外务大臣之命令实施；每年必须向外务大臣提交事业经过状况报告书和收支结算书等；同仁会一切不动产、动产及权利的处分，应预先得到外务大臣之许可；外务大臣随时派员检查同仁会收支结算及防疫事业实况；如违反外务省命令而未能达成防疫事业之目的，将立即停付并收回所有助成金"。② 此外，各地分办医疗业务，还须接受日本派遣军、特务机关指挥和监管。同仁会防疫机构与日本军部联系尤为密切，其医疗业务和医护人员，必须接

---

① 　北海道帝国大学東亜研究会編『中支方面に於ける日本醫學の進出』、5頁。

② 　「昭和十三年度助成 分割4」、『同仁会関係雑件/防疫事務関係 第一巻』、アジア歴史資料センター、B05015314800。

受日本派遣军或特务机关的指挥。如同仁会华中防疫部长谷口腆二曾接受日本军部指示，"有关医务必须接受区属军医部长指示；在上海、南京组建移动防疫班，负责日军占领区住民的卫生防疫事宜；相关事业必须与上海及南京驻军野战防疫部紧密联系；同仁会诊疗班及其分担业务须相互协调；及时提交勤务要领、业务月报"。① 另外同仁会有些地方防疫班（处）长直接由日本驻中国各地陆军军医担任，如石门和太原诊疗防疫班即为此种情形，已完全沦为日本军部的附庸，变为侵华日军服务之医疗机构。由此可见，侵华战争时期同仁会的性质发生明显变化，带有明显的政治色彩，同仁会广建各种医疗防疫机构，目的是为日本全面侵华战争提供医疗卫生服务、满足侵华日军的医疗救护需要，成为"协力"日本当局实施侵华国策的重要工具。

其三，同仁会卫生防疫的本质仍然是同化和渗透。同仁会创始人曾反复强调，其"事业"基于"分享人类的幸福""博爱仁慈"的主旨，是"一种人道的事业"，② 其会员亦认为同仁会是"建立与善邻同仁的基础上的人道的、文化的对华团体"，并无任何政治野心，不分国界、不图谋私利，完全是出于"解救邻邦生民"的"仁心"而发。③ 表面上，同仁会在沦陷区设置大量医疗防疫机构，对于改善当地医疗卫生状况、预防传染病蔓延起了一定作用，然此种表象并不能掩饰其殖民同化和渗透的本质。同仁会诊疗防疫对象包括日本侨民、日本军人、沦陷区民众。甚至对"慰安妇"、妓女等群体实行梅毒检测和健康调查，其根本目的在于防止恶性传染病"危及"日本侨民及日本军队，影响其作战力。④ 此外，同仁会在日本军部授意之下，对沦陷区普通民众实施的免费或优惠治疗，系配合日本军部"布施皇国之恩泽""安定教化民心"，实施"宣抚工作"，⑤ 借此"培养"中国民众的亲日意识，巩固日本帝国主义在沦陷区的殖民统治。可以说，战时

---

① 财团法人同仁会编『同仁会四十年史』、472 页。
② 小野得一郎编『同仁会二十年誌』、22—24 页。
③ 有贺长文「同仁会の使命」、『同仁』第 1 卷第 2 号、1926 年。
④ 外务省文化事业部编『昭和十三年度执务报告』、1938、44 页。
⑤ 财团法人同仁会编『同仁会四十年史』、581 页。

同仁会已蜕变为日本帝国主义的附庸和帮凶。诚如黄福庆所说，同仁
会"诊疗班的设立，系配合日军的军事侵略，各诊疗班的医护人员，
须受日本派遣军或特务机关的指挥，这一点与同仁会设立的宗旨及经
营医院时代的性质，已有显著的不同"。[①] 所幸的是随着日本侵华战争
彻底败亡，同仁会终止一切活动，其卫生机构设施最终由中国政府
接收。

---

① 黄福庆《近代日本在华文化及社会事业之研究》，第 97 页。

第五章
侵华时期日华学会"留日学生管理事业"

　　文化教育侵略是日本侵华第二战场，在其侵华过程中扮演着重要角色。日华学会从 1918 年成立，至 1945 年日本战败投降而解散，经营"留日教育管理事业"20 余年。日华学会先后建造 11 处寄宿舍，解决部分留日学生寄宿问题；经营东亚学校，并发展成为当时最大的留日预备学校；① 接待大批旅日考察人员（含留日学生）；调处各种留学事务；救助贫病、受灾留日学生；举办各种文娱活动；加强对留日学生的调查和管理。客观而论，日华学会这些举措取得了一定成效，获得部分留日学生的理解和支持。然而，日华学会始终与日本政府保持紧密联系，企图通过改善中国学生在日本留学处境，消除留日学生对日本政府的不信任感和排斥态度。日本当局出台《对支文化事业特别会计法》之后，日华学会被纳入日本"对支文化事业"体系，成为日本与欧美抢夺中国留学教育话语权、"怀柔"中国留学生的重要工具。侵华战争全面爆发以后，日华学会被纳入战时体制，其性质发生明显变化，在日本当局的管控之下，由民间教育团体蜕变为半官方机构，成为协助日本当局实施侵华的重要机构。

　　既往研究较少关注日华学会及其活动，偶有涉及者大抵简述日华学会留学生管理事务、梳理日华学会相关资料，并利用其调查统计研究留日教育发展轨迹，并未就日华学会本身展开全面、深入研究，相

---

　　① 余子侠、贺云飞：《东亚高等预备学校对华学生预备教育的殖民化转向》，《浙江大学学报》2022 年第 4 期。

关日文档案挖掘利用尚不充分。① 有鉴于此，本章拟就日本外务省资料与日华学会相关档案，论述日华学会成立的历史背景、日华学会经营情况，进一步分析日华学会的"怀柔"性质。

第一节　日华学会的缘起

日本自明治维新以后迅速走上强国之路，也成为中国主要的学习对象，甲午战后，中国派遣大批学生东渡求学。起初，留日学生群体并未引起日本当局的重视，也没有成立专门的管理机构，留日学生处境和待遇堪忧。"近代负笈欧美的中国留学生虽然感受到种族歧视的苦痛，但远没有留日学生那样感受至深至切。只要翻阅近代留日学生的东游日记、书简、自传以及以留日生活为素材的小说，几乎篇篇充满辛酸血泪。"② 民国以后，日本当局为了吸引更多中国学生赴日留学，同时"缓和"中国人民的反日、排日情绪，开始考虑改善留日学生的待遇问题。

一　日华学会成立背景

甲午战争以后，中日国际地位逆转，日本成为中国学习和效仿对

---

① 国内相关研究成果可参见黄福庆《近代日本在华文化及社会事业之研究》；周一川《近代中国留日学生人数考辨》，《文史哲》2008 年第 2 期；孙颖《二十世纪上半叶日本的"对支文化事业"研究——基于"东方文化事业总委员会"与"日华学会"的考察》，东北师范大学博士学位论文，2008 年；徐志民《1918—1926 年日本政府改善中国留日学生政策初探》，《史学月刊》2010 年第 3 期；石嘉《近代以来台湾的留日教育》，《北京社会科学》2015 年第 10 期；石嘉《日华学会与留日教育（1918—1945）》，《北京社会科学》2018 年第 5 期。日本研究成果可参见〔日〕实藤惠秀《中国人留学日本史》；阿部洋『对支文化事业への研究——戦前期日中教育文化交流の展開と挫折』；孙安石「戦前中国人留学生の実習と見学」，載大理浩秋・孙安石編『留学生派遣から見た近代日中関係史』御茶の水書房、2009。

② 王奇生：《中国留学生的历史轨迹：1872—1949》，湖北教育出版社，1992，第104 页。

象，"举国上下，莫不视游学东瀛为富强之要径"。① 1896 年，清政府首次派遣唐宝锷等 13 人赴日本留学，开启近代中国人留学日本的历程。② 此后负笈东渡者络绎不绝，"人数最多的时候，竟达八千之谱，其盛况在世界各国留学史上可说是空前的"。③ 然而，近代中国留日学生在日本备受冷遇，日本当局对中国留学生漠不关心、放任不管，清末民初日本尚未成立专门为留学生服务的机构或团体，日本文部省更多是监控留学生，清政府设置留日学生监督处的主要目的是监控留日学生思想、行为，防止其宣传革命思想、走上革命道路，而不是为留日学生提供服务。加之，清末以还国内局势动荡不安，中日关系云谲波诡，留日学生集体归国事件时有发生，1906 年、1912 年、1916 年及 1919 年留日学生界连续出现四次集体归国事件，④ 民国以后留日学生人数明显下降。"从清末到民国，赴日本留学整体低迷的主要原因在于日本留学自身的缺陷、清政府留学生派遣政策的转变、美国积极联系中国教育界的成功，结果赴美留学生激增。"⑤ 中国留学生数量不断减少，引起日本当局注意，为与欧美竞逐中国生源，日本政府开始考虑改变以往对中国留学生冷漠无援的态度，着手成立一个专为中国学生服务的机构团体，以便吸引中国学生赴日留学。

1918 年 3 月，日本举行第 40 届国会，中国留学生问题首次成为国会议题，高桥本吉等议员提出，"发扬东洋文化，为完美之人文社会作出贡献，乃吾国之责任，尤以协助中国人之教育，视为敦睦邦交、确保东洋和平之要务，望政府从速制定适当措施"。⑥ 同年 4 月，日本外务省出台《中国人留学日本情况改善策》，首次提到改善中国留学生待遇问题，指出其工作方针为"尽量招募中国优秀学生；废除偏颇的待遇；宣传留学日本的特长；中日双方合作办学；官民协力改善中国

①　〔日〕实藤惠秀：《中国人留学日本史》，"译序"。
②　「今般清国ヨリ学生大約十名内外キ招集帝国ノ学校」、『在本邦清国留学生関係雑纂/陸海軍外之部』、アジア歴史資料センター、B12081623200。
③　〔日〕实藤惠秀：《中国人留学日本史》，"原序" 第 11—12 页。
④　校史編集委員会編『成城学校百年』成城学校出版、1985、47 頁。
⑤　阿部洋『中国の近代教育と明治日本』龍溪書舎、2002、133 頁。
⑥　大日本帝国議会誌刊行会編『大日本帝国議会誌 第十一巻』、1929、565 頁。

留学生待遇"。① 为实施前述方针，外务省还提出具体实施方案，涉及留学生优待办法、留学经费补助、师生关系改善、留学学校管理、留学教育完善、留学生活改善、留学生管理机构设置、中日教育机构合作等内容。② 这些措施在一定程度上改变了留日学生处境，也为日华学会的成立准备了条件。

二　日华学会的成立

1917 年秋季，内藤久宽等人前往中国考察，并会见归国留日学生，协议成立管理留日学生之机构，得到企业大亨涩泽荣一和东洋协会会长小松原英太郎等人的支持。③ 1918 年 5 月，涩泽荣一、高桥是清、内藤久宽、近藤廉平、清浦奎吾、小松原英太郎、三岛弥太郎及各大高校校长，联合日本工商界、教育界、新闻界名流在东京组建日华学会，作为统筹留日学生事务的民间团体。成立大会选举小松原英太郎担任会长，内藤久宽、白岩龙平、山本条太郎等人担任常务理事，聘请涩泽荣一、近藤廉平、丰川良平、清浦奎吾、泽柳政太郎、田所美治、益田孝、江庸（留日学生监督）等人担任日华学会顾问。④

日华学会成立伊始，设有评议会，由柏原文太郎、阪田贞一、川口义久、冈实、谷山初七郎、和田猪三郎、吉武荣之进、嘉纳治五郎、濑户虎记、前田多藏、齐藤清太郎、松本亀次郎、松浦镇次郎、石田新太郎、寺尾亨、汤原元一、田岛义方、武部钦一、武部直松、小川平吉、小幡酉吉、须藤传次郎、佐藤正之、佐野善作、竹内义一、小村欣一、赤司鹰一郎等人担任评议员。⑤

纵观日华学会的人员构成，涩泽荣一号称"日本现代企业之父"，

① 「支那人本邦留学情況改善案」、『在本邦各国留学生関係雑件』、アジア歴史資料センター、B12081645100。
② 「支那人本邦留学情況改善案」、『支那政見雑纂 第三巻』、アジア歴史資料センター、B03030276600。
③ 財団法人日華学会編『日華学会二十年史』、1939、10 頁。
④ 阿部洋編『日中関係と文化摩擦』巌南堂書店、1982、95 頁。
⑤ 財団法人日華学会編『日華学会第一回報告』、1918 年 5 月—1919 年 3 月、1—4 頁。

清浦奎吾曾任日本内阁总理大臣，高桥是清历任日本首相、银行总裁，近藤廉平、三岛弥太郎、内藤久宽、小松原英太郎等人均为日本有名政客、银行家、企业家。① 由此可见，日华学会虽为民间团体，实则与日本政界、实业界有着莫大联系。

其业务围绕留日学生管理事务展开，具体包括"安排留学生寄宿舍、留学生实习与见学场所的介绍，教育技艺方面的调查研究，留学生入学、转学等的介绍，留学院校及其教育者之间的联络，其他相关事宜"。② 日华学会统筹的留学管理事务较为全面，扮演了辅助日本政府管理中国留学生的角色，尤其日本国会通过《对支文化事业特别会计法》之后，日华学会被纳入"对支文化事业"体系，在外务省控制之下逐渐变成协助日本当局管控留日学生的一个半官方机构。

创设日华学会之经费，"源自留学生同情会剩余资金 37000 余元与内藤久宽捐赠 10000 元"。③ 日华学会成立伊始，其运营经费主要依靠民间捐款，其后学会事业不断扩大，仅靠企业或个人捐款难以维持，于是向日本政府申请补给，不久得到日本外务省的支持，1921 年外务省补给该会 150000 元。1923 年 3 月，日本政府通过《对支文化事业特别会计法》，1924 年以后，外务省开始利用庚子赔款补给日华学会，"至 1937 年共补给 774737.93 元，其他企业、个人捐款 292358.60 元"。④ 侵华战争全面爆发以后，外务省继续加大对日华学会的补给力度。"1937 年外务省补给日华学会 89032 元，1938 年补给 72429 元，1939 年补给 83704 元，1940 年补给 87000 元；1941 年转由兴亚院补给，补给经费 352853 元；1942 年转由大东亚省补给，是年补给经费

---

① 吉野鉄拳禅著『時勢と人物』大日本雄弁会、1915、317 頁。
② 财团法人日華学会编『日華学会第五回報告』、1921 年 4 月—1922 年 3 月、39—40 頁。
③ "留学生同情会"缘起：1911 年中国国内爆发辛亥革命，大批中国留日学生纷纷返国，三井物产、日清汽船等与中国关系密切的一些企业，在政府的默许和支持下，组织"留学生同情会"，筹款十多万元，通过文部省和中国驻日公使馆借给留日学生以便其回国革命。
④ 财团法人日華学会编『日華学会二十年史』、40 頁。

192674 元，1943 年补给 240163 元，1944 年补给 290163 元。"① 1945 年初，文部省与大东亚省协议共管日华学会，并补给其经费。②

　　日本外务省正是通过经费补助，不断强化对日华学会管控，使其成为日本当局加强监管留日学生的重要机构。外务省曾明文要求，"日华学会必须设置评议机关，日华学会组织和职员必须由外务大臣委派；日华学会经营学校及其他业务必须接受外务大臣之指示；教职员采用、晋升、辞退及支付薪资等均由外务大臣掌控；日华学会须定期向外务省报送收支预算书、事业概况报告书、补助申请书、决算明细书等材料；外务大臣定期委派官员检查其收支计算和经营实况，如违背外务大臣命令将立即停付并收缴全部助成金"。③

三　日华学会的扩张

　　日华学会起初运营并不顺利，"该会成立之际，正碰上共同出兵西伯利亚问题，愤而归国的留学生认为该会是日本向他们施展的怀柔手段，而当时受委为留学生监督准备赴任的江庸，风闻将被邀作日华学会会长，亦表示不愿前往出任。"④ 鉴于此种情形，日本当局开始改变外交方向和留学生政策，委托日华学会实施部分"改善策"。在外务省补给下，日华学会规模和事业不断扩大。1918 年 5 月，日华学会借用东洋协会建筑，⑤ 将其改建为事务所，开始办理留日学生相关各种事宜。⑥ 1921 年，日华学会购买日东通信会社建筑，"将其改建

① 主要参考外務省外交史料館藏『日華学会関係雑件/補助関係』第四卷、第五卷、第六卷；财团法人日華学会編『日華学会第二十一至二十八回年報』、1937 年 4 月—1945 年 3 月。
② 财团法人日華学会編『日華学報』第 97 号、1945 年 10 月、28 頁。
③ 「命令第八號」、『日華学会関係雑件/補助関係』第四卷、アジア歴史資料センター、Ref. B05015273300。财团法人日華学会『日華学会二十年史』、40 頁。
④ 〔日〕实藤惠秀《中国人留学日本史》，第 94 页。
⑤ 按，东洋协会，19 世纪末由桂太郎等人在东京创立，该协会名为学术研究团体，实为日本搜集朝鲜、中国及其他周边邻国情报，培养"拓殖人才"，宣传日本文化和殖民思想之机构。主要参考财团法人國際文化振興会『本邦國際文化團體便覧』、1934、67 頁。
⑥ 财团法人日華学会編『日華学会第一回報告』、1918 年 5 月—1919 年 3 月、1—4 頁。

成事务所，设有理事室、事务室、集会所、接待所、客室、新闻杂志阅览室、学生集会所、旅馆、娱乐室等，次年9月该会整体迁往此处"。① 1923年9月，日本发生关东大地震，日华学会受灾严重，事务所毁于一旦。次年，外务省资助日华学会59896元建造日华会馆，② 使其各项业务迅速得以复兴。"1925年日华学会接管东亚高等预备学校，1935年将其改建为东亚学校，起初该校留日生仅为230余人，后来增至800名，至1935年更是激增至2000名，逐渐发展成为当时最大的留日预备学校。"③ 与此同时，日华学会还先后经营10余处留学生寄宿舍，解决部分留日学生寄宿问题。至全面抗战时期，日华学会已发展成为日本管理留日学生最完备的机构之一。1940年4月，外务省补助日华学会组建留学生教育部，使其留学生管理业务更为系统、严格。④ 以下详细列出《日华学会留学生教育部事业计划》内容：

一、协商入学事宜相关事项：

1. 入学志愿学校的选定指导；

2. 与学校及相关各机关的联络交涉；

3. 入学后的学习状况视察辅导。

二、福利设施有关事项：

1. 宿舍的斡旋：关于日华学会寄宿舍的扩充整备、寄宿舍状况的视察、一般从事寄宿业务者的联络、指定下宿的设定等；

2. 学生会的组织；

3. 俱乐部的设置：俱乐部内设有食堂、图书阅览室、私书函室、谈话室等；

4. 旅行、运动、见学、实习等事宜的指导斡旋；

5. 听讲会、听习会等的计划。

---

① 财团法人日华学会编『日华学会第六回年报』、1922年4月—1923年3月、6页。
② 财团法人日华学会编『日华学会二十年史』、25页。
③ 财团法人日华学会编『日华学会二十年史』、153页。
④ 财团法人日华学会编『日华学会第二十四回年报』、1940年4月—1941年3月、12页。

三、调查、报告相关事项：

1. 留学生制度及相关教育法规的调查

2. 留学介绍、各学校介绍等相关印刷物的编辑、发布；

3. 学生的感想、希望等的调查；

4. 毕业生名簿及毕业生消息等的编辑；

四、其他：留学生指导奖掖相关事项。①

从上述"事业计划"可知，日华学会比较重视指导和帮助留日学生解决入学和就学问题，尤其重视推荐和介绍留学学校及研究机构，该会曾推荐大批留日学生进入日本各地学校留学；重视指导留日学生修学、见学、实习、毕业，积极联络日本政府机构、教育机构、公司会社等；重视改善留日学生的学习和生活环境，积极建造寄宿舍，并联络其他寄宿舍；加强对留日学生的监管和调查，掌握留日学生的"动静"。总之，日华学会在外务省支持下，其经营业务不断扩大，尤其侵华战争全面爆发以后，日本政府资助力度明显加强，日华学会也趁机扩张其势力和影响，开始大规模接收日伪政权派遣的留日学生。

第二节　日华学会经营的业务

日华学会初为日本政府和留日学生之间的民间团体，日本当局意在利用此种形式上的民间团体来改善留日学生待遇，以消除其对日本政府的不信任和恐惧感，吸引更多中国学生赴日留学。日华学会主要通过以下途径达此目的。

一　经营留学生寄宿舍

早期留日学生大多选择租住廉价的下宿屋，下宿屋因缺乏有力监

---

① 财团法人日華学会编『日華学会第二十四回年报』、1940 年 4 月—1941 年 3 月、12 頁。

督和管理，各种问题层出不穷。宫崎滔天曾十分同情留日学生的"处境"："房东揩他们的油；扒手、小偷虎视眈眈；下女替买东西要一成半的小费；野妓打扮成女学生，以妖眼来诱惑；得病即为医生之饵。"① 日华学会曾调查留日学生在下宿屋的生活环境，"留学生平素接触者几乎是未曾受教育的男女用人，其言语、动作多陋劣、野卑"。② 住宿问题严重影响留日学生的学习和生活，同时影响其对日态度："对本邦思慕追思之念甚为稀薄，更为甚者留下难以消去之恶印象。"③ 为解决此种问题，日华学会着手兴建留学生寄宿舍，在住宿方面尽可能满足留日学生需求，借此培养留日学生的亲日意识。

　　日华学会成立伊始，开始经营第一中华学舍，起初仅能接收 20 余名留日学生，显然难以解决留日学生寄宿问题。1920 年 10 月，日华学会在东京本乡区购买三栋房屋，将其改建成第二中华学舍，接收留日学生人数增加。④ 1924 年 3 月，兴建翠松寮、白山女子寄宿舍、大和町女子寄宿舍，开始接收女留学生。⑤ 1929 年 11 月，外务省补助日华学会 3500 元，兴建女子寄宿舍中野学寮。⑥ 20 世纪 30 年代以后，日华学会早期建造的第一中华学舍、第二中华学舍及大和町女子寄宿舍因其建筑老化、经费掣肘而关闭。然而，申请租住日华学会寄宿舍的留日学生人数却不断增加，日华学会于是寻求外务省经费支持，兴建一批新的寄宿舍。1935 年 11 月，日华学会在东京神田区建造东亚寮，该寄宿舍仅供东亚学校的留学生住宿。⑦ 1936 年 5 月，日华学会在东京麴町区建造平和寮，次年开始接收留日学生寄宿。⑧ 1942 年 8 月，

① 宫崎滔天『三十三年の夢』平凡社、1967、181 頁。
② 財団法人日華学会編『日華学報』第 81 号、1940 年 9 月、50—51 頁。
③ 財団法人日華学会編『日華学報』第 81 号、1940 年 9 月、50—51 頁。
④ 財団法人日華学会編『日華学会第四回報告』、1920 年 4 月—1921 年 3 月、19 頁。
⑤ 財団法人日華学会編『日華学会第七回年報』、1923 年 4 月—1924 年 3 月、15 頁。
⑥ 財団法人日華学会編『日華学会二十年史』、66 頁。
⑦ 財団法人日華学会編『日華学会第十九回年報』、1935 年 4 月—1936 年 3 月、12 頁。
⑧ 財団法人日華学会編『日華学会第二十回年報』、1936 年 4 月—1937 年 3 月、13 頁。

日华学会在东京赤城下町建造赤城寮，并接收 40 名伪河北省政府公费留学生。[1] 1943 年 8 月，日华学会在东京西巢鸭町建造巢鸭寮，并接收 29 名伪河北省政府公费留学生。[2]

　　尽管日华学会先后开设十余处寄宿舍，然其寄宿舍规模十分有限，接收学生总数不过 200 名，而且深受中日关系影响。九一八事变后，中日关系急剧恶化，大批留日学生归国，寄宿留日学生随之骤然减少，1931 年 3 月寄宿人数为 144 名，1932 年 3 月减至 53 名，此后人数缓慢上升。[3] 不久，日本侵华战争全面爆发，南京国民政府停派留日学生，直接影响到日华学会寄宿舍投宿人数。1937 年 8 月，所有寄宿学生仅为 26 人，9 月平和寮因无寄宿学生而关闭，至 1938 年 2 月全部寄宿学生仍不过 30 人（详见表 5-1）。[4] 全面抗战时期，伪满政府和关内伪政府相继派遣数批留日学生，日华学会寄宿舍学生人数有所回升，1941年寄宿学生 82 人，1942 年升至 118 人，1943 年增至 131 人，1944 年复减至 86 人，直到抗战结束日华学会寄宿舍才停止接收留学生。[5]

表 5-1　1937 年 4 月至 1938 年 3 月各寄宿舍学生人数统计

单位：人

时间	东亚寮	平和寮	中野学寮	翠松寮	白山学寮	合计	1936 年总数
1937 年 4 月	30	未开	29	14	17	90	98
1937 年 5 月	30	19	30	12	14	105	94
1937 年 6 月	27	19	30	12	12	100	95
1937 年 7 月	22	14	35	10	5	86	78

---

[1]　财团法人日华学会编『日華学会第二十六回年報』、1942 年 4 月—1943 年 3 月、14 頁。

[2]　财团法人日华学会编『日華学会第二十七回年報』、1943 年 4 月—1944 年 3 月、16 頁。

[3]　财团法人日华学会编『日華学会第十七回年報』、1933 年 4 月—1934 年 3 月、12 頁。

[4]　财团法人日华学会编『日華学会第二十一回年報』、1937 年 4 月　1938 年 3 月、13 頁。

[5]　财团法人日华学会编『日華学会第二十八回年報』、1944 年 4 月—1945 年 3 月、22 頁。

续表

时间	东亚寮	平和寮	中野学寮	翠松寮	白山学寮	合计	1936 年总数
1937 年 8 月	7	3	3	10	3	26	73
1937 年 9 月	7	关闭	16	8	4	35	95
1937 年 10 月	7	0	7	3	6	23	89
1937 年 11 月	8	0	8	4	5	25	92
1937 年 12 月	8	0	8	3	6	25	79
1938 年 1 月	10	0	9	3	7	29	81
1938 年 2 月	14	0	3	3	5	25	76
1938 年 3 月	24	0	1	4	7	36	93
合计	194	55	179	86	91	605	1043

资料来源：财团法人日華学会编『日華学会第二十一回年報』、1937 年 4 月—1938 年 3 月、14—15 頁。

　　此外，日华学会还开设馆山夏期寄宿舍，主要解决暑假未回国留学生的夏季避暑问题，类似夏令营活动期间的寄宿舍，留日学生仅需支付少量费用即可参加日华学会组织的各类活动。[1] 1923 年初，日华学会选定千叶县安房郡馆山海滨作为海水浴场，并借用日本渔业株式会社建筑，将其改建成寄宿舍。同年夏季，馆山浴场开始举办消夏团活动，此后每年暑假定期举行，一直持续到 1944 年停止，每次大约 60 名学生参加。[2] 馆山消夏团活动由日华学会与中华留日青年会合办，中华留日青年会负责收取留学生费用和后勤，日华学会负责安排活动。内容主要有"日语讲习、课程作业和其他文娱活动，开办外语学习班，选择日语、英语教材，聘请东亚学校优秀教师授课；开设演讲会，邀请中日学者演讲；组织游泳训练班，委托优秀教练员进行指导；带领学生考察军舰、航空队、学校、会社、名山古刹等，增进其体魄、陶冶情操"。[3] 表 5-2 列出 1937 年至 1944 年日华学会组

---

① 财团法人日華学会编『日華学会第七回年報』、1923 年 4 月—1924 年 3 月、32 頁。
② 财团法人日華学会编『日華学報』第 97 号、1945 年 10 月、29 頁。
③ 财团法人日華学会编『日華学会二十年史』、1939、68 頁。

织馆山消夏团活动情况。

表 5-2　1937—1944 年消夏团活动状况

开设时间	参加团员	活动项目
1937 年 8 月 2 日至 28 日	68 人	日语讲习会、游泳训练、见学
1938 年 7 月 22 日至 8 月 28 日	60 人	日语讲习会、游泳及其会议、参观、晚餐会
1939 年 7 月 23 日至 8 月 29 日	约 40 人	日语讲习会、游泳练习、参观、同乐会
1940 年 7 月 23 日至 8 月 29 日	36 人	日语讲习会、游泳练习、宴会
1941 年 7 月 21 日至 8 月 24 日	61 人	日语及日本文化讲习、游泳练习、茶话会
1942 年 8 月 1 日至 14 日	38 人	演讲会、见学、体育座谈会、音乐会
1943 年 7 月 25 日至 8 月 7 日	60 人	专题讲座、参观考察
1944 年 8 月 1 日至 10 日	36 人	讲座、游泳练习、座谈会

资料来源：财团法人日华学会编『日华学报』第 62 号、第 68 号、第 75 号、第 81 号、第 85 号、第 91 号、第 97 号、1938 年 8 月—1945 年 2 月。

二　经营留日预备学校

日华学会经营留日预备学校，最早可以追溯到东亚高等预备学校时期。1925 年 5 月，日华学会正式接管东亚高等预备学校。1914 年 3 月，松本龟次郎、杉荣三郎、吉泽嘉等人在东京神田中猿町创办东亚高等预备学校，松本龟次郎任校长。① 东亚高等预备学校原本名为"日华同人共立东亚高等预备学校"，借此校名来纪念留日学生曾横海为创办该校奔走效力之功，该校实际上是日本教育界人士开办、经营的私立学校。该校创办伊始开设课程主要有英语、日语、数学、化学、物理、器械制图等课程，各科均聘任专门教师授课。学校教学模式采取"讲座式教学"，每日限讲一科，授课时间定为 2 小时。1923 年 9

---

① 财团法人日华学会编『日华学会二十年史』、1939、102 页。

月，日本发生关东大地震，东亚高等预备学校所有建筑、设备完全焚毁，直到翌年 3 月日本外务省资助该校 3 万元修建新校舍，是年 8 月校舍得以落成、重新开始招生。

1925 年 3 月，东亚高等预备学校负责人会同日华学会负责人协议将该校转让给日华学会运营，将其更名为财团法人东亚高等预备学校，① 直到 1935 年最后改名为东亚学校。日华学会接管东京高等预备学校后，日本外务省明显强化对该校的监管。1925 年，日本外务大臣明确表示，"为推进东亚高等预备学校经营管理及其教务之改善，应尽快设置评议机关"。② 日华学会接受外务省指令，组织评议员会，委员选自文部省官员、外务省官员、东京官立学校教员、日华学会成员。例如，"第一届评议员分别是文部省官员赤间信义、山内雄太郎、菊池丰三郎、矢野宽城，外务省官员木村惇，东京高等师范学校教授马上幸太郎，第一高等学校教授齐藤阿具，东京高等工业学校教授奥田宽太郎，日华学会成员服部宇之吉、江口定条、山井格太郎"。③

日华学会评议员会实际上受到外务省严格监控，评议会组织及评议员由外务省委派，东亚高等预备学校经费、管理亦受其控制。④ 由此可知，东亚高等预备学校名义上是日华学校经营的私立预备学校，实际上是外务省监管之下的半官方学校。1926 年 3 月，日华学会召开第一届评议员大会，会上通过《东亚高等预备学校学则》，东亚高等预备学校改建东亚学校以后，则改名为《东亚学校学则》。

东亚高等预备学校设有正科和高等科，正科开设英语、日语、数学、化学、物理、地理、博物、历史、修身等科；高等科开设英语、日语、哲学、伦理、历史、法制经济、地理、心理学、数学、自然科学、修身等科。正科学制 1 年、高等科学制 3 年，前后共 4 年。为提

---

① 财团法人日華学会编『日華学会第七回年报』、1923 年 4 月—1924 年 3 月、11 頁。

② 财团法人日華学会编『日華学会二十年史』、1939、107 頁。

③ 财团法人日華学会编『日華学会二十年史』、1939、108 頁。

④ 「昭和九年度日華学会ニ对シ事業費補助ニ関スル件 分割 1」、『日華学会関係雑件/補助関係 第一卷』、アジア歴史資料センター、B05015270400。

高留日学生日语能力，该学校专门开设日语夜间讲习班，每年春秋季开班讲习，设有文法、讲读、作文、书写等课程，由本校教员负责教学。另外，该校还开设英数、地理、理化、博物讲习班及校外夏期讲习班，暑期讲习班主讲日本文学、历史、民俗、外来语言等。[①]

东亚高等预备学校招生规模定为 1000 人，规定正科入学者应为中等以上学校毕业者，高等科应为正科毕业者或同等学力以上者。考试办法按百分点计算，各科成绩 50 点以上、总平均 60 点以上为进级或毕业合格，对于品行端正、学业优秀者给予褒奖，享受特别优待，免除部分授业科目；对于性行不良、学业成绩劣等、无故休学或拖欠学费者给予警告、休学、退学处分。[②]

东亚高等预备学校人事上设有校长、学监、教务主任、教员、书记等职。该校实行校长负责制，由校长综理学校一切事宜，学监协助校长处理具体事宜，教务主任负责管理学校教务，教员从事教学工作，书记负责管理全校庶务及会计事宜。东亚高等预备学校改建为东亚学校后，"由细川护立担任校长，赤田信义担任学监，松本龟次郎担任名誉教务主任，山根藤七担任教务主任，聘请高仲善二、椎木真一、有贺宪三等人为教员"。[③]

为提升教学水平，东亚高等预备学校每周召开一次全体教职员大会，1931 年以后每周召开两次会议，主要讨论教学改进方法。该学校还积极委派教职员奔赴海外考察，如 1927 年派遣高桥君平、三轮田先后考察奉天、旅顺、大连、天津、青岛、济南、上海、厦门、广州、香港等地学校教学和运营状况。[④] 此后，该校多次派遣教职员考察朝鲜、中国等地教育发展情况。另外，该校还参考中国教科书编纂教材，编纂发行《日本会话》《新式日本语读本》《日本国语文法》《文语文

---

① 财团法人日華学会编『日華学報』第 61 号、1937 年 3 月，52—56 頁。
② 财团法人日華学会编『東亜学校案内』、1940、7—8 頁。
③ 财团法人日華学会编『日華学会第二十回年報』、1936 年 4 月—1937 年 3 月、60 頁。
④ 劉建輝編『華学会関連高橋君平文書資料 1』国際日本文化研究中心、2014、361 頁。

法读本》《日本历史》《日本地理》等教材，满足本校教学需要。①
1932 年，学监三轮田建议校方编纂《东亚日本语》辞典，经过 5 年时间最终付梓。② 以下列出《日华学报》刊载有关《东亚日本语》相关介绍：

> 本辞典系积有多年教授日语经验之东亚学校诸教员，欲于斯道有所贡献，教务之余，策力编成，备有坊间一般辞书尚无其类之新机构；本辞典之对象，虽云特为我邻邦友士学习日语之有志者而编纂，然于我国人士欲谙华语之有志者，信乎对其亦有求诸其他所难能之便宜；本辞典网罗有常用之现代日语，以口语体为主眼而旁及文语体，其假名记法兼用"表音的""历史的"之两种，加之附有简明之"文法一览表"及完备之"汉字之读法""难读音之拼法"两种索引，予以检索上极大之便利，此则或无出本书之右者。③

从上述介绍可知，《东亚日本语》辞典由东亚学校日语教员汇编而成，实际上属于该校的日语教材，教学对象主要面向初到日本留学的中国学生，其内容包括现代日语常见词汇，以口语体为主，兼及文语体，比较适合初学者口语和发音训练。东亚学校力图通过编纂此类辞典、教材，增进留日学生日语素养，以便加强对其进行日本文化思想的灌输，同时培养留日学生的亲日意识。④

东亚学校为增加招生规模和影响力，利用日华学会机关刊物《日华学报》刊载招生广告，以下列举 1938 年 3 月，该校刊登招生广告主要内容：

> 本校主对于东亚友邦留学生教授日本语及为欲修得诸种学术

---

① 财团法人日華学会编『日華学会二十年史』、130 頁。
② 财团法人日華学会编「東亜日本語辞典」、『日華学報』第 67 号、1938 年 3 月。
③ 财团法人日華学会编「東亜日本語辞典」、『日華学報』第 71 号、1938 年 12 月。
④ 大東亜文化協会编『日本語の根本問題』、1943、74 頁。

者施以其预备教育为目的，设有以下诸科：

一、正科：专教日本语一年毕业，内分三期由初步讲起，一月、四月、九月开班；

二、高等科：收正科毕业生，日本高等学校程度，每年四月入学，三年毕业后得入各大学大学部；

英数班：有普通高级两班，收正科第一期以上修了生；

物理化学班：收正科第一期以上修了生。①

从《日华学报》刊登广告可知，东亚学校不仅重视留日学生的日语素养，还比较重视其英语、数学、物理、化学等科目的教学，英语数学班和物理化学班尽管开设时间较晚，但其教学水平高于正科班和高等班。

相较于日本其他预备学校，日华学会经营预备学校总体来说更为成功。近代留日预备学校较多，公立学校有第一高等学校、东京高等师范学校、东京高等工业学校、广岛高等师范学校、奈良高等师范学校、长崎高等商业学校、山口高等商业学校、明治专门学校，私立学校有东亚高等预备学校、成城学校、中日学院、江汉高级中学、第一外国语学校，而东亚高等预备学校后发展成为当时最大的留日预备学校，其招生规模远超其他学校。② 以 1936 年为例，公立预备学校合计招生 272 人；私立预备学校合计招生 1016 人，其中东亚学校达到 897 人。③ 东亚高等预备学校扩建东亚学校以后，招生规模迅速扩大，大多学期超过 1000 人，个别学期接近 2000 人，然此种盛况仅限侵华战争全面爆发以前。七七事变以后，留学人数骤减，1937 年底入学人数竟不过百人，1938 年以后留学人数有所上升，此种趋势持续到 1940 年。太平洋战争爆发后，日本"大东亚战争"已是穷途末路，日益走向崩溃的边缘，赴日留学人数随之锐减，具体情况如表 5-3 所示。

① 财团法人日華学会编『日華学报』第 67 号、1938 年 3 月、1 页。
② 韩立冬：《近代日本的中国留学生预备教育》，第 301 页。
③ 财团法人日華学会编『留日学生名簿』（第 10 版）、1936、13 页。

表 5-3　1935—1944 年东亚学校入学人数

学期	1935	1936	1937	1938	1939	1940	1941	1942	1943	1944
第一学期	826	930	631	129	179	289	295	243	138	49
第二学期	1980	1683	65	176	294	630	475	262	239	106
第三学期	1596	1143	61	152	166	558	298	258	220	192
合计	4402	3756	757	457	639	1477	1068	763	597	347

资料来源：主要参考财团法人日華学会编『日華学会第十九至二十八回年報』、1935年 4 月—1945 年 3 月；外务省外交史料馆藏『東亜学校関係雑件』第一卷、第二卷。

三　接待中国旅日考察团

日华学会重要业务之一，负责接待中国赴日考察人员。"本会（日华学会）对于各视察团及个人学生等，备有完善之宿所、取价低廉，本会负责引导及介绍各种学校、图书馆、博物馆及社会各机关，使各视察团等尽量考察、任意参观，本会在必要时并为各视察团向外务省、文部省、铁道省等，请其予以旅行上之便利。"[1] 日华学会还建有日华会馆，专门接待中国赴日考察人员，为其提供住宿及其他便利，每年接待 2000 乃至 5000 人。[2]

民初赴日考察及观光团体逐年增加，个人游历及留日学生亦接踵而至。加之当时日本政府退还部分庚子赔款，补给"对华文化事业"，包括补给中日间考察旅行，由此推动赴日考察风潮。"昭和 2 年上半期，从外国人东渡趋势可见，全世界有 38 国人士来访，合计 13358人，邻国中国最多，达 6203 人，几近总数之一半。"[3] 日华学会成立以后，接待大量中国考察人员，1922 年接待中国考察团体 6 个，1925年增至 17 个，1929 年增至 33 个，1932 年为 11 个，1935 年为 28 个，[4]

---

① 财团法人日華学会编『日華学報』第 12 号、1930 年 4 月，79 页。
② 〔日〕东亚同文会编《对华回忆录》，第 481 页。
③ 财团法人日華学会编『日華学報』第 5 号、1928 年 9 月、5 页。
④ 1932 年之后的数字不包括由伪满赴日者，见财团法人日華学会编『日華学会第十九回年報』、1935 年 4 月—1936 年 3 月、16 页。

从 1918—1937 年接待留学生及考察人员达到 16000 余人。① 由此可见，侵华战争全面爆发以前中日民间交往比较频繁。侵华战争全面爆发后，受时局影响，赴日考察人数锐减。"七月上旬华北事变发生后，中国视察团渡日终止，东京仅剩滞留者，七月中旬以后到京者皆无。"② 1937年日华学会接待考察团 22 个，次年降至 8 个，1940 年为 13 个，1942年降至 7 个，1944 年仅为 1 个。③

　　日华学会接待的中国考察团，大多为学生团体。④ 据日华学会统计，1922 年国内考察团体 6 个，均为学生团体；1923 年考察团 15 个，学生团体 12 个，其他团体 3 个；1925 年考察团 17 个，学生团体 15 个，其他团体 2 个；1927 年考察团 15 个，学生团体 8 个，其他团体 7 个；1928 年考察团 12 个，学生团体 6 个，其他团体 6 个；1929 年考察团 33个，学生团体 22 个，其他团体 11 个；1930 年考察团 36 个，学生团体 23个，其他团体 13 个；1933 年考察团 8 个，学生团体 5 个，其他团体 3个；1934 年考察团 27 个，学生团体 15 个，其他团体 12 个；1935 年考察团 28 个，学生团体 14 个，其他团体 14 个。⑤ 由此统计可知，学生群体在考察团中占据重要位置。日华学会之所以竭力招揽、接待中国学生考察团，更多是为了让中国学生了解日本状况，尤其是熟悉日本教育界情形，改变中国学生对日本的排拒态度，吸引他们赴日本留学。

第三节　日华学会与留日学生

　　日华学会主要通过各项改善留学生待遇举措，来扭转留日学生的

① 　1932 年之后的数字不包括由伪满赴日者，见财团法人日华学会编『日華学会二十年史』、70 页。
② 　财团法人日华学会编『日華学報』第 64 号、1934 年 6 月、81 页。
③ 　主要参考财团法人日华学会编『日華学報』第 61 号—97 号、1937 年 3 月—1945年 10 月；财团法人日华学会编『日華学会第二十一至二十四回年報』、1937 年 4月—1945 年 3 月。
④ 　石嘉：《1920 年代中国学生群体赴日考察研究》，《民国研究》2018 年第 33 辑。
⑤ 　主要参考财团法人日华学会编『日華学会年報』第 6—18 回、1923—1935 年。

排日态度，赢得其信任和支持，进而培植大批亲日分子，其改善举措主要有如下几点。

一　留日学生事务斡旋

日华学会重要事务为"帮助初到日本之中国学生入学、转学，介绍中国学生进入日本银行、会社、工场等处实习与见学，帮助毕业学生回国求职"。[①] 日华学会成立以来，介绍大量留日学生进入日本各地学校留学，进入日本政府机关、企业、银行、工厂等处实习，或去日本各地旅行考察，介绍部分毕业的留学生回国参加工作。[②] 例如，1918 年日华学会介绍 8 名留日学生进入东京高等工业学校、明治大学、东京帝国大学、庆应大学、东京美术学校等校留学；介绍 47 名留日学生进入第百银行、东京法院、东京钢材株式会社、东京毛织株式会社、东亚制粉株式会社、山阳纺织株式会社、王子制纸工厂、日本皮革株式会社、日本化学工业株式会社、日华制油株式会社、大日本麦酒株式会社、大日本制糖株式会社等处实习或见学。[③] 此后，日华学会介绍入学、实习、见学的留日学生不断增多，如 1930 年介绍入学学生 148 人、学校 145 所，介绍见学学生 824 人、场所 122 个，介绍实习学生 90 人、场所 84 个；[④] 1935 年介绍入学学生 505 人、学校 76 所，介绍见学学生 57 人、场所 100 个，介绍实习学生 32 人、场所 22 个。[⑤]

日本侵华战争全面爆发后，留日学生纷纷归国，日华学会介绍入学、见学、实习人数明显下降，如 1938 年介绍入学学生 65 人、学校

---

① 财团法人日華学会編『日華学会第五回報告』、1921 年 4 月—1922 年 3 月、9 頁。

② 孫安石『戦前中国人留学生の実習と見学』御茶の水書房、2009、101 頁。

③ 财团法人日華学会編『日華学会第一回報告』、1918 年 5 月—1919 年 3 月、20—34 頁。

④ 财团法人日華学会編『日華学会第十四回年報』、1930 年 4 月—1931 年 3 月、28 頁。

⑤ 财团法人日華学会編『日華学会第十九回年報』、1935 年 4—1936 年 3 月、31 頁。

37 所，介绍见学、实习学生仅各 1 人。① 七七事变以后，南京国民政府宣布停止派遣留日学生，大批留日学生竞相回国。占领华北、华中后，日本急需培植大批亲日分子和汉奸，协助其统治占领区域，实现"以华治华"之目的，故支持各日伪政权继续派遣留日学生，但留日教育性质已经发生明显变化。因为，除伪满洲国继续派遣留日学生外，"关内各个汉奸政权也向日本派遣留学生，并以此作为维系日伪'亲善'和'共存共荣'的重要方策。"② 日伪政权建立以后，开始向日本派遣留学生，赴日留学人数有所回升，日华学会介绍入学人数随之增加，"1939 年日华学会介绍入学学生 156 人、学校 57 所，1940 年介绍入学学生 171 人、学校 68 所，1941 年介绍入学学生 345 人、学校 658 所"。③ 抗战后期，日华学会开始介绍部分毕业学生回国就职，如 1943 年介绍 40 余名毕业生回国就职，进入日伪政府机关、司法机关、教育机构、研究机构、军队警察、银行部门工作。④ 日华学会介绍就业学生人数相对较少，而且所学科目以文法科为主，就职单位多为政府机关。

二　关东大地震与留日学生救援

1923 年 9 月 1 日，日本发生关东大地震，造成 15 万人丧生，其中留日学生及其家属遇难达 26 人。⑤ 留日学生相关机构，中华民国公使馆、留日学生监督处、中华基督教青年会馆、日华学会及其东亚高等

---

① 财团法人日華学会编『日華学会第二十二回年報』、1938 年 4 月—1939 年 3 月、17 頁。

② 王奇生：《沦陷区伪政权下的留日教育》，《抗日战争研究》1997 年第 2 期，第 141 页。

③ 主要参考财团法人日華学会编『日華学会第二十一至二十五回年報』、1937 年 4 月—1942 年 3 月。

④ 财团法人日華学会编『日華学会第二十七回年報』、1943 年 4 月—1944 年 3 月、21—22 頁。

⑤ 按，遇难留日学生为钟明厚、丁文斌、王宋珉、黎大康、关维翰、区松、缪绍鸿、缪绍香、鲍绍廷、杨保森、叶美东、何秉栋、伍梅田、张方规（包括妻儿）、罗璟照、缪锡颐、梁焕培、陈庆询、林沃兴、林福祥、罗秉辉、李岳乾、招保安、连小三。参考财团法人日華学会『日華学会第七回年報』、1923 年 4 月—1924 年 3 月、60—61 頁。

预备学校等均化为乌有，留日学生在籍之各大学、专门学校化成灰烬者亦复不少。① 大灾之后粮食奇缺、人心惶惶，日华学会理事山井格太郎紧急拜访外务省亚细亚局局长出渊胜次，议决赈灾事项包括，罹灾学生之收容；粮食之分与；对旅行或归国之学生代为斡旋乘坐船车；对希望旅行或归国者代为办理，关于免费乘坐车船及保护手续；伤病者之救护；其他保护罹灾学生之一切事项。② 据此，日华学会采取一系列措施救援受灾留日学生。

首先，开设救护事务所。1923 年 9 月 5 日，日华学会在第二中华学舍内开设救护事务所，救护办法主要有，"雇佣临时事务员；借入一高宿舍收容学生；雇佣烧饭、赈济灾民及杂役男女佣人；准备救护汽车及其他交通工具；准备粮食物品；印刷学生救护宣传单，委托戒严司令部、警视厅向其管辖机构散发救护宣传单，本会救护员向学生最集中地和其他地区散发救护宣传单；利用汽车收容、运送妇女、老幼者进入事务所；准备衣服；配给粮食物品；对外出或旅行学生实施沿途保护；对希望归国学生进行种种斡旋"。③ 救护事务所大体按照前述办法雇用救护人员，印刷救护宣传单，积极联络戒严司令部和警视厅，交涉第一高等学校宿舍借用问题等事项。翌日，事务所救护员与中华留日基督教青年会会员协力，在留日学生集中地本乡、下谷、小石川、高田、早稻田、户塚、千驮谷、中野、东中野等处展开救护和宣传，利用一高宿舍安置受灾学生，为其提供食物，抗震救灾期间该校宿舍共接收 1348 名留日学生、就餐 4152 次，供给大米 320 斤、副食品若干。④ 此外，日华学会多次派遣救护队前往馆山、北条、千叶、横滨、大森、中野等地救护留日学生，并实地调查各地灾情，照料返回东京的伤病学生，补给滞留当地的伤病

①　财团法人日華学会編『日華学会二十年史』、78 頁。
②　齐藤甲一「中华民国学生留日简史」、『远东贸易月报』第 3 卷第 12 期、1940 年。
③　财团法人日華学会編『日華学会第七回年報』、1923 年 4 月—1924 年 3 月、43—44 頁。
④　财团法人日華学会編『日華学会第七回年報』、1923 年 4 月—1924 年 3 月、45 頁。

学生，埋葬遇难学生。①

　　其次，遣返留日学生。关东大地震以后，留日学生所在学校大部分毁坏，短期内难以开学，不少留日学生申请回国。日华学会遂积极联络外省，协议留日学生归国问题。日本外务省会同戒严司令部、海军省、警视厅及中国公使馆等机构最终议决，由日本邮船公司负责从东京芝浦运送留日学生归国，再由日华学会派遣事务员将其送至上海。② 从9月8日开始，日华学会除采用与此前抗震救灾相同的宣传方法以外，还利用各种报刊刊登广告，接收申请回国的留日学生，至10月4日共运送5批452人回国，归国交通费用（每人50元）均由日本外务省临时支付。③

　　再次，补助、慰问留日学生。此次抗震救灾由日华学会负责实施，救灾款项由外务省支付，据统计外务省共补助6977.89元，包括汽车及其他运输费、临时雇员费、旅费及补助、粮食费、衣服购入费、广告费、追悼会费和其他各类杂费。④ 救援工作初定后，日华学会在本乡区麟祥院举办追悼会，悼念此次地震遇难的留日学生，日华学会会长细川护立、文部大臣冈野敬次郎、外务省对华文化事务局局长出渊胜次、东亚同文会会长牧野仲显、中华民国代理公使施履本等人及中日数百名学生参会。细川、冈野、出渊、牧野、施履本等人朗读追悼文，并献上花圈。⑤ 会后日华学会举办震灾纪念演讲会，由日本地质调查所所长井上演讲抗震防灾知识，一百数十名留日学生参加。此外，日华学会还联合其他协会、会社建造"地震遇难招魂碑"，由中华民国驻日公使汪荣宝撰写碑文，并刻录26名遇难留日学生的姓名。⑥ 客观而论，日华学会在本次救灾当中做出一定努力，赢得中日两国部分

---

① 财团法人日華学会编『日華学会二十年史』、83頁。
② 财团法人日華学会编『日華学会二十年史』、84頁。
③ 财团法人日華学会编『日華学会第七回年報』、1923年4月—1924年3月、48頁。
④ 财团法人日華学会编『日華学会二十年史』、1939、88頁。
⑤ 财团法人日華学会编『日華学会第七回年報』、1923年4月—1924年3月、54頁。
⑥ 财团法人日華学会编『日華学会二十年史』、91頁。

官民"认可",外务省对华文化事务局、中华留日同胞赈济会、上海教育局、江苏童子军联合会、中华学艺社、寰球中国学生会、中国基督教青年会、江苏教育会、上海留日同学会、上海教育会等纷纷发出感谢电,中华民国大总统赠送日华学会"博爱同仁"匾额。①

三　举办留日学生文娱活动

"一·二八"淞沪抗战爆发后,中日关系极度紧张,不少留日学生纷纷退学回国以示抗议。为缓解留日学生的排日、反日情绪,日华学会试图通过举办各种文娱活动,来"缓和"留日学生的排日情绪,诸如举办各种"远足会"、见学旅行,东亚学校每年组织春秋季远足会、训育远足会,带领留日学生考察日本各地;举办各种欢迎会,如吴文藻博士及冰心女士欢迎茶会、新旧监督欢迎会等;举办各种演讲会,如中国语讲习会、东方文化演讲会等;举办各种纪念活动,如关东大地震7周年追悼会、鲁迅先生追悼会、汪荣宝先生追悼会、东亚学校建立10周年纪念活动、日华学会创立20周年纪念活动。② 日华学会还定期举行留学生联谊会、座谈会、茶话会、歌舞会、美术展览会、毕业庆祝大会、新生入学欢迎会、中日学生联欢会、留日学生运动会、双十节庆祝大会、日本文化电影观赏会、"日华满蒙学生联欢会"、"大东亚留日学生联谊会"等活动。③ 日华学会设有专门集会室,满足留日学生同乡会、同学会集会活动,但不得"涉及政治和过激思想"。④ 侵华战争全面爆发以后,日华学会举办的娱乐活动带有明显的文化渗透色彩,其目的在于宣传日本文化和精神的"优越性",更有甚者美化其"大东亚战争"。例如在东亚学校毕业会上,毕业生必须宣誓"维护大东亚新秩序和大东亚共荣圈建设",甚至要求留日学生为"大东亚战争"捐款。⑤

---

① 财团法人日华学会编『日华学会二十年史』、94 頁。
② 财团法人日华学会编『日华学報』第 74 号、1939 年 7 月、47 頁。
③ 财团法人日华学会编『日华学会第二十七回年報』、1943 年 4 月—1944 年 3 月、45 頁。
④ 财团法人日华学会编『日华学報』第 90 号、1942 年 7 月、65 頁。
⑤ 财团法人日华学会编『日华学報』第 87 号、1942 年 1 月、60 頁。

　　日华学会发行的《日华学报》，收录部分留日学生见学旅行日志或感想记。例如东亚学校高等科学生王涤尘考察建长寺后，在其旅行日志中指出，"隋唐时期，日本曾派遣大批使者、僧侣、留学生来华学习中华文化，僧侣在传播中国文化、促进中日友好往来作出了不可磨灭的贡献。而今中日两国却发生亘古未有的大规模战争，希望中日两国佛教信徒能够追随先贤，发扬东方文化、维护世界和平"。① 东亚学校留日学生王晖华撰写《箱根远足记》，文章认为，"见学旅行，不仅精神方面倍感愉快，而且获得许多经验、智慧，这种远足可以补充以前书本教育的不足"。② 寄宿于白山寮的女留学生王汝澜在其旅行日志中写道，"这是一次非常有益的旅行，地理方面伊豆半岛的温泉、美丽景色、温暖的气候令我难以忘怀，从汽车窗远眺富士山可谓美不胜收。历史方面，理解了源赖家与曾我兄弟之故事"。③

　　日华学会还举办各种演讲会。1936 年 7 月，日华学会与东亚同文会联合举办"东方文化的复兴"演讲会，邀请江亢虎等人参会。同年秋季，日华学会与中华基督教青年会共同举办"现代日本文化"主题演讲会，由高桥龟吉先发表《世界经济现阶段与日本》、川原治吉郎发表《现代日本政治动向》、佐藤春夫发表《现代日本文坛的分野及其批评》，参会留日学生近 300 名。④ 1938 年 10 月，日华学会与东方文化学院联合举办"东方文化演讲会"，分别由原田淑人主讲《关于渤海国上京街坊》、山本达郎主讲《安南与中国的政治关系沿革》、服部武主讲《从古典观古代中国的思想》、加藤叶主讲《从历史看中国的统一与分裂》。⑤ 1943 年 10 月，日华学会开设日本文化讲座，由冈不可止主讲《吉田松阴的道义精神》、冈宗次郎主讲《东洋化学发达的路径》，听讲座的留日学生 50 余人。⑥ 此外，日华学会还开设图书

---

①　财团法人日華学会编『日華学報』第 69 号、1942 年 1 月、67 頁。
②　财团法人日華学会编『日華学報』第 72 号、1939 年 3 月、35 頁。
③　财团法人日華学会编『日華学報』第 83 号、1941 年 2 月、33 頁。
④　财团法人日華学会编『日華学会二十年史』、1939、163 頁。
⑤　财团法人日華学会编『日華学報』第 70 号、1938 年 10 月、31 頁。
⑥　财团法人日華学会编『日華学会第二十七回年報』、1943 年 4 月—1944 年 3 月、43 頁。

文库和图书阅览室，便于留日学生借阅书籍。1940 年，日华学会利用中土义敬捐赠的 5000 元购买图书 1260 册，结合其收藏书籍 224 册，以及外务省文化事业部捐赠图书 113 卷，成立图书文库。是年 11 月，日华学会利用日华会馆一楼开办图书阅览室，备有各种报纸和杂志，留日学生可在课余时间随意阅览。阅览室开设后，每年借阅图书者达数千名。① 日华学会所设图书文库和阅览室，一定程度上满足了留日学生的学习需求。

四　留日学生调查与研究

日华学会被纳入日本对华"文化事业"体系后，逐渐演变为"协力"日本政府监管留日学生的半官方机构，日益加强对"留日学生动静调查和研究"。② 1927 年 6 月，日华学会专门设置"日华学报部"，"发行机关刊物《日华学报》，主要刊载留日教育、留日法规、留日学生人数统计、留日学生动态、留日学生文章等"。③ 从《日华学报》刊发文章和统计来看，该会极为关注留日学生"动静"，尤其侵华时期更为关注其"思想状况"，该会管理留日学生的重要动机在于，严防留日学生发展为"排日分子""抗日分子"。

留日教育方面，先后连载松本龟次郎的《中华民国留学生教育沿革》和实藤惠秀的《中国人留学日本史稿》，④ 这两本著作是早期研究留日教育的经典之作。留日法规方面，学报刊载留学政策法规，涉及中日两国、中央地方留学教育政策，诸如留日学生选拔、学费、补助、救济、奖励、管理、毕业等各方面，日华学会发行的《留日学务规程及概况》正是在此基础上汇编而成。⑤ 留日学生人数统计方面，日华学会每年定期调查留日学生人数，包括文部省直辖学校、公立学校、

---

① 　财团法人日华学会编『日华学会第二十四回年报』、1940 年 4 月—1941 年 3 月、16 页。
② 　周一川：《近代中国留日学生人数考辨》，《文史哲》2008 年第 2 期。
③ 　财团法人日华学会编『日华学会第十一回年报』、1927 年 4 月—1928 年 3 月、12 页。
④ 　财团法人日华学会编『日华学报』第 58 号、1936 年 11 月、1 页。
⑤ 　具体内容可参考财团法人日华学会编『留日学务规程及概况』、1937。

军事学校、私立学校、女子私立学校、一般预备学校和学校以外实习、研究学生人数，各学科留学人数、特设预科人数、留学地区人数，各省留学人数、男女学生人数、新入学生人数、毕业生人数、各学费生别表，此种调查一直持续到抗战结束。① 日华学会发行的《留日中华学生名簿》（1—6 版）、《留日学生名簿》（7—10 版）、《中华民国、满洲国留日学生名簿》（11—13 版）、《中华民国留日学生名簿》（14—18 版），即利用《日华学报》收录统计而编成，这套资料详细统计1927—1944 年中国（含伪满）留日学生人数情况。② 日华学会此种调查，旨在全面摸清留日学生情况，然后将其报送外务省，为其制定留日教育政策提供信息。外务省曾多次命令日华学会调查留日学生情况，"涉及留日学生性别、年龄、籍贯、学习成绩、学费状况、寄宿情况、身体状况、思想状况、性格品行、业余活动等各方面信息和情报"。③

小　结

甲午战后，国内反日、排日风潮尤盛，极大冲击日本战时外交，日本只得暂时调整外交方向，从赤裸裸的军事侵略转向政治进攻和文化渗透，而留日学生成为"改善日中关系的重要楔子"，日本当局开始改变以往留学生政策。④ 加之，其时西方列强相继退还庚子赔款，补助中国文化教育事业，日本为与欧美抢夺中国教育资源，亦开始酝酿对华"文化事业"，这些为日华学会的成立准备了条件。日华学会成立后，秉持日本所谓"日中亲善"政策，做出多方努力和尝试，诸如建造留学生寄宿舍，解决部分留日学生寄宿问题；经营东亚学校，

---

① 财团法人日华学会编『日華学報』第 97 号、1945 年 10 月、20 頁。
② 具体内容可参考财团法人日华学会编『中華民国留日学生名簿』、1944。
③ 「支那留学生状況取調ニ関スル件」、『在本邦留学生関係雑件 第一卷』、アジア歴史資料センター、B05015396300。
④ 陸軍省調査班編『全支排日運動の根源と其史的観察』、1932、19 頁。

第五章　侵华时期日华学会"留日学生管理事业"　　　217

并发展成为当时最大的留日预备学校，让大批留日学生及早适应日本的学习和生活；接待大批旅日考察人员（包括留学生）；介绍大批留日学生入学、转学、实习、见学和就业；救济贫困留日学生，补给贫困、患病学生留学和医疗费用；① 关东大地震期间救助大批受灾留日学生；举办各种文娱活动，丰富留日学生业余活动；加强对留日学生的调查和管理。

日华学会这些举措表面上帮助了一些留日学生，"平心而论，日华学会种种措施，确曾使中国学生受惠不少"。② 日华学会通过长期工作，逐渐打消留日学生对其怀疑和抵制态度，甚而取得部分留日学生的理解和支持。毋庸讳言，日华学会各种改善措施，最终目的还在于缓解留日学生的排日、反日情绪。日华学会始终与日本政府，尤其外务省有着千丝万缕的联系，日本当局出台《对支文化事业特别会计法》后，日华学会被纳入对华"文化事业"体系，成为日本与欧美抢夺中国留学教育话语权、"怀柔"中国留学生的重要工具，日本外务省更是利用经费补助不断强化对日华学会的管控力度，使其成为协助日本当局管控留日学生（特别是其"思想动态"）的重要工具。③

侵华战争全面爆发后，日本举国纳入战时体制，日华学会亦沦为日本实施文化侵略的重要机构，其文化渗透与"怀柔"色彩日益明显。从日华学会上报外务省意见书中，即可管窥其文化侵略野心："满洲为日本生命线，安抚、培养为当下满洲最先急务。留学生教育关乎两国永久融合理解之对策，应择满洲国子弟来日留学，接受师范、实业等中等程度以上学校教养，以图将来养成日满提携之中心人物。"④侵华战争时期，日华学会为缓和留日学生的反日情绪，培养其亲日意识，频繁举办各种文娱活动，极力倡导"日华亲善""文化提携"。日华学会会长细川护立直言不讳道："当前帝国为确立大东亚共荣圈而发

---

① 财团法人日華学会编『日華学会第六回年报』、1924 年 4 月—1925 年 3 月、23 页。
② 黄福庆：《近代日本在华文化及社会事业之研究》，第 193 页。
③ 東亜同文会编『対支回顧録 上卷』、352 页。
④ 财团法人日華学会编『対満留学生教育方案意见书』、日本爱知大学霞山文库馆藏原件。

动大东亚战争，中华民国国民政府（汪伪政府——引者注，后同）亦
于本年一月对英美宣战，帝国与中华民国誓言同生共死，今日乃日华
真正融合提携、共筑大东亚新秩序大业之紧要关头，本校教职员诸氏，
应逐步将学生之精神教育置于重点，以陶冶其人格、增强其体魄，本
校职员为培养中华民国将来的人才，肩负重大职责。"① 由此可见，日
华学会的"改善策"不过是为了培养更多效命于"大东亚建设"和
"日满中亲善"的"协力者"，诚如时人评述，"日华学会所负使命当
然是宣扬日本文化，收买中国人心……该会主办之东亚日语高等学院
特为我留日学生建立一东亚寮，收容留学生住宿，以图收中日亲善之
功"。② 然而，日华学会此种企图最终因为日本战败而胎死腹中。抗战
结束后，国民政府强制召回大批留日学生，加之日本当局无力补助经
费，日华学会已无存在之必要和条件。1945 年 3 月，大东亚省补助日
华学会 8000 元，作为其解散"慰劳金"，日华学会最终宣告解散。③

---

① 财团法人日华学会『日華学会』第 94 号、1943 年 6 月、25 頁。
② 曾亦石：《"九一八"事变后之日本对华文化侵略》，《中国新论》第 2 卷第 8 期，1936 年，第 63 页。
③ 「日華協会設立ニ伴イ解散統合セラルベキ団体役職員ニ対シ慰労金贈与」、『日華協会関係雑件』、アジア歴史資料センター、B05015323800。

第六章
侵华时期日本在华"图书馆事业"

日本制造九一八事变、占据东北后，不久又阴谋策划华北事变，企图吞并整个华北。日本不仅强化在华北的军事、经济侵略，而且还重视文化侵略活动。1935 年，日本驻华大使馆参事若衫向外务省呈送《对支文化事业改善案》，建议外务省应紧密配合日本军部行动，转变既往"对支文化事业"根本政策方针，"我对支文化事业从未脱离政策的立场，采取主要着眼于纯学术研究之方针，今日遭遇重大变局，此种方针有必要发生根本变更，我文化事业部应秉承当局政策，依据日满提携确立东洋和平之经纶，在中国实现文化开发和日中文化联系"。① 该建议得到外务省的重视和采纳，此后外务省紧密配合日本军部行动，加紧在中国进行文化侵略和渗透活动。外务省在"对支文化事业"的基础上又推出"新规事业"，表面上是为了在中国宣传、推广日本科学技术，实质上是"利用本邦资金、技术应用于中国的资源开发，满足本邦经济之欲求"。②

外务省推出的"新规事业"，主要是创办华北产业科学研究所、中日学院附设农事试验场、北京近代科学图书馆（以下简称北馆）、上海近代科学图书馆（以下简称上馆）。此后，北馆和上馆成为日本侵华的重要工具。关于北馆和上馆的研究，目前国内鲜有学者涉及，仅发现个别日本学者有所论述，然而日本学者大抵关注两馆的创建背景、两馆的运营管理情况、两馆的发展轨迹，对其文化侵略和渗透行

---

① 「对支文化事业改善案」、『各国ノ团匪赔偿金处分关系杂件/日本ノ态度』、アジア历史资料センター、B05015129900。
② 外务省文化事业部编『昭和十一年度执务报告』、1936、115 页。

径尚乏有力分析。① 有鉴于此，本章拟就日本外务省档案和北馆、上馆相关史料，介绍两馆成立背景、运营和发展情况，分析其文化侵略本质。

第一节　北京近代科学图书馆

1936 年，日本外务省推出"新规事业"，决定成立北馆。该馆成立伊始，因经费困难和中日战争影响，发展缓慢、规模有限，甚至一度闭馆。日军侵占华北以后，北馆在利用日本政府支持进行改革的同时，不断扩张其势力，加强在沦陷区的文化侵略和渗透活动。日本外务省从经费、业务上不断强化对该图书馆的监控，使其紧密配合日本军部行动，该图书馆最终沦为日本实施侵华国策的重要工具。直至抗战胜利后，北馆随着日本战败投降而宣告解散，所藏书籍由国民政府委托中央研究院历史语言研究所接管。

一　北馆的开设

1936 年 7 月，外务省委派山室三良、大槻敬藏、辻野朔次郎等人成立北馆筹办委员会。山室三良早年在九州帝国大学文学部攻读中国哲学史专业，其后获得外务省补助，以在华日本第三种留学生身份，② 先后

---

① 相关研究可参见石嘉《抗战时期日本在上海的文化侵略——以上海日本近代科学图书馆为例》，《江苏社会科学》2015 年第 1 期；石嘉《抗战时期日本在华北的文化侵略——以北京近代科学图书馆为例》，《首都师范大学学报》2017 年第 4 期；王一心《论 20 世纪初日本在华所建四大图书馆的文化侵略功能》，《图书馆建设》2018 年第 6 期；傅才武、何威亚《作为"国家文化"和国家意识形态输出的载具——以 1930 年代日设上海近代科学图书馆为例》，《文化软实力研究》2023 年第 4 期。

② 按，自 1930 年 11 月，日本外务省开始利用庚款补助来华求学之日本留学生，此种补助生分三种，其中第三种补助生系日本大学、专门学校毕业或具有同等以上学历在中国大学研究所或专门学校进修研究者，每月补助 120 元以内学费。（关于日本外务省在华第三种补助生情况，可参考黄福庆《近代日本在华文化及社会事业之研究》，大理浩秋「在華本邦補給生：第一種から第三種まで」、载于大理浩秋・孙安石编『留学生派遣から見た近代日中関係史』）

进入北京大学、燕京大学、清华大学等高校继续进修中国哲学史专业，长期在华接受汉学训练与熏陶，毕业回国后被聘为九州帝国大学文学部助教。① 山室三良通晓中国语言、文化，而且与中国学术界、教育界关系匪浅，加之热衷发展日本对华"文化事业"，并具备一定社会活动能力，② 因而成为领导北馆筹建工作的理想人选。然而，其时日本策划华北事变、妄图占据华北，中日关系急转直下，华北地区民众掀起大规模反日运动，外务省欲在此时建造北馆，可谓困难重重。如何缓和华北民众的反日情绪，扩大北馆业务和势力，成为日本外务省，尤其是山室三良等人的"重要使命"。③

山室三良在筹办北馆之际，做了诸多安排和筹划。一是聘请优秀的司书和编目员。司书在图书馆占有重要地位，统筹图书馆一切事务，负责新书介绍与购买、图书分类与编目、图书管理与统计、图书检索与借阅、书库设置与整理、图书馆设备购置等工作。编目员负责图书的分类整理与编目工作。司书和编目员在图书馆管理和运营方面起到重要作用，"欲达图书馆之使命与任务，优秀的司书与有能力的编目员扮演着极为重要角色"。④ 对此，山室专门聘请 2 名司书、4 名编目员。二是购入大批新书和杂志。北馆藏书起初偏重于自然科学书籍，为满足读者需求，后期侧重购进人文书籍。"本馆第一次运到日文自然科学图书在昭和十一年九月上旬，第二次运到有关于人文科学方面之日文图书则在十月下旬，其时复购入中国方面出版之翻译日文书籍数百种，并杂志等。"⑤ 三是发行图书"卡片"。"卡片大体参照'日本十进分类法''中国十进分类法'，分类整理、记录馆内书籍"，方便读者检索和借阅。四是制作图书目录。"当馆

---

① 「山室三良」、『在華本邦第三種補給生関係雑件/補給実施関係 第五巻』、アジア歴史資料センター、B05015636400。
② 「昭和十一年中（開館前）北京図書館々員人事、異動」、『北京近代科学図書館関係雑件 第二巻』、アジア歴史資料センター、B05016007600。
③ 北京近代科学図書館編『北京近代科学図書館概況 昭和 14 年 12 月』、1939、6 頁。
④ 「北京図書館山室館長ノ意見 昭和十一年八月」、『北京近代科学図書館関係雑件 第一巻』、アジア歴史資料センター、B05016005200。
⑤ 《本馆记事》，《北平近代科学图书馆馆刊》1937 年创刊号，第 97 页。

先后作成第一、二回运到图书目录、丛书论文集细目（三回）、中文图书目录、欧文图书目录、寄赠日文书籍目录"，① 并将其广泛赠送中日政府机关、教育部门、公私团体及个人，供其参考和利用。

历经数月策划与筹备，至 1936 年 12 月 5 日，日本方面在北京人文科学研究所（位于北京王府井大街九号）举行北馆开幕典礼，广邀北京各界名流参加。② 尽管山室三良"煞费苦心"筹备、经营，却未能起到明显效果。国内政界和文化界鲜有要角参加北馆开幕式，政界只见冀察政务委员长宋哲元委派钮先铮、北京市市长秦德纯委派张我军出席开幕式，此二人并非政府要员。文化界代表人物只有国立北京大学校长徐涌明、国立北京图书馆馆长袁同礼等人出席开幕式。日本政府加紧扩军备战、中日战争一触即发，显然成为当时北馆门庭冷落的根本原因。

北馆成立初期，日本外务省委任山室三良为代理馆长，并成立图书馆理事会，由山室三良、大槻敬藏、辻野朔次郎等人组成。山室起初聘请苗竹风为图书馆司书，苗竹风有留日经历，曾在东京高等师范学校留学，所学专业为地理科学，回国后担任高等学校地理学讲师、清华大学日语教师，担任《边疆问题》周刊和《科学知识》月刊杂志社主编。③ 苗竹风与日本学界交往密切且在自然科学方面造诣颇深，一定程度上可以弥补山室学识上的"短板"，因而受到山室的器重。与此同时，山室还聘请不少中国人担任北馆助理及书记员。北馆早期职员当中，中方职员占据压倒性多数，其中有留日经历者占有重要比重（具体参见下表6-1）。此种人事安排，目的在于更好地"服务""接待"中国读者，以"缓解"当地民众对日本图书馆的排斥情绪。

---

① 「図書館開館ニ関スル件　昭和十一年十一月」、『北京近代科学図書館関係雑件　第一巻』、アジア歴史資料センター、B05016005900。
② 《北平近代科学图书馆开幕》，《时事月报》第 16 卷第 1 期，1937 年，第 1 页。
③ 「昭和十一年中（開館前）北京図書館々員人事、異動」、『北京近代科学図書館関係雑件　第二巻』、アジア歴史資料センター、B05016007600。

表 6-1　北馆成立初期人事安排

姓名	职名	履历
山室三良	总务主任、理事、代理审长	九州帝国大学文学部毕业 外务省第三种补助生
苗竹风	司书	东京高师地理科毕业 清华大学日语讲师
布施昌三	助理	北京同学会语学校卒业 北京大学在学
彭鉴	助理	立正大学卒业 北京中法大学讲师
石翊周	助理	北京法政大学卒业 实业厅职员
赵树正	助理	京都美专卒业 朝鲜商业学校华语讲师
大塚道代	书记 打字员	北京同学会语学校修业
李炳熙	书记	中学卒业 打字员养成所修业
朱君焴	书记	中学卒业
许启徽	书记	女子中学卒业
张佑铭	书记	北京日语学校卒业 第三模范小学职员
王卓常	书记	私立华北中学卒业
辻野朔次郎	理事	北京同学会语学校长 交通部雇员
大槻敬藏	理事	人文科学研究所员

资料来源：外务省文化事业部编『昭和十一年度執務報告』、138—139 頁。按，同学会语学校，系日本在华创办学校，辻野朔次郎担任校长，学校专事日语教育，以在华普及日语为根本目的。(参考『北京同学会語学校日語班事業助成関係一件』、アジア歴史資料センター、B05015959500)

北馆收藏图书主要涉及科学、农业、工业、医学、产业及其他人文科学类书籍、杂志，尤其重视收藏自然科学书籍，这是该图书馆一大特色。"其预定藏书计划，自然科学书籍将占总额百分之七十，人文科学书籍占百分之三十"。① 按照语种统计，该馆所藏书籍大抵为日文

① 《日本外务省文化事业部在平设科学图书馆》，《大公报》（天津）1936 年 11 月 1 日，第 4 版。

书籍，少数为汉文、西文书籍。北馆收藏图书，以购买新书为主，同时仰赖社会各界捐赠。购买新书方面，北馆成立伊始，"以三万五千元日金向日订购各种科学书籍四五千种，业有两批先后运平，共计四千五百余册，第三批不久亦可运到"。① 除购买大量日文图书外，北馆还购买部分中文图书，"1936 年 11 月，北京近代科学图书馆购入中文书籍 662 册，涉及辞书、调查、统计和其他人文自然科学书籍"。② 捐赠图书，主要来自中日两国政府机构、社会团体及个人捐赠，"宋哲元捐赠该馆《四部备要》，即经史部子集四部共计 2500 册，价值 1000元"。③ "陈觉生遗孀赠送各类书籍达 1600 册，本馆由此设立'觉生文库'；沈怀伸和沈斌甫合赠 1012 册，以佛教书籍为主。"④ 此外，中日两国政府机构、教育部门、企业会社、新闻出版集团亦赠送该馆大批书籍。"截至 1937 年底，中国方面捐赠图书 2860 册、杂志 15 种，日本方面赠送图书 921 册、杂志 179 种。"⑤

北馆在极力购买新书的同时，得到中日各界人士踊跃捐赠图书，这使其藏书在质和量上都得到迅速提升。"1936 年，北京近代科学图书馆购进和受赠图书共计 7845 册、杂志 384 种、报纸 27 种；1937 年，本馆收藏图书 21391 册、杂志 546 种、报纸 45 种；1938 年，本馆收藏图书 36728 册、杂志 788 种、报纸 41 种，西城分馆收藏图书 2694 册、杂志 264 种、报纸 28 种；1939 年，本馆收藏图书 40888 册、杂志 762种、报纸 77 种，西城分馆收藏图书 3880 册、杂志 256 种、报纸 29 种、北城阅览所收藏图书 802 册、杂志 133 种、报纸 19 种。"⑥

日本外务省成立北馆之目的在于"向中国学者、学生等人士介绍日本自然科学发达程度、最新发明发现、人文科学及其他日本事情；

---

① 《日本外务省文化事业部在平设科学图书馆》，《大公报》（天津）1936 年 11 月 1日，第 4 版。
② 「図書館備付図書ノ件 昭和十一年」、『北京近代科学図書館関係雑件 第一卷』、アジア歴史資料センター、B05016006100。
③ 「図書館開業ニ関スル件 昭和十一年十一月」、『北京近代科学図書館関係雑件第一卷』、アジア歴史資料センター、B05016005900。
④ 北京近代科学図書館編『覚生文庫、沈氏寄贈佛教書目』、1938 年調。
⑤ 北京近代科学図書館編『北京近代科学図書館一週年報告』、1937、序言。
⑥ 北京近代科学図書館編『北京近代科学図書館概況 昭和 14 年 12 月』、13 頁。

收集近代各方面的科学研究精华，供其阅览研究；发布关于本邦近代科学及其他内容的演讲、电影；配备有关北京本地风俗习惯的学术书籍"。① 北馆主要任务是"增进中国人对日本实情的理解，强化日中两国国民精神之谅解"，"积极联络驻日中国人留学生，观察中国学界及中国人思想动向"。② 北馆表面上致力于宣传、推广日本近代科学知识，其根本目的是加强日本在华北的文化侵略与渗透，强化所谓的"日中文化提携"。为实现此种目的，北馆出台具体实施方案，涉及图书业务、对外活动、调查研究等三个方面。

图书业务方面措施包括："1. 广泛搜集日本权威学者近著和其他关于日本历史、产业、文学等方面的著述，并精选汉译外文著作；2. 为加深中国人士对日本的认识，本馆拟将竭力充实日本新闻、杂志等报刊；3. 精选日本人述及关于中国的中国学论著；4. 极力购入欧美大家所撰之纯学术著作。"③ 北馆极力鼓吹日本文化"优越性"，重点推介日本文化著作给中国读者，使其更加"崇拜""迷信"日本文化，从而强化日本文化在中国的影响力。

对外活动方面措施包括："1. 配置并出借关于中国大学及图书馆之图集；2. 举办日本学人、有识之士发表的演讲会；3. 发布介绍日本事情的电影会、摄影会、展览会、日本学生作品展览会；4. 举办中日学生或学者座谈会；5. 积极联络中国方面的大学、图书馆；6. 中国留日学生集会活动的组织与斡旋。"④

调查研究方面措施包括："1. 通过阅览者统计，观察中国学生之倾向及日本研究热之情形；2. 通过举办座谈会观察中国学者及青年的思想动向；3. 调查中国留日学生出身现状。"⑤ 可以说，北馆妄图通过全面细致的调查研究，掌握中国青少年学生的"思想动向"和"阅读

①　外務省文化事業部編『昭和十一年度執務報告』、130 頁。
②　「図書館将来ノ方針ニ関スル件 昭和十二年三月」、『北京近代科学図書館関係雑件 第一巻』、アジア歴史資料センター、B05016006300。
③　北京近代科学図書館編『北京近代科学図書館概況 昭和 14 年 12 月』、21 頁。
④　北京近代科学図書館編『北京近代科学図書館一週年報告』、1937、17 頁。
⑤　「図書館将来ノ方針ニ関スル件 昭和十二年三月」、『北京近代科学図書館関係雑件 第一巻』、アジア歴史資料センター、B05016006300。

嗜好"，进而采取更加"有效"、更具有"针对性"的应对措施，确保在思想上和文化上，甚至在心理上控制中国青少年学生。

二 北馆的运营

北馆早期发展可谓是步履维艰，其制约因素有两点。其一，运营经费相当紧缺。"1936 年 5 月，日本特别议会提出该年度新事业预定经费，其中北京近代科学图书馆和上海近代科学图书馆助成金额各为60000 元，包含图书购入费 50000 元、设备费 10000 元，借此补给援助二馆之建设。"① 与此同时，外务省资助华北产业科学研究所经费高达212200 元，远超北馆、上馆筹建费用。外务省补助的经费，对于北馆发展、扩张而言，可谓是"杯水车薪"。该馆起初因经费拮据，无力建造阅览室，不得不借用北京人文科学研究所房舍。"初创时期，经费不甚充足，如欲新建馆址实难举办。从权之际，惟有向东方文化事业委员会商洽，暂时借该会新落成之大楼，另外复以一万余元建办公室一所，修葺会客厅、职员宿舍及建设小书库之用，将来经费如果充足，将再觅地建新馆屋。"② 经费短缺还影响到该馆职员收入，苗竹风受聘司书时月薪定为 150 元，就职后竟减至 100 元，其他中国职员收入更是有限，最低者月薪仅为 10 余元。③ 日本当局聘请大量中国职员入馆工作，压榨其廉价劳动力。尽管山室屡次向外务省提出增加职员待遇的要求，但收效甚微，苗竹风等人最终辞职。直至菊池租接替苗竹风担任司书后，司书月薪才增加到 230 元。为获得经费赞助，山室不得不寻求中日两国各界人士的捐款和援助。

其二，受到中日战争影响。北馆开办仅半年，日本策划七七事变、侵华战争全面爆发，整个华北动荡不安，该馆亦受到严重影响。"本图书馆在此次事变之始，当本邦居留民避难于东交民巷期间，曾短期内

① 　上海日本近代科学図書館編『上海日本近代科学図書館概要』、1937、3 頁。
② 　《在本市设立之科学图书馆定月中成立》，北京《世界日报》，1936 年 10 月 3 日，版面不详。
③ 　「昭和十一年中（開館前）北京図書館々員人事、異動」、『北京近代科学図書館関係雑件 第二巻』、アジア歴史資料センター、B05016007600。

闭馆停止阅览，嗣后自八月九日避难期届满，本馆亦随即开馆，阅览时间仍照从来午前八时开始，至午后五时停止，事变中因晚间一般外出者极鲜，故而休馆……然开馆之当日阅览人数极少。"① 据统计，"6月份开馆 29 日、读者总数 1367 人、每日平均 47.1 人，7 月份开馆 27日、读者总数 1159 人、每日平均 42.9 人，8 月份开馆 21 日、读者总数 538 人、每日平均 25.6 人，9 月份开馆 29 日、读者总数 740 人、每日平均 25.5 人"。② 比较七七事变前后，北馆每日读者人数减少近一半。具有讽刺意味的是，日本侵华战争不仅殃及中国人民，其对华"文化事业"亦受到战争影响。北馆读者人数迅速减少，其根本原因是日本当局发动野蛮的侵华战争，华北民众纷纷组织声势浩大的反日爱国运动，北京民众亦对日本创办的图书馆抱有排斥情绪。

日军攻占华北以后，实行高压统治，局势相对"和缓"，山室趁机扩张北馆的业务和势力。山室力主改变图书馆过于拘泥馆内借阅业务，打破图书馆的闭塞状态，极力开展各种文化活动，尤其重视宣传日本文化，将该馆由单一的"文库书馆"变为活跃的文化宣传场馆，主动适应各类读者需要。③ 为此，山室进行了一系列改革措施。

第一，积极选购新书。北馆重视选购自然科学书籍，在宣传近代科学知识之余，亦重视迎合读者的阅读偏好。"这个图书馆虽冠名为近代科学，但不限于收藏狭义的科学书籍，而是一个近代科学化的图书馆，采取多量适应求学者所需要的、实用的书籍，以满足求学者的欲求……"④ 七七事变之后，北京曾出现日语学习热，读者对于日语书籍的需求量增加，北馆趁机配备大量日语书籍、辞典，"故本馆为应其势所趋，复多备有日本语学书及辞典等之副本，以供其需要"。不久，北京民众热衷于了解中日关系和国际局势，北馆因此增加人文科学书籍，尤其日本相关史地著作，"因为前者有关于国际问题、时事问题，

---

① 「図書館事業中間報告 昭和十二年十二月」、『北京近代科学図書館関係雑件 第三巻』、アジア歴史資料センター、B05016008300。

② 「北京近代図書館統計書提出ノ件 昭和十二年中」、『北京近代科学図書館関係雑件 第一巻』、アジア歴史資料センター、B05016007000。

③ 山室三良「国の図書館法について」、『図書館学』第 26 号、1976 年。

④ 北京近代科学図書館編『北京近代科学図書館一週年報告』、1937、45 頁。

后者有关于日本地理历史"。①

　　第二，重视人事管理。人事方面，首先提高图书馆职员的待遇，七七事变以后，外务省加大对北馆补助力度，山室得以增加职员津贴。"月俸 200 元以上之司书与系主任，补助津贴为月俸的 15%；月俸 200 元以下之司书、助理、书记及其他职员，补助津贴为月俸的 20%；事务嘱托，补助津贴为月俸的 15%。"② 此后，山室还将外务省补助经费用于购买图书馆设备和书籍，北馆规模不断扩张。其次，重视具备图书馆管理经验的人才。苗竹风辞去司书后，山室聘请菊池租任司书，二人均毕业于东京帝国大学。"菊池租曾入东京帝大文学部、九州帝大大学院深造，后担任福冈县立图书馆司书，颇具图书馆管理经验和能力。"③ 管理方面，该馆摒弃纷繁复杂的借阅图书程序，图书馆各类书籍、杂志均可自由借阅；奖励勤于借阅图书者，以增加图书馆读者人数。"对于来馆阅读人之成绩优良者，则选赠本馆发行之馆刊，或其他单行本，日文模范教科书等以示奖励。"④

　　第三，注重出版发行事业。1937 年 9 月，北馆开始发行中文杂志《北京近代科学图书馆馆刊》，至 1939 年总计发行 6 期，该刊主要介绍北馆各种事业、图书馆建设、运营业务、各类图书及日本科技文明；更为重要的是，"积极向中国学界及其他领域介绍日本文化"。⑤ 例如该刊第 1 期共刊载 16 篇文章，其中日本文化类文章 8 篇、学术类文章 5 篇、图书馆介绍文章 2 篇、其他 1 篇。⑥ 1938 年 9 月，北馆发行日文月报《书渗》，至 1940 年总计发行 20 号，"内容涉及馆务报告、馆员的感想文章、日本文学作品的中文对译等"。⑦ 北馆还出版发行各类日

---

① 《最近本馆概况》，《北平近代科学图书馆馆刊》第 2 期，1937 年，第 186 页。
② 「昭和十三年中 北京図書館々員人事異動」、『北京近代科学図書館関係雑件 第二巻』、アジア歴史資料センター、B05016007800。
③ 山根幸夫『東方文化事業の歴史：昭和前期における日中文化交流』、156 頁。
④ 《最近本馆概况》，《北平近代科学图书馆馆刊》第 2 期，1937 年，第 186 页。
⑤ 「北京図書館経費流用ノ件 昭和十二年中」、『北京近代科学図書館関係雑件/経費関係 第二巻』、アジア歴史資料センター、B05016013700。
⑥ 《本馆记事》，《北平近代科学图书馆馆刊》1937 年创刊号。
⑦ 北京近代科学図書館編『北京近代科学図書館概況 昭和 14 年 12 月』、44 頁。

语教材，1937 年 10 月以后，北馆相继出版发行《初级模范教科书》共三卷 40400 册、《高级模范日文教科书》共三卷 4600 册、《日文补充读本》共六卷 6140 册，"大部分送往北京地区各级各类学校，其他输往天津、济南、威海卫、唐山、保定、包头等地"。① 语言文字是一个国家的思想文化根基，更是传承、延续民族文化的重要工具。日本在中国沦陷区极力推广日语教育之根本目的，在于铲除中国内在的语言文化和民族意识。"语言是同化的重要工具，也是同化完成的一个重要标志。"② 日本当局深谙此道，遂极力支持北馆出版发行日语教材，满足沦陷区推广日语教育之需求。③

第四，开设"外借文库"。北馆欲强化与北京图书馆界的"提携联络"，开设"外借文库"，实行馆际互借制度。具体规定，"外借文库，每次以一百册为限度，借阅期定为两月，暂不延长借阅期限；本馆外借文库之图书种类，虽能容纳外借者之希望，但外借图书每册之选择，当委之于本馆选择；本馆借出文库图书之阅览，在所借地无论馆内馆外，虽能适用该馆之规定，但该馆外借时则应禁止转借；关于本馆外借文库图书，其发送费暂时暂归本馆纳付，而回送费用则须归所借处负担"。④ 北馆先后向北京大学图书馆、清华大学图书馆、南开大学图书馆、北京师范大学、北京华北学院等借出大量图书。其后又开设所谓的"前线慰问文库"，"挑选娱乐性读物、中国国情关系书、日本文化关系书、日本文学作品、世界时局关系书和其他实用图书等六百种、杂志数十种，分三个文库送往前线"。⑤ 此种文库主要满足"皇军诸将士战斗闲暇之余阅读，以了解有关中国的基本知识，增进对本邦历史、文化等的再认识"。⑥ 北馆此种文库，实际上起到一种"军

---

① 「本館編纂日文教科書使用の現状」、『書滲』第 8 号、1938 年。
② 郭熙：《中国社会语言学（增订本）》，浙江大学出版社，2004，第 81 页。
③ 《华北日语教育状况》，《北平近代科学图书馆馆刊》第 4 号，1938 年。
④ 「一週年記念事業報告」、『北京近代科学図書館関係雑件　第三巻』、アジア歴史資料センター、B05016008800。
⑤ 岡山県中央図書館編『本邦の図書館界』、1939、16 頁。
⑥ 「寄贈図書報告　昭和十三年八月」、『北京近代科学図書館関係雑件　第三巻』、アジア歴史資料センター、B05016009800。

事后援"的作用，在思想和文化上满足侵华日军的需求，可以说战时北馆已完全沦为日本侵华国策服务的工具。

第五，举办各种展览会。1937 年 12 月，北馆在北京市真光电影院召开"映书大会"，广邀日本各级官员、军人、侨民和华北伪政府官员、公司职员、各类学校、北馆附属日语班学生，总计约 5000 人到会。该馆利用电影媒介宣传推广《吉林庙祭》、《娘娘庙祭》、《现代日本》（四卷）、《岚山》等图书。前二者主要宣扬"日本提携"与"王道政治"下的"幸福生活"；后者主要介绍日本自然风光、产业、教育、国防及民俗风情。① 北馆利用此种图书推广活动"慰问皇军"，同时向北京民众宣传日本文化知识及风土民情，② 其本质还是实行文化殖民和同化政策。1938 年 12 月 10—15 日，北馆在北京中央公园开展"日本中小学生儿童书画展览会"和"日本生活风景写真展览会"，"共展出日语书籍 138 种、日本文学翻译书 131 种、书画 915 种、照片 346 种、其他参考图书 578 种"。③ 北馆此种展览会，意在消泯中国民众的反日、排日意识，形成亲日、媚日意识，"展会对中国大众宣传日本的现代教育、日本的风物与生活，深化中国人对日本知识的理解和对日本的亲和感"。④ 1942 年 12 月 6—11 日，北馆在其大厅举办"大东亚战争一周年纪念展览会"，本次展会展出大量书籍，分为"大东亚民族""大东亚文化""大东亚战争-文学""大东亚地政学""大东亚经济""大东亚医学卫生""大东亚战记""大东亚共荣圈总记""跃进日本发展史""大南洋圈总记""欧美东亚政策史"等 29 类共 450 本图书。⑤ 北馆利用此种展览会极力宣扬、美化日本发动的侵华战争是"圣战"，是为"解放亚洲而战"，甚至以"亚洲救世主"自居，

① 《开馆一周年纪念事业报告》，《北平近代科学图书馆馆刊》第 3 号，1938 年，第 105 页。
② 「一週年記念事業報告」、『北京近代科学図書館関係雑件 第三卷』、アジア歴史資料センター、B05016008800。
③ 「記念展覧会」、『書潘』第 1 号、1939 年。
④ 「記念展覧会」、『書潘』第 1 号、1939 年。
⑤ 参考北京近代科学図書館編『大東亜戦争一周年記念：大東亜関係図書資料展覧会陳列目録』、1942。

将日本塑造为"亚洲领袖",其用意险恶、侵略野心可见一斑。为掩饰日本当局侵略罪行、宣扬"大东亚战争",北馆此后又组织"华北蒙疆全貌展览会""日本艺术写真展览会"等文化宣传活动。

第六,推广日语教育。1937 年 9 月,北馆开办临时日语讲座,极力向北京市民推广日语教育。此后随着学习日语者不断增加,北馆又开办日语初级班、日语中级班、日语高级班及日语补充讲座,日语教员大多由北馆馆员担任,日语教材由北馆出版发行,至 1938 年底各日语班毕业生达到 555 名。[①] 出现此种"盛况",一方面与日本诱导、宣传有关,欲彻底征服、奴役中国人民,必先根除其民族意识和语言文化,最终由日本语言文化取代;另一方面,华北沦陷区民众为谋生不得不学习日语,"被占领国的市民学习占领国语言,是一种有效的生活手段"。[②] 从日语学员出身情况看,"青年学生为重点诱导对象,据北馆统计,1938 年 3 月初级班和中级班 189 名学员中,有学生 132 名,占总数的 69.8%;文化教育人士 24 名,占总数的 12.7%;商界人士 14 名,占总数的 7.4%"。[③] 由此可知,北馆附属日语班明显强化了对中国青少年学生的蛊惑和宣传。1937 年 9 月,外务省资助北馆 6000 元设置日语师范科。"师范科设有修身、讲读、会话、音声学、文法、翻译、作文、习字、中国古文选读、日本文化史、言语、教育、日本事情、体育、音乐等课程。"[④] 师范科教员主要来自中日两国教育界人士,日方有北京大学讲师伊藤千春,早稻田大学研究员栗田直躬,女子师范教授永岛荣一郎,北京中央广播电台嘱托岛村义雄、袴田克己,驻华日本宪兵教官满石荣藏,北馆职员菊池租、安田正明、吉野裕;中方则有国立师范学院文科主任钱稻孙、教育长苏民生,北京大学日

①　「北京図書館日語学校学級担任者選任報告 昭和十四年一月」、『北京近代科学図書館関係雑件 第四巻』、アジア歴史資料センター、B05016011400。
②　山根幸夫『東方文化事業の歴史:昭和前期における日中文化交流』、168 頁。
③　「日語基礎講座第二期開講 昭和十三年四月」、『北京近代科学図書館関係雑件 第三巻』、アジア歴史資料センター、B05016009000。
④　「北京図書館日語学校師範科新設助成 昭和十二年十月」、『北京近代科学図書館関係雑件 第四巻』、アジア歴史資料センター、B05016010300。

语教员张我军，女子师范讲师尤炳圻、沈启元等人。^① 北馆开办师范
科，主要是为了培养大批精通日语的中国教员为其推广、普及日语教育服务；更为重要的是推行文化同化政策，培养大批"日中亲善之楔子"，"今日卒业于此，正值需材之际，从此服务社会，尽力国家，其造福于中日两国之亲善及两大民族之前途，实未可限量"。^② 此后，北馆多次举办日本音乐讲座、日语研习会等活动，强行在华北沦陷区推广日语教育、宣扬日本文化。

客观而言，山室三良等人的"苦心经营"起到一定效果，北馆业务得以复苏、扩张，已经超越单纯的"图书馆事业"，并极力向其他"社会文化事业"渗透；图书馆的规模亦得以扩大，1938 年开设西城分馆、1939 年增设西城儿童阅览室及北城阅览所；读者人数和借阅图书数量也不断上升，"1936 年 12 月—1937 年 11 月读者总数达到 12711人、阅览书籍 6947 册，1937 年 12 月—1938 年 11 月读者总数 39352人、阅览书籍 37315 册，1938 年 12 月—1939 年 11 月读者总数 33553人、阅览书籍 31157 册，读者人数和借阅册数较开馆初期均增长一大半"。^③ 北馆业务出现复苏和扩张，一方面与山室等人的"努力革新"有关，另一方面则与日本当局在华北实行高压统治有着莫大关联。七七事变以后日本血腥镇压反日爱国运动，当地反日进步人士被迫转入敌后、地下，华北政局出现暂时的"平缓"，北馆则趁机扩张其规模和势力。尽管山室极力采取各种措施，企图招徕更多中国读者、缓解中国人民的反日情绪、促成所谓的"大东亚共荣圈""日中亲睦协助"，但在侵华日军的铁蹄之下，显然难以实现真正的"中日友善合作关系"。^④

三　日本当局对图书馆的监管

北馆是日本外务省根据《对支文化事业特别会计法》，利用中国

① 《日语学校状况》，《北平近代科学图书馆馆刊》第 5 期，1938 年。
② 「北京図書館日語学校師範科卒業式 昭和十四年三月」、『北京近代科学図書館関係雑件 第四巻』、アジア歴史資料センター、B05016012000。
③ 北京近代科学図書館編『北京近代科学図書館概況』、1939、18—20 頁。
④ 田村徳治編『大東亜共栄圏建設の基礎理論』立命館出版部、1943、8 頁。

庚子赔款在中国创办的文化机构，该馆在管理、经费和业务方面受到日本政府的严格控制。

一是加强对图书馆经费的控制。北馆实际上是由日本外务省文化事业部在中国设置的文化机构，运营经费亦是由该部利用"对支文化事业特别会计助成金"支付。"1936年，外务省补给该馆助成金60000元，1937年补给60000元，1938年补给140000元，1939年以后转由兴亚院主管，山室申请其补给达279400元。"① 侵华时期，外务省对北馆的补给力度不断加大，对其控制力度日益增强。外务省明文规定北馆经费使用范围："1. 图书馆的经营；2. 北京西城日语讲习所兼新闻杂志阅览处的经营；3. 适于介绍日本近代科学之图书购入、收藏及公开阅览；4. 举办以普及日本科学知识为目的之演讲会、电影会等；5. 其他外务大臣认为之必要事项。"② 并规定北馆补助和其他收入必须经过日本驻北京大使馆参事官指定银行以图书馆的名义存款；图书馆每年必须向外务大臣提交补助收支出纳统计簿、收支结算书及财产目录；图书馆利用补助购入设备、图书之前必须得到外务大臣的许可，外务大臣随时派遣官员检查图书馆的收支结算和经营情况；如果违反外务省前述相关命令，将立即停付并收缴一切补助。③ 要之，外务省对该馆的管控日趋严格，以确保其"协助"日本当局执行文化侵华政策。

二是加强对图书馆的业务控制。日本外务省曾规定，北馆业务经营、图书选购及其内外官厅交涉，必须遵从外务大臣与日本驻北京大使馆首席书记官之指示，"图书馆长、主任、司书、庶务及会计系主任之任免须经外务大臣承认许可；图书馆规程、经营方针的制定修改必须预先得到外务大臣批准；图书馆出版物必须经过外务大臣及北京日本总领事审核；定期向外务大臣及北京日本总领事提交事业概况报告书、事业成绩报告书，汇报该馆的运营状况，尤其是阅览室的利用情况"。④ 对

① 『北京近代科学図書館関係雑件/経費関係』第一、二巻、外務省外交史料館蔵。
② 「十三年度助成」、『北京近代科学図書館関係雑件/経費関係 第二巻』、アジア歴史資料センター、B05016014200、外務省外交史料館蔵。
③ 東亜研究所『日本の在支文化事業』、43頁。
④ 「命令書」、『北京近代科学図書館関係雑件/経費関係 第二巻』、アジア歴史資料センター、B05016013200。

此，北馆对借阅者进行了详细统计和调查，诸如图书馆每月读者人数、读者出身情况、阅读图书种类及其附属日语学习班运营状况。日本政府企图通过此种调查，全面掌握中国读者人数、出身职业、阅读兴趣、借阅书籍种类和日语普及情况。

1940 年 5 月，北馆对其读者进行调查和统计，"读者国籍统计：本月读者总数 2383 人，含中国 1329 人、日本 1053 人、其他国 1 人；读者职业统计：学生 1142 人、商界 241 人、学界 144 人、政界 69 人、医界 33 人、报界 13 人、其他 741 人；借阅方式统计：借阅书籍总计 1770 册，其中馆内阅览 1498 册，借出阅览 272 册；借书种类统计：文学及语学 428 册、总记 305 册、法制经济 178 册、自然科学 174 册、医学 168 册、历史科学 132 册、艺术 108 册、精神科学 97 册、产业 96 册、工业 84 册"。①

分析上述统计，当时的读者人数相较于开馆伊始有了明显增加，尤其日本读者人数较多，几乎与中国读者人数持平。北京沦陷后涌进大量日本侨民，日本读者人数由此增加。分析读者出身职业情况，其中青年学生人数最多，几乎占总人数的一半，由此可知该馆重点宣传、招揽对象为青年学生；次多者为其他人群，该群体应为无业人员，故未能记载其详细职业情况；最后为学界、商业人士。分析读者阅读方式，大多读者倾向于馆内阅读，战时北京局势动荡不安，北馆为预防"激进分子"侵扰，曾雇用大批警察、宪兵，以"保卫"读者人身安全为名，极力诱导读者进馆借阅图书。② 分析读者借书种类，可以大致了解当时北京民众的阅读兴趣，文学和语言类图书最受其青睐，北馆附属日语学校及其日语推广活动起到一定效果；借阅人文科学书籍数量有所上升，逐渐赶超自然科学书籍借阅数量。

三是利用北馆实行文化侵略政策。日本侵华野心绝非限于中国东北，而是征服整个中国。九一八事变不久，日本又策划华北事变，企图将华北变为"第二满洲国"。日本当局明确指出，"华北处理着眼于，援助其实现以中国民众为主的分治政体，将该地建成坚定的防共

---

① 「閲覧統計」、『書滲』第 6 号、1940 年。

② 《最近两年间本馆、分馆阅览成绩》，《北平近代科学图书馆馆刊》第 5 期，1938 年。

亲日满地带，并于此处获取国防资源（铁、煤、盐等）、扩建交通设施，以防备苏俄侵袭，实现日满中三国提携共助"。① 为配合日本军方行动、适应战时体制需要，外务省出台所谓的"新规事业"，加紧在华北推行文化侵略政策。侵华战争时期，日本对华"文化事业"的侵略野心更是彰显无遗。外务省曾极力鼓吹其"东方文化事业"之目的在于"复兴东洋文化、促进日中亲善"，大肆宣传其"大东亚建设"之宗旨在于"实现东洋民族自觉和东洋道德复活的要求"。② 外务省还极力美化日本侵华战争，认为日本发动"大东亚战争"的目标在于"实现包括全中国民众的东洋民族之道德复归，此亦为我对中文化工作之主要目标，日本负有教导者的任务，即引导东洋民族向新东亚建设进军"。③ 日本当局比较重视华北沦陷区的"文化工作和建设"，妄图将华北沦陷区改造为日本推行"新东亚建设""大东亚战争"之后方基地。

　　针对华北民众反日运动日益高涨，日本企图利用援建各种文化机构设施、开展各类社会文化活动，从思想文化和意识形态上消泯华北民众的反日情绪和民族意识，以维系和巩固日本在华北沦陷区的殖民统治，而北馆则是日本实现这种"任务""使命"的重要工具。日本外务省曾大力支持北馆举办各种文娱活动，诸如普及日语教育、举办展览会、组织电影会、开办音乐会及读书会活动，大肆宣传日本思想文化和科学知识，"彻底矫正华北民众对日观，保持平战两时之亲日态度"。④ 北馆也正是出于此种目的，极力在北京宣传日本科学文化和意识形态，借此缓解北京市民反日情绪，形成亲日意识。不过，北京民众大多对北馆的文化侵略本质有着清醒认识，并进行了坚决抵制与反击。"1938 年 6 月，北馆本馆和西城分馆同时遭遇人为纵火，火灾损失达 750 元。"⑤ 此后，北馆不得不动用警察、宪兵来监视读者的行

①　島田俊彦・稲葉正夫編『日中戦争 現代史資料 8 册』みすず書房、1964、368 頁。
②　情報局編『大東亜戦争に関する国策の趨向』、1942、112 頁。
③　「昭和十六年中」、『上海近代科学図書館関係雑件 第三巻』、アジア歴史資料センター、B05016003200。
④　上村文三『支那の排日を軍部は何うするか』教材社、1936、38 頁。
⑤　「北京状況ノ放火ニ依ル被害状況 昭和十二年十月」、『北京近代科学図書館関係雑件 第四巻』、アジア歴史資料センター、B05016010400。

为，结果又严重影响到读者人数。北馆失火的同时，日本中原公司、美松食堂百货商场等公司会社也"遭遇激进分子纵火"。"此次纵火事件，仍为中国人组织抗日运动之一环，以动摇北京民心，牵绊日本对华文化工作。"① 日本文化机构、公司会社之所以遭遇此种"窘境"，是因为其本身就带有文化侵略、经济掠夺的性质。所幸的是，抗战胜利以后，该图书馆最终为国民政府强制解散，由中央研究院历史语言研究所设置"北平图书史料整理处"负责接收北京近代科学图书馆及其书籍。② 新中国成立以后，北馆所藏图书转由人民政府管理，现收藏于中国科学院图书馆。

第二节　上海近代科学图书馆

上馆和北馆是侵华战争爆发前夕，日本在华成立的两大图书馆。上馆成立初期因经费掣肘和其他因素，发展并不顺利，侵华战争全面爆发后一度闭馆。直至上海沦陷后，上馆卷土重来，采取改良和复兴举措，不断扩张其规模和势力，极力强化文化侵略与渗透活动。上馆利用开办夜间街头文库活动、组织各种展览会、实行馆际合作、创办日语学校、开展文化调查研究等活动，一方面向上海民众大肆宣传日本科学文化，配合日本当局的文化侵华政策；另一方面利用文化调查研究，极力刺探中国情报，为日本侵华战争服务。日本当局则在经费、业务和管理上加强对上馆的控制，使得该馆全面配合其侵略政策。③上馆最终随着日本战败投降而解散。

一　上馆的建立

1936 年 5 月，日本特别议会提出《昭和十一年度（1936）新规事

---

① 山根幸夫『東方文化事業の歴史：昭和前期における日中文化交流』、155 頁。
② 《中央研究院历史语言研究所历史》，摘自台湾"中央研究院"历史语言研究所网站：http://www2. ihp. sinica. edu. tw/intro1. php？TM＝2&M＝1。
③ 実藤恵秀『日本文化の支那への影響』蛍雪書院、1940、150 頁。

业补给案》，决定在北京和上海成立近代科学图书馆，补助各图书馆创办经费 60000 元，包括购进图书费用 50000 元、其他设备费用 10000元。[1] 1936 年 11 月，日本外务省纠集其他出版机构、学术团体、公司会社筹办上馆。1937 年 3 月，该馆于上海市四川路 149 号宏业大厦举行开幕式。汪精卫曾为该馆题词"知之为知之不知为不知是知也"，孙科、孔祥熙、于右任、王宠惠、蒋作宾、邵力子、黄金荣、俞鸿钧、刘海粟等人亦为其题词，可见该馆在上海的影响力之大。上馆成立之目的在于"收藏关于商、工、农业等技术的、实用的图书，供给中华人士公开阅览，举行有关日本事情的演讲、发表、宣传，并介绍日本近代文化产业部门，通过此类活动实现日中经济提携之目的"。[2] 此外，上馆还日译大批欧美图书，提供中国读者借阅，"欧美各国切合实用书籍，皆已译成日文，故凡已学日文者阅览至便，即未学日文之人，亦因日本文内，所用汉字甚多，意义正复相同，阅览亦甚了解"。[3] 实际上，上馆的"核心使命"还是向上海市民宣传日本文化，扩大日本文化在中国的影响力和渗透力。

上馆成立伊始，由船津辰一郎担任名誉馆长，上崎孝之助担任馆长，管理图书馆日常运营事宜，另外聘请其他雇员仅 4 人，由此可见该馆初期规模十分有限。该馆还成立有理事会，理事多由日本民间团体或商工会社要员兼任。不久，该图书馆聘请铃木贤佑担任总务主任、副馆长，森清担任司书。表 6-2 列举上馆早期主要职员情况。

表 6-2　上海近代科学图书馆成立初期人事情况

姓名	职名	履历
上崎孝之助	馆长	早稻田大学毕业，原东京《朝日新闻》经济部次长
真田茂	雇员	中学毕业，图书讲习所修学
赖贵富	雇员	台湾商工学校毕业，《朝日新闻》调查部部员

① 上海日本近代科学図書館編『上海日本近代科学図書館概要』、1937、3 頁。
② 『執務報告　昭和十一年度文化事業部/1936 年』、アジア歴史資料センター、B10070614300。
③ 上海日本近代科学図書館編『上海日本近代科学図書館概要』、1937、3 頁。

姓名	职名	履历
松井松次	雇员	东京高师英语科毕业
宫原正己	雇员	中学毕业，图书讲习所修学
船津辰一郎	理事 名誉馆长	在华纺织同业会理事长
新城新藏	理事	自然科学研究所所长
大内畅三	理事	同文书院院长
吉田政治	理事	商工会议所会长
甘浓益三郎	理事	民团长
上崎孝之助	理事	民团长

注：『執務報告　昭和十一年度文化事業部/1936 年』、アジア歴史資料センター、B10070614300。

　　上馆收藏图书包括哲学、文学、语言学、历史学、工艺学、社会学、经济学、产业学及其他自然科学书籍，尤为重视购藏经济学和产业学书籍，凸显其购藏图书之实用特色，同时也有出于对上海作为国际商业大都市的考虑。"1937 年 3 月，本馆购藏图书总计 10378 册，中、日、英文报纸 27 种，杂志月报 322 种，小册 450 种，合计 799 种。"① 上馆图书主要从国内外购入，以及社会人士、机构团体捐赠。图书购买方面，"1938 年购入 789 册，价格为 2326.5 元，其中社会科学和历史科学两类书籍最多，达到 459 册，超过总数的 58%"。② 至 1938 年 12 月，上馆购买图书总计 11671 册。图书捐赠方面，"1936 年共接受赠书 1547 册，1937 年增至 1640 册，1938 年增至 2143 册"。③ 捐赠图书者主要为中日机关团体和社会各界人士，例如 1937 年中国赠送上馆《中国银行月刊》、《中国银行报告》、*Bank of China*、《新时代月刊》、《妇女旬刊》、《中外经济选萃》、《全国文化机关一览》、《中国国际图书馆概要》、《常用筒子表》、《为世界语主义的世界语》、《中国

① 「上海図書館開館ニ関スル件 昭和十二年三月」、『上海近代科学図書館関係雑件 第一巻』、アジア歴史資料センター、B05016001100。
② 上海日本近代科学図書館『昭和十三年事業成績報告書』、1939、9 頁。
③ 按，此数据应当未包括此后"海南文库"和"云庄文库"两大个人文库书籍数量。

国际图书馆图册》、《上海图书馆概要》、《上海图书馆协会丛书》等书籍、杂志。① 1938 年，日本外务省又赠送上馆几十种图书，包括各类统计、调查报告，章程规约，历史地理，产业经济等各类图书。② 至1938 年 6 月，上馆所购藏图书达到 2 万多册。到 1938 年底，"本馆又受赠下村宏旧藏海南文库（约三万册）的大部分书籍，掘拔义太郎藏书（约一万册）和入泽达吉遗藏云庄文库（册数不详）的书籍"。③此后，随着购藏书籍不断增加，上馆增开两大文库，图书馆规模和业务得以扩大。

为强化图书馆管理，上馆出台较为严格的管理规章。规定图书馆内所有图书均可免费、自由阅览，"然而带有酒气者、着装让他人感到不快者、患有疾病者或其他本馆认为难以成为其借阅者均谢绝入馆"。"严禁在阅览室朗读、谈话、饮食、吸烟等其他喧哗骚扰行为。"如有违反规章者，管理员当即制止并将其驱逐出馆。借阅图书时，"如有丢失、污损者须按该书原价赔偿，且日后谢绝再次入馆"。馆外借阅图书分为个人和团体两种借阅方式，"个人借阅时须年满12 周岁以上，并持有优待券或有馆长指定保证人的保证书，或馆长认同借阅人的身份者"。④ 团体借阅方面，只有上海市区政府机关、教育部门、图书馆和其他馆长认可的机关团体和公司会社才能借阅。无论团体借阅还是个人借阅，借阅图书时必须提交保证书、特许证及图书押金。馆内阅览图书者，必须在阅览票面标明借阅者个人信息和借阅图书情况，退馆时应及时返还书籍，否则将会受到一定惩处。⑤ 从前述管理规章，可见馆借阅管理制度还是比较严格，该馆初期发展因此也受到一定影响。

---

① 「上海図書館へ支那側ヨリ寄贈資料報告ノ件 昭和十二年三月」、『上海近代科学図書館関係雑件 第一卷』、アジア歴史資料センター、B05016001000。
② 「寄贈希望印刷物リスト」、『上海近代科学図書館関係雑件 第三卷』、アジア歴史資料センター、B05016002900。
③ 上海日本近代科学図書館『昭和十三年事業成績報告書』、1939、9 頁。
④ 「上海図書館処務規程制定ノ件 昭和十二年四月」、『上海近代科学図書館関係雑件 第一卷』、アジア歴史資料センター、B05016001300。
⑤ 上海日本近代科学図書館編『上海日本近代科学図書館概要』、1937、7 頁。

上馆创办初期，其主要业务包括："1. 陈列图书、新闻杂志及其他刊物免费阅读事项；2. 上海各中国公共团体及图书馆借阅本馆图书事项；3. 日本文化之各种询问查复事项；4. 中日两国间之经济产业研究事项；5. 各种演讲会及学术研究会主办事宜。"① 上馆还计划出版发行中日文期刊；举办中日名流、学者演讲会；利用电影介绍日本科学文化；办理图书馆场馆租赁事宜；介绍日本经济产业、教育学术及其他相关事宜。从上馆办理业务可知，该馆企图利用发行期刊、组织演讲会、电影放映、学术交流等方式，在上海地区大肆宣传、普及日本科学文化，一方面扩大该馆在华影响力，进而扩张其规模和势力；另一方面加强日本思想文化的普及和渗透，强化对沦陷区民众的文化同化与侵略政策。②

二　上海近代科学图书馆的运营

因内外因素，上馆起初运营并不顺利。内在因素表现为图书馆管理和人事安排存在问题。上崎孝之助并非图书馆学专业出身，最早在朝日新闻报社担任记者，没有任何图书馆管理经验，但被日本当局任命为馆长，"上崎系东京朝日经济部次长，从来与图书馆没有任何关系，他在日本对华侵略方面，是持积极的意见"。③ 显然，日本当局更为看重的是上崎的政治立场和早年经历，因此任命他为馆长。副馆长铃木、司书森清早先均为日本青年图书馆员联盟成员，数次要求改革上馆业务，却得不到馆长上崎的支持，铃木、森清与上崎之间的矛盾日益激化，二人最终向上崎提出辞职。管理体制落后、人事安排不当，加之该馆早期制定的规章制度较为严格，一定程度上限制了读者人数。④ 与北馆相比，上馆不免相形见绌，北馆馆长山室三良拥有丰富的图书馆运营经验，而且较为热心图书馆事业，加之聘请菊池租等专

①　上海日本近代科学图书馆编『上海日本近代科学図書館概要』、11—13 頁。
②　胡道静：《注意敌国的文化侵略：在华日本人办的中文报纸、在华日文报纸》，《战时记者》第 6 期，1939 年。
③　山根幸夫『東方文化事業の歴史：昭和前期における日中文化交流』、175 頁。
④　「館長として選任された上崎孝之助（元東京朝日新聞の記者）を始め」、『図書館文化史研究』第 14 号、1997 年。

业职员的协助，使其规模和势力日益扩大。

外在重要因素，即日本发动侵华战争。上馆开馆仅仅几个月，1937年8月日军开始进攻上海，战争严重影响了图书馆的正常运营，一度暂时闭馆，迁往日本东京，在日华学会附属东亚学校内开设临时办事处，直至1938年6月才迁回上海。上馆起初出现门庭冷落、读者甚少的"困境"，其根本原因在于日军发动全面侵华战争，激起中国人民强烈的反日、排日情绪，"共产党、国民党或其他抗日团体利用'七七''八一三''九一八'等纪念日进行抗日宣传、斗争，对本馆利用之消长产生极大影响，在'七七''八一三'当日、数日或数十日之前租界处于全面戒严状态，一般通行人明显减少，本馆利用者人数亦因'纪念日'活动而波动明显"。① 鉴于此，上馆重新开馆后，采取一系列改革和调整措施。

首先，重视选购各类图书，满足读者需求。上馆起初倾向于购进产业经济类图书，后期更为注重满足上海市民阅读兴趣之需求，"本馆于日本最近刊行关于经济、产业、技术等主要图书之搜集尤其加以注意外，再网罗法律、自然科学等专门书籍，又再齐备娱乐本位之小说、大众书籍、儿童家庭书籍，再加以在东京购进之新基本图书参考书"。② 随着购藏图书数量日益增加，上馆相继开设"上海文库""华译日本书文库""西文日本文库"等书库，按照语言和学科整理其图书，以便读者检索、借阅。③

其次，发行图书目录与图书馆馆报。1939年3月，上馆发行《藏书特殊目录：中国·满洲·蒙古》，介绍1044种图书，涉及总记、宗教、哲学、文学、语言学、政治、历史、外交、法制、行政、艺术、地理、资源、商业、农业、工业等门类。其后，上馆又发行《图书目录分类目录：文学》《图书目录分类目录：历史科学》《图书目录分类

---

① 「昭和十三年度助成」、『上海近代科学図書館関係雑件/経費関係 第二巻』、アジア歴史資料センター、B05016004100。
② 《近代科学图书馆自本日起开馆》，上海《新申报》1938年6月1日，第3版。
③ 上海日本近代科学図書館編『上海近代科学図書館事業成績報告 昭13年度』、1939、13頁。

目录：精神科学》《增加图书目录》《消夏读物百种》等目录，其中
《消夏读物百种》是由该馆挑选 120 种适合读者暑期休闲、度假时阅读
的书籍，然后将其制成图书目录。① 此外，上馆还发行《上海近代科
学图书馆馆报》，其内容为"本馆事业、设施、内容及利用制度的解
说，日常业务报告，调查研究的发表，以上海为中心的中国文化动向，
图书及图书馆及相关部门的报道、感想或杂文等，新刊书、新到书的
介绍，利用者之声等"。② 由此可见，上馆发行图书馆馆报加大图书馆
宣传力度的同时，也在不断调查中国学术界、文化界、图书馆界动向。

　　再次，调整人事与管理制度。上馆重新开馆后，修改以往较为严
格的管理规章，如 1940 年制定的管理规章规定，"凡欲借读本馆书籍
概不收费；本馆之书籍除在馆阅读外，并可随意借出阅读；若借出仅
需缴纳保证金法币 5 元，本馆即发给图书携出证，日后凭携出证借阅
书籍不限次数，年满一年后退还保证金和图书携出证"。③ 读者借阅图
书时，不再需要出示特许证、优待券及其他证件，减少了对读者的限
制和要求，进馆借阅图书人数由此增加。人事安排方面，上馆成立伊
始，仅招收中国职员赖福贵一人，④ 重新开馆后特意新增不少中国职
员，"馆长以下十余人，中国人有五人"。⑤ 该馆极力招收中国职员，
是为了增加中国读者人数。此外，铃木、森清等人辞职不久，上馆聘
请楠田担任司书，楠田比较热衷于开展"图书馆馆外活动"，曾发表
文章《移动图书馆之研究》。文章认为，"当时各地图书馆大抵为馆内
阅览模式，图书馆不免陷入保守封闭状态，难以真正接近读者、满足

---

① 日本経済新聞社社史編纂室編『日本経済新聞八十年史』日本経済新聞社、
　1956、371 頁。
② 「昭和十三年度助成」、『上海近代科学図書館関係雑件/経費関係 第二巻』、ア
　ジア歴史資料センター、B05016004100。
③ 「上海日本近代科学図書館簡章 昭和十五年」、『上海近代科学図書館関係雑件
　第三巻』、アジア歴史資料センター、B05016003100。
④ 按，赖福贵，原籍广东，曾任东京《朝日新闻》记者十年，并著有《蒋介石之
　伟大》，历任上海近代科学图书馆司书等职务，随着抗日战争全面爆发，此人也
　于 1938 年底辞职。部分参考《上海近代科学图书馆一瞥》，上海《大晚报》
　1937 年 3 月 31 日，版面不详。
⑤ 山根幸夫『東方文化事業の歴史：昭和前期における日中文化交流』、183 頁。

读者需求，欲打破此种闭塞状态，就当'移动图书馆'，积极开展各种适当的、不计报酬的馆外活动和服务"。① 对此，楠田开展一系列活动，以复兴上馆业务。

其一，开办"夜间街头文库"。1940 年 7 月，上馆决定在上海租界爱多亚路爱多市场开办"夜间街头文库"，其活动时间定为 7 月 15 至 7 月 21 日晚上 8—10 点。② 上馆曾大肆宣传本次活动，"此项文库是为中华人士在意想中所要认识的'日本是怎样一个国家'而设立，内中备有大量的各种书报、照片、杂志、小册子、报纸等，使人百看不厌……至于费用是完全免费，并且对每个来宾都赠送拍纸簿一本，更有茶水等设备专供诸位使用"。③ 上馆在此次活动期间共展出 37 种日本方面的图书，主要是向上海市民介绍和宣传日本城市、民俗、艺术、文化、旅游、国情等内容。此次活动期间展出书目包括：《插花艺术》、《茶道读本》、《茶室茶庭》、《茶席上茶道的规则》、《帝国美术院展览会图录》、《歌历写乐》、《皇国史大纲》、《科学之目》、《花道三十六家撰》、《假名书道的研究》、《女性美之写法》、《日本地理风俗大系》、《日本都市风景》、《日本文化情形一瞥》、《日本庭园大鉴》、《日本动物图鉴》、《日本园艺介绍》、《日本昆虫图书》、《日本植物图鉴》、《日本隐花植物图鉴》、《日本国宝全集》、《日本刀讲座》、《日本精神读本》、《日本芝居故事》、《日本演剧史》、《日本滑雪发达史》、《山岳美观》、《神秘之道》、《柿右卫门与色锅岛》、《铁道旅行指南》、《我等的国土》、《文部省美术展览图录》（4 部）、《温泉介绍》、《文帖大成》、《相扑道精鉴》、《游泳日本》、《樱之日本》，等等④

此次活动期间，楠田等人预先做了大量准备，诸如利用报纸、杂志、图书、照片等媒介加大宣传，并提供免费阅读书籍、赠送拍纸簿及茶水等方式劝诱上海市民参加活动，并起到一定效果。"夜间街头文

① 山根幸夫『東方文化事業の歴史：昭和前期における日中文化交流』、182 頁。
② 「上海近代科学図書館の夜間街頭文庫」、『中部図書館学会誌』第 35 号、1994 年。
③ 「街頭書室開幕 昭和十五年」、『上海近代科学図書館関係雑件 第三巻』、アジア歴史資料センター、B05016003100。
④ 「街頭書室開幕 昭和十五年」、『上海近代科学図書館関係雑件 第三巻』、アジア歴史資料センター、B05016003100。

库开设期间，阅览者共计 5989 人，中国 5921 人，平均每晚阅览者人数 846 人。"① 表面看来，此次活动为上海市民提供一定文化便利与服务，然而认真分析活动举办场地，即可发现其真实意图。1937 年底，整个上海只有公共租界这座"孤岛"尚未沦陷，其他地区均被日军攻占，公共租界成为爱国进步人士坚持抗日运动的最后阵地，因此被日本政府视为"抗日阵营的温床"。上馆在公共租界举办"夜间街头文库"的根本目的在于极力鼓吹日本思想文化和意识形态，压制中国人民的反日爱国思想和运动，毒化公共租界内民众思想，消弭其民族意识和反抗精神，进而维系日本在上海永久性殖民统治。②

其二，组织各种"文化展览会"。1940 年 12 月 14—27 日，上馆组织"近代日本文学展览会"，极力向上海青少年、知识分子宣传近代日本思想文化建设，其目的在于"发扬日本民族精神的优秀性和日本国民道德，打破彼等呼号的'武力的日本''侵略的日本'反日观"。③ 此次展览会共分为五个部分："第一部总说部，展示明治、大正、昭和时期日本文学发展过程的图表、照片等；第二部歌人部，著名歌人、短歌著述、杂志为中心的展览；第三部小说家部，著名小说家为中心的各类资料展览；第四部俳人部，著名俳人为中心的各类资料展览；第五部参考部，剧作家和剧本家，文学评论家，日本外籍有名文人，长崎华侨资料、文艺电影、日本文化资料。"④ 上馆用 7 间藏书室展出各种图书资料，其中"总说部"共展出 340 种资料，"小说部"共展出 224 种资料，"俳句部"共展出 147 种资料，"演艺与电影部"共展出 131 种资料，"诗歌部"共展出 49 部作品，"短歌部"共展出 140 部作品，"参考部"共展出 31 种资料。此次展会资料和图书主要出自兴亚院华北联络部、上馆及东京文化机构。上馆特意加大对此次展览会宣传力度："向中国商店、公司、银行、学校、官

---

① 山根幸夫『東方文化事業の歴史：昭和前期における日中文化交流』、182 頁。

② 田中香苗『東亜の開展：新支那の史観』ヘラルド雑誌社、1939、165 頁。

③ 「近代日本文学展覧会報告書 昭和十六年」、『上海近代科学図書館関係雑件 第三巻』、アジア歴史資料センター、B05016003200。

④ 「近代日本文学展覧会報告書 昭和十六年」、『上海近代科学図書館関係雑件 第三巻』、アジア歴史資料センター、B05016003200。

公署、工部局等其他公私团体发送宣传画；向个人发送请帖、明信片；装饰展览室入口；摆放广告牌；在《新中国报》《平报》《中华日报》《新闻报》《申报》等报纸上刊登新闻广告。"① 此次展览会结束不久，上馆对参加展会群体进行了详细调查，"依署名簿入场者总数为5976名；中国人4620人，占全体的77.3%；日本人1348人，占总数的22.6%；其他外国人18人，占总数的0.1%；入场者妇女极少，中国仅114人，日本102人。年龄方面，25～30岁的入场者数居首位，占全体的60%；其次为30～35岁者，占全体的19%；20～25岁者居第三位，占总数的18%。依各部阅览数，小说部居首位，其后依次为参考部、俳句部、演剧映画、诗及短歌。"② 由此调查可知，参观展览会者主要是中国人，而且以青年为主，上馆妄图通过向中国青年群体宣传所谓"大东亚新秩序""东洋道德回归"思想，培植亲日分子。

这种赤裸裸的文化侵略活动必然引起中国民众的强烈排斥。实际上，本次展览会举办之前，就出现爱国进步人士的极力排斥和抵制，"此次展览会，最初预定租用南京路、四马路旁边的百货商店大会场，因突逢意外障碍而中止，为避免展览的重要资料毁于'抗日分子'的灾祸，只得临时关闭图书馆阅览室，将全部馆室用于陈列展览会资料"。③ 然而，上馆无视上海市民的排斥和反对，此后又陆续举办"日本观光写真展览会""电影与音乐会""武汉摄影展览会"等活动，以"促进中日文化交流"的名义，加紧宣传日本思想文化，实行文化侵略与渗透。

其三，加强图书馆之间的合作。上馆创办初期，就极力联络上海当地各大图书馆。1938年8月，上海福州路创办一座公共图书馆——中国流通图书馆。上馆当即派人调查该图书馆管理机构、经营业务详细情况，随后寻求与其合作，中国流通图书馆因为日本方面的压力不得不选择与其合作。双方合作后宣布实行馆际互借，并制定馆际互借规则，其内容主要有："1. 双方互借之书籍交换书目，借书时按书目互借，惟贵重书

---

① 「近代日本文学展覧会報告書 昭和十六年」、『上海近代科学図書館関係雑件 第三巻』、アジア歴史資料センター、B05016003200。
② 参考上海日本近代科学図書館編『上海日本近代科学図書館一覧』、1941。
③ 参考上海日本近代科学図書館編『上海日本近代科学図書館一覧』、1941。

及参考书、新闻报纸、杂志不在此列；2. 互借之书如有遗失，贷方应负赔偿之责；3. 双方互借之限制应依照双方之借书规定办法履行；4. 借书时双方凭借书单取书以盖章为凭；5. 如遇借书量过多，当时不及取书得延翌日，由贷方派人送与借方，如遇急借书籍得用电话通知贷方派人送与借方；6. 本办法如有未妥之处得征双方同意修改之。"① 双方交换其购藏图书目录，"在日方的监督下，中国流通图书馆所藏的抗日图书全部依照目录被清除出去"。② 客观而论，馆际互借有助于图书馆之间资源共享，满足读者借阅图书的需求，此种方式至今仍为图书馆界沿袭。然而遗憾的是，日方并非着眼于方便中国读者借阅书籍，其真实意图是借馆际互借之名，监控中国图书馆界，清除爱国反日图书，强化对上海市民的思想控制与奴役。此外，上馆还加盟所谓"上海图书馆人俱乐部"。该俱乐部是由日本在上海图书馆合力组建，即由上海近代科学图书馆、东亚同文书院附属图书馆、上海自然科学研究所附属图书馆及上海满铁资料室联合组成，"旨在加强图书馆之间的联络、交换业务上的意见或情报、增进作业上的协作以及同业者之间的亲睦"。③ 该俱乐部按月召开联合会议，1939 年 1 月，上海满铁资料室在联合会议上提议，制作、发行上海日本图书馆收藏书籍联合目录与国外杂志联合目录。日本组建此种俱乐部，无非是加强日本在上海图书馆之间的"联络与合作"，以便日本控制上海的文化资源，加强思想文化方面的"统治"。

其四，开设附属日语学校。1938 年 6 月，上馆开设日语学习班，面向上海市民，尤其是青少年学生推广日语，其真实意图是在上海沦陷区普及日语教育，以便取代中国语言文字，使得日本的语言文字、思想文化、价值观念充斥整个沦陷区，满足日本在沦陷区的文化侵略和殖民统治需要。1939 年 4 月，因学习班招生数量不断增多，上馆"痛感"有必要将其扩建为"上海近代科学图书馆附属日语学院"。④

---

① 上海日本近代科学图书館編『昭和十三年事業成績報告書』、16 頁。
② 上海日本近代科学图书館編『昭和十三年事業成績報告書』、15 頁。
③ 上海日本近代科学图书館編『昭和十三年事業成績報告書』、17 頁。
④ 興亜院華中連絡部『中支ニ於ケル日本語教育ニ関スル調査報告書』、1941、14 頁。

日语学院开设初级班和中级班，教学人员基本由上馆职员担任，所选教材有《现代日语读本》（将君辉编著）、《中日会话集》（丁卓著）、《日本语读本》（日本东亚学校编著）、《日本语讲义》（上海大松日语专修学校编著）。①实际上，日军攻占上海初期，进入日语学院学习者并不多。据统计，1938年10月至1939年3月，进入日语学院学习者仅为49人（具体情况详见表6-3）。由此可见，当时上海市民愤于日本发动侵华战争，对上馆及附属日语学院抱有强烈的排斥心理。

表6-3　上海近代科学图书馆附属日语学校学员情况统计

年龄及人数		职业及人数		学历及人数		学习目的及人数	
14—19岁	7名	工业	3名			求职	13名
20—24	21名	交通业	1名	私塾	3名	日本语教学	1名
25—29	9名	商业	24名	初级小学	6名	商业	8名
30—39	6名	教育	1名	高级小学	4名	求知	1名
不明	6名	书记职业	10名	初级中学	19名	阅读书报	8名
		文笔	2名	高级中学	9名	探究日本文化	4名
		家庭使用人	2名	专门学校	3名	救国	1名
		学生	4名	不明	5名	不详	13名
		不明	2名				

资料来源：上海日本近代科学图书馆编『昭和十三年事业成绩报告书』、21頁。

从表6-3可见，上馆附属日语学校招生年龄大多青少年，年龄在14~29岁的学员37人，占学员总数的76%，占据压倒性多数，青少年学生是该校重点接收对象；从职业上看，经商人员最多，其次为书记职业者；从学历上看，学员多数为中等教育程度，初等教育次之；从学习目的看，很多学员为了谋求在沦陷区维持生计而被迫选择学习日语。上馆开办日语学校、普及日语教育，表面上是为了帮助上海市民学习日语，以方便其阅读馆内收藏日文书籍，实际是为了强化对上海青少年学生的文化渗透与同化，对其进行文化奴化和文化洗脑，培植

① 参考上海日本近代科学图书馆编『日本語学習指導概況　昭和十三年十至十二月』、1939。

更多亲日、媚日分子。①

　　其五，加强调查中国文化事业。日本外务省利用庚子赔款在中国各地广设各种学术、文化、医疗、教育等机构团体，以"发展中国社会文化事业""推动中日两国文化交流"为名，实际上却是利用这些机构团体搜集中国情报、推行文化同化与侵略政策。上馆亦扮演了类似的角色，其重要"使命"在于广泛搜集中国社会、文化、经济、贸易等领域情报和信息。该馆"调查研究"的内容主要包括，"本馆运营直接相关事项，中国的产业经济以及日本在中国的产业经济等相关问题"。② 例如1938年调查要项有："1. 华人著者目录及著者目录中标目的排列法；2. 南京、苏州以及杭州分馆设置案；3. 关于日本教习调查及本馆附带教习设置案；4. 虹口分馆设置案；5. 虹口及其附近地带住宅、公寓、旅馆的调查；6. 设立上海经济研究所具体案；7. 上海医学院设立具体案；8. 有关近卫内阁改组诸新闻论说记事的翻译；9. 黄浦江两岸所有码头使用状况；10. 上海的机器厂、造船厂的调查；11. 关于日本图书在上海的销售制度调查；12. 关于德国输出补偿法及贸易政策的调查。"③ 分析上馆调查内容，仅少部分调查内容与其经营业务相关，其他绝大部分调查内容则是为了搜集上海社会、文化、经济、工业、贸易等方面的情报。

　　经过上述改革和调整后，上馆迎来"短暂的复兴和发展时期"，该馆管理制度、经营业务、发展状况均有好转，尤其是进馆阅览人数有所上升。据该馆统计，"1937年4月阅读者人数为1917人，5月为1942人，6月为1877人，7月为1957人；1940年4月阅读者人数增至6814人，5月为8451人，6月为8391人，7月为9037人"。④ 阅读者

---

① 《教育文化动态：敌人铁蹄下的奴化教育》，《浙江战时教育文化》1939年创刊号，第35页。

② 「上海近代科学図書館経費関係 自昭和十一年」、『上海近代科学図書館関係雑件/経費関係 第一巻』、アジア歴史資料センター、B05016003600。

③ 上海日本近代科学図書館編『昭和十三年事業成績報告書』、22頁。

④ 「昭和十二年中 上海図書館閲覧者報告」、『上海近代科学図書館関係雑件 第一巻』、アジア歴史資料センター、B05016001900。并见于上海日本近代科学図書館『在上海日本近代科学図書館一覧』、1941。

人数有所上升，固然与该馆的改革措施有关，但深层次的原因还是，"八一三事变之后，整个上海除租界外均已沦陷，日本侵略者疯狂迫害、屠杀上海抗日进步人士和无辜市民，许多市民出于自身安全考虑而避入图书馆内，因为该馆是照顾中国人入馆者的安全的"。① 上馆企图以"照顾读者安全"等方式劝诱、招揽更多中国读者，缓解中国民众的排日情绪，以促进所谓"日中亲善"。然而遗憾的是，"在日本占领下的上海，要建立真正意义上的中日友好是不可能的"。②

三　日本当局对图书馆的管控

上馆经营业务实际上受到日本外务省的管控，其运营经费亦由外务省从"对支文化事业特别会计助成金"中支付，因此该馆是日本外务省在中国创办的官方文化机构。③ "1937 年，外务省文化事业部原定补给上海近代科学图书馆 60000 元，此后因七七事变资金出现紧张，最终只支付 55000 元；1938 年补给本馆助成金 60000 元；1939 年馆长上崎向外务省申请助成经费 99300 元，1939 年以后该图书馆转归兴亚院主管，其助成金亦转由兴亚院支付。"④ 抗战后期，日本成立"大东亚省"，继替兴亚院管控上馆，并补给其运营经费。日本政府严格限定此种补给的用途，将其限定为："1. 图书馆的经营；2. 关于日本近代科学及产业状况介绍的图书购入、收藏及公开阅览；3. 以普及日本近代科学及产业知识为目的的演讲、电影、摄影；4. 其他外务大臣认为

---

① 按，日本学者山根幸夫认为，当时上海许多进步人士极端仇日、反日，日本当局利用汉奸对他们进行迫害、镇压，上馆则趁机收买、利诱上海民众，如广泛招徕阅读者并照顾其安全，甚至将原馆名中的"日本"二字去掉，改称上海近代科学图书馆。

② 山根幸夫『東方文化事業の歴史：昭和前期における日中文化交流』、185 頁。

③ 按，1923 年 3 月，日本第 46 届国会通过《对支文化事业特别会计法》，决定退还部分庚款，补助"帝国（日本）在中国实行的教育、学艺、卫生、救恤及其他文化助长等相关事业；帝国侨居中国的本邦人民的前述相同事业；帝国在中国进行的相关学术研究事业"。（主要参考「对支文化事業特別会計法関係條約抜粹及勅令並清国償金債券」、『東方文化事業部関係会計雑件 第一巻』、アジア歴史資料センター、B05015062600）

④ 『上海近代科学図書館関係雑件/経費関係 第二巻』、アジア歴史資料センター、B05016003800。

之必要事项。"①

　　日本当局还强化对上馆的业务管理。上馆经营业务方针与政府机构交涉必须服从外务大臣指示，其他运营业务必须服从日本驻上海领事命令。"图书馆馆长、总务主任、司书及会计主任之任免须经外务大臣批准，图书馆助理及嘱托之任免须经在上海帝国总领事批准。"② 图书馆规章制度、运营方针的制定与修改必须提前得到外务大臣的批准，图书馆发行刊物必须接受外务大臣和日本驻上海总领事的审查，图书馆必须按期向外务大臣和日本驻上海总领事报告其业务情况，特别是汇报进馆读者情况。因此，上馆必定按期详细调查进馆读者情况，涉及图书馆每月读者总人数、每日读者平均人数，阅读各类书籍数量，读者阅览目的调查，读者出身国别调查，读者从事职业情况调查，读者生活区域调查。日本当局欲利用此种调查和统计，掌握进馆读者尤其是中国读者情况，诸如中国读者人数、读者从事职业、阅读目的、阅读图书种类，甚至读者居住区域分布情况。

　　据上馆 1940 年上半年调查显示，"读者国别情况：阅览图书者中国 8839 人、日本 739 人、其他国家 159 人，阅读杂志者中国 14706 人、日本 3018 人、其他国家 98 人，借出图书者中国 201 人、日本 508 人。读者职业情况：职业不明者达 5053 人，商业者 2524 人，公法务 697 人，学生 156 人……阅读书籍种类情况：阅读杂志者最多，达到 5951 人；其次是小说，人数为 1904 人；再次为文学，人数 1438 人。读者居住地分布状况：公共租界中央部，中国 14689 人，日本 2773 人；法国租界，中国 3535 人，日本 44 人；公共租界北部，中国 1870 人，日本 904 人；公共租界西部，中国 1911 人，日本 8 人……"③ 可见，绝大部分中国读者选择馆内阅读方式，这应与当时的上海局势有关，不

---

① 「上海近代科学図書館経費関係 自昭和十一年」、『上海近代科学図書館関係雑件/経費関係 第一巻』、アジア歴史資料センター、B05016003600。

② 「命令書第七号 昭和十四年」、『上海近代科学図書館関係雑件 第三巻』、アジア歴史資料センター、B05016003000。

③ 参考『上海近代科学図書館関係雑件/経費関係 第二巻』、アジア歴史資料センター、B05016004600。

少上海市民为躲避战乱而选择进馆阅读。然而，中国读者借出图书数量竟不足日本读者之半数，因为借出图书必须缴纳一定保证金，战时上海民众维持基本生活尚且不易，难以支付借阅图书费用。从职业上看，绝大多数读者的职业并无明确记载，这类群体大抵为青年学生，故没有明确的职业记载；从事商贸行业的读者也不在少数，反映出上海作为国际性商贸大都市的实态。从阅读书籍种类看，小说、文学及杂志更受读者青睐，一定程度上反映出当时上海民众的阅读兴趣。从读者居住地分布状况看，居住在公共租界中央区域的读者人数最多，依次向租界附近地区递减，反映出上馆的宣传网络和宣传对象，即以公共租界中央区域为核心，并极力向租界附近区域扩散、辐射，进一步强化对租界及其附近区域民众，尤其是青少年学生的蛊惑和诱导。①

　　上馆运营业务必须完全配合日本侵华国策。侵华战争全面爆发以后，日本外务省紧随军部行动，调整对华文化政策，对华"文化事业"侵略和渗透色彩更为明显。上馆曾大肆宣传日本的文化政策，"我国对支文化工作及政策与欧美诸国对华文化政策完全不同，我们在中国的文化工作旨在推进新东亚建设，实现东洋民族自觉和东洋道德复活的要求"，并极力美化日本侵略战争，"圣师征程千里只有仁与德，圣战的精神在于实现包括全中国民众的东洋民族之道德复归，此亦为我对华文化工作之主要目标，日本负有教导者的任务，即引导东洋民族向新东亚建设进军"。② 日本政府相当重视华中地区，尤其是上海的"文化建设事业"，并认为公共租界的"文化建设事业"较上海其他地区更为紧要，有着更为重要的"使命"。由于上海接受西方思想文化影响较大，而且公共租界仍汇聚大批"激进分子""抗日分子"，日本当局迫切希望通过鼓吹所谓的"东洋民族觉醒"，排挤西方国家在上海的势力，并清除公共租界内的爱国进步人士，实现日本在上海地区乃至整个中国的统治地位。③

---

①　杉村広蔵『支那の現実と日本』岩波書店、1941、179 頁。

②　「近代日本文学展覧会報告書　昭和十六年」、『上海近代科学図書館関係雑件　第三巻』、アジア歴史資料センター、B05016003200。

③　興亜院華中連絡部『上海租界ノ敵性調査　第 1 部』、1940、19 頁。

侵华时期，上馆已经沦为日本当局实行殖民扩张的重要机构。日本政府明确要求上馆在公共租界内频繁举办各种展览会、街头文库、音乐会、电影会等文娱活动，面向上海民众大肆宣传日本思想文化和意识形态，培养亲日、媚日意识，改变以往上海民众的反日、排日情绪。该馆正是出于这种政治动机，加紧在租界内实行文化侵略和渗透，紧密配合日本当局侵略步伐，馆长上崎明确指出："本馆创设之目的在于，对中国介绍、传播日本的文化；而时代要求则是日本人有关中国、满洲、蒙古实情的积极调查研究，实为当前紧急而又重要之课题。"[①] 所幸的是，上海不少爱国进步人士对上馆的文化侵略本质有清醒的认识，坚决反对、抵制该馆的文化侵略行径。例如，1941 年上馆组织第二次"夜间街头文库"期间，会场到处都是写着"打倒日本军阀""打倒日本走狗""打倒汪派走狗"等字样的海报和传单。此后，上馆又计划于外滩公园组织"公园文库展览会"，最终因为上海反日爱国人士的坚决反对而作罢。

第三节　日本在华图书馆业评述

文化侵略是日本实行侵华国策的重要一环，虽与军事侵略、经济侵略形式不同，但根本目的都是彻底征服中国，其消极影响不容小觑。"人皆知舰坚炮利武力足以亡人国家，而不知文化侵略，影响人民心理，暗中潜袭，其祸尤为可畏也。"[②] 日本文化侵略的最终目的在于向沦陷区民众灌输亲日、媚日意识，消泯其民族意识、反抗精神，将其训练成为日本的"顺民""良民"，乃至亲日分子、汉奸分子，绝对服从日本殖民统治和侵略政策，从而维系日本在中国永久性殖民统治。可以说，上馆和北馆就是抱着此种目的和野心，加紧在中国沦陷区宣传日本的价值观念和意识形态，取代中国文化和价值观念，以培植更

---

① 参考上海日本近代科学图书馆编『支那·满洲·蒙古：序文』、藏书特種目録第 1 輯、1939。

② 重任：《文化侵略》，《益世报》（天津）1928 年 3 月 29 日，第 7 版。

多顺从日本当局殖民统治的"良民"和"顺民"。

对比分析北馆和上馆的发展历程、运营业务、管理状况，可以发现二馆对华实行文化侵略与渗透活动有着诸多相近之处。

首先，实行文化侵略与渗透的方式相近。北馆和上馆均为日本外务省于七七事变前夕创建，其时战争一触即发、中国局势动荡不安，而外务省竟然不顾中国政府反对，在中国国土上创办日本图书馆，因此激起中国民众的强烈排斥，所以日本图书馆在侵华战争全面爆发期间发展并不顺利。直到日本攻陷中国大片领土后，北京和上海相继沦陷，日本在当地实行高压统治，日本图书馆也趁机扩张其规模和势力。北馆和上馆几乎同时推行各种"改革和复兴举措"，以改革图书馆业务为名，加强在沦陷区的文化侵略和渗透活动，其文化侵略手段和方式颇为相近。如北馆的文化侵略方式有，购藏最新图书、杂志，招揽更多中国读者入馆阅览；聘请专业职员，改革管理制度，改进图书馆业务和服务；发行图书馆馆刊，加大图书馆宣传力度；开设"外借文库"，满足日本侵略军的阅读需求；极力联络其他图书馆，加强馆际合作；组织各种展览会，大力宣传日本思想文化和科学知识，提升沦陷区民众对日本价值观念的"认同与理解"；开办附属日语学校，在沦陷区普及日本语言文化，培养大批"日中亲善之楔子"。[1] 上馆文化侵略方式有购藏最新图书、组建图书文库、出版图书目录及发行图书馆馆报；改善管理制度和人事安排，尤其是聘请楠田为司书后，上馆推行一系列"改革举措"，例如开办"夜间街头文库"，加强对公共租界的文化侵略和渗透；组织各种展览会，大肆宣传日本思想文化，向沦陷区民众灌输殖民同化思想；以"馆际合作"为名，监管和控制上海文化资源；开设附属日语学院，极力推广、普及日本语言文化，尤其对中国青少年实行文化同化教育；开展社会调查研究，广泛搜集上海的社会、文化、教育、产业、贸易、工业等各方面情报。[2] 对比北馆和上馆的文化侵略方式，可以说大同小异，二者均以"改革和复兴图

---

①　鈴木一馬『日支提携の導き』東邦国策同志会、1938、25 頁。

②　石嘉：《抗战时期日本在上海的文化侵略——以上海日本近代科学图书馆为例》，《江苏社会科学》2015 年第 1 期。

书馆事业"为名，实则在中国沦陷区加紧推行文化侵略和同化政策，鼓吹日本思想文化和科技文明，排斥中国文化和价值观，培植更多亲日、媚日分子。

其次，两馆受到日本政府的严格监管。侵华战争全面爆发前夕，日本外务省全面配合军部行动，改变以往对华文化政策，加紧实行所谓"日中亲善""文化开发"政策，以"发展中国文化事业""促进中日文化交流"为幌子，实则配合日本当局侵略步伐，加紧在沦陷区实行文化侵略和同化政策，消泯沦陷区民众的民族意识和反抗精神，使其完全服从日本政府的殖民统治，此即外务省"新规事业"之"根本使命"。① 外务省抛出"新规事业"后，利用庚子赔款在中国创办北馆和上馆，仍然属于其"对支文化事业"体系，运营经费由日本政府依据《对支文化事业特别会计法》拨付，并且接受其监督和管理，所以说这两个图书馆本质上是日本政府在中国领土上创办的官方文化机构。北馆和上馆最初是由日本外务省文化事业部创办、监管，经费亦由文化事业部补助。1938 年 12 月，日本成立兴亚院，接替外务省掌管日本"对支文化事业"，其中包括日本在华图书馆事业，二馆从此转由兴亚院监管。② 1942 年 9 月，日本成立"大东亚省"，兴亚院并入"大东亚省"，接管其"对支文化事业"，北馆和上馆从此转由"大东亚省"监管。③ 此外，北馆还须接受日本驻北京领事监管，上馆须接受日本驻上海总领事监管。日本政府主要从管理体制、经营业务、运营经费等方面加强对北馆和上馆的控制，并随时派遣官员检查图书馆财政情况和业务状况，尤其是调查中国读者情况，使得图书馆紧密配合日本当局的文化侵略政策。日本政府要求北馆和上馆在沦陷区组织展览会、音乐会及展览会，举办"街头文库"，开办附属日语学校，借此方式宣传日本思想文化和近代科技文明，培养沦陷区民众的亲日意识，改变其反日、排日意识，使其彻底臣服于日本的殖民统治，北馆和上馆

---

① 大道重次『八紘一宇：真文化開発の指導精神 新世界建設の具体方法』立山塾、1938、55 頁。

② 東亜同文会業務部編『新支那現勢要覧 第 2 回』、1940、89 頁。

③ 大蔵省印刷局編「大東亞省分課規程」、『官報』1942 年 11 月 2 日。

成为日本政府在沦陷区实施文化侵略和同化政策的重要机构。

北馆和上馆并非仅限于发展"图书馆事业",更不是为了发展中国"文化事业",相反是为了"开发和利用中国文化资源",在沦陷区实行文化侵略和同化政策,全面配合日本殖民统治政策。"为了便于控制和掠夺殖民地,任何殖民统治者必然歧视和奴化殖民地人民,实施思想奴化教育是帝国主义殖民统治的共性,而文化同化政策是日本帝国主义殖民统治的特性。"① 正是因为北馆和上馆在沦陷区推行殖民奴化教育和殖民同化政策,所以激起沦陷区民众的反抗和排斥,日本图书馆创建初期运营并不理想,其规模和影响有限。七七事变期间,北馆和上馆一度闭馆、迁往日本国内,固然与中日战争爆发、中国局势动荡有关,更为重要的还是日本侵略战争激起全中国人民的强烈排斥情绪。② 日军攻占中国大片领土后,日本图书馆趁机不断扩张其规模和势力,加紧进行文化侵略和渗透活动。所幸的是,沦陷区民众对日本的文化侵略本质,有着较为清醒的认识,并采取一定的反击和抵制措施。例如北馆遭遇"纵火事件",不仅使其损失严重,而且影响其正常运行,只得依靠警察宪兵来保障正常运营。与此同时,上海民众对上馆的文化侵略和渗透活动,也进行了坚决排斥和抵制,该馆举办文娱活动和运营业务因此受到一定程度的冲击。日本图书馆出现此种窘境,根本原因还是日本当局发动野蛮的侵华政策不得人心,其文化同化政策和殖民奴化教育,并未彻底征服沦陷区民众,反而激起他们的不断反抗和斗争。

小　结

日本帝国主义在中国沦陷区的殖民统治,是伴随着军事、政治、经济、文化侵略而产生和进行的。文化侵略不仅是日本侵华政策的重

---

① 张春英主编《台湾问题与两岸关系史》上卷,福建人民出版社,2014,第316页。
② 平野小剣『平和の戦士宣撫班:新東亞建設のパイオニア』内外更始倶楽部、1938、6頁。

要组成部分，而且比军事占领、民族压迫、经济掠夺更为狡猾、毒辣，更具有欺骗性和危害性。① 日本侵占大片中国领土以后，极力在沦陷区推行文化侵略和同化政策，其根本目的是消泯沦陷区民众的民族意识和反抗精神，培养大批扶持日本殖民统治的"良民"和"顺民"，以效忠于日本天皇的军国主义思想取代中国价值观念，使得中国人民永远臣服于日本的殖民统治。此种"任务"和"使命"一般由日本在华所设文化机构和文化团体负责推行，日本曾在沦陷区成立大量文化机构团体，极力宣传"日本文化优越论""皇国体制优越论"，推广和普及日本语言文字，增进沦陷区民众对日本殖民统治的认同，以推进日本所谓的"大东亚战争"和"大东亚新秩序"。② "日本在对中国文化和教育大肆摧残和破坏的同时，还大力宣传日本文化并推行奴化教育。日本侵略者在中国占领区推行日本文化主要是推行日本侵略文化，即大肆宣传什么'东亚圣战''建立东亚新秩序''中日提携''和平救国''反共救国'等法西斯和汉奸卖国谬论。"③

侵华战争全面爆发之际，日本外务省调整对华政策，适应日本当局侵华政策和日本军部侵略步伐，出台"新规事业"，创建北馆和上馆，加紧在沦陷区实施文化侵略和同化政策，北馆和上馆成为日本当局推行殖民侵略政策的重要工具。表面上，两馆购藏各类图书杂志，积极宣传日本科学文化，为读者提供诸多便利和服务，然而其根本目的是宣传日本的"皇国体制"、美化日本的侵略战争、普及日本的殖民奴化教育、根除沦陷区民众的民族意识和反抗精神。日本政府更是在管理上、业务上和经费上严格控制图书馆，使其围绕日本侵华政策而转移，北馆和上馆最终成为日本实行文化侵略的重要机构，两馆的文化侵略紧密配合日本军方的军事行动，"日本帝国主义者想麻醉这次殖民地的人民，使他们忘却本国固有的文化，成为奴隶顺民，使他刺

---

① 中共辽宁省委党史研究室编《历史永远不能忘记——辽宁人民抗日斗争图文纪实》，辽宁人民出版社，2005，第147页。
② 文部省教育調査部編『大東亜新秩序建設の意義』目黒書店、1942、39頁。
③ 张宪文主编，齐红深编著《日本侵华图志：文化侵略与奴化教育》，山东画报出版社，2015，第4页。

探国内的情形，以便做实行经济政治侵略的张本"。① 日本政府利用图书馆等文化机构，在沦陷区极力推行文化侵略和同化政策，恰好与日本当局实施的政治、军事、经济侵略相配合，扮演了非军事的侵略角色，侵略方式虽然不同，其目的却殊途同归，即以彻底征服整个中国为根本目的。不过，沦陷区民众对北馆和上馆的文化侵略本质，均有较为清醒的认识，并且采取一定的反抗和排斥行动，这种斗争一直持续到抗战胜利为止。抗战胜利后，北馆和上馆最终随着日本战败投降而解散，所藏书籍和图书馆设备由国民政府接收。新中国成立以后，北馆和上馆图书转由人民政府管理。

① 《日本侵略中国之原因及方式》，《大同附中期刊》第40期，1932年，第37页。

第七章
侵华时期日本在华 "农业研究事业"

华北事变前后，日本不仅侵占华北大片领土，而且大肆抢掠当地各种资源，企图将华北变为日军后勤补给基地。1936 年 9 月，日本军部出台《昭和十一年度（1936）华北占领地统治计划书》明确提出，"应从速制定占领地统治方针，确立统治区域治安，以期节约作战军之兵力，而且便于在此获得我国防所需资源，确保帝国在满洲国和内蒙古方面作战军之背后安全"。① 为全面配合日本军部行动，服务战时体制需求，外务省推出所谓 "新规事业"，其目的之一在于宣传和推广日本近代科技文明，"利用本邦资金、技术应用于对华的资源开发、资源调查，进而满足本邦经济之欲求"。② 创办华北产业科学研究所（以下简称 "产研所"）、东亚同文会中日学院附设农事试验场亦为 "新规事业" 的一部分。实际上，这种 "新规事业" 仍属于日本 "对支文化事业" 体系，其创建和运营经费还是从 "对支文化事业特别会计助成金" 中拨付。

纵观产研所的发展过程，七七事变以前为创建时期，日本侵华战争前期为扩张时期，战争后期为衰落时期。产研所创建初期，日本对中国的侵略愈演愈烈，中日关系极为紧张，华北民众排日、反日情绪日益高涨，对日本产研所及其活动进行了抵制，因而产研所早期发展并不顺利，其活动范围仅在山东青岛及其周边区域，七七事变期间因战争影响和中国民众的排斥，产研所不得不暂时停止在华活动。产研

---

① 「秘密書類調製の件」、『陸満機密大日記』、アジア歴史資料センター、C010 02726200。
② 外務省文化事業部編『昭和十一年度執務報告』、1936、115 頁。

所扩张时期，正值日本发动全面侵华战争，侵占中国大片领土，产研所趁机卷土重来，将其总部迁往北京，并开设济南支场、青岛支场、石门支场、军粮城支场、太原支场、开封支场、昌黎分场、济宁试验地、徐州试验地、山东烟草试验地，以及各种农作物原种圃达 30 余处，其势力范围覆盖北京、天津、河北、河南、山东、山西等省市，其规模和势力得到迅速扩张。到日本侵华战争陷入穷途末路，产研所也随之衰落，此后随着日本战败投降，产研所最终解散，由中国政府接收、改造。分析既往研究成果，鲜有关注产研所及其农业活动，偶有涉及者对其活动及侵略本质则语焉不详，相关日文档案挖掘、利用尚不充分。[1] 有鉴于此，本章拟就日本相关档案资料，论述产研所的成立及其发展轨迹、农业活动、运营情况，并揭露其侵略和渗透本质。

第一节　华北产业科学研究所创建时期

一　华北产业科学研究所的缘起

1936 年 5 月，日本特别议会上提出《昭和十一年度（1936）新事业计划经费案》，由日本外务省补给产研所 212200 元，作为筹建经费。[2] 同年 9 月，产研所在外务省的支持下，于山东青岛市江苏路十九

---

[1] 国内代表成果有：纪秀芳《作为殖民地经营手段的科学——日本在华科研机构"华北产业科学研究所"考察》，北京化工大学硕士论文，2011 年；丁晓杰《日伪时期华北产业科学研究所的设立及其活动》，《史学月刊》2012 年第 2 期；石嘉、李小东《抗战时期日本对华北农业资源的掠夺——以华北产业科学研究所为例》，《日本侵华南京大屠杀研究》2018 年第 2 期；许金生《九一八事变后日本的对华政策与"东方文化事业"》，《民国档案》2020 年第 2 期。日本方面研究成果有：農林省農政局編『華北産業科學研究所の業績回顧』、1949；阿部洋『「対支文化事業」の研究——戦前期日中教育文化交流の展開と挫折』；山本晴彦著『帝国日本の農業試験研究：華北産業科学研究所・華北農事試験場の展開と終焉』農林統計出版、2015。

[2] 「華北産業科学研究所助成金二一二二〇〇円 昭和十一年度助成」、『華北産業科学研究所関係/経費関係 第一巻』、アジア歴史資料センター、B05015970400。

号同仁会青岛医院内创建本部，① 借用青岛医院的一栋大楼，将其改建为研究室与办事处。产研所所长起初由吉田蘱担任，后改为江角金五郎，"此人毕业于东京帝国大学农艺化学科，曾任兵库县农事试验场场长、农会特别议员等职，颇具农事活动能力，故有此任命"。② 另外，委派吉田蘱、江角金五郎、门胁季光、平冈小太郎、道明辉、高木长京等人组建理事会，理事基本出自日本政界、工商界及产研所职员，并从日本国立大学、专门农业学校聘请农业技术人员及管理人员，以便在华开展农业试验和调查活动。表7-1列出了产研所成立初期人事情况。

表7-1　华北产业科学研究所人事情况

姓名	职名	学历/履历
江角金五郎	所长	东京大学农学士，兵库县农场长
吉田蘱	庶务主任	东京高商，协调会参事
高木长京	会计主任	东京外国语学校，通商局嘱托
贺来敏夫	嘱托	同文书院，江南正报社总务
濑户房太郎	研究员	京都大学农学士，京大农学部助教
三好政筹	研究员	九州大学农学士，九大农学部助教
道家信道	研究员	北海道大学农学士，东大农学部助手
中山林三郎	研究员	北海道大学农学士，农场技术员
高桥太郎	研究员	石川农校，专卖局技师
关川清	研究员	盛冈高农，新潟县农林技术员
山本洁	研究员	东京大学实科，农业试验场雇员
佐佐木弥作	研究员	岩手县农校，长崎县农林技师
森本三树	研究员	静冈县农校，青森农场助手
门胁季光	理事	领事

续表

姓名	职名	学历、履历
道明辉	理事	副领事
平冈小太郎	理事	在华纺织同业会理事
江角金五郎	理事	京都大学农学士
吉田蕤	理事	东京商科大学商学士
高木长京	理事	东京外国语学校毕业
榎本中卫	顾问	京都大学农学部教授

资料来源：外务省文化事业部编『昭和十一年度執務報告』、1936、135—136 頁。

产研所实际上是为配合日本当局"开发"华北经济资源而设置，其根本动机在于，"对华北农业、矿业及其他经济事业进行技术的、经济的调查研究，以推动本地经济开发为基础，进而促进日华亲善"。① 为实现此种目的，产研所主要围绕以下"事业"展开："1. 关于华北经济事情与开发方法的研究与调查；2. 研究发表、刊行；3. 中国技术者养成及指导；4. 日本及中国官厅或公共团体及其委托事项的研究调查；5. 向日华研究机关补助研究经费；6. 其他达成本所目的之相关事宜。"② 开展农业试验和调查研究、推广农林畜优良品种、实行农业增产计划，进而实现"以战养战"政策乃产研所"根本使命"。产研所农业研究和调查活动主要涉及"棉花、烟草、小麦的改良栽培；黄河治水问题；矿床及基础地质问题；兽疫防治研究；中国本地羊毛加工方法研究；中国羊饲养状况调查"。③

二　华北产业科学研究所结构

产研所设置农业部、调查部及庶务部，其中农业部机构尤为完备，其下设有耕种科、农林化学科及病虫科，耕种科又设有棉花系、小麦

---

① 「華北産業科学研究所事務所選定並ニ建物ニ関スル件 昭和十一年七月」、『華北産業科学研究所関係 第一巻』、アジア歴史資料センター、B05015934500。

② 「華北産業科学研究所規程」、『華北産業科学研究所関係/経費関係 第一巻』、アジア歴史資料センター、B05015970400。

③ 外務省文化事業部編『昭和十一年度執務報告』、1936、122 頁。

系、烟草系及花生系。1936 年以后，产研所各部门开始各种农业活动。以下列举产研所各部门负责事宜。

农业部。农业部主要负责购进农产品新品种、农业设备，推广农产品新品种，调查中国农产品产销情况等事宜。首先，引进国外农产品新品种。产研所成立初期，从美国阿肯色州、得克萨斯州、肯塔基州、路易斯安那州、密西西比州、田纳西州、佐治亚州等地引进几十种棉花新品种；① 从日本东京、鹿儿岛、神奈川等地购入数十种烟草新品种；② 从美国、加拿大、澳大利亚、瑞典、波兰、匈牙利、苏联、印度等国引进 100 多种棉花新品种；③ 从美国、智利、巴西、泰国、印度、斯里兰卡、埃及、南非等国搜集数十种花生新品种。④ 其次，引进国外农业新设备。产研所农业设备、试验器械主要从日本购买，即利用日本先进农业技术，"开发"、掠夺中国的农业资源，以满足日军战时物资需求。再次，调查华北农业产销情况，搜集中国农业情报。产研所先后调查华北棉花产销情况、山东烟草产销情况、山东省农业机关及其事业、山东省主要农作物概况、青岛港花生输出状况、华北小麦栽培情况，调查胶济沿线和津浦沿线地区棉花、小麦、花生等作物病虫害情况。⑤

调查部。调查部主要在山东省范围内开展各种农业调查，其调查活动涉及，"1. 山东农业调查。产研所委派农业部技师调查胶济沿线地区土壤、地下水、水利等情况；整理以往有关山东省的农业资料。2. 山东羊毛调查。调查山东省南部、津浦沿线地区的羊毛生产状况；调查山东省绵羊饲养状况、羊毛利用方法、羊疫及其他各种兽疫情况，

① 「華北産業科学研究所ヨリ棉花種子種子蒐集方依頼 昭和十二年一月」、『華北産業科学研究所関係 第一巻』、アジア歴史資料センター、B05015935100。
② 「華北産業科学研究所ヨリ煙草種子入手依頼 昭和十二年一月」、『華北産業科学研究所関係 第一巻』、アジア歴史資料センター、B05015935000。
③ 「華北産業科学研究所ヨリ外国小麦種子蒐集依頼ノ件 十二年三月」、『華北産業科学研究所関係 第一巻』、アジア歴史資料センター、B05015935300。
④ 「華北産業科学研究所ヨリ外国落下生種子蒐集方ノ件 十二年八月」、『華北産業科学研究所関係 第一巻』、アジア歴史資料センター、B05015935700。
⑤ 主要参考「華北産業研究所事業報告」（1936 年 12 月—1937 年 6 月）、『華北産業科学研究所関係 第一巻』、アジア歴史資料センター、B05015935800。

在华北地区，尤其山东省开展家畜传染病基本研究。3. 黄河治水问题调查。产研所委派东京大学教授山口升、关信雄等人调查黄河的特性、黄河水害的缘起、治理水灾的措施、黄河三角洲及其出海口情况。4. 山东地质调查。产研所委派清水三良勘探华北煤炭田，在华北进行重力、磁力勘探和地质构造研究；调查山东省矿产资源和地质情况。5. 山东林业调查。调查山东省林业分布、林木种类、林场造林及开发利用等情况。6. 其他有关山东省产业开发的基础性调查，搜集其他农业情报"。①

庶务部。庶务部负责联络中日两国政府机构；举办中日联谊会、学术研讨会、成果发布会，宣传日本最新科技文明；聘请日本农业技术人才，培训中国农业技术员；开展农业试验和调查研究，购买农场用地，本部扩建、迁移及运营等事宜。例如，1937 年产研所扩建，接替东亚同文会管理其附属农场，"民国 26 年（1937）四月，东亚同文会附属天津农事试验场亦移交华北产业科学研究所经营，重新担当河北省内棉花改良之事业"。②

三　华北产业科学研究所活动

1937 年，产研所制定《昭和十二年度（1937）事业计划书》，规定农业部开展业务，"1. 试验事项：主要农产物品种改良试验研究；耕种法试验研究；土壤及肥料试验研究。2. 调查研究事项：调查山东棉花、小麦、烟草、花生主产区品种分布、原有耕种法和农具情况、施肥惯行、病虫害分布、气候及土质与生产物的品位、农业经营概况、农家经济。3. 指导奖励事项：引导华北官民栽培棉花、小麦、烟草、花生、果树等；设置农具馆及标本陈列馆；依据试验结果，选取、推广农作物优良种苗；农场设置农业培训机构，培养技术员和练习生。4. 试验地经营：关于棉花、小麦、花生品种特性调查、耕种法调查、

---

① 主要参考「昭和十二年度事業成績報告」、『華北産業科学研究所関係/経費関係第一巻』、アジア歴史資料センター、B05015970700；華北産業科学研究所編『黄河水利調査報告書』、1938。
② 华北农事试验场编《华北农事试验场要览》，1943，第 1 页。

肥料要素试验、防除病菌虫害试验、栽植密度试验、优良品种比较试验；烟草品种保存与特性调查，黄色烟叶品种试验，烟草肥料、干燥法、耕种法试验。5. 中国机关的联络提携：加强与中国的大学、农事试验场、胶济铁路附属农场（齐鲁大学经营）及其他农业机关的联络提携工作；搜集有关华北农业开发的必要资料、调查研究等"。① 调查部开展业务，"1. 关于中国羊毛利用法的研究；2. 委托上海自然科学研究所调查河北、山东、山西三省的地质与矿床；3. 华北商工业调查；4. 华北农业调查；5. 山东经济事情调查"。②

　　1937 年初，产研所正式接管东亚同文会中日学院附设农场，负责河北省棉花改良事宜。③ 至 1937 年 4 月，产研所最终在山东李村、张店、辛店及青岛郊外湛山扩建四个农场，全面开展各种农业试验和调查研究。产研所早期活动范围主要以山东省为核心，并极力向华北地区扩张，一方面利用华北农业资源开展农业试验和粮棉增产计划，另一方面刺探华北农业、矿产、工商等各方面情报。④ 尽管产研所计划相当周全，而要付诸实施却步履维艰。产研所创建初期，面临最大的问题，即获取农场建设用地。华北事变以后，华北地区反日运动日益高涨，而外务省此时欲在华北地区成立日本的农业研究机构，势必激起中国民众的强烈抵制。⑤ 日本原本计划在山西太原设立农事试验场，并补给 9 万元作为农场运营经费，派遣榎本中卫赴农场候选地开始运作，但当时山西省反日、排日风气尤盛，外务省不得不改变既定计划，转向山东济南。⑥ 然而，日本在济南获取农场用地亦极为困难。当时

---

①　「華北産業科学研究所昭和十二年度事業計劃書」、『華北産業科学研究所関係/経費関係 第一巻』、アジア歴史資料センター、B05015970600。

②　「華北産業科学研究所昭和十二年度事業計劃書」、『華北産業科学研究所関係/経費関係 第一巻』、アジア歴史資料センター、B05015970600。

③　华北农事试验场编《华北农事试验场要览》，第 1 页。

④　柏祐賢『北支の農村経済社会：その構造と展開』弘文堂書房、1944、27 頁。

⑤　高木翔之助『北支事變とその動向』北支那社、1937、17 頁。

⑥　阿部洋『「対支文化事業」の研究——戦前期日中教育文化交流の展開と挫折』、715 頁。

国民政府颁布《国土密卖禁止令》，严防日方以中国人的名义购买土地。[①] 加之时任山东省省长的韩复榘及地方官员，强烈反对日本人在山东省获取农场、试验地，产研所在济南建立本部的计划再次落空，最后只得迁往日本经营多年的青岛。1937 年 7 月，日本侵华战争全面爆发，产研所活动和业务因受战争影响而中断，迁往日本国内，直到日军攻占华北大片领土后重返中国。[②]

第二节　华北产业科学研究所扩张时期

侵华战争全面爆发后，日军长驱直入，侵占中国大片领土，华北大部分地区沦陷。产研所卷土重来，利用日本军部支持，大肆抢掠华北民田，开设试验场和农场，极力扩张其规模和势力，并强化在沦陷区的文化侵略与渗透活动。

一　华北产业科学研究所的扩张

七七事变以后，日本极力在华北成立各种农业研究机构，通过开发、利用华北地区农业资源，以满足日本战时物资需求，实现"以战养战"之目的。1938 年初，日本驻华北派遣军特务部第二科通过《华北中央农事试验场设立案》，规定"华北中央农事试验场试验研究及指导目标为增进华北农村经济力、强化日满中三国国防及产业的紧密联络；试验场研究对象和培植作物，将棉花、小麦、花生、烟草等置于重点，尤其在棉花改良增产方面倾注主力，其次在家畜，诸如牛、马、羊、猪、鸡的改良及畜疫预防等方面努力"。[③] 为实现此种目的，

---

① 「華北産業研究所雑件」、『華北産業科学研究所関係 第一巻』、アジア歴史資料センター、B05015936100。

② 「北支新事態二應スル産研方針」、『華北産業科学研究所関係 第一巻』、アジア歴史資料センター、B05015936100。

③ 「北支中央農事試験場設立案」、『研究所助成関係雑件/華北産業科学研究所関係 第二巻』、アジア歴史資料センター、B05015963700。

日本当局极力谋划在华北成立中央农事试验场，以便开展农业试验和调查研究，实现农业增产计划。中央农事试验场农业活动有，"改良主要农作物品种，改良土壤、肥料、农具及耕种方法，防治农作物病虫害，农产品加工相关事项，畜产改良相关事项，畜疫预防相关事项；植树造林工程相关事项，优良品种推广相关事项，农业技术员培养相关事项"。[①] 同年 4 月，日本当局联合华北伪政府成立伪中央农事试验场，筹建经费共需 130 万元，均由华北伪政府支付。与此同时，日本外务省补助 10 万元、华北伪政府出资 12 万元，资助产研所成立北京本场，负责经营中央农事试验场，由此加速了产研所的扩张。

产研所重返中国之际，将东亚同文会中日学院附设农事试验场改为天津农事试验场，并成立临时总部，直到 1938 年 4 月将总部迁往北京。[②] 当时日本外务省和华北日伪政府共补助产研所 22 万元，购买 1543 亩农场用地，并借用西城鲍家街原醇亲王府邸，将其改为本部事务所和研究室，正式成立产研所北京本场，此后经历三代场长时代，首任场长继续由江角金五郎担任，第二任场长为秋元真次郎，第三任场长为田口教一。[③] 产研所在北京成立本部以后，天津农事试验场废止。同年 7 月，日本驻北京领事馆参事堀内与华北日伪政府达成协议，宣布华北产业科学研究所与中央农事试验场合办，双方通过《中央农事试验场移管案》，具体内容有："1. 中央农事试验场机构制度及诸规定的制定，主要参照日本农事试验场规章制度，并考虑中国方面情况，制定新的机构制度；2. 中央农事试验场长由实业部长充任，华北产业科学研究所全体所员遵守新制定的中央农事试验场制度，并据此选拔、任用管理人员，副场长由本邦人充任，负责本场实务，并代理支场长事务；3. 中央试验场管理事项包括实验研究调查、技术上的指导监督和奖励；4. 各地支场接受中央农事试验场的指挥监督；5. 中央农事试验场经营必要经费由华北产业科学研究所及中华民国临时政府支付，

①　「産研農事試験場経営ノ件 昭和十三年五月」、『研究所助成関係雑件/華北産業科学研究所関係 第二巻』、アジア歴史資料センター、B05015963600。
②　北支那経済通信社編『北支・蒙疆年鑑 昭和 17 年版』、1942、171 頁。
③　農林省農政局編『華北産業科学研究所の業績回顧』、1949、3 頁。

会计经理由本邦人充任；6. 职员的身份发生变动时，须经副场长同意许可。"① 依此方案，产研所与中央农事试验场正式合办，而且农场规章制度、人事任免、管理机构、业务活动、指导监督、财政经费等皆由日本人控制。

1938 年 12 月 15 日，华北日伪政府行政委员长会同日本驻华北方面军特务部长及日本驻北京大使馆参事官，协议在华北日伪政府实业部总长监督之下，"与华北产业科学研究所合作，试验，调查研究，并指导奖励有关农业林业畜产之事项"。② 随后产研所制定《农事试验场规则》，具体规则有："1. 本场定名为中央农事试验场；2. 本场设于北京市，并在各地设支场、试验地；3. 本场指导、督励在华北进行农业、林业及畜产业等以促进产业发展为目的之必要试验与调查；4. 本场设督办、场长、副场长、研究员、调查员、技术员等职员；5. 督办由实业部长充任，场长接受其指导；6. 场长掌控人事、事业及其他关于本场一切事宜，副场长辅佐之，其他职员辅佐正副场长、分担各自相关事宜。"③ 据此规则，产研所正式更名为中央农事试验场，统筹整个华北农林畜业相关试验研究、调查研究及技术指导。④ 合并以后农场实权仍由日本人掌控，督办虽由华北伪政府实业部长充任，却徒有虚名，并不掌控实权。日本参事官堀内明确指出，"为照顾中方体面，本场场长（后改为督办——引者注）由中国人担任，并在形式上将农场移交临时政府管理，进而取得中国方经费支持、土地建筑物所有权"。⑤ 这种"合作"不过是利用中日合作之名，减少日本农业机构运营阻力，同时获得中国人力、物力及财力支持。事实上，产研所核心管理人员和研究人员均出自日本，农场一切实权亦由日本人控制。

① 「中央農事試験場支那側移管ノ件　昭和十三年四月」、『研究所助成関係雑件/華北産業科学研究所関係　第二巻』、アジア歴史資料センター、B05015963500。
② 《东亚农业研究的殿堂：华北农事试验场访问记》，《新农业》第 1 卷第 1 期，1945 年，第 22 页。
③ 「農事試験場規則」、『華北産業科学研究所関係　第二巻』、アジア歴史資料センター、B05015963600。
④ 华北农事试验场编《华北农事试验场要览》，1943，第 2 页。
⑤ 「中央農事試験場支那側移管ノ件　昭和十三年四月」、『華北産業科学研究所関係　第二巻』、アジア歴史資料センター、B05015963500。

1940 年以后，中央农事试验场又更名为华北农事试验场。"因日伪政府还都，政治机构之改革，自民国 29 年（1940 年）6 月 1 日，将中央农事试验场改称为华北农事试验场。"①

七七事变以后，产研所不断扩张规模，将总部迁至北京，并在各地广设支部，相继开设济南支场、青岛支场、军粮城支场、石门支场、开封支场、昌黎分场、济宁试验场、徐州试验场，以及保定、城阳、德县、邯郸、临清、临汾、唐山、泰安、辛集、彰德、张店等原种圃，至 1943 年共占地 1093 公顷，另外"借用地"共 350 公顷。② 产研所还一度计划增设华中农事试验场，拟定建造南京本场及果树试验地、上海支场、南通支场、徐州支场，③ 妄图将其势力扩至华中地区，其勃勃野心彰显无遗。1944 年，产研所为实行"甘薯改良增产计划"，在北京本场、石门支场和青岛支场设置甘薯原种圃。同年 12 月，产研所增设太原支场，作为山西省农事试验研究中心。1945 年，产研所在保定、昌黎、城阳、德县、邯郸、济南、济宁、开封、临汾、泰安、辛集、新乡、徐州、张店等地设立甘薯原种圃，在华北铁路沿线开设 15个"惠民研究所"。④ 至抗战末期，产研所势力完全渗透北京、天津、河北、河南、山东、山西等地，直到 1945 年 9 月产研所解散、终止一切活动，其财产全部无条件捐赠给华北农事试验场。以下列举产研所组织机构及本支场设置情况：

华北产业科学研究所（即华北农事试验场）组织机构（1944年 9 月）

1. 负责人员：督办王荫泰，场长中富贞夫。

2. 北京总场：地址在北京市西郊白祥庵村，下设农业部（部长由中富贞夫兼任）、耕种科、农林化学科、病虫科、林业科、家

---

① 『華北産業科学研究所概況』、『華北産業科学研究所関係/経費関係 第七巻』、アジア歴史資料センター、B05015996400。

② 華北産業科学研究所編『民国三十二年度事業功程』、1944、123 頁。

③ 「中支農事改良事業」、『華北産業科学研究所関係 第三巻』、アジア歴史資料センター、B05015964800。

④ 農林省農政局編『華北産業科学研究所の業績回顧』、1949、2 頁。

畜防疫科、农林水利科、北京农场、农业技术训练部、秘书科、文书科。

3. 开设支场：济南支场、青岛支场、军粮城支场、石门支场、开封支场、太原支场（1944年年底增加）。

4. 开设分场：昌黎分场。

5. 设置试验地：徐州试验地、济宁试验地。

6. 原种圃：彰德、保定、邯郸、南苑、唐山、德县、泰安、张店、城阳、临清、辛集、临汾、新乡原种圃。

7. 农业技术训练部：北京、济南、青岛。

8. 职员数：约650名（日系350名、华系约300名）。

9. 昭和19年（1944）度预算：1500万元。①

华北产业科学研究所本支场设置情况如下。②

北京本场。1938年4月，华北产业科学研究所设置北京本场，起初由江角金五郎担任场长。北京本场下设农业部、调查部、庶务部、会计部和农业技术训练部，其中农业部又设有耕种科、农林化学科、病虫科、农业水利、林业科、畜产科、家畜防疫科，主要在华北开展农林畜增产试验研究和调查活动，并培养专门农业技术人员。

青岛支场。1938年1月，青岛沦陷以后，华北产业科学研究所"接收"李村农事试验场（约300亩）、李村师范学校（约20亩）用地和建筑，成立青岛支场。青岛支场设有耕种部、园艺部、畜产部及农业技术训练部，起初由野原正担任场长。青岛支场主要以山东半岛及与之相邻的沿海地带为对象，主管农作物的栽培，农作物的品种改

① 居之芬主编《日本对华北经济的掠夺和统制——华北沦陷区经济资料选编》，北京出版社，1995，第720页。

② 主要参考華北産業科学研究所編『昭和十四年度事業功程』、1940；華北産業科学研究所編『昭和十五年度事業功程』、1941；華北産業科学研究所編『昭和十六年度事業功程』、1942；華北産業科学研究所編『民国三十一年度事業功程』、1943；華北産業科学研究所編『民国三十二年度事業功程』、1944；华北农事试验场編『华北农事试验场要覧』、1943；農林省農政局編『華北産業科學研究所の業績回顧』、1949；居之芬主编《日本对华北经济的掠夺和统制——华北沦陷区经济资料选编》。

良，农业气象，土壤及肥料试验，农作物病虫防除，家畜的改良与饲养管理，饲料、种苗、种畜、种禽、种蛋的增殖与分发，农业技术员的培养，及其他由场长特别指定之事项。[1]

济南支场。1938 年初，华北产业科学研究所利用军部强占济南南大槐树庄农业实验所、黄台第一区农场、山东大学农学院附属高级农校、师范学校、乡村建设专科学校之各种建筑及附属农场，并"接收"济南市四里村洋楼一栋，组建济南支场。[2] 济南支场下设耕种部、林业部、畜产部及农业技术训练部，起初由德田善盛担任场长。济南支场主要在山东省内开展农作物新品种培育，农作物品种改良，农林气象调查，土壤及肥料试验，农作物及树木病虫害防除试验，造林及树苗的培育，家畜的改良与饲养管理，饲料、种禽、种蛋的增殖与分发，农业技术员的培养，及其他由场长特别指定之事项。

军粮城支场。1938 年 5 月 10 日，华北产业科学研究所接受华北方面军特务部长指示，"接收"军粮城农事试验场（原名冀东第一农事试验场），将其作为北京本场之分场而经营之。[3] 至 1940 年 7 月 15 日，产研所将军粮城分场改为军粮城支场。军粮城支场，主要以沿海区域地带为对象，主管农作物的栽培，适应作物及品种的选定，农业气象，土壤的改良，肥料试验，农作物病虫害的防除，种苗的增殖与分发等事项。后期主要培育、推广水稻新品种，开展盐碱地改造试验研究，力图将天津发展为水稻生产基地。

石门支场。1939 年 4 月 1 日，华北产业科学研究所在河北石家庄成立石家庄支场，次年 6 月 1 日改称石门支场。[4] 石门支场主要以河北省中部以南为对象，主管农作物的栽培、农作物的品种改良，农业气象，土壤及肥料调查试验，农作物病虫害的防除，种苗的增殖与分发，及其他由场长特别指定之事项。

① 青島日本商工会議所編『青島の現勢 昭和 18 年版』、1943、277 頁。
② 「産研事業報告 昭和十三年」、『華北産業科学研究所関係 第二巻』、アジア歴史資料センター、B05015963800。
③ 华北农事试验场编《华北农事试验场要览》，第 1 页。
④ 興亜院華北連絡部『北支の農具事情に関する調査』、1942、70 頁。

昌黎分场。1938 年 5 月 10 日，华北产业科学研究所接受日本华北方面军特务部长指示，将原昌黎果树改进所改为华北产业科学研究所附属分场而经营。[1] 昌黎分场成立后，继承昌黎果树改进所各项业务，开展果树示范栽培、指导普及业务、果树相关调查、植树奖励试验、优质果苗推广等活动，力图将河北发展为水果生产基地。

开封支场。1943 年 10 月 1 日，华北产业科学研究所将位于开封市禹王台的河南省立农林试验场改建为开封支场。开封支场成立后，主要就小麦展开相关试验，涉及小麦作物品种相关事项，土壤、肥料、病虫害防除相关试验，杂粮品种选定相关试验，果蔬相关试验等。

太原支场。1944 年底，华北产业科学研究所在山西设置太原支场，主要围绕小麦、杂粮农作物，畜牧业以及林业开展试验研究。

济宁试验地。1942 年 4 月，华北产业科学研究所在山东设置济宁试验地，主要从事麻类品种选定与培育事项、麻类栽培事项，力图将其发展成为华北产麻重要基地。[2]

山东烟草试验地。1943 年，华北产业科学研究所在山东设置烟草试验地，主要进行有关烟草方面的试验研究，力图将山东发展成为烟草种植基地。

徐州试验地。1943 年，华北产业科学研究所在苏淮特别区铜山县奥中乡西店村开设徐州试验地，主要开展小麦新品种培育和推广试验研究，后期又进行甘薯品种改良和推广试验研究。

从产研所本支场设置情况可知，其本支场大抵是在全面抗战爆发初期设置的，试验地则是抗战后期设置的。至抗战后期产研所在华北沦陷区已经建立起比较完整的农业研究和调查机构系统。

二　华北产业科学研究所农业活动

产研所农业活动内容较多、涉及面较广，主要包括培育、推广农作物新品种，改良家禽家畜品种，实施植树造林工程，制造、分配兽疫血清，培养中国农业技术员，以及发展"新规事业"等方面。

1. 培育、推广农作物新品种

全面侵华战争期间，日本为确保战时物资需求，极力推行粮棉增产计划，尤为重视棉花的增产。"日本为确保其军需民用资源，供应其本国、伪满及在华纺织业所需原料，特别重视华北的棉花生产与运销，大力推行植棉政策。"[1] 1938 年，产研所接受日本华北派遣军特务部的《华北棉花增产八年计划》《华北棉花开发方策大纲》和农林省的《华北四省棉花增产方策案》，计划从 1936—1938 年华北四省棉花总产量达到 63000 万斤，1938 年以后五年棉花产量增至 96000 万斤，棉花增产面积为 153 万町步，以后增至 204 万町步。[2] 据此，产研所极力培育、推广优质棉种，提高华北沦陷区棉花产量。1942 年，北京本场、济南支场、青岛支场、石门支场等附属原种圃种植关农 1 号、脱字棉 2123 号、斯字棉 4B 等新品种棉花 42 公顷、86910 公斤，分发原种 29405 公斤，并在保定、城阳、德县、邯郸、济南、临清、临汾、南苑、石家庄、唐山、泰安、辛集、彰德、张店等地开设 14 处棉花原种圃，种植新品种棉花 361 公顷、483787 公斤，分发原种 239760 公斤。[3] 1943 年，北京本场、青岛支场、济南支场、石门支场等附属原种圃种植棉花 43 公顷、55261 公斤，分发原种 30078 公斤；其他棉花原种圃种植棉花 340 公顷、198613 公斤，分发原种 112240 公斤。[4] 产研所之所以积极培育棉花新品种，甚而免费向华北沦陷区分配棉花原种，其目的在于增加华北地区棉花产量，实现棉花增产计划，满足日本战时物资需求。抗战后期，产研所计划在北京本场、青岛支场、济南支场及石门支场附属棉花原种圃栽种新品种棉花 800 亩，在保定、城阳、德县、邯郸、临清、临汾、南苑、石家庄、唐山、泰安、辛集、张店、彰德等棉花原种圃种植新品种

---

① 王士花：《华北沦陷区棉花的生产与流通》，《清华大学学报》2008 年第 5 期。
② 「北支四省ニ於ケル棉花増産方策案」、『華北産業科学研究所関係 第三巻』、アジア歴史資料センター、B05015964800，外務省外交史料館藏。1 町步约等于 9917 平方米。
③ 華北産業科学研究所編『民国三十一年度事業功程』、1943、105—107 頁。
④ 華北産業科学研究所編『民国三十二年度事業功程』、97—100 頁。

棉花 6100 亩。①

产研所还极力推广其他农作物新品种，尤其重视粮食增产力度。② 首先，重视培育、推广小麦新品种。1940 年，产研所制定"华北小麦 增产计划"，并在保定、城阳、德县、军粮城、济南、青岛、泰安、张 店等地开设小麦原种圃，培育出华农 1 号、华农 2 号、华农 3 号、华 农 5 号、华农 6 号、华农 7 号、铭贤 169 号等新式麦种。③ 1942 年，产 研所在北京本场、济南支场及青岛支场附属小麦原种圃栽种新品种小 麦 12 公顷、11508 公斤，向保定、城阳、德县、邯郸、济宁、济南、 青岛、泰安、新乡、张店等地分发小麦原种 10362 公斤；同年在保定、 城阳、德县、军粮城、济南、青岛、泰安、张店等小麦原种圃种植新 品种小麦 134 公顷、61905 公斤，向保定、高密、良乡、济南、济宁、 青岛、滋阳等地分发小麦原种 55828 公斤。④ 1943 年，产研所在苏淮 特别区增设徐州试验地，开展小麦新品种培育相关试验研究。⑤ 1944 年产研所又计划，"在北京本场、济南支场、青岛支场、石门支场、 太原支场、开封支场等附属小麦原种圃栽种新品种小麦 300 亩，在 保定、城阳、德县、邯郸、军粮城、济宁、临汾、南苑、石家庄、 太原、泰安、商丘、新乡、徐州、张店等 15 个小麦原种圃栽种新品 种小麦 8250 亩"。⑥

其次，重视培育、推广杂粮新品种。产研所先后培育出华农 1 号、 华农 2 号、华农 3 号等新品种粟，1942 年北京本场、济南支场、青岛 支场奖励种植新品种粟 12.6 公顷、20497 公斤，向城阳、高密、济宁、 历城、良乡、青岛、清苑、武清等地分发原种 18000 公斤；种植华农 1

①　「民国三十三年度事业计画概要」、『華北産業科学研究所関係/経費関係 第八 巻』、アジア歴史資料センター、B05015996600。

②　山本晴彦著『帝国日本の農業試験研究：華北産業科学研究所・華北農事試験 場の展開と終焉』農林統計、2015、259 頁。

③　華北農事試験場編《華北農事試験場要覧》，1943，第 19 页。

④　華北産業科学研究所編『民国三十一年度事業功程』、108—109 頁。

⑤　華北産業科学研究所編『民国三十二年度事業功程』、118 頁。

⑥　「民国三十三年度事業計画概要」、『華北産業科学研究所関係/経費関係 第八 巻』、アジア歴史資料センター、B05015996600，外務省外交史料館蔵。

号、黄马齿、大金顶等新品种玉米 3 公顷、4346 公斤，向唐山、南苑
分发原种 1900 公斤；① 1944 年产研所计划在北京本场、石门支场、青岛支场、
济南支场、唐山原种圃、南苑原种圃种植杂粮 1800 亩。②

再次，重视培育、推广水稻新品种。抗战后期，日本粮食补给
极为困难，遂极力寻求在华北推广水稻新品种。1940 年 7 月，产研
所将军粮城分场改建为军粮城支场，主要在天津开展低湿地和盐碱
地改造试验，并计划开设水稻原种圃，实施水稻增产计划。③ 军粮城
支场成立伊始，极力从日本和朝鲜引进水稻新品种，在附属农场栽
种和培育，最终培育出中生银坊主、陆羽 132 号、爱国 1 号等新品
种水稻；④ 1943 年，军粮城支场开设水稻原种圃，并试种新式水稻
原种 3 公顷、6910 公斤。⑤ 抗战后期，产研所计划在军粮城支场附
属水稻原种圃种植中生银坊主、陆羽 132 号、爱国 1 号等新式水稻
原种共 20 亩。

最后，重视其他农作物新品种培育与推广。麻类方面：1942 年，
产研所设置济宁试验地，专门培育新品种麻类，使其成为重要产麻基
地。同年，"产研所种植枥木种大麻 4 公顷、1427 公斤，种植辽塔 1
号、辽塔 2 号洋麻共 2 公顷、1063 公斤，种植杭州种、淡红皮种黄麻
共 3 公顷，并计划增产新品种麻达 25 倍"。⑥ 抗战后期，产研所计划在
军粮城支场和济宁试验地附属原种圃种植枥木种大麻、蚌埠种青麻、
济宁 1 号洋麻共计 600 亩。烟草方面：1943 年，产研所在山东增设烟

① 華北産業科学研究所編『民国三十一年度事業功程』、110 頁。
② 「民国三十三年度事業計画概要」、『華北産業科学研究所関係/経費関係 第八
　　巻』、アジア歴史資料センター、B05015996600。
③ 「昭和十四年度興亜院文化部第一課議会説明資料」、『華北産業科学研究所関
　　係/経費関係 第六巻』、アジア歴史資料センター、B05015974300。
④ 「昭和十八年二月 華北ニ於ケル重要作物奨励品種成績摘要」、『華北産業科学研
　　究所関係/経費関係 第八巻』、アジア歴史資料センター、B05015996700。
⑤ 華北産業科学研究所編『民国三十二年度事業功程』、104 頁。
⑥ 華北産業科学研究所編『民国三十一年度事業功程』、112 頁。

草试验地，专门开展烟草方面的试验研究，培育、推广烟草新品种。[①]
甘薯方面：抗战后期，产研所利用徐州试验地培育、推广甘薯新品种，
"计划在北京本场、青岛支场、石门支场附属原种圃内种植冲绳 100
号、九州 3 号甘薯共计 72 亩"。[②] 大豆方面：1944 年，产研所计划在
北京本场、济南支场、开封支场、徐州试验地试种新品种大豆，培育、
推广优质大豆品种。[③] 果树方面：1938 年，产研所将原昌黎果树改进
所改为昌黎分场，培育、推广优质果苗。[④] 1942 年，昌黎分场栽种果
树砧木 39890 棵，嫁接果树 34718 棵，培育果苗 43418 棵，向其周边乡
村果园分发果苗 24547 棵。[⑤]

2. 改良家禽家畜品种

产研所先后在北京本场、青岛支场、济南支场成立畜产部，专门
开展禽畜品种改良试验。[⑥] 1939 年，北京本场购进绵羊 212 头、鸡
1000 只、猪 40 头、乳牛 7 头进行试验研究；[⑦] 次年，北京本场受郊外
农村委托，共培育 3670 只日本种雏鸡；[⑧] 1942 年，北京本场培育新品
种猪崽 72 头、日本种雏鸡 3370 只，并出售给郊区或乡村民众；[⑨] 1944
年，北京本场接受其周边 5 个乡村委托，负责培育改良新品种雏鸡
2000 只。[⑩] 青岛支场和济南支场亦开展类似的试验。1941 年，青岛支
场饲养新品种乳牛 6 头、猪 10 头、鸡 240 只、兔 15 只，培育、推广优

① 「民国三十二年度事業計画概要 華北農事試験場」、『華北産業科学研究所関係/
　経費関係 第七巻』、アジア歴史資料センター、B05015993400。
② 「民国三十三年度事業計画概要」、『華北産業科学研究所関係/経費関係 第八
　巻』、アジア歴史資料センター、B05015996600。
③ 「民国三十三年度事業計画概要」、『華北産業科学研究所関係/経費関係 第八
　巻』、アジア歴史資料センター、B05015996600。
④ 华北农事试验场编《华北农事试验场要览》，第 1 页。
⑤ 華北産業科学研究所編『民国三十一年度事業功程』、118—119 頁。
⑥ 居之芬主编《日本对华北经济的掠夺和统制——华北沦陷区经济资料选编》，第
　722 页。
⑦ 「昭和十五年度華北産業科学研究所ノ方針卜業務計画概要」、『華北産業科学研
　究所関係/経費関係 第六巻』、アジア歴史資料センター、B05015976200。
⑧ 華北産業科学研究所編『昭和十五年度事業功程』、1941、69 頁。
⑨ 華北産業科学研究所編『民国三十一年度事業功程』、115 頁。
⑩ 「民国三十三年度事業計画概要」、『華北産業科学研究所関係/経費関係 第八
　巻』、アジア歴史資料センター、B05015996600。

良家畜家禽品种;① 1943 年，青岛支场向附近农村、农场出售新品种雏鸡 2780 只及猪崽 46 头。② 济南支场主要开展肉牛新品种培育试验，1941 年从汶上、金乡和新泰三县购买三种牛共 18 头，开展肥育相关试验。③

3. 实施植树造林工程

战时日本对林木资源需求量剧增，因此极为重视华北地区的造林计划，以便日后对其掠夺和利用。所长江角金五郎明确指出，"帝国将来开拓大陆骤增，铁道、矿山、各种土木建筑资材需求激增，日本内地、北海道、桦太、沿海州、满鲜各地资源濒临枯竭，因而在华北实施造林计划为当前最重要任务"。④ 1941 年，北京本场在西山占用 300 亩地培育优质树苗；济南支场"接收"千佛山等 2 个林场，计划每年植树 500 亩;⑤ 昌黎支场培育榆树苗 124 万株，分发唐山、涿县、昌黎县、抚宁县、临榆县等地 120 万株。⑥ 1942 年，北京本场、济南支场、昌黎分场、石门支场设置苗圃，共培育优质树苗 2593000 株，分配树苗 2490000 株。⑦ 1943 年各苗圃培育优质树苗达 2524000 株、分发树苗 2130000 株。同年，产研所接受华北电信电话公司委托，在北京西山造林试验地栽种刺槐 9000 株，耗费 2500 元。⑧ 1944 年，产研所制订"华北植树第一期计划"及"华北防沙造林计划"，前者计划在北京本场、石门支场、昌黎分场、济南支场、开封支场设置苗圃，每年培植一年生和二年生榆树苗各 300 万株，将其分发"华北模范区"种植；后者计划在河南开封占用 128 亩地进行飞沙地造林试验，在山西太原

① 華北産業科学研究所編『昭和十五年度事業功程』、64 頁。
② 華北産業科学研究所編『民国三十二年度事業功程』、89 頁。
③ 華北産業科学研究所編『昭和十六年度事業功程』、69 頁。
④ 「産研事業報告 昭和十三年 分割 2」、『華北産業科学研究所関係 第二巻』、アジア歴史資料センター、B05015963800。
⑤ 「昭和十六年度事業計画概要」、『華北産業科学研究所関係/経費関係 第六巻』、アジア歴史資料センター、B05015977100。
⑥ 華北産業科学研究所編『昭和十六年度事業功程』、95 頁。
⑦ 華北産業科学研究所編『民国三十一年度事業功程』、43 頁。
⑧ 華北産業科学研究所編『民国三十二年度事業功程』、42 頁。

汾河流域占据 10 亩地进行山地防沙造林试验。①

4. 制造、分配兽疫血清

　　为防止华北家畜传染病蔓延至侵华日军乃至日本国内，同时强化沦陷区的"宣抚工作和日中亲善"，② 产研所在日本军部补给下，开设家畜防疫实验室，制造、分配大量防疫药品，例如 1941 年制造各类血清、预防药、诊断液共 3553865 毫升，分配 3101994 毫升；③ 次年制造3064260 毫升，分配 2821289 毫升；④ 1943 年制造 2799038 毫升，分配2383155 毫升。⑤ 这些防疫药品大多分配给华北派遣军，产研所为侵华战争服务的立场和本质暴露无遗。例如 1943 年产研所分配华北派遣军第 1821 部队、第 1822 部队、甲第 1810 部队、甲第 1820 部队、甲第1821 部队、甲第 1822 部队、甲第 1827 部队、甲第 1875 部队、甲第1430 部队、隼第 9863 部队、隼第 9886 部队、胜第 2355 部队、胄第2991 部队、仁第 1840 部队、东第 2935 部队、岛第 2961 部队大量血清药品。⑥ 此外，产研所还向北京、天津、内蒙古、山东、山西、河北、河南、江苏等地日伪政府、中日企业、农场、合作社分配大量血清药品。据统计，1943 年产研所向外分配，"牛疫血清 257000 毫升、牛炭疽血清223800 毫升、马炭疽血清 124500 毫升、猪丹毒血清 9000 毫升、家禽霍乱血清 131700 毫升、腺疫血清 24000 毫升、猪霍乱血清 215800 毫升、牛疫预防液 466400 毫升、炭疽第二预防液 28830 毫升、狂犬病预防液101050 毫升、猪霍乱预防液 449700 毫升、猪丹毒预防液 3800 毫升、猪疫预防液 219400 毫升、家禽霍乱预防液 124700 毫升、炭疽沉降素血清1712 毫升、鸡白痢急速诊断用菌液 943 毫升、结核菌素 820 毫升"。⑦

①　「民国三十四年度事業計画概要」、『華北産業科学研究所関係/経費関係　第八卷』、アジア歴史資料センター、B05015998300。
②　「昭和十五年度　華北産業科学研究所ノ方針卜業務計画概要」、『華北産業科学研究所関係/経費関係　第六卷』、アジア歴史資料センター、B05015976200。
③　華北産業科学研究所編『昭和十六年度事業功程』、96—97 頁。
④　華北産業科学研究所編『民国三十一年度事業功程』、122—128 頁。
⑤　華北産業科学研究所編『民国三十二年度事業功程』、108—114 頁。
⑥　華北産業科学研究所編『民国三十二年度事業功程』、109—113 頁。
⑦　華北産業科学研究所編『民国三十二年度事業功程』、110—113 頁。

5. 培养中国农业技术员

为加快实施农业增产计划，产研所成立之初，即在北京本场、济南支场及青岛支场设置农业训练班，由农业技术训练部监管，农业训练班专门培养中国农业技术员。[1] 1938 年，各农业训练班共录取 100 人，传授农业专门知识。[2] 1940 年，产研所进一步改革完善农业训练班学制，设置一年制和二年制训练班，前者注重农业基础教育和日语能力训练，后者注重农业技术培养和见学实习。[3] 1940 年，北京、济南、青岛农业训练班共招收学员 328 人，1941 年共招收 381 人，1942 年共招收 411 人。[4] 至 1943 年，仅北京农业训练班毕业生就达 500 余人。"此等毕业生，在内部分发于北京本场各支场及各原种圃，在外部多分发于合作社事业总会、新民会、棉产改进会、华北开发会社、华北交通、各省公署、建设总署、华北垦业公司及其他各地。"[5] 1942 年，华北棉花增产委员会委托产研所在石门支场、济南支场训练棉花种植技术员，至 1944 年共有 189 人顺利结业，然后派往华北棉花增产委员会和华北棉产改进会，担任棉花增产技术指导员。[6] 1943 年，产研所计划以北京本场为总部，联合华北交通株式会社附属农场、河北省立模范农场、河南省立农业技术员训练所、山东省立农事训练所、山西省合作社训练所、苏淮特区技术员养成所，在石门支场、青岛支场、济南支场培训农业技术员 1200 名。[7] 1944 年，北京本场、济南支场及青岛支场农业训练班招收规模继续扩大，计划每年接收 350 名训练生，两年共计接收 700 名学员。[8] 1944 年，产研所再次接受华北棉

---

[1] 「産研事業報告 昭和十三年 分割 3」、『華北産業科学研究所関係 第二巻』、アジア歴史資料センター、B05015963900。
[2] 「昭和十三年度事業概要」、『研究所助成関係雑件/華北産業科学研究所関係/経費関係 第六巻』、アジア歴史資料センター、B05015974300。
[3] 華北産業科学研究所編『昭和十五年度事業功程』、86 頁。
[4] 華北産業科学研究所編『華北産業科学研究所事業功程』、1940—1942。
[5] 華北農事試験場編《華北農事試験場要覧》、第 38 頁。
[6] 華北産業科学研究所『民国三十一年度事業功程』、132 頁。
[7] 農林省農政局編『華北産業科学研究所の業績回顧』、28 頁。
[8] 「民国三十四年度事業計画概要 華北農事試験場」、『華北産業科学研究所関係/経費関係 第八巻』、アジア歴史資料センター、B05015998300。

产改进会委托，在北京本场训练麻类生产技术员，至抗战结束共培训 55 名技术员，担任华北地区麻类增产指导员。[①]

由上述数据不难看出，华北产业科学研究所确实在一定程度上培养了大量农业技术人才。然而，必须指出的是，日本费尽心思培养中国农业技术员，并非出于所谓的"日中经济提携"，促进"中日两国福祉"之目的。[②] 其根本动机仍在于为"以战养战"提供所需的专业技术人才，以便在沦陷区内推动粮食增产计划，满足其战时物资需求。

6. 发展"新规事业"

侵华战争后期，日军战线太长，粮食供应出现严重危机。为满足日军对粮食资源的需求，1941 年产研所抛出所谓的"新规事业"，旨在华北增产小麦、杂粮、水稻、果蔬等。"新规事业"主要包括："一是设置小麦原种圃，产研所计划在军粮城、保定、德县、泰安、张店、城阳等地设置 6 处小麦原种圃，占地共 2400 亩，在华北全面实施小麦改良增产计划；二是设置杂粮原种圃，产研所计划在北京本场和济南支场设置杂粮原种圃共 104 亩，培育和推广玉米、高粱、粟等杂粮新品种；三是设置水稻原种圃，产研所计划在军粮城支场设置水稻原种圃 2 亩，试种陆羽 132 号、中生银坊主等日本新品种水稻，实现华北水稻增殖计划；四是果树改进事业，产研所计划在青岛支场和昌黎分场推广优质果树，对果苗培育、栽培进行指导。"[③] 围绕"新规事业"，1945 年产研所又制订"甘薯生产扩充计划"，"计划在石门支场、济南支场、徐州试验地及保定、辛集、城阳原种圃设置甘薯原种圃，种植冲绳 100 号甘薯 1332 亩"。[④] 产研所的"新规事业"，完全是为了满足侵华日军需要，侵华战争后期日军陷入战争泥淖不能自拔，粮食物资、后勤补给奇缺，因而亟需通过开发、利用华北农业资源，

---

① 農林省農政局編『華北産業科学研究所の業績回顧』、29 頁。
② 『支那における日本の文化事業』、『大阪毎日新聞』1937 年 3 月 5 日、神戸大学附属図書館新聞記事文庫、文化 03-116。
③ 「民国三十年度 華北農事試験場新規事業計画概要」、『華北産業科学研究所関係/経費関係 第六巻』、アジア歴史資料センター、B05015977500。
④ 「民国三十四年度事業計画概要 華北農事試験場」、『華北産業科学研究所関係/経費関係 第八巻』、アジア歴史資料センター、B05015998300。

满足其战时体制需求。

第三节　华北产业科学研究所的侵略本质

　　侵华战争全面爆发以后，日本外务省为配合日本军部行动，在沦陷区设置各种调查研究机构，极力谋划开发、利用华北工业、农业、矿产、文化等各种资源。"日本外务省为扩充对华之文化的工作起见，决定改正《对华文化事业之特别会计法》，将每年六百万元预算，增加百万元为七百万元，借以树立援助华北农村之更生计划，于今春（1936）议会要求承认此计划之根本方针，系由日本对于中国予以技术的、经济的援助，谋华北农村之更生。"同时实现"工业日本"与"农业中国"相互间之协力，而对于"棉花之栽培，羊毛之增产等，尤倾注全力以行之"。① 日本外务省还制定"华北经济开发方策"，具体内容如下：

　　一、农事试验场：除天津外，复设农事试验场数个，派遣专门技术经济多角农事牧畜及指导手工业及粗工业。

　　二、华北棉：极力栽培华北之棉花特产物，向来较印植棉粗劣，故受世界市场之排挤，务须考虑以冀改良，共同施设机关，如设备、贩卖、消费合作等，以图金融之圆滑。

　　三、开发矿业：对停采已久之龙烟矿山，由满铁或日本政府出资，使其复活。

　　四、石油开发：依石油之埋藏量，昔日美孚洋行曾投以百万元之资本，后因着手调查，以为得不偿失，中途抛弃，此乃美孚洋行之宣传政策，实际上相当丰富，足能证实。今此石油问题之解决关键，尚待吾人以相当重大之分任职务处理之。

　　五、铁路问题：沧石山东两铁路之着着延长，由内地至海港，

---

① 《日计划操纵我国华北农村经济》，《农学》第 2 卷第 3 期，1936 年，第 129 页。

计划设数新线。

六、关税问题：关于华北特殊关税问题，经中日地方当局交涉，已发现圆满之妥协点，若能改正关税，复活协定税率更佳，现在办法，可称为华北日本工业之别动队。①

从以上"开发方策"可知，日本企图利用其资金和技术开发、掠夺华北地区包括农业在内的各种资源。日本当局妄图将华北变为其后勤补给基地，实行"以战养战"的侵华政策，因而极力创建各种农业研究机构和农事试验场，华北产业科学研究所即为典型代表。"日人占我华北后，为开发并改进农业以供其榨取起见，在北平西直门外，办理华北农事试验场，研究改进华北农业之技术。"② 以下进一步论述产研所侵略本质。

一　大肆强占华北大片民田

日军攻占华北大片领土后，产研所趁机在华北各地广设支部、扩建农场，发展成为日本在华北的最大农业研究机构。"敌人在北平所办之华北农事试验场，规模之大为东亚第一。计有场地千六百亩，分为七部，对于作物、园艺、土壤、肥料、病虫害、农化及畜产等均有相当设备与成绩。"③ 欲建造如此大规模的农业研究机构和试验农场，需要占用大量土地。产研所在日本军部的支持下，大肆抢掠华北大片民田，极力扩张其规模、势力。从以下回忆可证实产研所的野蛮掠夺行径：

1938 年 4 月，日本军部派来日本人秋元真次郎和他的一批助手，稻冢权次郎、大权益贤、中富贞夫等人，来到白祥庵村。他们首先到几个村子勘测调查，很快又找到几个中国人，为日本人联系购买土地。此时日本人仰仗占领者身份，在篱笆房村、大钟

①　《日本开发我华北经济之计划》，《农报》第 4 卷第 18 期，1937 年，第 935 页。
②　《华北农事试验场接收》，《中华农学会通讯》第 58、59 合刊，1946 年，第 30 页。
③　《华北农事试验场之规模》，《科学》第 29 卷第 2 期，1947 年，第 57 页。

寺、躺碑庙、白塔庵村、六堆村、小李村、二堆村、皂君庙村等
到处显威游说："为了中日提携、大东亚共存共荣"。还说"为了
华北农民福利、增加生产"，因此买土地建立试验农场，让农民将
土地卖给农场。同时出了告示：每亩土地价50元（伪币折合今天
约300斤小米）；一间房子好的20元，次的10元；一个坟头双人
10元，单人5元。那时老百姓在日寇淫威之下，敢怒不敢言。如
果不卖地唯恐全家性命难保，只好忍痛割舍自己的土地，日本人
强制限期几天办理手续。①

　　从以上回忆可知，产研所通过武力威慑手段，用最廉价的方式强
行购买华北农民土地。华北农民迫于日本淫威，被迫忍痛割让其土地。
七七事变以前，因华北民众的排拒和抵制，产研所扩张规模的企图未
能如愿。然而，七七事变以后，华北大部分地区沦陷，产研所趁机强
占华北民田，扩张其规模。据相关资料记载，"试验场强占土地约
3300亩，大院围墙内约700多亩，墙外边缘地、道路占地约200亩；
试验用地南圃场约700亩、北圃场900亩、中圃场800亩。此外，日
本人还向大钟寺等处借地十几亩。"②产研所强占大片土地后，通过最
廉价的方式雇用中国工人，大兴土木、扩建农业机构，开展农业试验
研究。产研所强占大量土地，华北农民遭受巨大损失，生活难以为继，
"造成几十户农民失去了土地，也就是失去了命根子，在生活上遭到极
大困难"。③特别是1940年以后，日本当局在华北地区开展所谓的
"治安强化运动"，导致失地农民雪上加霜，生活上更是陷入绝境，时
人有以下回忆：

　　　　张海斌一家五口，十几亩土地被占后，全家破产，无以为生，

---

①　苏迅：《日伪时期华北农事试验场史略》，中国人民政治协商会议北京市海淀区
　　委员会文史资料委员会编《海淀文史选编》第8辑，1994，第237页。
②　苏迅：《日伪时期华北农事试验场史略》，北京市政协文史资料委员会编《日伪
　　统治下的北京郊区》，北京出版社，1995，第313页。
③　苏迅：《日伪时期华北农事试验场史略》，中国人民政治协商会议北京市海淀区
　　委员会文史资料委员会编《海淀文史选编》第8辑，第237—238页。

只靠打零工糊口，终日难得一饱。农民王嘎嘎，因土地房屋被占后，无处居住，全家露宿街头，手里仅有一点"卖"产业的钱，没有几天花完了，只得靠乞讨过日子，最后流落他乡死于外地。总之，日寇强行买地建试验农场，给西直门外以北一带人民，造成了一大灾难，至今一些老人谈起来，仍痛恨不已。[1]

从以上回忆可知，产研所在华北开展各种农业试验活动，绝不是为了"增进华北民众福祉""安定地方民生与秩序"，而是开发、掠夺华北农业资源。产研所抢掠大片土地，给华北人民带来极大灾难，导致大批农民流离失所、无以为生，生活上更是陷入绝境。事实上，产研所不仅在北京大肆强占土地，在山东、山西、河北、天津、河南等地亦疯狂抢掠土地。以 1943 年为例，"济南支场占地 188 亩，青岛支场占地 51 亩，石门支场占地 73 亩、借地 33 亩，军粮城支场占地 149 亩、借地 0.13 亩，昌黎分场占地 37 亩、借地 2 亩，济宁试验地占地 18 亩、借地 37 亩，徐州试验地占地 27 亩，保定原种圃占地 37 亩、借地 74 亩，城阳原种圃占地 19 亩，德县原种圃占地 57 亩、借地 20 亩，邯郸原种圃占地 45 亩、借地 4 亩，临清原种圃占地 43 亩，临汾原种圃占地 65 亩，唐山原种圃占地 40 亩，泰安原种圃占地 43 亩，辛集原种圃占地 38 亩，新乡原种圃占地 44 亩，彰德原种圃占地 0.23 亩，张店原种圃占地 27 亩、借地 16 亩"。[2] 此外，产研所各支场还强占大量土地，极力扩建各种试验室和试验田。可以说其掠夺行径与恶劣影响并不亚于北京本场，造成当地大量农民痛失土地、生活无以为继。产研所宣扬的"增进福祉"绝非服务于中国人民，而是效命于日本政府，为侵华战争掠夺华北农业资源，实现"农业增产计划"，将华北变成侵华日军的后勤粮仓。[3]

---

[1]　苏迅：《日伪时期华北农事试验场史略》，北京市政协文史资料委员会编《日伪统治下的北京郊区》，第 310 页。

[2]　華北産業科学研究所編『民国三十二年度事業功程』、122—123 頁。

[3]　角田藤三郎『大東亜農業経済の再編成』朱雀書林、1942、179 頁。

二　竭力压榨中国廉价劳动力

产研所利用日本军部抢掠华北大片良田后，大肆扩建农业研究机构和试验农场。至 1943 年底，产研所在北京、天津、河北、河南、山东、山西等地均建有农业研究机构及其附属农场。"北京本场建有本场大楼及各种实验室共计 15662 平方米、畜产科大楼 4019 平方米、家畜防疫科大楼 8078 平方米、训练部大楼 3063 平方米、职工宿舍 5439 平方米，北京本场所有建筑设施合计 36261 平方米；其他地方支场、分场、试验地、原种圃设施建设亦为明显，个别支场甚至超越北京本场规模。同年济南支场各种建筑面积达 93327 平方米；青岛支场各种建筑面积为 7608 平方米；石门支场各种建筑面积达 3094 平方米；军粮城支场各种建筑面积达 2485 平方米；昌黎分场各种建筑面积为 761 平方米；济宁试验地各项设施建设为 1273 平方米；保定原种圃建筑面积为 297 平方米；南苑原种圃建筑面积为 389 平方米；邯郸原种圃建筑面积为 318 平方米；唐山原种圃建筑面积为 688 平方米；德县原种圃各种建筑面积达 1527 平方米；张店原种圃各种建筑面积达 1165 平方米；城阳原种圃建筑面积为 883 平方米；临清原种圃面积为 670 平方米，另外租用房屋（实以廉价强行租用）面积达 18265 平方米"。[①]

侵华战争后期，产研所规模仍在扩张，相继建造开封支场、太原支场和其他试验地、原种圃，各种建筑面积继续扩大。产研所不断扩张其规模的目的，无非是进一步开发、利用华北农业资源，满足战时日本对"国防资源"之需求。"从整个试验场的规划看，应当说是比较科学、严谨的。日本人如此精心投入这么大经济力量修建这个'农事试验场'，充分暴露出日本军国主义者打算永久侵占北平及全中国的野心"。[②] 要在中国完成此种大规模工程建设，需要耗费难以计数的人力、物力及财力，仅依靠日本力量必然难以完成。因此，日本方面极力榨取沦陷区廉价劳动力。产研所工程项目承包给日本福昌公司，然

---

①　華北産業科学研究所編『民国三十二年度事業功程』、124—134 頁。
②　苏迅：《日伪时期华北农事试验场史略》，北京市政协文史资料委员会编《日伪统治下的北京郊区》，第 314 页。

后再下包给韩国人商社,最后廉价雇用中国劳工建造。大小工头层层盘剥底层中国劳工,中国劳工不仅收入低微,而且备受监工欺凌,从以下回忆可得到佐证:

> 当时一个瓦工或木工,劳累一天,得到的工资只是 2.50 元伪币,还给 5 市斤黑豆面饼(还是发霉的面);一个成年壮工,干的是又脏又累的粗活,每天工资 1.50 元伪币,4 市斤黑豆面饼;一名童工,劳动一天,只给 5 角钱伪币,2 市斤黑豆面饼。这些工人,吃不饱肚子,身上衣服不能遮体,多数人骨瘦嶙嶙,吃了发霉的黑豆饼面,个个拉稀,人的体质下降,干活时稍有怠慢,就被工头打得遍体是伤。①

中国劳工在日本当局的强迫和威胁下,被迫出卖劳动力,完成繁重的工程建设,所得收入却难以维持生计,可以说日本产研所的发展史就是一部沦陷区人民的血泪史,中国劳工受尽剥削和压迫。更有甚者,日本当局对中国劳工的生命和安全视若无睹,中国劳工得不到任何安全保障,各种安全事故时有发生:

> 施工现场,工伤事故时有发生。例如建灰楼宿舍时,有一天早晨刚上工,工头让工人往楼顶上背送水泥。工人们肚内无食,体质很弱,背着 80 斤重的水泥,勉强往上爬行,二尺宽的跳板又陡又窄,在跳板上晃晃悠悠的,真是难行。突然有一壮工,右脚一歪,左脚一倾斜,身体重量歪向左边,人体不由自主地从二层楼高的跳板坠下去,背着水泥还砸在身上。另一个壮工看到有人掉下去了,身子一颤抖,脚一歪也摔下去。结果前一人当场死亡,是个河北人,不知姓名。后一个虽未当时死去,因是内伤,奄奄一息,送回家去三天后也含冤而死了。此人是海淀区成府村人,

①　苏迅:《日伪时期华北农事试验场史略》,中国人民政治协商会议北京市海淀区委员会文史资料委员会编《海淀文史选编》第 8 辑,第 245—246 页。

名叫周大升。当时工头给两名死者各十斤玉米面了事。并且这些工头反咬一口说："是工人不小心造成的"。从这次工伤事故看，那时中国人的生命不如草芥，早已沦为殖民地奴隶，没有什么劳动保护，更谈不上人的生命安全。①

产研所正是依靠压榨中国廉价劳动力才完成其工程建设，中国劳工为此付出血汗乃至生命之代价。"那时天下乌鸦一般黑，建筑工人和沦陷区人民一样，都在敌人铁蹄之下，都是在水深火热之中活下来的。"② 产研所扩建规模以后，急需补充大批工作人员，为解决人手不够问题，加大招收中国职员力度。然而，中国职员并未受到应有的重视，其地位与日本职员悬殊，而且必须忍受日本人的管制和压榨，中日职员收入差距相当明显。以 1940 年为例，"技师职位日本人年俸平均 5000元，中国人则为 3000 元；主事职位日本人年俸平均为 6000 元，中国人则为 3000 元；技术员职位日本人月俸平均 270 元，中国人为 150元；讲师职位日本人月薪平均为 350 元，中国人为 150 元；主事职位日本人月薪平均为 150 元，中国人为 100 元；助理职位日本人月薪平均为 60 元，中国人为 35 元"。③ 对比分析中日职员的收入，大多数中国职员收入仅为日本职员的一半，部分中国职员更少。此种歧视和不公正待遇从未改变，尤其抗战后期，日本侵华战争走向穷途末路，日本政府出现严重财政危机，因此削减对华"文化事业"补给经费，产研所运营经费随之减少，为节省日常开支，不断克扣中国职员收入和待遇，使其生活出现严重困境。"那时日本人侵略战火已燃遍亚洲，经济困难自焚其身，粮、棉、油、副食、物资，均已到山穷水尽之时。日本人的生活待遇主要靠配给制，而中国职工生活待遇更是清苦，职员每月工资伪币 60 多元，配给 40 市斤面粉一袋，有时还配给些粗粮。

---

① 苏迅：《日伪时期华北农事试验场史略》，中国人民政治协商会议北京市海淀区委员会文史资料委员会编《海淀文史选编》第 8 辑，第 247 页。
② 苏迅：《日伪时期华北农事试验场史略》，北京市政协文史资料委员会编《日伪统治下的北京郊区》，第 322 页。
③ 「華北産研昭和十五年収支予算書」、『華北産業科学研究所関係/経費関係 第六巻』、アジア歴史資料センター、B05015975700。

工人每月工资 40 多元，配给半袋面粉（约 20 市斤），另配给几十斤粗粮。那时伪币贬值，中国职工主要靠配给的面粉粮食勉强维持生活。"①

三　全面搜集中国农业情报

产研所在华北沦陷区全面搜集中国农业情报，并在实地调查的基础上形成大批相关报告。具体来看，这些报告的内容主要集中于以下三个方面。

一是种植业调查报告。据《大阪每日新闻》报道，"占据华北人口八成的农民至今依然采用过去那种落后的幼稚方法从事农业生产，因此虽然耕种着广阔的土地，但其产量较少且质量普遍较差"。② 在此背景下，华北产业科学研究所建立之首要目的便是实现"粮食增产"，为其侵华战争提供物资保障，故对种植业的调查也成为农业调查的中心环节。由内容而论，种植业相关调查报告涉及华北沦陷区农作物的基本种植情况与农具使用情况，如《华北蒙疆麻类调查》《关于华北蒙疆的农作物》《华北农具相关调查》，还包括作物病虫害的相关问题，如《关于华北棉苗立枯病》《天津地区水稻作物盐害调查报告》《华北农作物病害》《华北蒙疆农园艺作物病害调查报告》，等等。此外，由于土壤与种植业发展的密切联系，亦使其成为产研所调查的重点，如《华北的侵蚀及堆积现象》《关于华北土壤的腐植含量》《关于华北土壤的石灰含量》《黄土生产力相关诸问题》《华北土壤由来及农作物病害相关调查》《华北土壤与棉花、大豆及粟的生育关系》《河北省定县土壤调查报告》《江苏省东海县、阜宁县碱性地带调查报告》《山东省高密县土壤调查报告》《中国的土壤》《中国北部及西北部的土壤》，等等。

二是林业调查报告。林业调查报告主要涉及树木概况、植树造林情况、林产品加工利用等方面，相关调查报告主要有《河北地区杨、

① 苏迅：《日伪时期华北农事试验场史略》，中国人民政治协商会议北京市海淀区委员会文史资料委员会编《海淀文史选编》第 8 辑，第 240 页。
② 「支那における日本の文化事業」、『大阪每日新聞』1937 年 3 月 5 日、神戸大学附属図書館新聞記事文庫、文化 03-116。

柳、榆、槐、刺槐各品种》《山东省的造林状况》《华北主要树木产量调查》《华北产主要树木的强弱实验成绩》《华北的造林树木》《昌黎地区的果树栽培》《北京木材业沿革》，等等。

三是畜牧业调查报告。畜牧业调查报告主要涵盖家畜饲养管理、家畜病害的防治与治疗等方面，相关调查报告主要有《北京雏鸡白痢带菌鸡检定的实施成绩》《北京四郊养鸡经营状况与鸡的种类形质调查报告书》《关于华北布氏杆菌病暨牛传染性流产调查》《山东省德县附近畜牛事情》，等等。

从上述调查报告中可以看出，产研所广泛搜集了大量农业情报，并对华北农业资源进行了细致且全面的调查与研究。这些调查报告无疑在一定程度上推动了华北农业资源的开发与有效利用。然而，必须深刻认识到，日本从事此类调查背后的动机并非促进农业发展或提升中国农业的现代化水平。实际上，这些调查报告更多地服务于侵华战争的需求，其根本目的是为日本的战争机器提供资源保障。

四　完全服从日本当局监管

1938 年，华北产业科学研究所与中央农事试验场合办，统一更名为华北农事试验场。然而，此种合并不过是借中日合办之名，以便在中国获得土地、经费及劳动力。管理产研所之核心机构，起初为日本外务省文化事业部，直到 1938 年底兴亚院成立后接替外务省负责监管，1942 年底"大东亚省"成立，兴亚院废止，产研所复转由"大东亚省"监管。[①]为保证产研所各种业务紧密配合日本侵华国策，日本政府从经费、业务及人事方面对其实行全面监管。产研所运营经费主要由华北伪政府和日本政府补给（日本政府利用庚子赔款补给），"1936 年补给 212200 元，1937 年补给 385276 元，1938 年补给 692000 元，1939 年增至 1550000 元，1940 年为 1280000 元，1941 年为 1367000 元，1942 年为 1218266 元，1943 年为 1335000 元，1944 年增至 2082800 元，

---

① 　華北交通東京支社編『華北展望』、1943、17 頁。

1945 年达到 4289200 元"。① 需要指出的是，1939 年华北产业科学研究所与中央农事试验场合办以后，其经费仍由中日两国政府支付，其中大部分经费还是由华北伪政府支付，经费管理却由日本掌控，产研所建造和运营耗费大量财力，基本上依靠压榨沦陷区民众所得。

日本当局对产研所的支持力度不断加大，同时对其监管力度也不断增强。首先，在经费上加强监管。外务省曾明确规定，"研究所助成金和其他收入，必须经由北京日本大使馆指定银行以研究所名义存款；研究所一切不动产、动产及权利的处分，应预先得到外务大臣之许可；外务大臣随时派员检查研究所收支结算及经营情况；每三个月须向外务大臣及北京日本大使馆提交事业报告书、收支结算书；研究所出版发行、研究及调查结束之际，应向外务大臣提交相关报告；研究所经营方针须遵从外务大臣指示，诸规程的制定改废亦应获其批准；如违反外务省之命令，将立即停付并收回所有助成金"。② 由此可知，外务省不断加大资助产研所的力度，其目的是利用经费补助全面控制产研所，使其完全服从日本当局的需要。

其次，在业务上加强监管。日本政府严格控制产研所以下安排："1. 研究所的经营；2. 北京、青岛、济南、太原及石门等农场之经营；3. 关于华北经济开发之学术、技术研究调查的发表与刊行；4. 农业技术员及指导员的养成。5. 本研究所调查研究事业；6. 其他外务大臣认为之必要事项。"③ 日本政府利用此种规定，全面监管产研所各种业务，使其紧密配合侵华战争需要，产研所彻底成为日本发动侵华战争的工具和附庸。

再次，加强人事上的管理。产研所人事设置、安排完全取决于日本政府，外务省曾明确规定，"研究所长、研究员、调查员、庶务科长、会计科长、嘱托的任免、增俸、奖励及其他给予，须经外务大臣

① 『華北産業科学研究所関係/経費関係』第 1—8 巻、外務省外交史料館蔵。
② 「華北産業科学研究所経費規程」、『華北産業科学研究所関係/経費関係 第八巻』、アジア歴史資料センター、B05015998600。
③ 「昭和十九年六月一日 華北産業科学研究所規則並諸規程」、『華北産業科学研究所関係/経費関係 第八巻』、アジア歴史資料センター、B05015998600。

认可"。① 由此规定可知，产研所所有重要职务均由日本人掌控，尽管后期招收部分中国职员，却不能委以要职，只能从事基本的农事劳动，其身份地位、薪酬待遇与日本职员相去甚远。从以下回忆即可证实：

> 中央农事试验场，名义上是受伪华北政务委员会督办王荫泰管辖，实际上该场场长秋元真次郎直接受日本军部领导。农业部长中富贞夫，训练部长大枝益贤，各科科长、课长、场长均是日本人。建场后根据业务部门需要，每年陆续增加人员。北平的试验场 1938 年 4 月有职员几十人，至 1943 年 3 月职员已达 658 名，日本人 364 人，中国人 294 人。随着时间推移，到 1945 年秋，职员已达到 810 名，日本人约 420 名，中国职员约 390 名。全场科技主持人全部是日本人，中国人均做一般性科技工作，那时有少数中国的大学毕业生，来场工作也只是承担某一个项目。该场还雇用中国工人约 200 人（长期正式的），主要干室内辅助工作，大部分在地里劳动，由几个工头监督管理。②

综上可知，日本侵华战争时期，产研所实质上已经沦为日本开发华北经济资源的重要工具，在日本政府的严密监管下，产研所重要职务完全由日本人支配，中国员工得不到重视，只能担任普通低级职务，而且深受日本人的压榨和歧视。

五　极力推行殖民奴化教育

产研所在青岛初建之际，就计划开设专门的农业训练班，训练中国农业技术人员。总部迁至北京以后，正式设置农业技术训练部，专门招收中国学员，教授农业知识和农业技术。随着农业技术员招收数量日益增多，产研所农业技术训练部规模也不断扩大。农业技术训练

---

① 「命令書」、『華北産業科学研究所関係 第二巻』、アジア歴史資料センター、B05015964300。
② 苏迅：《日伪时期华北农事试验场史略》，中国人民政治协商会议北京市海淀区委员会文史资料委员会编《海淀文史选编》第 8 辑，第 239—240 页。

部所设课程，起初主要有农业基础知识、农业技术训练、农业教育培训等课程，后期增加日语教育、日本精神、日本文化等课程的比重，这类课程实与农业专业课程并无关联。① 产研所的根本目的在于向中国学员灌输日本语言文化，实施殖民同化教育，将其训练成彻底服从、效命于日本政府的亲日分子。而且，农业技术训练部对中国学员实行准军事化管理，中国学员学习、生活异常清苦，从以下回忆即可佐证：

> 中国学生一入校，日本人就命令将头发推光，换上军服，戴军帽。清晨起床后半军事化操练，早餐后上午学习业务课，下午到地里劳动与实习，晚自习后吹哨熄灯。学生们学习、劳动都很辛苦，生活更艰苦，一天三餐限量而食，困难时缺乏粮食，搭配倭瓜、红薯。吃的蔬菜主要靠自己种植食用。有的学生吃不饱，偷着出大门买食物吃。训练部规章很严，平时不准出校门，不准回家，两星期放假一天。那时日寇将粮食运走，北京市民不聊生，无粮只有买混合面为食（混合面是几十种杂粮糠皮磨成）。所以学生回到家更吃不到好食物，实际上这些学生，是在饥寒困苦中学习、生活的。②

产研所农业技术训练部对中国学员实行严格的军事化管理，在教学上灌输"日本精神""日本文化"教育，以消泯中国学员的民族精神和反抗意识，将其训练成彻底服从日本管理的农业技术人才。所幸的是，产研所的中国学生并未蜕变为日本的傀儡，更没有堕落成为汉奸，而是选择暂时隐忍，积极学习日本近代科技知识，待到日本彻底战败、新中国成立以后，竭其所能投身于新中国农业研究和建设事业。"北平训练部毕业的学生和济南的毕业学生，他们刻苦学习至1949年全国解放时，都成为中级农业技术人员。在共产党毛主席的领导下，他们热爱祖国，精神焕发、奋发图强地钻研农业科学，很快成长为科

---

① 北支那経済通信社編『北支・蒙疆年鑑 昭和17年版』、171頁。
② 苏迅：《日伪时期华北农事试验场史略》，中国人民政治协商会议北京市海淀区委员会文史资料委员会编《海淀文史选编》第8辑，第240—241页。

学技术骨干，并取得丰硕成果。解放后，真乃是'海阔凭鱼跃，天高任鸟飞'。1945 年最后一期学生，现在在承担着科研主持人，或重要部门的领导工作。他们绝大部分职称是副研究员、研究员。有的退休后，还在辛勤地为科研而奋斗着。"①

尽管产研所农业技术训练部的中国学生曾系统接受日本的文化教育及农业技术训练，却没有变成汉奸分子、亲日分子，相反成为新中国农业建设人才，新中国人民政府以博大的胸怀接纳他们，使其能够学以致用，为新中国农业建设做贡献，这是日本当局所始料未及的。

六　紧密配合日本侵华战争

产研所成立之后，在中国开展各种农业试验和调查研究，从世界各国购进农作物新品种；开展农作物新品种培育和推广试验；开展农作物病虫害防除相关试验；开展各种农业调查研究，刺探华北农林畜业相关情报、信息；制造大批防疫药剂，免费配送给侵华日军；培育优质树苗，在华北开展植树造林工程；培育、推广农作物新品种，产研所先后培育出关农 1 号、脱字棉 2123 号、斯字棉 4B 等新棉种，培育出华农 1 号、华农 2 号、华农 3 号、华农 5 号、华农 6 号等新品种小麦，培育出华农 1 号、华农 2 号、华农 3 号等新品种粟，培育出华农 1 号玉米，培育出陆羽 132 号、爱国号、中生银坊主等新品种水稻，② 培育出冲绳 100 号新品种甘薯；设置农业技术训练部，培养中国农业技术员，服务于日本当局开发华北农业资源的需要。

产研所在华北沦陷区开展农业试验和农业技术推广活动的目的是利用华北的农业资源，培育、推广农林畜新品种，以实现华北农业增产计划，满足侵华日军的粮食补给需求，产研所还培养大批农业技术人员，以便协助其开发、掠夺华北农业资源。至侵华战争后期，产研所已经发展成为华北最大的农业研究机构。农场"在日人经营之下，规模极为宏大，且因其所聘请之专家，均为日本农学界上极为知名之

---

① 苏迅：《日伪时期华北农事试验场史略》，中国人民政治协商会议北京市海淀区委员会文史资料委员会编《海淀文史选编》第 8 辑，第 241—242 页。

② 华北农事试验场军粮城支场编『水稻试验成绩表』、1940、1 页。

士，故为一般人士所注意。"① 然而，此种表象不能掩盖日本真实意图，日本当局煞费苦心建造如此大规模的农业研究机构，绝不是为了增加华北农业产量，更不是为了增进华北农民福祉、发展中国农业经济，而是"开发"和掠夺华北农业资源，极力培育和推广农作物新品种，实行农业增产计划，将华北沦陷区建成战略物资供应基地，以满足战时日本的物资需求，服务于侵华战争需要；制造、分发大批防疫药品，是为了确保日本前线士兵和战马的卫生安全，保障侵华日军的"战斗力"；设置农业技术训练部、训练中国农业技术员，更是为了训练服务于日本开发华北农业资源的技术人才。②

综上所述，产研所农业活动的根本目的是为日本侵华战争而服务。"日本人侵占我北平之后，搞起农业科研，其目的是为侵略战争服务。他们还是按照原来的设想，工业日本国，农业中国。十分清楚，日本侵略者想利用我国东北、华北地区地大物博，土地肥沃，是盛产粮棉的基地，是天然的后勤粮仓，为实现侵略中国目的服务。"③ 尤其侵华战争后期，日本战线过长，难以解决后勤补给问题，因此极力谋求开发沦陷区农业资源，以满足军队的粮食供给，实现"以战养战"之目的，此为战时产研所不断扩张规模和势力的真正原因。所幸的是，1945 年中国人民抗日战争取得胜利，日本宣布无条件投降，其掠夺、利用华北沦陷区农业资源之企图随之破产，产研所最终由中国政府接收、改造。

抗战胜利以后，国民政府接收日本华北产业科学研究所，学习、借鉴日本管理经验和农业技术，力图将其改造成全新的农业研究机构，以提升华北农业技术、推广优良农业品种，造福华北农民。中华农学会通讯社曾报道国民政府接收产研所过程：

农林部分派中央农业试验所副所长沈宗瀚博士率同高级技术

① 《华北农事试验场接收》，《中华农学会通讯》第 58、59 期，1946 年，第 30 页。
② 山崎光夫『中华农学会通讯』白扬社、1938、52 頁。
③ 苏迅：《日伪时期华北农事试验场史略》，中国人民政治协商会议北京市海淀区委员会文史资料委员会编《海淀文史选编》第 8 辑，第 248 页。

专家，本会会友刘延蔚、章锡昌、沈儁莱和才诸博士及蒋德麒先生等到平后，即会同农林部特派员徐廷瑚会友接收该场，另筹设中央农事实验所北平分所，并由沈宗瀚博士兼任所长。该分所已于1月4日（1946年——引者注）正式成立，会于当日举行仪式并积极进行接管事宜，自周贻春部长赴华北视察后，已于各方面详细研讨过去各方面之工作得失，另订适合我国国情之工作计划，以便切实开发并改进我国华北之农业。闻该所已经宋院长今年预算核定为8亿元，其数额之大，与农林部三十四年、今年经费相当，预计该场为我国最大之农事试验场，利用日本原有侵略机构，造福人民云。①

国民政府试图借鉴日本先进农业技术和管理经验，将产研所改造成全国最大的农业研究机构，继续实行华北农业增产计划，造福于华北农村、农民。然而遗憾的是，国民政府接收产研所以后并没有什么实际行动，未能重视新的农业技术研究和推广工作，后来更是将其重心转向内战，无暇顾及华北农业发展问题及产研所改造事宜。直到解放战争结束、新中国成立以后，人民政府对产研所进行彻底改造，建设崭新的中国农业科学院，使其成为全国规模最大、学科门类最全、农业研究实力最强的国家级农业研究机构，在解决我国农业和农村各种基础性、方向性、综合性、关键性科学研究问题，以及科教兴农、培养高级专门农业科技人才等方面都起了重要作用，也为推进我国农村农业发展、增进人民福祉等方面作出重要贡献。

小　结

侵华战争期间，日本不仅加强对华政治、军事侵略，而且大肆开

---

① 《华北农事试验场接收》，《中华农学会通讯》第58、59期，1946年，第30—31页。

发、掠夺中国农林矿产资源，为侵华日军提供战略物资，实施"以战养战"策略；与此同时，加强在沦陷区实行文化侵略和同化政策，妄图维系日本在沦陷区永久性殖民统治。[①] 外务省为配合日本军部行动和战时体制需要，调整以往对华文化政策，不仅强化在华北的文化侵略、渗透，更是加快开发、掠夺华北经济资源，以适应日本当局侵华战争需要。日本外务省官员认为，"现在的日本对华文化事业，以上海的自然科学研究所及北平的人文科学研究所为中心，主要从事学术的研究，英美均有直接增进中国民众的福利为目的事业，而日本则无，因此中日文化提携的领域上，未能得到预期的效果，如今乃对于对华文化事业的根本方针，加以再讨论，决定进行直接影响中国民众的福祉的经济的工作"。[②] 因此，日本当局进一步修改《对支文化事业特别会计法》，将每年补助对华"文化事业"经费由 300 万元，追加到 400万元，计划在天津及青岛，增设产业研究所及其他研究机构，对于以华北为中心的农业及工矿业的开发进行全面指导，实际上还是"积极布置其对我国文化侵略的工作"。[③] 1936 年，日本外务省出台所谓的"新规事业"，在山东青岛创建华北产业科学研究所。

产研所成立初期，极力从世界各国引进农林禽畜新品种，开展新品种培育和推广试验，并对山东省农林工矿进行全面调查，极力刺探相关情报和信息。由于华北民众对产研所侵略和渗透行径，进行了坚决的排斥和抵制，一定程度上抑制了其侵略、扩张行为，七七事变前后产研所一度关闭，并迁往日本国内。直到华北大部分地区沦陷，产研所趁机卷土重来，不断扩张其规模和势力。1938 年，产研所将本部迁至北京，利用日本军部支持，大肆抢掠华北沦陷区民田，大兴土木、扩建各种农业设施，建造北京本场、济南支场、青岛支场、石门支场、军粮城支场、太原支场、开封支场、昌黎分场、济宁试验地、徐州试验地、山东烟草试验地，以及水稻、棉花、小麦、杂粮、麻类、甘薯、

①　大日本言論報国会編『思想戦の根基』同盟通信社出版部、1943、178 頁。
②　《日本扩充对华文化事业》，《太平洋月刊》第 3 卷第 4 期，1936 年，第 58—59 页。
③　曾亦石：《"九一八"事变后日本之对华文化侵略》，《中国新论》第 2 卷第 8 期，1936 年，第 61 页。

烟草、大豆等各类原种圃达 30 余处，其势力覆盖北京、天津、山东、山西、河北、河南等省市，妄图掌控整个华北的农业经济资源。

产研所在华北沦陷区广泛开展农业试验和调查研究，诸如利用日本先进技术，在华北开展农林禽畜相关试验研究；培育、推广农业新品种，实施"华北农业增产计划"，以满足侵华日军的战略物资需求；调查华北农林畜业乃至工矿业，刺探华北各种经济情报，为日本当局开发华北经济资源提供信息；制造大量防疫药品，保障侵华日军的医疗卫生安全，服务于侵华战争的需要；开设农业技术训练部，培养中国农业技术员，效命于日本开发华北农业资源之需要；抗战后期产研所更是推出"新规事业"，极力培育和推广粮棉新品种，实现华北粮棉增产计划，满足侵华日军的后勤补给需求。[1] 综上所述，日本当局在华北设置产研所的根本目的，绝不是为了增进华北农民收入和"福祉"，而是为扩大"大东亚战争"服务，为侵略战争提供物资保障，实现"以战养战"之策略。

表面上看来，日本为改进华北农村农业、提高华北农作物产量开展大量工作，部分农业改良、先进技术及管理经验甚至值得借鉴、效仿。然而，产研所的根本目的却是服务于日本当局的侵华政策。其在华北的诸"工作"，"都是直接与华北民众以技术指导，依此援助其自力更生为目的，结果促进华北农村经济的发展，提高买日货的购买力，同时确保棉花、羊毛等国策上必要的原料资源。"[2] 尤其在七七事变以后，产研所侵略本质更为明显。产研所利用日本军部支持，抢掠华北沦陷区大量民田，造成大批农民流离失所、无以为生；建造农场期间，极力压榨、剥削中国廉价劳动力，中国劳工的安全和生命受到严重威胁；产研所主要职务基本上由日本人担任，中国职员备受歧视和欺凌，其待遇和地位处于最底层；农业技术训练部培养中国农业技术员，并不是为了发展中国农业，提高华北农民收入与福祉，而是服从日本政府掠夺华北农业资源之需要；产研所在极力培育、推广农业新品种，

---

[1] 南満洲鉄道株式会社調査部編『北支那の農業と経済 下巻』、1942、327 頁。

[2] 《日本扩充对华文化事业》，《太平洋月刊》第 3 卷第 4 期，1936 年，第 59 页。

介绍日本先进农业技术,并不是为了"增进华北民众福祉""安定地
方民生与秩序",而是利用其先进技术开发、掠夺华北农业资源,"确
保帝国所需国防资源供给,实现日中经济提携"。① 然而遗憾的是,产
研所部分日本研究人员,并未清醒认识研究工作的侵略性质,反生自
负、自豪感,甚至认为他们从事的是纯粹的学术工作。② 黄福庆一语
中的,"事实上他们在研究工作时,无形中已担负一部分军阀侵略的任
务,因为在抗战期间,军部交代下来的研究任务,不能不遵从"。③ 日
本政府更是在经费、业务及管理方面,对产研所实行全面监管,产研
所最终沦为日本开发、掠夺华北农业资源,服务于侵华战争需要的重
要工具,直到抗战结束、日本战败,产研所最终由中国政府接收、
改造。

---

① 「産研雑纂」、『華北産業科学研究所関係 第二巻』、アジア歴史資料センター、
　　B05015964500。

② 丁晓杰:《日伪时期华北产业科学研究所的设立及其活动》,《史学月刊》2012
　　年第 2 期。

③ 黄福庆:《近代日本在华文化及社会事业之研究》,第 175 页。

结　语

一　近代日本对华文化侵略行径

何谓"文化侵略"？简而言之，就是甲国为彻底征服、控制乙国，不惜侵犯乙国主权，通过成立各种文化机构或团体，借口在乙国发展文化、教育、医疗卫生、学术交流等各项"社会文化事业"，实际上通过此种途径来实行文化渗透和侵略活动，在思想上奴化、麻痹乙国民众，使其丧失反抗精神和民族意识，彻底臣服于甲国的殖民统治。文化侵略是与武力侵略、政治侵略、经济侵略并行的侵略手段，它区别于政治、经济掠夺的"急功近利"特质，采取"循序渐进""攻心之术"等办法逐渐对别国实施渗透和同化政策。在诸种侵略方式中，尤以文化侵略最为阴毒，效果最为持久，而且不易察觉，在某种程度上考验了一个国家的民众对外来文化入侵的警觉程度和忧患意识。近代日本为了彻底征服中国，不仅采取武力侵略、政治侵略、经济侵略，还重视对华文化侵略。日本"为保持已取得的利益及继续的掠夺起见，于是施行一种文化侵略政策。这种政策的目的在使中国的民族意识消减，并使中国人民于不自觉之中存在着畏惧日本的心理"。①

王向远曾详细解释了"文化侵略"一词，指出"民族国家之间的战争往往不仅仅是纯武力的较量，也是文化的较量，因为武力只能消灭和征服对象国人民的肉体，而无法征服其思想。……当'文化'被用来为武力侵略服务的时候——包括事先制造他国的思想舆论，对将来武力侵略他国的可能性和必要性进行种种学术意味的设想、研究和论证；或在战争中为侵略进行宣传、辩护；或在占领他国的条件下，

---

① 梁又铭编《日本侵略中国史画》上册，通俗画集编辑社，1933，第24页。

以奴役被侵略国的人民为目的，蓄意歧视、污蔑、损毁、破坏、掠夺对象国的文化，并将自国的思想观念、宗教信仰、文化设施、自国的语言文学强加于对象国——这些'文化'的行为都构成'文化侵略'"。① 他还列举了日本对华文化侵略行径，"纵观现代帝国主义的侵略史，'侵略'往往并非纯武力的侵略，也必然伴随着文化的侵略。日本对中国的侵略尤其如此。在现代日语中，也有'文化侵略'这样一个汉字词组，其意思是'文化的侵略'，即利用'文化'的手段，为'侵略'服务。但是，当年日本人并不把'文化侵略'叫做'文化侵略'，而是称之为'文化方策''思想战''宣传战'或'思想宣传战''对华文化事业'之类。说法不同，实质一样，我们都把它们归结为'文化侵略'"。②

　　西方列强在中国扩张势力的方法很多，有赤裸裸的武力侵略、抢占领土方式，如沙俄、日本吞并中国大片国土；有间接的文化侵略、文化渗透方式，以英美国家创办教会大学、资助中国学生留学最为明显。事实上，日本帝国主义为彻底征服中国，不仅发动了全面侵华战争、掠夺大片国土，还在沦陷区推行文化同化和侵略政策。"日本帝国主义，对我国之施行侵略手段，亦是如此，所以向我国施行极端毒辣之政治经济侵略后，亦确定对华文化政策，以为实行文化侵略之根据。"③ 日本成立各种文化机构，表面上是为了研究"中国学"、关心中国时势，实际目的在于搜集中国情报。日本在长达半个多世纪的"调查研究"过程中，掌握了中国大量信息和情报，为以后发动全面侵华战争发挥了"重要作用"。

　　明治维新不久，日本即开始谋划成立各种文化团体，旨在搜集中国情报或者实行文化渗透活动。1877 年大久保利通成立振亚社，以研究"中国问题"为名，实则为刺探中国情报。1880 年长冈护美等人成立兴亚会，不久改名为亚细亚学会，亦以关注中国情势为旨归。

---

① 王向远：《日本对中国的文化侵略》，昆仑出版社，2005，第3—4页。
② 王向远：《日本对中国的文化侵略》，第4页。
③ 蓝渭滨编《日本压逼中国史》，广州特别市党务指导委员会宣传部，1928，第165页。

1884 年，末广重恭、宇都宫平一等人成立东洋学馆，以研究"东亚问题"为目的。1889 年，荒尾精成立日清贸易研究所，曾培养近百名日本间谍，搜集中国各地情报。甲午战后，日本的"中国学研究"热有增无减。1897 年犬养毅等人将同人会和同明会合并为东亚会。与此同时，近卫笃麿等人则成立同文会。翌年，东亚会与同文会正式合并，改组为东亚同文会，将中国置为经营重点。1901 年，近卫笃麿、长冈护美等人联合医界名流成立东亚同文医会，次年改名为同仁会，主要在中国开展医疗卫生活动。此后，日本设置的文化机构团体数量不断增加，其势力也日益扩张，至一战前后日本基本上建成对华情报机构体系。① 满铁曾调查 34 个日本在华调查机构团体情况，并将其分为六类，"一、财团法人（协会式团体），二、学校为背景之研究组织，三、官方机构，四、公共团体之机关，五、特殊银行会社，六、杂志社"。②

　　财团法人的典型代表则有东亚同文会和同仁会。东亚同文会一开始就将中国视为"重点经营范围"，该会设有东京本部、北京支部、上海支部、汉口支部、福州支部、广州支部，东京本部分设调查编辑部、中国经济调查部、对华贸易诱导部，先后出版《中国省别全志》《中国经济全书》《中国调查报告书》《中国》《中国研究》等大批出版物，这些出版物均由日本在华各种调查和各种情报编纂而成，曾为日本当局制定侵华政策提供重要信息。③ 此外，东亚同文会为了培植谍报人才和亲日分子，主要创办上海东亚同文书院、天津中日学院与汉口江汉高级中学，尤以上海东亚同文书院最具代表，从 1901 年至 1945 年共计培植数千名日本"谍报人才"。曾亦石对上海东亚同文书院有此评述："惟此中上海东亚同文书院，所负使命，应特别提起国人之注意，盖该院负有搜集研究中国资料，调查中国各地出产地形等重

①　東亜研究所『日本の対支投資：第一調査委員会報告書』、873 頁。

②　南満州鉄道株式会社庶務部調査課『日本に於ける支那研究調査機関』、1928、1—2 頁。

③　张艳国、石嘉：《近代日本在华调查机构的"江西调查"研究》，《江西社会科学》2019 年第 11 期。

大任务，该书院学生每年赴中国内地旅行，其足迹所到之处，遍我国
边陲各地，年来日本人之到我国内地旅行调查者，多系该校学生负责
领导，且该校学生平素之教养，即系以养成所谓'支那通'（即熟知
中国之意）为目的。故凡日本内地的调查中国人的警察和特派至我国
内地做特殊工作者，多出身自该校。"① 在外务省控制下，侵华战争时
期东亚同文会已沦为日本在华实施文化教育侵略的一个重要机构。东
亚同文书院培植大批"中国通"式人才，在中国开展旷日持久的"大
旅行调查"，搜集大量中国情报，并将其上报日本高层，供其参考决
策，扮演着典型的谍报角色。

　　同仁会亦紧密配合日本侵华国策，以发展"对华医疗卫生事业"
为名，而行文化侵略和渗透之实，其手段有经营北京、青岛、济南、
汉口等四大医院，部分医院重视诊疗中国病患，以此笼络中国民心、
缓解中国民众的排日情绪；创办各类医药学校，培养战时所需的医护
人员，服务于全面侵华战争之需要；发行《同仁》《同仁医学》《同仁
医学会杂志》等医药学杂志，在中国宣传、鼓吹日本先进医学知识，
以掌控中国医药界话语权；广泛联络医药界留日学生，将其培养成
"促进日中亲善之楔子"；积极开展各种医药学调查研究活动，全面搜
集中国医药资源情报。全面侵华战争期间，日本当局为预防沦陷区各
种瘟疫、恶性传染病扩散至侵华日军和日本侨民群体，同时为了执行
所谓的"宣抚工作"，委托在华从事医疗卫生活动多年的同仁会在沦
陷区实施"卫生防疫事业"。② 1938 年 6 月，同仁会在日本外务省的支
持下，先后成立华北防疫班和华中防疫班，前者总部设在北京，防疫
班下设天津、石家庄、塘沽、太原、青岛、济南、烟台、徐州、新乡
等分班，负责华北沦陷区的卫生防疫事宜；后者在上海成立总部，并
设置上海、南京、九江、镇江等分班（部），负责华中沦陷区的卫生
防疫事宜。兴亚院接替外务省掌控同仁会之后，该会在华势力得以进

---

①　曾亦石：《"九一八"事变后日本之对华文化侵略》，《中国新论》第 2 卷第 8 期，
　　1936 年，第 63 页。

②　王格格：《全面侵华初日本在华北的医疗"宣抚"考论》，《民国档案》2021 年
　　第 2 期。

一步扩展。在日本当局支持下，同仁会将华北防疫班和华中防疫班分别扩建成华北中央防疫处和华中中央防疫处，防疫处下设天津、保定、石家庄、济南、烟台、青岛、太原、运城、临汾、开封、新乡、徐州、海州、南京、苏州、镇江、无锡、芜湖、杭州、金华、汉口、九江、南昌等诊疗防疫班，同仁会"对华防疫事业"得以全面扩张。侵华战争后期，日本占据中国大片领土，同仁会趁机再度扩张其势力，在张家口设置"蒙疆"支部，在海口成立设置海南岛支部，又设置"蒙疆"卫生研究所、华北卫生研究所、华中卫生研究所及海南岛卫生研究所，同仁会势力得以空前膨胀，最终形成华北支部、华中支部、"蒙疆"支部、海南岛支部四部，几乎渗透、辐射沦陷区每一角落。在日本当局的严密控制之下，同仁会性质发生明显蜕变，其对华"卫生防疫事业"一方面在于满足日本战时需要，为侵华日军提供必备的医疗服务，防止恶性传染病"危及"日本侨民，尤其日本军队，以免影响其作战力；另一方面在于配合日本当局在沦陷区政策需要，对沦陷区民众实施免费、优惠医疗服务，并积极开展所谓的"宣抚工作"，旨在培养中国民众的亲日意识，继而巩固日本帝国主义在沦陷区的殖民统治。①

　　日华学会原本是一个专为留日学生服务的日本民间组织。从 1918 年成立至 1945 年正式解散，日华学会负责管理中国留日学生长达 20 余年，在秉承日本"大陆政策"的基础上，为"中国人留学日本事业"做了一些工作。如建造留学生宿舍，日华学会相继建造第一中华学舍、第二中华学舍、馆山夏季寄宿舍、大和町女子寄宿舍、白山女子寄宿舍、中野学寮、翠松寮、东亚寮、平和寮、巢鸭寮、赤城寮等留学生宿舍，解决不少留日学生的寄宿问题。经营东亚学校，专为投考日本高等院校之中国学生提供预备教育，该校每学期接收的留日学生总数达 1000—2000 人之多，发展成为日本当时规模最大的留日预备学校。日华学会负责介绍留日学生进入日本各类学校学习，并介绍留

---

①　石嘉、洪平平：《日本同仁会在华医疗活动述论（1902—1945）》，《历史教学问题》2022 年第 2 期。

日学生进入日本各种企业、工厂、银行、政府机关等处实习或见学，留日学生毕业后帮助其回国谋职。另外，日华学会还组织留日学生举办各种学习、娱乐活动，定期举办各种演讲会，邀请专家学者讲学。日华学会发行的机关志《日华学报》，刊载大量有关留日学生研究与调查、留学教育管理与政策、留日学生学习与生活、中国文化团体赴日考察等方面的信息；另外汇集大量有关民国时期的留日教育、中日教育状况、中日文化交流、中日学术界状况等方面的史料。表面上日华学会为管理中国留日学生做出大量"努力"、提供大量"服务"，亦提供诸多便利，然而该会始终与日本政府保持千丝万缕的联系，并且接受外务省经费补给，在日本政府严密监管之下，该会由民间团体蜕变为半官方机构，尤其随着日本侵华步伐的加快，日华学会的文化同化与怀柔色彩日益彰显，其根本目的无非是收买、笼络中国留学生。全面抗战时期，日华学会为缓解留日学生排日、反日情绪，培养其亲日、媚日意识，频繁举办座谈会、茶话会、恳亲会、欢迎会、毕业大会、"中日满蒙联谊会"等活动，基本围绕"日中亲善""文化提携"等内容展开，妄图在思想上控制、感化留日学生，将其培植成亲日分子，以备日伪政府所用。①

1923 年，日本国会通过《对支文化事业特别会计法》，决定退还部分庚子赔款，补助日本在华教育、学艺、卫生、救恤、学术研究等各项社会文化事业，其经费分配和运营管理则由日本外务省掌控，实际上是日本利用庚子赔款成立官方文化机构，并利用这种机构在中国进行文化侵略和渗透活动。为尽快推行《对支文化事业特别会计法》，同时"缓和"当时中国各地民众的反日、排日情绪，日本当局积极成立由中日委员组成的东方文化事业总委员会，名义上负责实施"对支文化事业"，实则仍由日本外务省在幕后操控一切，如机构设置、人员配置、补助费用、运营管理等方面均由外务省控制。② 各机构关系大致是日本政府管辖外务省，外务省管辖文化事业部，文化事业部管辖

① 石嘉：《日华学会与留日教育（1918—1945）》，《北京社会科学》2018 年第 5 期。
② 马场明『日中関係と外政機構の研究：大正・昭和期』原書房、1983、48 頁。

东方文化事业总委员会，委员会又分设北京分委员会与上海分委员会，分别负责筹办北京人文科学研究所与上海自然科学研究所。

北京人文科学研究所的经费补助和运营管理均由日本外务省管控，具体研究课题则聘请中方学者负责实施，该所唯一为世人所称道的是完成了"续修四库全书提要"之初稿，不过此种研究是以"复兴东洋文化"、整理经典古籍为名，实则为日本当局研究中国、制定文化侵华政策提供情报和信息，显然脱离了真正的学术轨道。上海自然科学研究所则以刺探中国矿产资源与水产资源为主，并大肆搜集文化情报、自然资源情报，尤其战争期间更是开展"兵要地志"调查，为侵华日军提供交战区域情报，其目的不是促进中国自然科学进步，而是为日本当局发动全面侵华战争提供资源情报。[①] 外务省除了在华设置官方机构外，还利用庚子赔款极力扶持日本民间团体在华扩张其势力，使东亚同文会和同仁会等团体逐渐由民间团体转向官方、半官方机构，统由日本政府掌控。日本外务省对华政策紧随日本当局侵华步骤而做相应调整，其文化侵略特质亦是日益暴露，14 年侵华战争中，其侵略触角先后伸向东北、华北，再由华北延伸至华中、华南等大片沦陷区，为日本扩大侵华战争起到推波助澜之作用。

"惟欲征服中国，必先征服满蒙。如欲征服世界，必先征服中国。"[②] 日俄战争以后，日本替代俄国在南满的势力范围，强租旅顺和大连港，成立所谓"关东州都督府"，作为侵略东北的殖民统治机构，加紧在东北进行各种侵略和渗透活动。九一八事变以后，日本占据东北，扶持成立伪满洲国，外务省紧随军方行动，将《对支文化事业特别会计法》用于伪满，出台所谓的"对满文化事业"，利用庚子赔款在东北成立各种文化机构设施；纠集日"满"学界名流，组建"日满文化协会"，开展"满蒙文化研究"，加紧控制、利用东北各种文化资源；补给伪满各类留日学生，妄图将其培植成日本所需的各种亲日分

---

① 原觉天『現代アジア研究成立史論：満鉄調査部・東亜研究所・IPRの研究』勁草書房、1984、273 頁。
② 《田中的野心》，《三中月刊》第 14 期，1931 年，第 38 页。

子和高级汉奸人才。① 日本外务省实施的"对满文化事业"，其实质就是一种典型的文化侵略，尤其是"日满文化协会"已成为日本对东北实施文化侵略之先锋，其"满蒙文化研究"更是不惜篡改历史、颠倒是非，极力为日本帝国主义占据东北寻找历史依据和法理依据，同时对东北民众灌输殖民奴化思想，消泯其民族意识和反抗意识，令其甘于接受日本的殖民统治。日本在东北开展的各种调查研究，带有明显的殖民色彩和政治色彩，不再是纯粹的学术研究，已经成为鼓吹日本殖民扩张的御用工具。②

华北事变以后，日本外务省调整既往政策，开始全面配合日本当局侵华政策，抛出所谓的"新规事业"，决定成立北京近代科学图书馆和上海近代科学图书馆，使其成为日本对华实施文化侵略的重要据点。两馆成立初期，因其经营、管理不善，加之日本侵华战争全面爆发后中国民众强烈的排日、反日情绪，两馆最终难以为继，决定暂时闭馆并迁往日本。七七事变以后，日军侵占中国大片领土，北京、上海基本为日军占领，外务省趁机将两馆迁回中国，并进行各种"改革"，以"推广日本近代科学""发展在华图书馆事业"为幌子，通过各种渠道加紧对沦陷区实施文化侵略与渗透。表面上两馆在打破图书馆闭塞状态和单一运营模式方面做出诸多努力和尝试，为当地民众提供各种服务和便利，实则通过此种方式宣传日本殖民奴役思想、消泯沦陷区民众的民族反抗意识，维系和巩固日本在中国的殖民统治。两馆业务显然已超越单纯的图书馆业务，实为日本对华实施文化侵略与渗透的重要工具。尤其日本当局在经费上、管理上严密操纵两馆，使其各项业务全面配合日本侵华国策，图书馆最终沦为日本当局侵略、控制沦陷区的重要机构。

日本外务省所谓"新规事业"还包括筹建华北产业科学研究所，1936 年外务省利用庚子赔款在山东青岛成立华北产业科学研究所。产研所成立后主要在山东青岛及其附近进行各种农业试验和调查研究活

---

① 河村一夫『近代日中関係史の諸問題』南窓社、1983、69 頁。
② 石嘉：《伪满时期日本在东北的文化侵略》，《日本侵华史研究》2017 年第 3 期。

动，极力刺探山东地区的农林、矿产资源情报。抗日战争全面爆发后，
华北民众抗日运动兴盛，产研所难以为继，只得暂时关闭并迁往日本。
及至日军攻占华北大片领土后，日本外务省再度支持产研所重返中国，
并加大了对该所的补给力度。1938 年产研所将本部迁往北京后，利用
日本军部的支持，大肆强占华北沦陷区民众的土地，疯狂扩张其规模
和势力。产研所不仅将本部迁往北京，还成立青岛支场、济南支场、
石门支场、军粮城支场、太原支场、开封支场、昌黎分场、济宁试验
地、徐州试验地、山东烟草试验地，以及小麦、棉花、杂粮、水稻、
麻类、甘薯、大豆等原种圃达 30 余处，其势力范围覆盖北京、河北、
河南、山东、山西等省市，其触角已然伸向整个华北地区。产研所势
力不断扩张之余，其农事活动范围也不断扩大。产研所农业活动主要
包括：进行农林、果蔬、畜产等方面的研究与试验；培育、推广棉花、
小麦、杂粮、水稻、烟草、甘薯、麻类、大豆、苗木、禽畜类等优质
品种，在华北地区推广和普及、增加农产品产量，满足战时日本对各
种农业资源的需求；刺探关于华北农业、林业、畜牧业、地质、水利、
气候、矿产等各方面的情报，以备日后开发和利用；制造大量预防禽
畜类恶性传染病的血清、预防液等药剂，并向日本驻华北方面军、日
本企业、日伪机关等分发，服务于日本侵略战争需要；设置农业技术
训练部，培养大批中国农业技术人员；抗战后期产研所又推出"新规
事业"，积极培育棉花、水稻、小麦、杂粮和甘薯等优质品种，并在华
北实现其增产计划。表面上日本为改进华北农业进行大量试验研究和
农事调查，其本质是通过在华北推广日本先进的农业技术、普及各种
优质农林、畜产品种，进而实施粮食、畜产、林业等的增产计划，以
便实现"以战养战"之方针，满足战时日本对农业资源需求。① 此外，
产研所为扩张其势力和规模，利用日本军部强占沦陷区大片良田沃土，
造成大量农民流离失所、无以为生；在建造农场时，更是大兴土木、
极力压榨中国廉价劳动力，无视其安全和生命；产研所机构与人事完

---

① 石嘉、李小东：《抗战时期日本对华北农业资源的掠夺——以华北产业科学研究
所为例》，《日本侵华南京大屠杀研究》2018 年第 2 期。

全由日方掌控，中国职员得不到任何重视；产研所极力培训中国农业技术员，目的是推行殖民奴化教育，借此培植大批效忠、服务于日本当局的亲日汉奸；产研所在华北沦陷区农事活动的根本目的是为其侵略战争服务，即利用日本先进技术掠夺中国农业资源，以确保日本"战时粮食和物资安全"。[①]

二　日本对华"文化事业"侵略本质

军事征服和文化渗透，是两种不同的侵略手段。日本"两面开弓"，一方面通过军事进攻，占据中国大片领土；另一方面通过文化渗透，实施殖民同化政策，妄图彻底征服中国人民。"二十世纪初期，日本野心志士……近利者，主张用力掠夺，远图者则注意对华文化的研究，对革命分子及留日学生友谊的争取，因之有协会的创立，有学馆的设置。前者如兴亚会、东邦协会、东亚同文会、同仁会、东洋协会中国留学生同情会、日华学会；后者有乐善堂、东洋学馆、日清贸易研究所、善邻书院、福州东文学社、南京同文书院、北京东文学社、振武学堂等。"[②] 民国初期，欧美列强开始考虑退还庚子赔款用于发展中国的文化教育事业，借此掌握中国文化教育话语权。鉴于此种情形，1923 年日本国会通过《对支文化事业特别会计法》，利用庚子赔款在上海成立日本的研究机构——上海自然科学研究所。[③] 上海自然科学研究所成立以后，以"学术的调查研究、在华普及科学知识、推进日中亲善、增进日中共同利益"为名，在中国长期进行文化渗透和情报刺探活动，尤其重视矿产资源调查。侵华战争全面爆发后，该研究所还专门组建矿产调查委员会，"每周作一次定期会合，发表各自的研究。对外与军部取得连络，于占领地域进行调查，又与华中矿业等特殊会社的技术人员，亦采取密切连络的协力"。[④]

---

① 南满洲铁道株式会社调查部编『北支那の農業と経済 下巻』日本評論社、1942、327 頁。
② 王树槐：《庚子赔款》，第 481 页。
③ 外务省文化事业部编『最近ニ於ケル文化事業ノ概況』、1928、7—35 頁。
④ 〔日〕佐藤秀三：《上海自然科学研究所的活动》，《东亚联盟（南京）》第 1 卷第 4 期，1941 年 10 月，第 80 页。

对华"文化事业"，其本质是一种典型的文化侵略事业。东亚同文会在上海创办东亚同文书院，利用其学生开展"大旅行调查"，为日本高层制定侵华政策、发动侵华战争提供大量情报。"东亚同文书院视旅行为一种重要课业，中国内地旅行之举，三十年来已历二十二度，其目的调查中国之实情，因之有中国经济全书，及中国分省地志诸著作之出现。"① 同仁会"对华防疫事业"更是带有鲜明的政治色彩，实则替日本军方承担了沦陷区的"宣抚工作"和"卫生安全"，协助并支持战时日军在华侵略活动。日华学会被纳入日本对华"文化事业"体系之后，逐渐嬗变为日本与欧美抢夺中国留学教育话语权、"怀柔"中国留学生的重要工具，特别是侵华战争全面爆发后，日本当局利用经费补助不断强化对该学会的监管，日华学会文化同化、"怀柔"色彩更加明显。外务省所谓的"对满文化事业"，不过是利用庚子赔款援建伪满国立文化研究院、图书馆、博物馆以及满蒙学术调查团，加紧掠夺和控制东北的人文与自然资源；组建"日满文化协会"，以学术研究为名，极力鼓吹"满洲独立"论调；利用庚子赔款补助各类留学生，妄图将其培植成亲日汉奸和殖民统治协力者。外务省创办的北京近代科学图书馆和上海近代科学图书馆，则是利用图书馆在沦陷区宣传日本思想文化、普及日语教育，通过此种方式向沦陷区民众灌输殖民统治思想、消泯其民族反抗意识，进而维系和巩固日本在中国的殖民统治。华北产业科学研究所亦成为日本当局利用、掠夺华北农业资源的重要工具，华北产业科学研究所在沦陷区广泛开展农业试验研究，培育、推广农林畜新品种，以实现农业增产计划，然后加以掠夺和开发，将华北变为侵华日军的粮食补给基地，以实现"以战养战"的侵华政策。②

事实上，早在日本出台《对支文化事业特别会计法》之时，国内学术界、教育界即意识到日本当局的文化侵略野心，发现文化侵略与其武力侵略、政治侵略、经济侵略均为日本侵华的重要手段，并认为

① 《上海东亚同文书院学生之修学旅行一班》，《地理杂志》第4卷第1期，1931年，第10页。
② 葛乔：《敌人"以战养战"阴谋的剖视》，《时事类编》第39期，1939年。

文化侵略是日本当局惯用伎俩，目的在于从心理上、思想上控制中国民众。1924 年 4 月，中国南北学术机关及文化教育人士群起反对，全国教育联合会、中华教育改进社、中国科学社、中华学艺社、学术研究社、中国地质学会、留日大高同学敦谊社、国立北京师范大学、国立东南大学、山西大学、国立武昌师范大学等十余机关发表联合宣言，指出"照日本现定的办法，无论何人，总觉得是日本的内政延伸到国外"。① 1926 年 7 月，日本当局利用北洋政府外交软弱，通过《东方文化事业总委员会章程》。该章程议定后，国内文化教育界又群起反对，情形较此前更为激烈。中国教育改进社、全国教育联合会庚子赔款董事会、北京国立各校教职员联席会、北京私立大学联合会等教育团体联合发表宣言，主张"（一）日本如不经正式声明退还，应根据全国教育界历来主张，根本拒绝日庚款。（二）并应根据教育界意见，否认民国十二年关于日庚款之《中日协议》及十四年换文。（三）在上项交涉未办妥以前，日本在我国内地举办文化事业，悉视为侵略行为，政府应即阻止其进行；并以各该项办法，敕令我国东方文化事业委员遵行"。② 1927 年 1 月，中国科学社、中华教育改进社、上海各大学同志会、江苏教育会等联合起来反对日本出台的《对支文化事业特别会计法》，揭露日本利用庚子赔款在中国进行文化侵略和渗透活动。③

　　南北学术团体的激烈抗争，虽然没有使得北洋政府撤销《中日文化临时协议》及换文照会，从而没有达到根本上取缔日本对华"文化事业"之目的。国内各界人士和中国委员，却对日本对华"文化事业"和"东方文化事业总委员会"的文化侵略本质有了比较清醒的认识。上海分委员会委员秦汾、胡敦复于 1927 年初率先退出委员会，并

---

① 东孤：《因文化走私问题谈到日本"对支文化事业"》，《黄胄周刊》第 2 期，1937 年，第 13 页。
② 东孤：《因文化走私问题谈到日本"对支文化事业"（续）》，《黄胄周刊》第 3 期，1937 年，第 5 页。
③ 东孤：《因文化走私问题谈到日本"对支文化事业"（续）》，《黄胄周刊》第 3 期，1937 年。

发文揭露日本文化侵略本质、阐明不能合作之理由。① 与此同时，北京方面起初颇为支持日本退还庚子赔款政策的江庸也发表辞职宣言，愤而退出委员会，其余在职的中国委员也大多是态度消极，不愿过多参与具体工作。

　　尽管国内各界极力反对日本的对华"文化事业"，南京国民政府成立后更是否认日本《对支文化事业特别会计法》的合法地位，反对"东方文化事业总委员会"在华一切活动，日本当局却不顾中国官方和民间的强烈反对，成立北京人文科学研究所和上海自然科学研究所，加紧在华进行文化侵略和渗透活动。1928 年 5 月 3 日，济南惨案发生后，"举国哗然，'总委员会'及'上海委员会'委员激于义愤，均行退出"。② 此举使得日本的对华"文化事业"受到重大冲击。九一八事变后，日本外务省又篡改《对支文化事业特别会计法》，增加"对满文化事业"，实则加紧在东北地区进行文化同化和侵略活动。日本在东北的文化侵略行径激起中国学术、教育、文化界强烈反对，北京、天津等地高等院校联合成立"平津学术团体对日联合会"，并组建"满蒙研究"学术团体，以学术研究和史实佐证"满蒙"地区为中国领土，冯家升更是发文揭露"日满文化协会"的侵略本质。华北事变以后，外务省在《对支文化事业特别会计法》的基础上出台"新规事业"，即利用庚子赔款创办华北产业科学研究所、北京近代科学图书馆与上海近代科学图书馆，日本这些文化机构成立伊始均受到当地民众的排斥和抵制，尤其七七事变爆发以后"日本文化机构遭遇中国民众强烈排斥"。③

　　日本的对华"文化事业"起初由外务省文化事业部管辖，1938 年12 月兴亚院成立后开始掌管部分对华"文化事业"，具体包括相关政策事宜、"对支文化事业""中日共同文化事业"，外务省文化事业部

　　①　东孤：《因文化走私问题谈到日本"对支文化事业"（续）》，《黄胄周刊》第 3 期，1937 年。
　　②　北平文化救亡会编《为日本"对支文化事业"告国人——纪念"九一八"五周年（附吴承仕"所谓文化汉奸"之检讨）》，1936，第 15 页。
　　③　長野朗『現代支那全集 第 2 卷（抗日支那の究明）』坂上書院、1937、18 頁。

则分管中国留学生事项、日本来华留学生事项、中国相关学术研究事项（政治、经济相关事项除外）、其他日本人教育事项（东亚同文书院、居留民团中小学校）等。1942 年 11 月，日本内阁决定解散兴亚院，成立"大东亚省"。此后，"大东亚省"接替兴亚院管理"对支文化事业"（包括"对满文化事业"），直到 1945 年 8 月宣布解散，日本的对华"文化事业"也完全终止。① 通过梳理日本的对华"文化事业"发展历程，可以发现日本在华文化侵略与其武力、政治、经济侵略几乎相始终，而且随着日本侵华战争的扩大而不断强化。

三　文化侵略与武力、政治、经济侵略关系

文化侵略与武力侵略、政治侵略、经济侵略，是日本侵略中国最主要的几种手段，这些侵略方式环环相扣、并行不悖，其最终目的都是彻底征服整个中国、奴役中国人民，使中国民众甘愿沦为日本的"良民"和"顺民"。表面上看，文化侵略与武力、政治、经济侵略形式上有所不同，在效果和关系上却相辅相成、相互配合。民国时期，学者曾将帝国主义侵略手段分为武力侵略与文化侵略，并论述两种侵略手段的关系和共同目的：故帝国主义者每因之运用两只铁腕，一为武力铁腕，使人望而生畏之武力压迫政策；二为文化铁腕，温柔可爱式之宗教及教育侵略政策。先用强暴之武力，以缔结不平等条约而占据水路要塞，使殖民地及半殖民地之人民，俯首帖耳，受其掠夺，被其吸吮。犹恐该民族发生自觉心也，为消患于无形，及为永久之统治计，遂利用文化侵略政策以制其死命。② 事实上，无论是武力侵略、政治侵略，还是经济侵略，都属于较为露骨、急功近利的侵略手段，较容易被殖民地、半殖民地及被侵略国家民众发觉，而且容易引起殖民地、半殖民地及被侵略国家民众的反抗，因而这种侵略手段不是"长久之计"。欧美和日本等列强也意识到文化侵略在一定程度上可弥补武力、政治、经济侵略之"短板"，采取循序渐进、间接隐晦的侵

① 企画院研究会編『行政機構改革と大東亜省』同盟通信社、1943、21 頁。
② 高哲民：《日本在满洲文化侵略真相》，《革命外交》第 3 期，1930 年，第 13 页。

略方式，极力宣扬本国的"文化优越论""体制优越论"乃至"种族优越论"，在精神上和心理上控制殖民地及被侵略国家民众，使其丧失反抗意识和民族精神，成为顺从的"良民"和奴隶，可以说文化侵略才是维持殖民统治及侵略的"长久之计"。

日本的对华"文化事业"，实际上就是一种典型的文化侵略手段，为日本当局发动侵华战争、执行侵华政策起到重要作用。侵华战争全面爆发以前，日本当局利用其调查机构团体在中国搜集大量情报和信息；侵华战争全面爆发以后，日本当局又利用其调查机构团体实施文化侵略和同化政策。因此，日本文化侵略为其发动全面侵华战争、维系沦陷区殖民统治扮演了重要角色。清末已还，日本东亚同文会即开始搜集中国各地情报，尤其东亚同文书院培养了大批"中国通"式人才，这些日本学生会说中国话、通晓中国事情、熟知中国形势，成为搜集中国情报的高级间谍，他们每年定期组织"大旅行调查"，潜入中国内陆腹地刺探情报，为日本当局制定侵华政策、发动侵略战争起到重要作用。① 例如，日本参谋本部发行的《赣湘地方兵要地志概说》《湖南省兵要地志概说》与日本陆军部发行的《江西省兵要地志概说》，即参考东亚同文会在江西省和湖南省的各种调查研究汇编而成，这三套兵要地志详细记载江西省和湖南省战略要地、主要作战路线、地形及地质、气象、航空、交通、通信、卫生、宿营及给养、作战及动员资源，并附有江西省和湖南省地形地势图、主要作战路线图、河川及湖沼概况图、森林分布图、飞机场图、陆上交通图、水运调查图、通信网一览图、主要疾病分布图、主要作战路线沿途给养力调查图、主要矿产地一览图、主要都市概况图等图表。② 由此可知，东亚同文会在华调查活动为日本发动侵华战争起到"重要指导作用"，其本质是为日本侵华国策而服务，更是日本在华长期进行侵略与渗透的铁证。

同仁会成立伊始，重点经营北京、青岛、济南和汉口四大医院，

---

① 　山本隆『東亜同文書院生』河出書房新社、1977、26 頁。

② 　日本参謀本部編『贛湘地方兵要地誌概説』（军事秘密）、1938；日本参謀本部編『贛湘地方兵要地誌概説』（军事秘密）、1943；大本営陸軍部編『江西省兵要地誌概説』（军事秘密）、1943、日本防衛省防衛研究所蔵。

表面上为当地民众提供了一定医疗服务，其真实目的却是缓解中国人民排日、反日情绪，促进所谓的"日中亲善"；同仁会创办医药学校则是为了培养大批医学人才，为以后发动全面侵华战争储备医务人员，起到"军事后援之功效"；同仁会还极力搜集中国各地医药类情报，全面掌控沦陷区医药资源，方便战时的"医疗救护动员"，为侵华日军提供医疗、防疫、救助等方面的服务；侵华时期同仁会开展的"对华防疫事业"，主要是为了预防沦陷区、交战区流行的恶性传染病扩散至日本侵华部队和日本国内，并且配合日本军部行动，在沦陷区开展"卫生防疫"和"宣抚工作"，借此培养沦陷区民众的"亲日意识"。可以说同仁会的文化同化和医疗卫生活动，紧密配合了日本当局在华的政治和军事侵略。①

日华学会原为中国留日学生服务的日本民间团体，日本侵华时期日华学会先后接受日本外务省、兴亚院、大东亚省、文部省等机构的管控，其性质发生明显变化，由一个民间团体变成半官方、官方机构，成为配合日本当局实施文化侵略与同化政策的重要机构。日华学会举办留日学生文娱活动、开设东亚学校和留日学生寄宿舍，表面上是为了满足留日学生的学习和生活需要，然真实意图却是"感化""同化"留日学生，② 将其培养成效忠于日本政府的高级汉奸人才。日华学会的文化同化政策与日本当局的政治、军事侵略紧密相连。

1923 年，日本国会通过《对支文化事业特别会计法》，并利用庚子赔款先后创办北京人文科学研究所与上海自然科学研究所，尤其是上海自然科学研究所成立伊始即全面刺探中国矿产资源、水产资源和其他资源情报，以便对其进行开发和掠夺，服务战时需要。上海自然科学研究所在华"调查研究"，即为典型的文化侵略和渗透，为日本在华实施政治、军事、经济侵略提供情报和信息。九一八事变后，日本外务省篡改《对支文化事业特别会计法》，出台所谓的"对满文化

---

① 石嘉、安艺舟：《渗透与同化：抗战时期日本在沦陷区的卫生防疫研究》，《中国社会历史评论》，2017 年第 18 卷。

② 佐藤由利子・见城悌治「戦前期の留学生政策における日華学会と国際学友会の役割」、『アジア教育』第 14 号、2020 年。

事业"，利用庚子赔款创办图书馆、博物馆、研究院，利用此类文化机构设施掌控、掠夺文化资源；组建"日满文化协会"，开展所谓的"满蒙文化研究"，为日本割占东北、成立伪满洲国宣传造势；补助伪满留日学生，培植大批效忠于日本政府的亲日分子和汉奸分子，以便实现"以华制华"之目的。华北事变以后，日本当局极力谋划"开发"华北各种资源，外务省为配合军部行动，出台所谓的"新规事业"，创办北京近代科学图书馆、上海近代科学图书馆及华北产业科学研究所。前述机构设施实质上成为日本实施文化侵华政策的重要据点，外务省利用这些机构设施，以发展"对支文化事业"为名，加紧宣传日本科学技术、思想文化，实行文化同化和侵略活动，消泯沦陷区民众的反抗精神和民族意识，维系和巩固日本在沦陷区的殖民统治。日本当局创办的华北产业科学研究所，更是利用日本近代农业技术，开发和掠夺华北农业资源，以便实现华北农林畜增产计划，满足侵华日军战略物资需求，同时适应日本当局的"以战养战"侵华政策需要。华北产业科学研究所的农业试验和调查研究，为以后日本对华北政治、经济、军事侵略起到重要辅助作用，一定程度上方便了日本掠夺华北的农业经济资源，同时为日本的政治、军事侵略提供后勤补给。

总之，日本对华文化侵略与其武力、政治、经济侵略密切相关，日本对华文化侵略为其发动全面侵华战争、维系中国沦陷区的殖民统治起到重要作用，日本外务省、兴亚院、大东亚省、满铁、东亚同文会、同仁会等机构更是负有不可推卸的战争罪责，它们直接或间接参与了侵华战争，或者在制定和实施侵华政策过程中扮演着"重要角色"。① 由此可知，侵华战争期间，日本的对华"文化事业"实为一种典型的文化侵华手段，与其武力侵略、政治侵略及经济侵略紧密相连，其根本目的都是彻底征服整个中国。

---

① 张光新：《日本近代对外战争决策中的情报保障研究》，时事出版社，2018，"引言"。

参考文献

一　中文部分

（一）档案、史料集等

北京市政协文史资料委员会编《日伪统治下的北京郊区》，北京出版社，1995。

杜元载：《抗战时期教育》（《革命文献》第58辑），中央文物供应社，1972。

杜元载：《抗战时期之高等教育》（《革命文献》第60辑），中央文物供应社，1972。

《东亚同文书院中国调查手稿丛刊》，国家图书馆出版社，2016。

冯天瑜主编《东亚同文书院中国调查手稿丛刊续编》，国家图书馆出版社，2017。

复旦大学历史系日本史组编译《日本帝国主义对外侵略史料选 1931—1945》，上海人民出版社，1985。

郭洪茂、李力编《近现代日本涉华密档 陆军省卷 1872—1945》，线装书局，2012。

河南省党务指导委员会编《日本侵略中国实录》，1913。

华北农事试验场编《华北农事试验场要览》，1943。

金成民编《战时日本外务省涉华密档 1931—1945》，线装书局，2013。

居之芬主编《日本对华北经济的掠夺和统制——华北沦陷区经济资料选编》，北京出版社，1995。

李晓明主编《近代日本对华调查档案资料丛刊：第五辑 兴亚院调查》，国家图书馆出版社，2021。

"满洲帝国民生部"编《第二次民生年鉴》，1938。

"满洲帝国民生部"编《第三次民生年鉴》，1939。

"满洲帝国民生部"编《第四次满洲帝国文教年鉴》，1936。

"满洲帝国民生部"编《第四次民生年鉴》，1940。

"满洲帝国民生部"编《民生年鉴》，1937。

"满洲国务院文教部"编《第三次满洲帝国文教年鉴》，1935。

"满洲国务院文教部"编《满洲帝国第一次文教年鉴》，1932—1933。

"满洲国务院文教部"编《满洲帝国文教部第二次年鉴》，1934。

"满洲民生部教育司"编《满洲帝国学事要览 康德八年度》，1942。

"满洲民生部教育司"编《满洲帝国学事要览 康德九年度》，1943。

"满洲民生部教育司"编《满洲帝国学事要览 康德六年度》，1940。

"满洲民生部教育司"编《满洲帝国学事要览 康德十年度》，1944。

"满洲民生部教育司"编《满洲帝国学事要览 康德四年度》，1938。

"满洲民生部教育司"编《满洲帝国学事要览 康德五年度》，1939。

"满洲文教部学务司"编《满洲国学事要览 康德二年度》，1935。

"满洲文教部学务司"编《满洲国学事要览 康德三年度》，1936。

《满铁调查报告》第1—8辑，广西师范大学出版社，2005—2016。

辽宁省档案馆编《满铁密档：满铁与侵华日军》，广西师范大学出版社，1999。

全国图书馆文献缩微复制中心编《中国近代教育史料汇编》（共16册），2006。

上海市档案馆编《日本侵略上海史料汇编》（共3卷），上海人民出版社，2015。

邵汉明、王建朗编《近代日本对华调查资料丛刊》，国家图书馆出版社，2019。

武强主编《东北沦陷十四年教育史料》（共2辑），吉林教育出版社，1989、1993。

谢忠厚、张瑞智、田苏苏主编《日本侵略华北罪行档案》（共10册），河北人民出版社，2005。

徐勇、邓大才主编《满铁农村调查》（总第2卷·惯行类第2卷），中国社会科学出版社，2016。

徐勇、臧运祜总主编《日本侵华决策史料丛编》，社会科学文献出版社，2017。

许金生主编《近代日本在华兵要地志调查资料集成》，线装书局，2016。

虞和平主编《民国抗日战争史料丛刊》，大象出版社，2016。

张宪文主编《日本侵华图志》（共25卷），山东画报出版社，2015。

张研、孙燕京主编《善后救济总署冀热平津分署一年来之工振》，大象出版社，2009。

中国第二历史档案馆编《民国史档案资料汇编》（共5辑），1994。

中国第二历史档案馆编《汪伪行政院会议录》（共31册），1992。

中国人民政治协商会议北京市海淀区委员会编《海淀文史选编》第8辑，1994。

中华留日同学会编《中华留日同学会概况》，1941。

（二）报纸杂志

《安徽教育行政周刊》《北京大学日刊》《东方文化》《东方杂志》《革命外交周刊》《官报》《国立中山大学校报》《国学周刊》《湖北教育厅公报》《湖南教育》《黄胄周刊》《江苏党务周刊》《江苏省教育会月报》《教育部公报》《教育杂志》《抗日特刊》《抗战青年》《抗战时代》《抗战文艺》《抗战与交通》《抗战与文化》《每周评论》《民国日报》《南大周刊》《南开大学周刊》《青年前导》《青年与战争》《全民抗战》《日本研究》《厦大周刊》《山东教育行政周报》《申报》《世界日报（北京）》《现代教育评论》《现代评论》《向导》《新北方月刊》《新教育》《新教育评论》《新申报（上海）》《禹贡半月刊》《浙江教育行政周刊》《浙江战时教育文化》《中国新论》《中华教育界》《中华图书馆协会会报》《中日论坛》《中央周报》等。

（三）著作

北京市中日文化交流史研究会编《中日文化交流史论文集》，人民出版社，1982。

步平、王建朗主编《中国抗日战争史》，社会科学文献出版社，2019。

陈本善主编《日本侵略中国东北史》，吉林大学出版社，1989。

陈觉：《日本侵略东北史》，商务印书馆，1933。

〔日〕大里浩秋、孙安石编著《近现代中日留学生史研究新动态》中文版，上海人民出版社，2014。

〔日〕东亚同文会编《对华回忆录》，胡锡年译，商务印书馆，1959。

东北地区中日关系史研究会：《中日关系史论丛》（共3辑），东三省人民出版社，1982—1984。

渡边与五郎等：《西学东渐：中日近代化比较研究》中文版，中国社会科学文献出版社，2008。

范士白自述《日本的间谍》，尊闻译，生活·读书·新知三联书店，2014。

〔美〕傅佛果：《内藤湖南：政治与汉学（1866—1934）》，陶德民译，江苏人民出版社，2016。

〔美〕费正清等编《剑桥中国晚清史1800—1911年》（上、下卷），中国社会科学院历史研究所编译室译，中国社会科学出版社，1985。

〔美〕费正清编《中国的世界秩序：传统中国的对外关系》，杜继东译，中国社会科学出版社，2010。

〔美〕费正清等编《剑桥中华民国史1912—1949年》（上、下卷），中国社会科学院历史研究所编译室译，中国社会科学出版社，1994。

方正主编《日本侵略军在山东的暴行》，山东人民出版社，1989。

关捷主编《日本对华侵略与殖民统治》，社会科学文献出版社，2006。

胡德坤：《中日战争史研究（1931—1945）》，商务印书馆，2010。

黄福庆：《近代日本在华文化及社会事业之研究》，台北，"中央研究院"近代史研究所，1982。

黄美真主编《日伪对华中沦陷区经济的掠夺与统制》，社会科学文献出版社，2005。

〔美〕黄宗智：《华北的小农经济与社会变迁》，中华书局，2000。

〔美〕黄宗智：《长江三角洲小农家庭与乡村发展》，中华书局，2000。

焦山桥：《日本对我侵略之剖视》，正中书局，1939。

李剑农：《中国近百年政治史》，商务印书馆，1957。

李娜：《满铁资料整理与研究——满铁对中国东北的文化侵略》，社会科学文献出版社，2015。

梁敬錞：《日本侵略华北史述》，传记文学出版社，1984。

刘大可：《日本侵略山东史》，山东人民出版社，1991。

卢鸿德主编《日本侵略东北教育史》，辽宁人民出版社，1995。

〔美〕马若孟：《中国农民经济：河北和山东的农民发展1890—1949》，史建云译，江苏人民出版社，1999。

齐红深主编《东北地方教育史》，辽宁大学出版社，1991。

齐红深主编《日本对华教育侵略：对日本侵华教育的研究与批判》，昆仑出版社，2005。

〔美〕任达：《新政革命与日本》，李仲贤译，江苏人民出版社，2010。

桑兵：《交流与对抗：近代中日关系史论》，广西师范大学出版社，2015。

邵玉铭：《二十世纪中国基督教问题》，中正书局，1987。

施玉森：《日本侵略中国东北与伪满傀儡政府机构》，雏忠会馆，2004。

石明：《日本侵略下之满蒙》，大东书局，1931。

〔日〕实藤惠秀：《日本文化对中国的影响》，张铭三译，新申报馆，1944。

〔日〕实藤惠秀：《中国人留学日本史》，谭汝谦、林启彦译，生活·读书·新知三联书店，1983。

舒新城：《近代中国留学史》，商务印书馆，1927。

宋恩荣、余子侠主编《日本侵华教育全史》，共4卷，人民教育出版社，2005。

孙继强：《侵华战争时期的日本报界研究（1931—1945）》，中央编译出版社，2014。

孙乃民编《中日关系史》，社会科学文献出版社，2006。

谭汝谦：《中日文化交流》第三卷，香港中文大学中文研究院，1985。

谭汝谦：《近代中日文化关系研究》，日本研究所，1988。

〔日〕滕田主计：《日本对华侵略过去及将来》，光华书局，1931。

王树槐：《庚子赔款》，台北，"中央研究院"近代史研究所，1974。

王芸生：《六十年来中国与日本》，生活·读书·新知三联书店，1980—1982。

王奇生：《留学与救国：抗战时期海外学人群像》，广西师范大学出版社，1995。

王向远：《日本对中国的文化侵略》，昆仑出版社，2005。

王士花：《日伪统治时期的华北农村》，社会科学文献出版社，2010。

王向远：《日本右翼历史观批判研究》，昆仑出版社，2015。

王一心：《图书馆视角下的近代日本对华文化侵略》，国家图书馆出版社，2020。

王萌：《谋心：日本在中国沦陷区的"宣抚工作"（1937—1945）》，社会科学文献出版社，2021。

伪满皇宫博物院编《勿忘"九·一八"：日本侵略中国东北史实》，吉林美术出版社，2006。

翁其法：《日本帝国主义侵略中国简史》，福建省警官训练所，1937。

谢忠厚主编《日本侵略华北罪行史稿》，社会科学文献出版社，2005。

许兴凯：《日本帝国主义与东三省》，昆仑书店，1930。

学友互助总社编《日本侵略中国痛史》，1931。

杨天石、黄道炫编《战时中国的社会与文化》，社会科学文献出版社，2009。

姚洪卓：《日本侵略华北问题探讨》，天津人民出版社，2012。

张润泉：《日本侵略中国史》，中华书局，1929。

张觉人：《日本帝国主义侵略中国史》，青年书店，1939。

张光新：《日本近代对外战争决策中的情报保障研究》，时事出版社，2018。

支恒贵：《日本侵略满蒙史》，世界书局，1929。

朱偰：《日本侵略满蒙之研究》，商务印书馆，1930。

浙江省党部宣传部编《日本侵略我国满蒙积极政策的解剖》，1931。

中国国民党史福建省党务指导委员会：《日本侵略中国总帐》，1932。

〔美〕周锡瑞：《改良与革命：辛亥革命在两湖》，杨慎之译，江苏人民出版社，2007。

臧运祜：《七七事变前的日本对华政策》，社会科学文献出版社，2000。

臧运祜等主编《日本侵华与中国抗战：有关史料及其研究》，社会科学文献出版社，2013。

（四）论文

陈珂琳、陈秀武：《战后日华学会的重构与变迁（1947—1959年）》，《东疆学刊》2021年第4期。

丁蕾：《日本近代医疗团体同仁会》，《中华医史杂志》2004年第2期。

丁晓杰：《日伪时期华北产业科学研究所的设立及其活动》，《史学月刊》2012年第2期。

傅才武、何威亚：《作为"国家文化"和国家意识形态输出的载具——以1930年代日设上海近代科学图书馆为例》，《文化软实力研究》2023年第4期。

郭传芹：《国家图书馆藏近代日本对华调查资料述略》，《民国文献研究》2022年第1期。

黄福庆：《东亚同文会——日本在华文教活动研究之一》，台北《近代史研究所集刊》1976年第5期。

金桂昌：《日本创办天津"中日学院"始末》，《历史教学》1990年第3期。

孔凡岭：《伪满留日教育述论》，《抗日战争研究》1997年第2期。

孔凡岭：《伪满时期留日教育及其特点》，《历史档案》1998年第1期。

彭鹏：《日本兴亚院对华棉花调查及对其生产流通的统制（1938—1942）》，《抗日战争研究》2021年第4期。

桑兵：《日本东亚同文会广东支部》，《中山大学学报》2002年第1期。

石嘉、安艺舟：《渗透与同化：抗战时期日本在沦陷区的卫生防疫研究》，《中国社会历史评论》，2017年第18卷。

石嘉、洪平平：《日本同仁会在华医疗活动述论（1902—1945）》，《历史教学问题》2022年第2期。

石嘉、李小东：《抗战时期日本对华北农业资源的掠夺——以华北产业科学研究所为例》，《日本侵华南京大屠杀研究》2018 年第 2 期；

石嘉、张新超：《日本东亚同文会在华教育活动述论（1900—1945）》，
　　《近代中国》2017 年第 1 期。

石嘉：《1920 年代中国学生群体赴日考察研究》，《民国研究》2018 年
　　第 33 辑。

石嘉：《近代以来台湾的留日教育》，《北京社会科学》2015 年第 10 期。

石嘉：《抗战时期日本在华北的文化侵略——以北京近代科学图书馆为
　　例》，《首都师范大学学报（社会科学版）》2017 年第 4 期。

石嘉：《抗战时期日本在上海的文化侵略——以上海日本近代科学图书
　　馆为例》，《江苏社会科学》2015 年第 1 期。

石嘉：《清末民初江西省的砂糖业》，《中国农史》2015 年第 1 期。

石嘉：《日华学会与留日教育（1918—1945）》，《北京社会科学》2018
　　年第 5 期。

石嘉：《伪满时期日本在东北的文化侵略》，《日本侵华史研究》2017
　　年第 3 期。

王格格：《全面侵华初期日本在华北沦陷区的医疗“宣抚”考论》，
　　《民国档案》2021 年第 2 期。

王家俭：《清末民初我国警察制度现代化的历程（1901—1916）》，
　　《国立台湾大学历史学报》1982 年第 10 期。

王萌：《抗战时期日本在中国沦陷区内的卫生工作——以同仁会为对象
　　的考察》，《近代史研究》2016 年第 5 期。

王奇生：《沦陷区伪政权下的留日教育》，《抗日战争研究》1997 年第
　　2 期。

王一心：《论 20 世纪初日本在华所建四大图书馆的文化侵略功能》，
　　《图书馆建设》2018 年第 6 期。

肖朗、施峥：《中国近代高等警察教育综论》，《浙江大学学报》2007
　　年第 1 期。

徐志民：《1918—1926 年日本政府改善中国留学生政策初探》，《史学
　　月刊》2010 年第 3 期。

徐志民：《从合作到对抗：中国人眼中的“东方文化事业”（1923—

1931）》,《社会科学研究》2017 年第 4 期。

徐志民:《九一八事变后日本政府对中华民国留日学生政策述论》,
　　《抗日战争研究》2011 年第 8 期。

徐志民:《日本的中国留学生政策（1937—1945）》,《历史研究》
　　2013 年第 3 期。

许金生:《九一八事变后日本的对华政策与"东方文化事业"》,《民
　　国档案》2020 年第 2 期。

余子侠、贺云飞:《东亚高等预备学校对华学生预备教育的殖民化转
　　向》,《浙江大学学报（人文社会科学版）》2022 年第 4 期。

余子侠:《日伪统治下的华北留日教育》,《近代史研究》2004 年第 5 期。

张艳国、石嘉:《近代日本在华调查机构的"江西调查"研究》,《江
　　西社会科学》2019 年第 11 期。

周一川:《日华学会编民国时期"中国留日学生名簿"的史料价值》,
　　《江苏师范大学学报（哲学社会科学版）》2017 年第 6 期。

周孜正:《汪伪的留日学生教育》,《抗日战争研究》2004 年第 3 期。

二　日文部分

（一）亚细亚历史资料中心档案

『東亜同文会ノ清国内地調査一件』

『清国革命動乱ニ関スル地方雑報/東亜同文会ノ部』（共 2 卷）

『東亜同文会関係雑纂』（共 5 卷）

『東亜同文会関係雑纂/受払計算書及証憑書』（共 9 卷）

『東亜同文会関係雑件』（共 9 卷）

『東亜同文会関係雑件/補助関係』（共 10 卷）

『東亜同文書院関係雑件』（共 5 卷）

『東亜同文書院関係雑件/人事関係』（共 2 卷）

『東亜同文書院関係雑件/大学設立関係』

『東亜同文書院関係雑件/卒業者及成績関係』

『東亜同文書院関係雑件/年報関係』

『天津中日学院関係雑件』（共 2 巻）

『漢口江漢中学校関係雑件』

『同仁会関係雑纂』

『同仁会関係雑件』（共 7 巻）

『同仁会関係雑件/本部関係』（共 2 巻）

『同仁会関係雑件/補助関係』（共 19 巻）

『同仁会関係雑件/診療班支那派遣関係』（共 3 巻）

『帝国議会関係雑件』（共 2 巻）

『帝国議会関係雑件/議会ニ於ケル総理、外務大臣ノ演説関係』（共 9 巻）

『帝国議会関係雑件/説明資料関係』（共 37 巻）

『帝国議会参考資料』（第 54~69 輯）

『帝国議会関係雑件/質問答弁関係』（共 4 巻）

『帝国議会関係雑件/質問答弁関係/外交関係質疑応答要旨』（共 3 巻）

『帝国議会関係雑件/政府委員任免関係』（共 2 巻）

『東方文化事業部官制関係雑件』（共 3 巻）

『東方文化事業部関係人事雑件』（共 7 巻）

『東方文化事業部関係会計雑件』（共 3 巻）

『東方文化事業調査委員会関係雑件』（共 4 巻）

『東方文化事業予算関係雑集』（共 18 巻）

『会計検査関係雑件』（共 10 巻）

『各国ノ団匪賠償金処分関係雑件』

『各国ノ団匪賠償金処分関係雑件/支那ノ態度』（共 3 巻）

『各国ノ団匪賠償金処分関係雑件/米国ノ態度』（共 3 巻）

『各国ノ団匪賠償金処分関係雑件/英国ノ態度』（共 3 巻）

『各国ノ団匪賠償金処分関係雑件/日本ノ態度』

『各国ノ団匪賠償金処分関係雑件/各国ノ態度（日、英、米、支ヲ除
　　ク）』（共 4 巻）

『団匪賠償金元利金受入関係雑集』（共 2 巻）

『団匪賠償金受払報告関係雑集』（共 4 巻）

『膠済鉄道国庫証券利子受入関係雑集』（共 2 巻）

『青島公有財産及製塩業補償支那国庫証券関係雑件』（共 2 巻）

『日支共同委員会関係一件/汪－出淵協定』

『東方文化学院関係雑件』

『東方文化学院関係雑件/理事会評議員関係』

『東方文化学院関係雑件/経費関係』（共 10 巻）

『東方文化学院関係雑件/東京研究所関係』（共 3 巻）

『東京研究所関係/用地与建筑関係』（共 4 巻）

『東方文化学院関係雑件/京都研究所関係』

『京都研究所関係/建筑設備関係』（共 12 巻）

『総委員会関係雑件』（共 2 巻）

『総委員会関係雑件/総委員会総会関係』（共 3 巻）

『総委員会関係雑件/日本側委員協議会関係』

『総委員会関係雑件/総委員会記録』

『総委員会関係雑件/総委員会経費関係』

『総委員会関係雑件/総委員会委託金関係』（共 2 巻）

『北京研究所関係雑件/敷地関係』

『上海委員会関係雑件』

『上海委員会関係雑件/総会関係』

『上海委員会関係雑件/委員幹事進退関係』

『上海委員会関係雑件/経費関係』（共 2 巻）

『上海委員会関係雑件/委託金関係』（共 2 巻）

『上海委員会関係雑件/日本側委員打合会関係』

『上海委員会関係雑件/日本側委員単独研究関係』（共 2 巻）

『上海委員会関係雑件/第一回委員会決議事項実施関係』

『上海自然科学研究所関係雑件』（共 3 巻）

『上海自然科学研究所関係雑件/設置関係』（共 2 巻）

『上海自然科学研究所関係雑件/敷地関係』（共 2 巻）

『上海自然科学研究所関係雑件/建築関係』

『上海自然科学研究所関係雑件/職員異動出張関係』（共 4 巻）

『上海自然科学研究所関係雑件/経費関係』（共 4 巻）

『上海自然科学研究所関係雑件/設備費関係』（共 11 巻）

『上海自然科学研究所関係雑件/状況報告関係』（共 3 巻）

『上海自然科学研究所関係雑件/彙報関係』（共 3 巻）

『対満文化審査委員会関係雑件（対満文化事業）』（共 2 巻）

『日満文化協会関係雑件/設立関係附本邦ヨリ服部博士外 8 名渡満』

『日満文化協会関係雑件/経費関係』（共 2 巻）

『日満文化協会関係雑件/評議員会理事会関係』

『日満文化協会関係雑件/文化研究員関係』

『日満文化協会関係雑件/博物館関係』

『日満文化協会関係雑件/満州国立図書館関係』

『満蒙学术調査団調査事業助成関係一件』

『満州国留日学生会館関係雑件』（共 2 巻）

『満州国留日学生会館関係雑件/経費関係』（共 6 巻）

『満州国蒙政部派遣留学生関係雑件』

『満州国文教部派遣留学生関係雑件』（共 2 巻）

『在本邦留学生関係雑件』（共 12 巻）

『在本邦一般留学生補給実施関係雑件』（共 3 巻）

『在本邦選抜留学生補給実施関係雑件/方針関係』（共 2 巻）

『在本邦特選留学生補給実施関係雑件/方針関係』（共 2 巻）

『在本邦特選留学生補給実施関係雑件/推薦関係』（共 2 巻）

『諸補給関係雑件』（共 3 巻）

『昭和十三年度満州国及中華民国補給生概要/1939 年』

『在華本邦人留学生関係雑件』

『在華本邦人留学生関係雑件/推薦関係』（共 7 巻）

『在華本邦第一種補給生関係雑件』（共 2 巻）

『在華本邦第一種補給生関係雑件/補給実施関係』

『在華本邦第二種補給生関係雑件』

『在華本邦第二種補給生関係雑件/補給実施関係』（共 4 巻）

『在華本邦第三種補給生関係雑件』（共 2 巻）

『在華本邦第三種補給生関係雑件/補給実施関係』（共 15 巻）

『在華本邦特別研究員関係雑件』

『在華本邦特別研究員関係雑件/補給実施関係』（共 5 巻）

『在本邦留学生便宜供与（入退学、見学、実習等）関係雑件/警察関
　　係』（共 7 巻）

『日華学会関係雑件』（共 3 巻）

『日華学会関係雑件/補助関係』（共 6 巻）

『日華学会関係雑件/収支予算差引表関係』（共 3 巻）

『日華学会関係雑件/学報関係』

『東亜学校関係雑件』（共 2 巻）

『満支人本邦視察旅行関係雑件』（共 7 巻）

『満支人本邦視察旅行関係雑件/補給実施関係』（共 23 巻）

『伝染病報告雑纂/中国ノ部（満蒙ヲ除ク）』（共 9 巻）

『伝染病報告雑纂/満蒙ノ部』（共 3 巻）

『北支防疫調査団助成関係雑件』

『同仁会関係雑件/防疫事務関係』（共 4 巻）

『北京近代科学図書館関係雑件』（共 4 巻）

『北京近代科学図書館関係雑件/経費関係』（共 2 巻）

『上海近代科学図書館関係雑件/収支予算差引表関係』

『北京同学会語学校日語班事業助成関係一件』

『上海近代科学図書館関係雑件』（共 3 巻）

『上海近代科学図書館関係雑件/経費関係』（共 2 巻）

『北京近代科学図書館関係雑件/収支予算差引表関係』

『天津農事試験場関係雑件』（共 2 巻）

『華北産業科学研究所関係』（共 3 巻）

『華北産業科学研究所関係/人事関係』（共 5 巻）

『華北産業科学研究所関係/経費関係』（共 8 巻）

（二）其他日文档案

1. 外务省资料

外務省通商局編『在支那本邦人進勢概覧』、1915。

外務省編『欧米人ノ支那ニ於ケル文化事業』、1925。

外務省編『各国の団匪賠償金処分問題』、1925。

外務省編『外務省年鑑』、1928。

外務省文化事業部編『現代日本に於ける支那学研究の実状』、1928。

外務省文化事業部編『最近ニ於ケル文化事業ノ概況』、1928。

外務省編『欧米人ノ支那ニ於ケル主ナル文化事業』、1929。

外務省文化事業部編『日本及諸外国ニ於ケル支那留学生』、1928。

外務省文化事業部編『東方文化事業総委員会記録』、1929 年。

外務省文化事業部編『現代日本に於ける支那学研究の実状』、1929。

外務省情報部編『支那人ノ日本語及日本事情研究状況』、1930。

外務省文化事業部編『上代に於ける日華交通と文化の関係』、1931。

外務省文化事業部編『対外文化政策に就て』、1931。

外務省文化事業部編『中華民国教育其他ノ施設概要』、1931。

外務省通商局編『在外邦人団体名簿』、1932。

外務省情報部編『外国に於ける新聞・満洲及支那の部』、1932。

外務省文化事業部編『文化事業部事業概要』、1934。

外務省情報部編『最近支那内政外交の諸情勢』、1934。

外務省文化事業部編『昭和十一年度執務報告』、1936。

外務省情報部編『支那事変関係公表集』（共 2 冊）、1937。

外務省情報部編『外国に於ける新聞 昭和 12 年版』、1937。

外務省情報部編『支那新政府要人録』、東亜同文会出版、1938。

外務省情報部編『支那事変と帝国外交：河相情報部長講述集』、
　　1938。

外務省文化事業部編『昭和十三年度執務報告』、1938。

外務省調査部編『大日本外交文書』（共九巻）、1938—1940。

外務省文化事業部編『昭和十四年度文化事業部事業概要』、1939。

外務省編纂『日本外交文書』共 45 巻 90 冊、巌南堂書店、1993。

2. 防卫省防卫研究所资料

参謀本部編『浙江省兵要地誌』（軍事秘密）、1929。

参謀本部編『満洲開発政策論：批判と主張』、1932。

参謀本部編『満蒙資源要覧』、1932。

参謀本部編『熱河省兵要地誌』（军事秘密）、1932。

参謀本部編『北支那兵要地誌概説』（军事秘密）、1933。

参謀本部編『南支那兵要地誌軍用資源概説』（军事秘密）、1933。

参謀本部編『福建省兵要地誌』（军事秘密）、1935。

参謀本部編『広東省兵要地誌概説』（军事秘密）、1937。

参謀本部編『山東省兵要地誌概説』（军事秘密）、1937。

参謀本部編『平津地方（河北省北部）兵要地誌概説』（军事秘密）、
　　1937。

参謀本部編『上海及南京附近兵要地誌概説』（军事秘密）、1937。

参謀本部編『河南省兵要地誌概説』（军事秘密）、1938。

参謀本部編『湖北省兵要地誌概説』（军事秘密）、1938。

参謀本部編『贛湘地方兵要地誌概説』（军事秘密）、1938。

参謀本部編『陝西省兵要地誌概説』（军事秘密）、1938。

参謀本部編『中支那兵要獣医衛生誌』（军事秘密）、1941。

参謀本部編『四川省兵要地誌概説』（军事秘密）、1942。

参謀本部編『雲南省兵要地誌概説』（军事秘密）、1943。

参謀本部編『貴州省兵要地誌概説』（军事秘密）、1943。

大本営陸軍部編『江西省兵要地誌概説』（军事秘密）、1943。

大本営陸軍部編『西北支那兵要衛生地誌』（军事秘密）、1944。

参謀本部編『河南省兵要地誌概説』（军事秘密）、1944。

参謀本部編『広西省兵要地誌概説』（军事秘密）、1944。

3. 东亚同文会档案

東亜同文会編『東亜時論』共 26 号、1898—1899。

東亜同文会編『東亜同文会報告』共 132 回、1900—1910。

東亜同文会編『支那経済全書』共 12 輯、1908—1909。

東亜同文会編『支那調査報告書』共 24 号、1910—1911。

東亜同文会編『支那』（共 36 巻）、1912—1945。

東亜同文会編『支那省別全誌』（共 12 巻）、1917—1920。

東亜同文会調査編纂部編『支那年鑑』共 4 回、1912—1920。

東亜同文書院支那研究部編『支那研究』共 68 号、1923—1944。

東亜同文書院支那研究部編『東亜同文書院支那研究部事業報告』共
　　20 期、1924—1943。

東亜同文会調査部編『新満洲国要覧』、1932。

対支功労者伝記編纂会編『対支回顧録』（上、下巻）、東亜同文会、
　　1936。

東亜同文書院編『大旅行調査報告書』、1937—1943。

東亜同文会業務部編『新支那現勢要覧』、1938。

東亜同文会業務部編『支那社会経済の研究』、1939。

東亜同文会業務部編『新支那現勢要覧』第 2 回、1940。

上海東亜同文書院大学編『創立四拾週年東亜同文書院紀念誌』、1940。

支那省別全誌刊行会編『新修支那省別全誌』共 9 巻、東亜同文会、
　　1942—1946。

4. 同仁会档案

同仁会編『同仁』、第 1 号—第 126 号（1906—1916 年）、第 1 巻 1
　　号—第 13 巻 5 号（1927—1939 年）。

同仁会編『同仁会要覧』、1918。

同仁会編『同仁会二十年誌』、1924。

同仁会編『同仁医学杂志』共 19 巻、1928—1945。

同仁会編『同仁医学』共 12 巻、1930—1939。

同仁会編『中華民国水災状況』、1931。

同仁会編『同仁会支那衛生叢書』共 5 輯、1931—1933。

同仁会編『同仁会三十年史』、1932。

同仁会編『同仁会中華民国水災救護診療事業報告』、1932。

同仁会編『中華民国医事綜覧』、1935。

同仁会編『中華民国文化機関要覧』、1936。

同仁会編『留口東亜醫薬学生及出身者名簿』、1936。

同仁会編『同仁会済南医院診療班巡廻診療報告』、1937。

同仁会編『同仁会报』共 18 册、1940—1944。

同仁会編『同仁会四十年史』、1943。

5. 日华学会档案

日華学会編『日華学會報告』（第 1—5 回）、1918—1922。

日華学会編『日華学会年報』（第 6—28 回）、1922—1945。

日華学会編『留日中華学生名簿』（1—6 版）、1927—1932。

日華学会編『留日学生名簿』（7—10 版）、1932—1937。

日華学会編『中華民国、満州国留日学生名簿』（第 11—13 版）、
　　1937—1939。

日華学会編『留日学務規程及概況』、1937。

日華学会編『日華学會二十年史』、1939。

日華学会編『中華民国留日学生名簿』（第 14—18 版）、1940—1944。

6. 日本近代科学图书馆档案

北京近代科学図書館編『北京近代科学図書館一週年報告』、1937。

北京近代科学図書館編『覚生文庫、沈氏寄贈佛教目』、1938。

北京近代科学図書館編『書滲』共 20 号、1938—1940。

北京近代科学図書館編『北京近代科学図書館書目』共 12 輯、
　　1938—1939。

北京近代科学図書館編『北京近代科学図書館概況』、1939。

北京近代科学図書館編『開館三周年記念日本美術図書資料展覧会目
　　録』、1939。

北京近代科学図書館編『開館六周年記念展覧会陳列目録』、1942。

北京近代科学図書館編『大東亜関係図書資料展覧会陳列目録』、
　　1942。

上海日本近代科学図書館編『上海日本近代科学図書館概要』、1937。

上海日本近代科学図書館編『日本語学習指導概況』、1939。

上海日本近代科学図書館編『支那・満洲・蒙古序文』、藏書特種目
　　録第 1 輯、1939。

上海日本近代科学図書館編『昭和十三年事業成績報告書』、1939。

上海日本近代科学図書館編『在上海日本近代科学図書館一覧』、
　　1941。

上海日本近代科学図書館編『上海日本近代科学図書館図書分類目

録』、1941。

7. 华北产业科学研究所档案

華北産業科学研究所編『黄河水利調査報告書』、1938。

華北産業科学研究所編『昭和十四年度事業功程』、1940。

華北産業科学研究所編『昭和十五年度事業功程』、1941。

華北産業科学研究所編『昭和十六年度事業功程』、1942。

華北産業科学研究所、華北農事試験場編『華北産業科学研究所、華
　　北農事試験場調査報告』共 16 号、1943。

華北産業科学研究所、華北農事試験場編『華北産業科学研究所、華
　　北農事試験場調査資料』共 16 号、1943。

華北農事試験場編『華北農事試験場要覧』、1943。

華北農事試験場編『華北農事試験場増産資料』（共 5 巻）、1943。

華北産業科学研究所編『民国三十一年度事業功程』、1943。

華北産業科学研究所編『民国三十二年度事業功程』、1944。

華北産業科学研究所、華北農事試験場編『華北産業科学研究所、華
　　北農事試験場研究報告』共 3 号、1944。

華北産業科学研究所編『施肥慣行調査報告』、1944。

農林省農政局編『華北産業科学研究所の業績回顧』、1949。

8. 东亚研究所档案

東亜研究所編『東方文化学院一覧』、1939—1943。

東亜研究所編『日本大陸政策の発展』、1940。

東亜研究所編『日本の在支文化事業』、1940。

東亜研究所編『日本銀行業ノ対支投資』、1940。

東亜研究所編『東方文化研究所要覧』、1941—1943。

東亜研究所編『日本対支投資概要』、1941。

東亜研究所編『日本の対支投資』、1942。

東亜研究所編『支那に於ける外国行政地域の慣行調査報告書』、
　　1942。

東亜研究所編『支那農業基礎統計資料』共 2 巻、1942。

東亜研究所編『列国の対支勢力滲透史』、1942。

東亜研究所編『諸外国の対支投資』共 3 巻、1943。

東亜研究所編『経済に関する支那慣行調査報告書』、1944。

9. 満铁相关档案

南満州鉄道株式会社総務部調査課編『調査資料』共 11 辑、1919。

満鐵調査課編『濟南事變と排日貨運動』、1928。

南満州鉄道株式会社庶務部調査課編『日本に於ける支那研究調査機関』、1928。

満鉄上海事務所研究室編『上海満鉄調査資料』共 51 辑、1927—1941。

南満洲鉄道株式会社編『満蒙要覧』、1930。

南満洲鉄道株式会社総務部資料課編『北支事情綜覧』、1936。

南満洲鉄道天津事務所業務課編『天津経済事情』、1937。

南満洲鉄道天津事務所業務課編『天津綿花運銷概況』、1937。

南満洲鉄道株式会社天津事務所調査課編『河北省農業調査報告』、1937。

南満洲鉄道天津事務所調査課編『河北省棉産調査報告書』、1937。

南満洲鉄道株式会社産業部農林課編『北支那棉花開発方策』、1937。

南満洲鉄道株式会社北支事務局調査部編『山東棉業調査報告』、1939。

満鉄調査部編『北支那棉花調査資料』、1939。

南満洲鉄道株式会社北支事務局調査部編『北支那農業要覧』、1939。

南満洲鉄道株式会社調査部編『蒙疆政権管内羊毛資源調査報告』、1939。

南満洲鉄道株式会社調査部編『北支棉花綜覧』、1940。

南満洲鉄道株式会社調査部編『北支那の農業と経済』上下巻、1942。

10. 兴亚院档案

興亜院政務部編『調査月報』共 3 巻、1939—1941。

興亜院華中連絡部編『上海租界ノ敵性調査』共 2 巻、1940。

興亜院華北連絡部青島出張所編『東亜新秩序建設と山東』、1940。

興亜院技術部編『蒙疆畜産資源調査報告書』、1940。

興亜院技術部編『蒙疆に於ける土地改良に関する調査』、1940。

興亞院政務部編『日本留学中華民国人名調』、1940。

興亜院華北連絡部文化局編『北支各省図書館施設概況』、1940。

興亜院華中連絡部編『中支那重要国防資源食糧作物調査報告書』、
　　1940。

興亜院華北連絡部編『北支に於ける文教の現状』、1941。

興亜院技術部編『蒙疆に於ける林業調査』、1941。

興亜院華中連絡部編『上海ニ於ケル教育状況』、1941。

興亜院華中連絡部編『中支ニ於ケル医療防疫調査書』、1941。

11. 东洋协会档案

東洋協会編『日支經濟提携の動因と其將來』、1935。

東洋協会編『中華民國政治勢力の現状』、1935。

東洋協会編『最近の北支事情』、1935。

東洋協会編『支那国防経済の現状』、1937。

東洋協会編『事変下の上海概観』、1940。

東洋協会編『支那當面の重要問題』、1940。

東洋協会編『最近支那紙の對日論調』、1940。

東洋協会編『事變直前の支那經濟状態』、1940。

東洋協会編『蘆溝橋事件の經過概要』、1940。

東洋協会編『支那當面の國防作戰計畫』、1940。

東洋協会編『支那國防經濟の現状』、1940。

東洋協会編『支那最近の諸状勢』、1940。

東洋協会編『支那新舊政府の現状』、1940。

東洋協会編『支那抗日作戰の現状』、1940。

東洋協会編『支那經濟建設事業の現状』、1940。

東洋協会編『大東亜資源概觀』、1943。

12. 上海自然科学研究所档案

上海自然科学研究所編『上海自然科学研究所彙報』　共 14 巻、1929—
　　1944。

上海自然科学研究所編『上海自然科学研究所要覧』、1936。

上海自然科学研究所編『中国文化情報』共 6 巻、1938—1941。

上海自然科学研究所編『上海自然科学研究所十周年紀念誌』、1942。

上海自然科学研究所地質学科編『中國鑛産地一覧』共 4 号、1940—1942。

13. 其他日文档案

関東庁内務局学務課編『南満洲ノ神社ト宗教』、1925。

文部省実業学務局編『移植民教育』、1929。

文部省編『文部省推薦図書時報』第 3 輯、1934。

国際文化振興会編『本邦国際文化団体便覧』、1934。

国際文化振興会編『本邦国際文化団体便覧』（改订增补版）、1935。

北京人文科学研究所編『東方文化事業總委員會並北京人文科學研究所の概况』、1935。

大蔵省印刷局編『官報』（日本国立国会図書館藏）、1937—1945。

岡山県中央図書館編『本邦の図書館界』第 13 輯、1938。

華北事情案内所編『新生北支の建設現況』、1939。

維新政府教育部顧问室編『維新教育概要』、1940。

対支功労者伝記編纂会編『続対支回顧録』（上、下巻）、大日本教化図書、1941—1942。

日満文化協会編『日満文化協会紀要』、1941。

謝廷秀『満州国学生日本留学十周年史』、満州国大使館内学生会中央事務所、1942。

日本国際協会編『昭和十四年の国際情勢』、1942。

中国研究所編『中国の現代文化』白日書院、1948。

中国研究所編『中国の日本論』潮流社、1948。

中国研究所編『中国に於ける新民主主義革命の進展と青年学生運動』、1949。

島田俊彦・稲葉正夫編『日中戦争』（現代史資料 8 册）みすず書房、1964。

東亜同文会編『対支回顧録』（上、下巻）原書房、1978—1981。

大学史編纂委員会編『東亞同文書院大學史』滬友会、1982。

東亜文化研究所編『東亜同文会史』日本霞山会、1988。

東亜文化研究所編『東亜同文会機関誌主要刊行物総目次』日本霞山
　　会、1992。

東亜文化研究所編『東亜同文会史・昭和編』日本霞山会、2003。

高木宏治編『東亜同文会報告』共 26 巻、ゆまに書房、2011。

大里浩秋・見城悌治・孫安石監修編集『日华学报』共 15 巻 97 号、
　　ゆまに書房、2012。

槻木瑞生編『満州国留学生録』共 6 巻、龍溪書舍、2012。

劉建輝編『日華学会関連高橋君平文書資料』共 3 巻、人間文化研究
　　機構国際日本文化研究センター、2013—2015。

（三）著作

竹内正好『戦後の日本及支那』博文館、1919。

松本亀次郎『中华留学生教育小史』東アジア書房、1931。

葛生能久『東亜先覚志士記伝』共 3 巻、黒龍会出版部、1933—1936。

馬奈木敬信『北支事変と最近の世界情勢』大阪毎日新聞社、1937。

高木翔之助『北支事變とその動向』北支那社、1937。

中村弥三次『大陸文化政策に就て』日本外交協会、1938。

尾崎秀実『現代支那論』岩波書店、1939。

中野八十八『興亜教育の理想と実際』三友社、1939。

田中香苗『東亜の開展：新支那の史観』ヘラルド雑誌社、1939。

市河彦太郎『国際文化事業に就て』日本旅行協会、1940。

実藤恵秀『近代日支文化論』大東出版社、1941。

法本義弘『支那覚え書』螢雪書院、1943。

山崎丹照『外地統治機構の研究』高山書院、1943。

企画院研究会編『行政機構改革と大東亜省』同盟通信社、1943。

世界政治研究会編『大東亜戦争と世界』中央公論社、1944。

油谷堅蔵『大東亜経済建設論』泉書房、1944。

山崎靖純『大東亜共栄圏の確立』文川堂書房、1944。

植田捷雄『大東亜共栄圏と支那』有斐閣、1945。

神田正雄『中国社会と民族性』朴烈文化研究所、1949。

仁井田陞『近代中国の社会と経済』刀江書院、1951。

多賀秋五郎『中国教育史』岩崎書店、1955。

実藤恵秀・小川博編『日本訳中国書目録：日中友好の一つの礎石として』日本学生放送協会、1956。

北山康夫『近代における中国と日本』法律文化社、1958。

小宮義孝『新中国風土記上海自然科学研究所のことども』メヂカルフレンド社、1958。

六角恒広『近代日本の中国語教育』播磨書房、1961。

土井章『日中交流史』民主主義研究会、1962。

八木昇『日中交渉秘史：日中戦争への道』桃源社、1966。

竹内実『中国の思想：伝統と現代』日本放送出版協会、1967。

成瀬恭『外務省の百年』原書房、1969。

実藤恵秀『近代日中交渉史話』春秋社、1973。

実藤恵秀『日中非友好の歴史』朝日新聞社、1973。

青木義勇『同仁会診療防疫班』長崎大学医学部、1975。

阿部洋『"対支文化事業"の研究近代日中学術文化交流史の一断面』アジア経済研究所、1976。

山本隆『東亜同文書院生』河出書房新社、1977。

浅田喬二編『日本帝国主義下の中国：中国占領地経済の研究』楽游書房、1981。

阿部洋『日中関係と文化摩擦』厳南堂書店、1982。

阿部洋『日中教育文化交流と摩擦戦前日本の在華教育事業』第一書房、1983。

石堂清倫『十五年戦争と満鉄調査部』原書房、1986。

阿部洋『「中国文化情報」解題・分類目録』緑蔭書房、1994。

佐伯修『上海自然科学研究所科学者たちの日中戦争』宝島社、1995。

戸部良一『日本陸軍と中国：「支那通」にみる夢と蹉跌』筑摩書房、1999。

藤田佳久『東亜同文書院中国大調査旅行の研究』大明堂、2002。

大里浩秋・孫安石編『中国人日本留学史研究の現段階』御茶の水書
　　房、2002。

阿部洋『「対支文化事業」の研究——戦前期日中教育文化交流の展
　　開と挫折』汲古書院、2004。

劉振生『「満洲国」日本留学史研究』、吉林大学出版社、2004。

山根幸夫『東方文化事業の歴史昭和前期における日中文化交流』汲
　　古書院、2005。

加藤陽子『満州事変から日中戦争へ』岩波書店、2007。

大里浩秋・孫安石編『留学生派遣から見た近代日中関係史』御茶の
　　水書房、2009。

藤田佳久著『東亜同文書院生が記録した近代中国の地域像』ナカニ
　　シヤ、2011。

藤田佳久著『日中に懸ける：東亜同文書院の群像』中日新聞社、
　　2012。

見城悌治『「日華学報」にみる留日中国学生の生活と日本認識』載
　　大理浩秋・見城悌治・孫安石主編『日華学報』（解説）、第16
　　巻、ゆまに書房、2013。

山本晴彦『帝国日本の農業試験研究華北産業科学研究所・華北農事
　　試験場の展開と終焉』農林統計出版社、2015。

本庄比佐子・内山雅生・久保亨『興亜院と戦時中国調査』岩波書
　　店、2017。

佐藤恭彦・藤田佳久編『日本人学徒たちの上海：上海日本中学校生
　　と東亜同文書院生』愛知大学東亜同文書院大学記念センター叢
　　書、2017。

馬場毅編『近代日中関係史の中のアジア主義：東亜同文会・東亜同
　　文書院を中心に』愛知大学東亜同文書院大学記念センター叢
　　書、2017。

三好章編『アジアを見る眼東亜同文書院の中国研究』愛知大学東亜
　　同文書院大学記念センター叢書、2018。

石田卓生『東亜同文書院の教育に関する多面的研究』不二出版、

2019。

藤田佳久『東亜同文書院卒業生の軌跡を追う』あるむ、2020。

久保亨、瀧下彩子編『戦前日本の華中・華南調査』東洋文庫、2021。

末永恵『中国占領地同仁会』金沢文圃閣、2021。

三好章『書院生の見た日中戦争』あるむ、2022。

（四）論文

細野浩二「所謂「支那保全」論と清国留日学生教育の様態――同仁会・東京同仁医薬学校を例にして」、『早稲田大学史記要』第8号、1975。

森史子「東亜同文会と東亜同文書院――その成立事情、性格および活動」、『アジア経済』第19号、1978。

山根幸夫「上海日本近代科学図書館について」、『東京女子大学史論』、第33号、1980。

小黒浩司「北京近代科学図書館史の研究」、『図書館学会年報』第33号、1987。

熊達雲「戦前の日中文化摩擦から何を学ぶべきか「東亜同文会の中国人教育事業」などを読んで」、『国際教育研究』第10号、1990。

岡村敬二「北京近代科学図書館の「日本」」、『日本研究』第7号、1992。

岡村敬二「満州国立奉天図書館の歴史」、『大阪府立図書館紀要』第30号、1994。

〔テキ〕新「荒尾精の中国観――東亜同文会の思想的源流」、『法学政治学論究』第29号、1996。

米井勝一郎「上海日本近代科学図書館史の一研究」、『図書館文化史研究』第14号、1997。

丁蕾「同仁会の機関誌「同仁」について」、『日本医史学雑誌』第44号、1998。

周一川「「満州国」の留学政策と留日生概況と事例研究」、『アジア教育史研究』第8号、1999。

〔テキ〕新「東亜同文会の中国調査活動――1907 年―1920 年」、『平成法政研究』第 3 号、1999 年 3 月。

丁蕾「近代日本の対中医療・文化活動――同仁会研究」、『日本医史学雑誌』第 45 号、1999。

相原茂樹「近衛篤麿のアジア主義――東亜同文会活動期編」、『社会システム研究』第 3 号、2000。

岡村敬二「「対満文化事業審査委員会」の創設事情」、『人間文化研究』第 4 号、2000。

岡村敬二「羅振玉と日満文化協会――人事問題をめぐって」、『人間文化研究』第 5 号、2001。

柴田幹夫「水野梅暁と日満文化協会」、『仏教史研究』第 38 号、2001。

山田良介「東亜同文会の中国「保全」論に関する一考察：「東亜時論」における議論を中心に」、『九州大学法学』第 85 号、2003。

松谷昭廣「東亜同文書院への外務省留学生の派遣――1910～20 年代の委託教育を中心に」、『教育学研究集録』第 27 号、2003。

丁蕾「医薬・医療と「日中連帯」――岸田吟香の諸活動を中心に」、『日本研究』第 31 号、2005。

川上尚恵「占領下の中国華北地方における日本語学校――北京近代科学図書館付属日本語学校と新民教育館付属日本語学校（植民地言語教育の虚実）」、『植民地教育史研究年報』第 9 号、2006。

孫安石「戦前中国人留学生の実習と見学」、『神奈川大学人文学研究所報』第 39 号、2006。

大里浩秋「同仁会と「同仁」」、『人文学研究所報』第 39 号、2006。

三好章「維新政府と汪兆銘政権の留学生政策制度面を中心に」、『人文学研究所報』第 39 号、2006。

周一川「近代日本に留学した中国人の総数をめぐって：1922―1926 年度のデータに関する調査」、『中国研究月報』第 61 号、2007。

川島真「日本占領期華北における留日学生をめぐ動向」、『中国研究月報』第 8 号、2007。

熊本史雄「外務省文化事業部の設置経緯と対満蒙政策の展開：「史料学的アプローチ」による予備的考察」、『駒澤大學文學部研究紀要』第 66 号、2008。

宗村高満「一九三七年以降の中国人警察留学生」、『大正大学綜合佛教研究所年報』第 30 号、2008。

蔡数道「東亜同文会の中国教育事業に関する一考察——東亜同文書院を中心として」、『中央大学社会科学研究所年報』第 14 号、2009。

石田卓生「東亜同文書院の北京移転構想について」、『中国研究月報』第 63 号、2009。

宗村高満著「警察講習所の中国人留学生一九三九・四〇年度入所者を中心に」、『大正大学綜合佛教研究所年報』第 31 号、2009。

蔡数道「東亜同文会と教育事業東アジアにおける「日本的近代」を中心に」、『法學新報』第 117 号、2010。

末永恵子「日中戦争期における対中国医療支援事業の変容——同仁会の医療支援について」、『宮城歴史科学研究』第 68、69 号合刊、2011。

中西裕「延原謙と同仁会医療班中国派遣」、『學苑』第 853 号、2011。

酒井順一郎「関東大震災と中国人日本留学生もう一つの日中関係」、『留学生教育』第 16 号、2011。

羽田朝子「1920 年代から40 年代における外務省文化事業部による日本見学旅行」、『現代中国』第 87 号、2013。

栗田尚弥「東亜同文会の創設者・近衞篤麿その人と思想」、『Think Asia』第 17 号、2014。

見城悌治「1940 年における「中華民国留日学生会」の創設と日華学会（「特集」中国人日本留学史——敗戦前後の事情を中心に）」、『中国研究月報』第 68 号、2014。

藤田賀久「同仁会と近代日中関係人道主義と侵略の交錯」、『紀要』第 8 号、2016。

伊藤謙「東方文化事業「上海自然科学研究所」の漢方生薬研究：中

尾萬三蒐集・満洲生薬標本」、『東洋文化研究所紀要』第 3 号、
2017。

久保田裕次「京都帝国大学と東方文化事業——教員の海外派遣を中
心に」、『京都大学大学文書館研究紀要』第 16 号、2018。

吉井文美「日中戦争下における揚子江航行問題」、『史学雑誌』第 3
号、2018。

藤田佳久「上海東亜同文書院委おける医療環境の変化」、『同文書院
記念報』第 29 号、2021。

中川恵子「日中戦争期のコレラ防疫——防疫給水部と同仁会を中心
に——」、『日本植民地研究』第 34 号、2022。

三　欧美论著

Sun-Hsin Chou, *The Chinese Inflation, 1937–1949*, New York: Columbia University Press, 1963.

Kamachi, Noriko, John K. Fairbank, and Chuzo Ichiko, *Japanese Stuties of Mordern China Since 1953: A Bibiographical Guide to Historical and Social Science Research on the Nineteenth and Twentieth Centuries*, Cambridge: East Asian Research Center, Harvard University, 1975.

Jansen, Marius B, *Japan and China: From War to Peace, 1894–1972*, Chicago: Rand McNally, 1975.

Feuerwerker, Albert, *The Foreign Establishiment in China in the Early Twentieth Century*, Ann Rrbor: Center for Chinese Studies, The University of Michigan, 1976.

Bays, Daniel H, *China enters the Twentieth Century: Chang Chih-tung and the Issues of a New Age, 1895–1909*, Ann Arbor, MI: University of Michigan Press, 1978.

Esherick, Joseph W. , Roman H. Myers, and Mark R. Peattie eds, *The Japanese Informal Empire in China, 1895–1937*, Princeton: Princeton University Press, 1987.

Peter Duus and Barbara J. Brooks, *The Japanese Informal Empire in China,*

1895－1937, Princeton University Press, 1989.

Beauchamp, Edward R, and Richard Rubinger, *Education in Japan: A Source Book*, New York: Garland Publishing, 1989.

Peter Liberman, *Does Conquest Pay?: The Exploitation of Occupied Industrial Societies*, Princeton University Press, 1998.

Sandra Wilson, *The Manchurian Crisis and Japanese Society, 1931 － 1933*, Routledge, 2001.

Philip S. Jowett and John Berger, *Rays of the Rising Sun: Japanese Asian Allies 1931－45 China and Manchukuo*, Helion Publishing, Incorporated, 2003.

Parks M. Coble, *Chinese Capitalists in Japan's New Order: The Occupied Lower Yangzi, 1937－1945*, University of California Press, 2003.

Duara Prasenjit, Overeignty and Authenticity. *Manchukuo and the East Asian Modern*, Rowman and Littlefield Publishers, 2004.

S. C. M. Paine, *The Sino-Japanese War of 1894－1895: Perceptions, Power, and Primacy*, Cambridge University Press, New Ededition, 2005.

Yang, Daqing. *Technology of Empire: Telecommunications and Japanese Expansion in Asia, 1883－1945*, London & New York: Brill, 2019.

附录
东亚同文书院学生"大旅行报告书"
（1938—1943）

作者	报告书	年份
长柄垚一郎等	《嘉善县调查报告书》	1938
青井正亲等	《嘉兴县概况》	1938
吉贺后亮	《杭州经济事情调查报告书》	1938
新行内义兄等	《华北经济工作的发展》	1938
望月今朝男等	《蒙疆地域金融经济》	1938
坂下惣平等	《暹罗华侨调查》	1938
梅原和夫等	《中国事变之下有关香港中国人的动向》	1938
村上和夫等	《太仓县调查报告书》	1938
渡边长雄等	《上海为中心的华中通货问题》	1938
清水正德等	《扬州调查报告书》	1938
今里民等	《新民会》	1938
田中康稔等	《松江县调查报告》	1938
西萱元四郎等	《华北农业现状》	1938
横尾幸隆等	《华北纺织业发展概况》	1938
濑户谦等	《青浦县调查报告》	1938
齐藤洲臣等	《吴兴县调查报告书》	1938
翠田宝等	《吴县调查报告书》	1938
小岩井忠胜	《上海的工业与日中事变》	1938
北川林男等	《英领马来华侨的现状及其动向》	1938
福田清之助等	《江北南通调查》	1938
荻下利明等	《占领地内华北经济的概况、华北金融工作》	1938

续表

作者	报告书	年份
名仓光三	《江苏省江都县教育概况调查报告》	1939
近幸一郎	《苏州语言调查报告》	1939
吉村英助	《海南岛金融进京事情调查报告书》	1939
冈正住	《广州地方物资的上市及交易状况》	1939
今西照男	《广州市教育状况》	1939
大泽康男	《蒙疆地区的羊毛资源》	1939
伊东重美	《蒙疆天主教传教士的活动状况》	1939
安藤武治	《蒙疆交通状况》	1939
田中信隆	《暹罗华侨的经济地位》	1939
下垣内正典	《在香港外人权益》	1939
村冈正三	《暹罗调查》	1939
深泽治平	《察哈尔人口调查报告》	1939
山口胜之	《山东省教育设施状况》	1939
浅山益生	《山东方言调查》	1939
林正秋	《传教士的活动状况》	1939
佃正道	《河北省教育事情》	1939
安田秀三	《山西省煤矿调查》	1939
宫静夫	《山东省交通状况》	1939
原丰平	《山东烟草》	1939
树野阪治	《江西省物产上市交易状况》	1939
若槻英敏	《山西省南部交通调查》	1939
津波古充诚	《山西省教育调查》	1939
尾见博已	《旧察南、晋北两政权辖区教育状况》	1939
原丰平	《山东羊毛》	1939
房野博	《蒙古联盟自治政府辖区教育状况》	1939
浅川典生	《蒙疆金融事情》	1939
奥田隆	《南通交通》	1939
松木鹫	《菲律宾人对于独立的自觉》	1939
坂东薰	《印度支那法国殖民政策的概况》	1939
山本尚长	《岳阳城人口调查报告》	1939

作者	报告书	年份
宫原正四郎	《香港日本人工商业者的活动状况》	1939
古贺六郎	《武汉地方外国传教士的活动状况》	1939
大峡一男	《香港的货币金融调查》	1939
松尾松一郎	《暹罗华侨调查》	1939
田坂三雄	《香港华侨调查》	1939
松田正人	《陇海沿线人口调查》	1939
丹田四郎等	《马来经济问题》	1939
南恭辅	《蒙疆地区中国人的对日感情》	1939
宇野善藏	《蒙疆教育概况》	1939
鸭泽二郎	《菲律宾独立的经济的发现可能性》	1939
田所善良	《山东省的物产上市交易状况》	1939
前川利雄	《芜湖、安庆的人口调查》	1939
中泽多贺夫	《山西省（太原为中心的金融事情）》	1939
水野义德	《山西省南部旅行调查班旅行报告书》	1939
大坪正十三	《广州市第三国权益的特异性》	1939
江渊熏	《汉口为中心区的调查报告》	1939
冈崎严	《小麦的调查》	1939
高桥克明	《河北省东北部物产的上市、交易状况》	1939
角田三郎	《河北省东部人口》	1939
富冈健次	《菲律宾华侨调查》	1939
池田安正	《扬州盐》	1939
小林保等	《海峡殖民地华侨的政治动向》	1939
市村克孝	《汉口市场的猪鬃》	1939
明野义夫	《石家庄日本人工商业者活动状况》	1939
田中多四郎	《事变下华北棉花的生产与需要》	1939
新野岩男	《山东省人口》	1939
松井端	《马尼拉麻产业》	1939
广末治男	《河北省货币金融状况》	1939
松尾勇夫	《湖南省岳阳地方货币金融状况调查》	1939
小西末一	《华兴商业银行》	1939

续表

作者	报告书	年份
冈岛永藏	《山西对日感情报告》	1939
长田宪一	《海峡殖民地劳动问题》	1939
今村一郎	《安徽省长江流域日本人工商业者活动状况》	1939
鹿毛政人	《广州市人口的离散及返回状态》	1939
土本邦雄	《广东中国人的对日感情》	1939
西村敏雄	《广东省矿产资源与铁》	1939
田坂领甫	《广东语一端》	1939
春名和雄	《南通教育概况》	1939
秋山安政	《安徽省物产上市教育状况调查》	1939
冈田晃	《法属印度支那劳动条件研究》	1939
大久保泰	《法属印度支那对日感情》	1939
冈幸雄	《河北省冀东地区棉花》	1939
松野稔	《江西省交通状况调查》	1939
樱井善一	《蒙疆日本人工商业者的活动情况》	1939
仲俣秋夫	《蒙古地区物产的上市、交易状况》	1939
野田久太郎	《关于皮革》	1939
汤下良	《山西省人口的统计》	1939
石川久	《山西省的教育现况》	1939
井唯信彦	《徐州海州地方交通状况》	1939
河野龙雄	《华中徐州一带的教育事情》	1939
光冈义男	《华中中国人对日感情》	1939
中辉雄	《菲律宾小麦市场》	1939
古市清	《广东地方交通状况》	1939
高相武彦	《广东的货币金融》	1939
田尻亲种	《广东的生丝》	1939
冈岛正	《日中事变下菲律宾政府的动向》	1939
河合祝男	《中国事变下暹罗华侨的动向》	1939
鹿谷良太郎	《上海交通调查》	1939
中山一三	《香港中国人的对日感情》	1939
横川武	《香港及澳门交通状况》	1939

续表

作者	报告书	年份
下条义克	《香港华侨概说》	1939
松浦春男	《江苏省内各都市的基督教》	1940
桥坂隼登	《上海租界内中国大学的现况》	1940
深堀吉郎	《华中棉花的生产及分布状态》	1940
日野原朝典	《北京绒毡工业》	1940
森茂树	《日本在广东兴亚政策的政治的、经济的发展》	1940
阿部善种	《华北经济开发与日中合作问题》	1940
蜂巢一郎	《华北汽车交通》	1940
浅野荣市	《汉口商业调查》	1940
柴田武夫	《山西省教育复兴状况》	1940
金井正次	《以河北省为中心的华北交通建设、建设事业概况》	1940
风间金丸	《河北省教育状况》	1940
吉村健次	《安徽省的地方财政》	1940
寻木慎一郎	《江南地方民船》	1940
田原势典	《华中水电现况》	1940
绪方正己	《事变前后山东纺织业》	1940
山本贞文	《广东货币金融状况》	1940
宫木得行	《杭州市地理调查》	1940
加藤咨郎	《蒙疆天主教教势》	1940
江藤茂树	《蒙疆通货金融事情》	1940
宫协弥七	《南京为中心的商品上市及其统制相关调查》	1940
八木了彦	《蒙疆战后复兴状况》	1940
田坂丰	《在华日本人在兴亚政策下的发展状况》	1940
今村俊一	《浙江省教育设施复兴状况》	1940
前山博延	《山东省货币金融状况》	1940
松坂贤	《日本兴亚政策在华发展状况》	1940
平田文次	《大同为中心的晋北地方交通》	1940
佐藤勇	《日本在华中国策会社》	1940
芦泽实	《汉口市场为中心的湖北省棉花》	1940
森口熏	《杭州主要纺织工业》	1940

作者	报告书	年份
石崎三郎	《杭州工业》	1940
佐古广利	《天津纺织业现况》	1940
井上道高	《湖州为中心的商业调查》	1940
清水广	《武汉教育复兴状况》	1940
吉田善次	《战后蒙疆物资上市状况》	1940
齐藤保夫	《河北省定县的财政》	1940
安藤公一	《安徽省芜湖物资的上市状况》	1940
儿岛驹吉	《事变前后看九江的工业发展》	1940
立花正平	《杭州嘉兴的民船》	1940
中村文雄	《中国事变与汉口的物资》	1940
平田刚	《浙江民船》	1940
村井光三	《山西省阳曲县财政》	1940
望月伸佐	《安徽省的金融状况》	1940
前田知德	《安徽省商业及商品》	1940
吉本正男	《安徽省的矿产资源》	1940
宫野静夫	《广州地方物产的上市及交易状况》	1940
藤村敬三	《广东战后状况》	1940
赤堀清	《澳门教育状况》	1940
井田雄治	《杭州为中心的货币金融状况》	1940
仲田茂	《海南岛的交通》	1940
横井秀信	《江西省物资上市交易状况》	1940
冈崎俊广	《广东省的货币金融》	1940
谷本忍	《广州市财政调查》	1940
竹内馨	《事变后的武汉三镇为中心的一般地理概况》	1940
西山泰元	《事变后安庆都市事情》	1940
森博民	《长江流域的麻》	1940
宫藤良宪	《九江县教育复兴状况》	1940
原田留吉	《上海居留民团的沿革》	1940
山本隆	《镇江县的县政》	1940
白柳义一	《蚌埠皮革工业事情》	1940

续表

作者	报告书	年份
新角俶郎	《广东的居留民团》	1940
西村正介	《广东地方的水上交通》	1940
殿塚隆治	《咸宁县、蒲圻县、岳阳县及新堤县地方战后状况》	1941
皿谷伊势男	《厦门的货币金融及华侨》	1941
田尻泰正	《厦门纸箔工业》	1941
藤原敏夫	《厦门的教育状况》	1941
松元镇夫	《河北省为中心的华北汽车交通》	1941
青山贡	《汉口特别市教育复兴状况》	1941
新井宝雄	《杭州市为中心的经济地理》	1941
古桥贤次	《上海公共租界警察机构》	1941
坂井一	《山东省的教育复兴状况》	1941
奥野重雄	《山西省的铁道》	1941
秋贞健一	《厚和的绒毡业》	1941
山根良男	《事变后的华北交通》	1941
阿部博光	《汕头的钱庄》	1941
冈幸雄等	《江苏省昆山县为中心的物资上市及统制》	1941
山口荣	《广东的土布工业》	1941
鹿又秀一	《广东货币金融调查》	1941
细丰治	《厦门的教育状况》	1941
高桥克夫	《山西省的教育》	1941
高田武	《厦门人口问题》	1941
山井秀夫	《萨拉齐县》	1941
齐藤裕三	《青岛工业一般状况》	1941
山本君平	《关于青岛》	1941
荒木茂等	《包头当铺研究》	1941
原田柳吉	《闽江流域的经济》	1941
尾形明	《南昌县的财政》	1941
荒木勇	《战时的九江粮食》	1941
小泽润一郎	《武汉工业调查》	1941
桥本清	《武汉为中心的湖北省教育调查》	1941

续表

作者	报告书	年份
纲木正昌	《广东省钨交易状况》	1941
中岛秀孝	《广东省的象牙业》	1941
山领康夫	《广东地方的米》	1941
本乡正雄	《广东省的教育》	1941
泉泽尚太郎	《事变前江西行政制度概略及战后的推移》	1941
樋藤军二等	《日本在华北居留民团及其居留民会调查》	1941
河本忠司	《景德镇陶瓷器的商业调查》	1941
青柳星美	《居留民团的调查》	1941
铃木隆康	《南京、苏州为中心的欧美人教育事业复兴状况》	1941
尾藤升	《蒙疆学校教育的现状》	1941
中条康彰	《从民族运动看喇嘛》	1941
有野芳郎	《特别元的性格及货币汇兑集中制》	1941
大森茂	《天津的工业》	1941
道旗林三郎	《镇江县教育复兴状况》	1941
松下京平	《湖北省棉花事情》	1941
笠坊乙彦	《安徽省的政治概况》	1941
青木繁男	《汉口金融调查》	1941
洼田元次郎	《汉口地方物资交流与合作社》	1941
森胁优登	《华北的金融》	1941
武藤义一	《杭州市为中心的浙江省交通一般状况》	1941
平井勉	《湖北各县地方财政》	1941
井上俊一郎	《湖北省省政调查》	1941
稻野达郎	《合会的研究》	1941
铃木信	《镇江金融状况》	1941
木田弥三旺	《广东、香港商业路线的现状》	1941
三上量三郎	《汕头市潮安县、潮阳县各地的教育状况》	1941
高层孝之	《汕头地方出身华侨最近的动向》	1941
森五郎	《上海市中央市场》	1941
三枝重雄	《武昌县的县政》	1941
松本正	《南昌县中国人家族的组织》	1941

作者	报告书	年份
清水健次郎	《南昌的工业》	1941
鹤田正男	《广东外贸事情》	1941
山崎正春	《安徽省的教育状况》	1941
荻原义久	《汉口特别市政府的财政》	1941
宫坂喜雄	《湖北省汉阳县县政调查》	1941
加藤幸男	《汉口的人口问题》	1941
久保田太郎	《江苏省昆山县的县政》	1941
白子三郎	《江西省德安县的财政》	1941
永江和夫	《青岛为中心的日系烟草会社与英美垄断公司的商业角逐》	1941
小林三郎	《芜湖的土布工业》	1941
池田阳二郎	《广东地方的交通》	1941
山谷侍	《昆山县教育复兴状况》	1941
山田顺造	《南京、苏州为中心的中国方面学校教育》	1941
大胁秀次	《南昌方面物资上市状况》	1941
冈部贤一	《厦门市商会的现状》	1941
伏木清吉	《厦门的米粉业》	1941
松崎茂夫	《事变后的汉口市政》	1941
安藤健吉	《武汉三镇的主要工业调查》	1941
友野裕	《武汉地区的交通》	1942
鹿岛达也等	《天津与华中之间的经济关系》	1942
佐藤泰司	《包头市经济的机能分析》	1942
西泽信男	《北京为中心的骆驼业的调查》	1942
东辉夫	《安庆的救济事业》	1942
三浦良男等	《都市的经济机能的分析》	1942
村田裕彦等	《农村生产物的集中制度》	1942
佐伯朝春等	《大东亚战争后英美在华权益的趋向》	1942
福田经等	《华北政治建设状况》	1942
乾正己等	《杭州许氏祠堂、苏州潘氏祠堂调查报告书》	1942
百濑源等	《苏州及蚌埠金融机关与通货的现状》	1942
广长敬太郎	《天津旧英国租界》	1942

续表

作者	报告书	年份
堀口博国等	《清乡工作及纯正国民党》	1942
山田静夫等	《新政权统治之下教育建设状况》	1942
阿部宏	《中国现在的政治建设状况》	1942
阿久津房治等	《华北、华中政治建设的状况》	1942
松尾七郎等	《大东亚战争下的中国人及在华外国人》	1942
中山喜久藏等	《大东战争对中国人的影响》	1942
高桥升治等	《主要都市的金融机关及通货的现状》	1942
今田章等	《杭州附近为中心的棉花集中制度及一般棉花状况》	1942
日野茂树等	《太原的粮行》	1942
大森史郎等	《汉口地方的轻工业》	1942
绪方正义等	《汉口为中心的棉花集中制度》	1942
富田定等	《华北政治建设》	1942
星久次等	《第七次虎力开拓团调查报告》	1942
蜷木定辉	《人民团体》	1942
松野谷夫等	《北安省绥棱县第三次开拓团瑞穗村》	1942
中村辉美等	《华北方面政治建设状况调查报告书》	1942
石丸俊雄等	《都市的经济机能分析》	1942
宇佐忠人等	《无锡县县政调查》	1942
芹泽五郎等	《燕郊镇的概略》	1942
金丸一夫等	《北京语补助词的研究》	1942
今田章等	《花行的沿革与棉花一般销售渠道及华北棉花增产机构》	1942
马殿幸次郎	《宁波地方调查报告：锡箔业及其经济一般事情》	1942
田中卓也等	《英国皇领殖民地时代香港的经济机构》	1942
中村辉美等	《纯蒙地域政治建设状况》	1942
坂本浩	《中国政治建设的状况》	1942
今田章等	《华北棉花增产与集中对策》	1942
永野岩	《常熟的金融》	1943
川崎宏太郎	《常熟县金融机关调查》	1943
川崎谦吉	《丹阳县清乡工作党务概况》	1943
笹田和夫	《崇明岛金融调查报告书》	1943

作者	报告书	年份
龟井壮介	《常熟县县政调查》	1943
本里明	《常州的金融机关》	1943
菊野幸夫	《江都县财政调查》	1943
峰岸庆六	《泰县人口家族制度》	1943
长岛一夫	《武进史地》	1943
福岛茂等	《海门集中配给状况》	1943
藤井芳彦	《泰县金融、物价调查报告》	1943
宫本干男	《武进训练、宣传及出版物》	1943
山尾照芳	《太仓人口》	1943
小松康宏	《江都语言》	1943
高田富佐雄	《无锡地区集中及其配给现况》	1943
浦池博	《武进县统制经济》	1943
桥本富士雄	《吴县教育、宗教调查报告》	1943
佐藤金人	《苏北清乡工作南通特别区行政调查报告》	1943
山本孝雄	《太仓县下的训练、出版物、宣传及宗教》	1943
平尾尚	《司法报告书》	1943
丸川辰省	《丹阳金融调查报告书》	1943
山本福三	《无锡训练、宣传、出版物》	1943
黑泽贞夫等	《泰县治安》	1943
关屋重政	《太仓县政调查》	1943
斋藤铁弥	《南通经济》	1943
拓殖大六	《丹阳宗教》	1943
花井清二良	《江都县乡土艺术》	1943
宫田一郎	《丹阳县双庙乡史家村及同县中仙乡韦家坂相关社会考察》	1943
小苍义信	《崇明岛的工业调查》	1943
加藤美治	《无锡的金融机关》	1943
藤田信弘	《吴县方言调查》	1943
谷山善夫	《苏州工业调查报告》	1943
田中重信	《丹阳县金融调查报告书》	1943
南里诚治	《丹阳县》	1943

续表

作者	报告书	年份
川村宝	《南通县工业调查报告书》	1943
田坂博能	《无锡语言及习俗》	1943
寺泽卫	《吴县史地》	1943
林勳	《吴县县政》	1943
金海政秀	《常熟县集中配给机构》	1943
甲斐照敏	《丹阳工业实态调查报告书》	1943
小中清	《常熟语言、习俗》	1943
益田宪吉	《海门宣传、训练、出版物》	1943
吉泽仁	《常熟经济集中及其配给》	1943
丸尾忍	《丹阳文化宣传、训练、出版物》	1943
小松康宏	《江都风俗》	1943
高木芳郎	《南通习俗语言一斑》	1943
山尾照芳	《太仓家族制度》	1943
立上良美	《江苏省武进县教育调查报告书》	1943
伊藤茂	《江都县教育概况》	1943
不详	《江苏省常熟县财政调查》	1943
铃木俍	《江都县行政组织》	1943
上野肇等	《海门金融》	1943
奥野珠雄	《苏北清乡视察记》	1943
早濑次雄	《常熟县统制经济现况》	1943
大屋英夫等	《常熟县教育调查报告》	1943
藤井孝一	《崇明岛社会构成及其职业团体》	1943
高远三郎	《崇明岛物产聚集调查报告书》	1943
马场复位	《常熟县司法调查要纲》	1943
柿崎守悌	《崇明治安调查》	1943
久保田穰	《太仓工业调查》	1943
高濑恒一	《常熟史地》	1943
河冈洋一	《崇明岛》	1943
吉田正夫	《江都县治安调查报告一部》	1943
增山惠三等	《杨庄的社会考察》	1943

作者	报告书	年份
井泽宽	《泰县宣传调查报告》	1943
秋山善三郎	《泰县方言调查报告》	1943
堤彻	《中国社会的实证研究》	1943
有野芳郎	《中国家族制度》	1943
北村求	《吴县金融调查报告》	1943
工藤俊一	《武进宗教》	1943
赤司武夫	《南通物产聚集配给》	1943
石桥达郎	《南通教育调查报告书》	1943
加藤和	《吴县政治指导》	1943
尾藤胜彦	《统制经济》	1943
吉川一郎	《常熟人口相关调查》	1943
西多喜雄	《崇明岛配给》	1943
松尾长	《江苏省海门县语言调查报告》	1943
花井清二良	《江都县宗教》	1943
片冈正一	《太仓县的沿革及其自然》	1943
秋山善三郎	《泰县宗教调查报告》	1943
松本和夫	《吴县物产聚集及其配给调查报告大要》	1943
下隐登喜吉	《吴县枫桥镇内各部落的社会考察》	1943
市河正和	《无锡乡土艺术》	1943
高久七郎	《扬州人口、家族制度》	1943
向野贵文	《武进县人口、家族制度》	1943
高本恒男	《崇明的行政》	1943
中村信	《无锡县政调查报告》	1943
原不二郎等	《崇明史地》	1943
内仓吉宪	《太仓治安调查》	1943
比嘉定雄	《崇明岛教育调查报告》	1943
松田又一	《丹阳县县政调查报告》	1943
笠川幸雄等	《崇明岛财政》	1943
花井清二良等	《江都县经济》	1943
柴田敏之	《江都县金融通货物价概况》	1943

作者	报告书	年份
小川清	《南通物产聚集配给》	1943
赤泽修二	《武进县语言习俗调查报告》	1943

资料来源：東亜同文書院編『大旅行調査報告書』、1937—1943、日本爱知大学霞山文库藏。

后　记

这部书在本人博士学位论文的基础上修改、完善、补充而成，参加工作后，我以博士学位论文为基础，于 2016 年获批国家社科基金青年项目。在申报该项目期间，有幸得到江西师范大学张艳国教授（现为华中师范大学"博雅学者"特聘教授，也是我的博士后合作导师）、江西师范大学方志远教授、华中师范大学马敏教授、中国社会科学院近代史研究所虞和平研究员、浙江大学陈红民教授等专家的指导和帮助。此后，在开展课题研究期间，我将原来的博士学位论文补充了大量新的内容，在原有的基础上新增了三章，而其他部分也进行了全面修改，并且以此为基础，在核心期刊上发表 10 余篇论文。因前期研究比较扎实，2019 年提交结项后，结项成绩获评良好。回忆本书的写作历程，我对攻读博士学位期间和工作后几年的经历感触尤深。

博士期间的学习为撰写本书打下了坚实的基础。回首二十余载的求学历程，可谓感触甚多。需要感谢的亲人、老师、朋友太多，他们的支持和关爱成为我奋斗拼搏的无穷动力。我是江西革命老区革命烈士的后代，父母亲是普通农民，他们给予我无尽的帮助和支持，让我有机会畅游无涯学海，并且敢于攀登最高学府和最高学位，仅这一点而言，我的父母是伟大的。在充满物欲和功利的社会，我的父母宁可自己吃苦受累、省吃俭用，一直默默地支持我读书，让我有机会从本科读到博士。他们给予我的关爱，我今生今世不敢忘怀，他们是我此时此刻最想感谢的亲人。

遇到恩师、严师，足可让学生受益一生。我于 2012 年顺利考入南开大学历史学院攻读中国史博士学位，南开大学历史学院大师云集、学风浓厚，我先后得到元青教授、江沛教授、李金铮教授、王先明教授、张思教授、张利民教授、常建华教授、余新忠教授等一大批好老师的教诲。特别要感谢的是我的博士导师元青老师，他不仅给予我攻读博士学位的机会，更让我有机会迈进学术殿堂的门槛。我当初选择考博时，发现自己的兴趣与元老师的研究方向比较接近，所以决定追随元老师攻读博士学位，然而当时外语考得很不理想，笔试总成绩只排第二名，元老师考虑到我的专业成绩非常拔尖，便极力帮助我到学院、学校争取名额。在他的帮助下，我才得以顺利进入南开大学，开始了三年半的博士学位攻读历程。回首那一刻，我真不敢想象，如果当时元老师没有申请到名额，我又会是怎样的命运？至少会经历更多挫折和坎坷。不言而喻，从一所普通学校考进名牌大学，肯定要经历太多曲折和困难。事实上，我当时报考了三所名校，笔试成绩均位列前茅，最后只有元老师欣赏、接纳我，这份大恩终生难忘。进入博士学习阶段，元老师更是时常教诲、告诫我"学应在勤奋，志当存高远"，我们都是普通、平凡的，若能把每件平凡的事情都做好，而且持之以恒，就会慢慢变得不平凡。元老师多次教导我们，平时要下大工夫搜集史料，然后在搜集史料的过程中善于思考，要提出问题、解决问题，如此一来，学术思维就会与日俱增。元老师就是这样反复教育我们，让我们学会持之以恒、懂得拼搏上进。

博士二年级时，我向元师申请去日本留学一年，元老师不仅支持我，而且反复嘱咐要利用好这个条件，多请教日本的名师，尽可能寻找更多资料。在元老师和父母的支持下，2014年9月我顺利东渡日本，留学于爱知大学。在留学日本期间，最让我难忘的是与中国人民大学的李飞、李丹等同学一起合作，扫描、复印了数千册日文档案、史料，诸如满铁调查资料、东亚同文会调查资料、日本外务省领事报告、台湾总督府资料等。为了搜集资料，我耗费大量时间，可以说在日本留学的绝大部分时间都耗在图书馆，整天扫描、复印、拍照书籍，枯燥却又充实地度过一年留学生活。在日本留学期间，我还有幸遇见、结识许多专家名师，诸如森久男老师（是我在爱知大学的博士生导师）、加加美光行老师、马场毅老师、三好章老师、周星老师、唐燕霞老师等。森久男教授、三好章教授是研究抗日战争史的专家，加加美光行教授、马场毅教授是研究中共党史的专家，周星教授是社会学、民俗学专家，唐燕霞教授是经济学、社会学专家，他们给予我的教诲和帮助，为我今后的学习和科研起到重要指导作用。

良师益友是每个人最大的财富，他们可以让你变成品格高尚、优秀上进的人。博士求学阶段我曾结识几位益友，如已经毕业的李军，博三同宿一年，一直是我学习的榜样。刚回国的时候，我还没有在核心期刊发表一篇论文，博士论文题目更是无从谈起，而他已经发表三四篇论文，并且获得学校奖学金。另一位好友张新超也获得国家奖学金，而那时我连申请的念头都不敢有，自觉相形见绌，但是我并未放弃，在他们的帮助和鼓励下，我开始借鉴他们的写作经验，尝试撰写、发表学术论文，在图书馆苦战将近一年，陆续发表数篇核心期刊论文，并且完成30万字的博士学位论文，一年内彻底发生"质变"，逐渐迈进学术门槛。这些成绩自然得益于各位老师、同学的帮助，也离不开自己在日本一年的探索和努力。在日本留学时，和早已结识的王丁、安艺舟、李军、刘忠良等同学的友谊进一步加深，并且认识了中国人民大学的李飞、李丹、温建中等同学，在异国他乡我们时常聚会，偶尔出游，这份真挚的友谊将永远铭记。另外，张楚南、周博、向珊、葛风涛、吕光斌、马晓雪、张连义等同学以及李军的爱人赵云霞同学（当时为天津师范大学硕士研究生），都是我在天津结识的朋友，纯洁深厚的友谊将永存心中。

南开大学对我而言曾是一个美丽的梦想，她曾给我带来荣誉和自豪，也带来压力和挑战，能够进入南开大学学习，是我最大的荣耀，而在南开大学变得出类拔萃，确实不易。既然选择了远方，便只顾风雨兼程。在南开大学学习的两年半时间，以及在日本爱知大学留学的一年时间，为我后来的学术研究打下了重要基础。2016年初，我顺利获得南开大学博士学位后不久，就正式进入江西师范大学历史文化与旅游学院工作。工作的第一年，我以博士学位论文为基础，并重点整理此前在日本爱知大学搜集的档案资料，成功申报国家社科基金青年项目。2017年，我又在整理日本档案资料的基础上，顺利完成爱知大学的博士学位论文，并且获得爱知大学博士学位，江西师范大学只有极个别老师获得双博士学位，而我就是其中之一。

人生有很多重要转折点和关键期，如果说攻读博士学位是第一个重要转折点，那么进入博士后流动站学习应是我的第二个重要转折点。2017 年 6 月，我满怀欣喜和期待，进入江西师范大学马克思主义学院博士后流动站学习，从一个青涩懵懂的博士，成长为成熟的大学老师，能够完成如此大的转变，首先要感谢博士后合作导师张艳国教授和师母康凤云教授。他们既是我的授业恩师，更是人生导师。很多人到了 60 岁，想的都是怎么过退休生活，而张老师和康老师却仍然专注于学术研究，他们以身示范，奋战在教学科研第一线，并且勇攀一座又一座科研高峰。他们先后获批国家社科基金重点、重大项目，在权威顶级期刊发表大量论文。每当我松懈、懒散的时候，就不禁想起他们说过的话，想起他们兢兢业业、不懈追求的精神，从而调整心态，继续向前奔跑。每当我遇到挫折、失落之时，他们总能给我莫大的鼓励和支持；每当我满足于现状、止步于眼前之时，他们常常教导我要在北京的权威期刊发表论文，要说"北京话"，而不是坐井观天；每当我不能兼顾学院行政事务和自己的科研工作时，他们又会提醒我要协调好时间，永远把教学科研摆在重要位置，8 小时行政工作后，还要抓好晚上几个小时的科研工作。这些教诲令我受益无穷，对于我在学术上的成长和进步起到了关键作用。

从撰写博士学位论文开始，到获批国家社科基金，再到项目结项，本书的撰写修改经历了将近 10 年时间，可谓"十年磨一剑"，其间得到很多恩师的指导和帮助，后期又动员了我指导的博士生、硕士生参与书稿校对和相关资料整理工作，我自己更是全面修改、补充很多次，尤其根据国家社科基金结项时鉴定专家所提意见，进行了认真修改和完善，最终完成了这部书稿。在资料搜集方面，本书搜集的中日文档案有数万条之多，集中参考的文献档案达 500 种以上，前期直接翻译的日文档案字数达百万以上，如日本外务省、兴亚院、东亚同文会、同仁会、日华学会、上海和北京近代科学图书馆、上海自然科学研究所、华北产业科学研究、东亚研究所等的调查报告和档案资料，这些构成了本书的核心史料，大多为第一手调查报告。在研究内容上也拓展了相关领域的研究，譬如东亚同文书院学生旅行调查、同仁会对华"防疫事业"、日华学会与留日学生管理、北京和上海近代科学图书馆的活动情况、上海自然科学研究所调查活动、外务省和兴亚院及后来的"大东亚省"侵华活动等，对于当时国内学术界而言，这些属于全新的研究领域。

然而，囿于资料和个人能力，本书仍有一些瑕疵。一是在资料方面，日本留下的相关档案资料大多集中在1943年以前，1944年以后日本"大东亚战争"已是穷途末路，被其称为"现地机构"的兴亚院解散，代之而起的是"大东亚省"，而其关注的对象也转移到东南亚战场。满铁经历两次"检肃事件"后元气大伤，加之资金匮乏始终是致命的缺陷，导致其调查活动陷入停滞状态。其他如东亚同文会、同仁会、图书馆、研究所等也因经费不足，其组织结构及活动近于崩溃边缘。因此，日本对华调查资料，特别是抗战后期的资料大幅减少。加之，二战结束后，日本为了销毁侵华罪证、逃避"战争加害"责任，有意焚毁大批档案资料，如参谋本部及陆海军省相关档案、兴亚院及大东亚省相关档案、满铁调查报告等都遭受到不同程度的毁坏，从而影响了相关问题的深入研究，我也在此呼吁国内外学术界尽快保护和整理这些档案，充分利用日文档案资料，来佐证和揭露日本侵华罪行，铭记日本侵华历史，同时注重史学研究的现实关怀和时代价值，通过丰富和拓展抗日战争史研究，来纪念抗日战争暨世界反法西斯战争的胜利，珍惜来之不易的和平。二是在研究内容上，痛感本书个别章节仍有改进和提升的空间，譬如东亚同文会调查活动对于日本侵华战争政策的决策起到什么"作用"，同仁会战时医疗防疫活动如何"协力"侵华日军，产研所"农业研究"对于日军实行"以战养战"政策的"效果"如何，兴亚院如何将情报和侵华决策相结合等问题，都值得深入思考和研究，以后本人还要搜集更多国内外相关档案资料，继续考证和分析相关问题，以期提升相关研究的质量和水平，力争攀登学术高峰。

图书在版编目（CIP）数据

日本对华文化侵略研究：1931—1945 / 石嘉著.
北京：社会科学文献出版社，2025.7. -- ISBN 978-7
-5228-5530-1

Ⅰ.K265.607；G129

中国国家版本馆 CIP 数据核字第 2025JW2318 号

日本对华文化侵略研究（1931—1945）

著　　者 / 石　嘉

出 版 人 / 冀祥德
责任编辑 / 石　岩
责任印制 / 岳　阳

出　　版 / 社会科学文献出版社·历史学分社（010）59367256
　　　　　地址：北京市北三环中路甲 29 号院华龙大厦　邮编：100029
　　　　　网址：www.ssap.com.cn
发　　行 / 社会科学文献出版社（010）59367028
印　　装 / 三河市龙林印务有限公司

规　　格 / 开本：787mm×1092mm　1/16
　　　　　印张：23.75　字数：350 千字
版　　次 / 2025 年 7 月第 1 版　2025 年 7 月第 1 次印刷
书　　号 / ISBN 978-7-5228-5530-1
定　　价 / 98.00 元

读者服务电话：4008918866